KB042368

PASSION

열정은
혁신을
만든다

강혁구·김상현·김용회·박헌수·이두표·조원양 공저
(사)PMI한국챕터

INNOVATION

박영사

인 사 말

우리가 프로젝트관리를 수행하면서 참조 및 적용을 하고 있는 PMBOK® 지침서를 "우수 실무사례로, 일반적으로 인정되는 모든 프로젝트관리 지식체계 구성의 일부로, 다양한 산업 분야 전반에서 프로젝트를 관리하는 데 적용되는 표준 규정이 포함되어 있으므로, 많은 프로젝트에서 성공 확률을 높일 수 있지만, 항상 획일적으로 적용해야 한다는 뜻은 아니다."라고 이야기하고 있습니다. 이것은 프로젝트관리가 경험적 학문으로서, 변해가는 세상에서 프로젝트가 놓여있는 토양과 환경에 맞는 경험적인 사례를 가지고 계속적으로 진화하는 체계이기 때문이 아닌가 합니다.

프로젝트관리가 우리나라에 들어와 본격적으로 소개가 된 지도 꽤 오랜 세월이 지났지만 아직도 현장에서 어렵게 느껴지고, 잘 지켜지지 않고 있는 여러 이유 중 프로젝트가 가지고 있는 중요한 특성인 한시적인 일을 반복적인 일로 처리하려는 것과, 고유한 특성의 일을 반복적인 일과 같이 처리하려고 하는 것이 주원인이 아닌가 생각해본 적이 있습니다. 초기에 시간과 노력을 많이 들여 착수 및 기획을 해야 함에도 불구하고 계획을 대강 작성하여 일을 먼저 시작하고, 선행적인 리스크 관리에 초점을 맞춰야 하는데 후행적인 이슈관리나 문제관리에 초점을 맞추어 일을 추진함으로써 발생되는 것이 아닌가 하는 점입니다. 아직도 제대로 하는 것(Work Smart)보다 열심히 하는 것(Work Hard)에서 벗어나지 않는 한 해결되기 쉽지 않을 것 같습니다.

프로젝트관리 교육을 하기 어려운 부류가 직장 내에 두 부류가 있습니다. 한 부류는 경영층이요, 또 한 부류는 신입사원들입니다. 전자는 모든 것을 경험상으로 다 알고 있고, 모른다는 것을 표현하는 행위를 스스로 수치로 생각하여 과거에 해왔던 경험적 방식을 고수하는 부류이고, 후자는 경험이 없으므로 무엇이 문제이고 어떻게 접근해야 하는지를 모르는 부류입니다.

책을 낸다는 것이 내가 경험하지 못한 것을 글을 통해 알게 하는 방법이라면 이번 한 번으로 끝내지 말고 계속적으로 이어나가는 것이 무엇보다 중요하다고 생각합니다. 선뜻 소중한 경험을 많은 사람들에게 공유할 수 있도록 승낙하고 집필해주신 강혁구 님, 김상현 님, 김용회 님, 박헌수 님, 이두표 님, 조원양 님 여섯 분의 노고에 감사를 드립니다.

㈜PMI한국챕터 회장 최광호

추 천 사

프로젝트(Project)라는 말이 사회 전반에 걸쳐 일반화되어 일상생활에서 통용된 지도 꽤 오랜 시간이 지났습니다. 정확하게 언제부터 쓰이기 시작했는지는 모르겠지만 프로젝트라 명명되지 않았을 뿐 다양한 형태의 프로젝트가 인류의 역사와 함께 시작되었을 거라 생각됩니다. 이를 통해 유추해보면 프로젝트 관리(PM, Project Management) 기술은 인류와 함께 발전해왔고 체계화된 학문이라 볼 수 있습니다.

21세기 들어서 전세계적으로 교육현장에서 PBL(Project Based Learning) 교육 열풍이 불고 있습니다. 단순한 지식의 전달이 아닌, 학생들 스스로가 제시된 실제적 문제를 다양한 각도로 이해하고 분석하고 해결하는 과정을 통해 학습이 이루어지고, 이를 통해 단순한 지식을 넘어선 문제해결 능력과 소통, 협력 등 삶에 필요한 다양한 역량을 학생들 스스로 배우고 활용해 나아가는 방법을 터득하게 됩니다. 전세계가 이러한 학습 방법을 주목하는 이유는 기존의 산업사회에서 요구되었던 지식을 단순 전달하는 것만으론 4차산업혁명시대의 초연결사회에서 개인과 조직 또는 국가적 경쟁력을 확보하고 유지하기가 어렵기 때문입니다.

교육현장에서의 이러한 패러다임 변화와는 반대로, 산업현장에서는 체계적인 프로젝트 관리 교육과 적용이 아직 요원한 것이 현실입니다. 이와 관련한 지식체계는 나날이 발전하고 있고, 무수히 많은 실행·관리 방법론과 이를 지원하는 다양한 도구들이 나왔음에도 불구하고, 오늘날 현실에서는 아직 과거를 답습하는 데 벗어나지 못하거나 변화의 속도가 지식체계의 발전을 따라가지 못하는 문제가 있습니다. 상당수의 프로젝트에서 충분한 기획에 의거한 계획과 선제적 리스크 관리에 따른 짜임새 있는 프로젝트 관리보다, 그때그때 발생한 이슈관리 위주의 땜질식 대응에 급급한 것이 현실입니다. 우리 주변에 PMBOK®과 같은 좋은 지침서는 있으나 이를 체계적으로 교육하여 효과적으로 적용하고, 그 경험적 사례를 다시 자산화하고 전달하여 발전시키는 일련의 흐름을 각 조직 내에서 체계화하는 것은 참으로 어려운 것 같습니다.

이 책은 현장 전문가들의 좌충우돌 경험을 담고 있습니다. 저자들은 전문적으로 글을 쓰는 사람들이 아니라 IT, 건설, 제조, 무역 등 각 산업분야의 현장에서 잔뼈가 굵은 사람들로, 각자가 속한 산업분야의 프로젝트를 추진하는 과정에서 일어난 에피소드를 중심으로 글로 옮겼습니다. 잘 다듬어지고 정제된 느낌은 다소 부족할 수 있습니다. 하지만 틀에 박힌 지식이 아닌 현장의 경험과 지혜가 묻어있습니다. 이는 단순한 지식의 전달만으로 얻을 수 없는 혜안이라 생각합니다. 프로젝트 관리 분야의 발전을 위해 새로운 시도를 한 저자들의 노력에 박수를 보냅니다. 이 새로움이 마중물이 되어 좀 더 다양한 현장의 경험이 좀 더 다양한 방식으로 공유되어 한국 프로젝트 관리 분야의 발전으로 이어지길 바랍니다.

㈜씨에스피아이 대표이사 심보년

추 천 사

발로 쓴 생생한 해외마케팅 기록, 해답은 현장에 있다

무한경쟁의 세계경제는 주기적으로 요동치고 있지만 장기 성장하고 있으며, 박팀장이 활약한 베트남의 경우에도 이를 증명해 주고 있다. 1990년대 당시 인력거와 자전거가 주요 교통수단이었는데, 지금은 오토바이가 90% 이상에 달하고 있으며 자동차 시대로 옮겨가고 있다. 참고로 베트남은 중국·미국에 이어 한국의 3대 수출시장으로 중요한 파트너가 되었으며, 한편으로 투자거점이 되어 우리기업 6,500여개사가 진출하여 베트남 총수출의 35% 를 기여하고 있다.

인구증가율 둔화, 고령화 사회 진입 등으로 내수시장의 활력이 떨어지는 우리나라는 해외시장 진출확대가 그 어느 때보다 절실한 시기로, 해외진출 프로젝트의 성공여부가 대기업은 물론 중소기업의 지속성장이나 일자리 창출을 좌우한다고 볼 수 있다.

INSEAD Blue Ocean Strategy Institute 공동 소장인 김위찬 교수는 블루오션 시프트에서 "무한 경쟁의 시대, 가장 확실한 전략은 경쟁이 없는 시장을 스스로 창출하는 것이다. 가치와 비용의 경계를 돌파해 새로운 시장을 창출하는 비파괴적 창출이 진정한 혁신이다." 경쟁으로 가득 찬 레드오션에서 무한한 기회가 잠든 블루오션으로 옮겨가야 하는, 해외시장을 겨냥하는 비즈니스맨에게 이 책이 실전에 강한 매뉴얼로서 통찰을 얻을 수 있을 것이다.

"해답은 현장에 있다"며, 맨손으로 해외진출 프로젝트에 뛰어든 저자가 15년 동안 해외시장에서 겪은 생생한 경험사례는 어떻게 하면 성공적으로 해외프로젝트를 펼쳐 나가느냐는 것이다. 해외프로젝트 전략의 수립에서부터 실행, 사후관리에 이르는 과정에서 시행착오를 조금이라도 줄여 나갈 수 있고 가치가 있는 벤치마킹이 될 수 있을 것이다.

이 책이 글로벌 비즈니스를 꿈꾸는 젊은이, 해외프로젝트를 공부하는 학생, 현장에서 해외프로젝트 업무를 수행하는 직장인들에게 해외진출 도전의식을 고취하고 업무 활용에도 도움이 될 것이고 생각한다.

글로벌비즈니스컨설턴트(GBC) 회장
글로벌비즈니스컨설턴트협동조합 이사장
(전)KOTRA 아카데미 원장
한 상 곤

추 천 사

이 책은 프로젝트를 수행하는 분들에게 자양분 같은 역할을 하게 될 것이 분명하다. 사람들은 재미있는 소설을 읽고 힐링이 되기도 하고, 비슷한 상황에 처한 타인의 실사례에 공감하면서 용기를 얻기도 한다. 이 책에 소개된 내용은 이미 베테랑 PM으로 명성을 얻고 있는 저자들의 다양한 현장 경험을 소설의 형식으로 기술한 것이지만, 사실 FACT에 가깝다. PM이론은 충분히 알고 있지만 실전에서 어려움을 겪는 분들에게는 공감이 될 뿐만 아니라, 그 어려운 시기를 극복하는 데 참고가 될 수 있다.

— 한국능률협회컨설팅 자문위원 이호성 상무

프로젝트 성공의 궁극적인 요지는 프로젝트를 수행하는 자신에게 향해있습니다. 진정한 프로젝트의 성공 방정식은 "내가 곧 프로젝트이고 프로젝트가 곧 나다."라는 것이 마음 속 깊은 곳까지 새겨진다면 진정한 성공에 도달하는 것이 아닐까 생각합니다. 이 책은 프로젝트를 수행하면서 겪은 성공과 실패에 대한 이야기들로 꾸며졌습니다. 도전적인 과제들과 수많은 리스크를 어떻게 헤쳐나가고 대응할 것인가에 대한 과정을 보여줌으로써 읽는 이로 하여금 간접적인 체험을 선사할 것입니다. 이 책을 읽고 부분적으로나마 프로젝트에 대한 영감을 얻을 수 있기 바랍니다. 열정적으로 프로젝트에 임하는 6인의 저자분들께 박수를 보냅니다.

— 신세계TV쇼핑 대표이사/한국 티커머스 협회 회장 김군선

아끼는 팀원들과 술자리라도 하게 되면 항상 무용담처럼 지난 프로젝트 이야기를 하곤 합니다. 술기운에 하는 이야기이지만 20여 년간의 프로젝트 경험을 어떻게든 알려

주고 싶은 마음이 큽니다. 저자들이 소설 형태로 풀어낸 글들을 보니 이런 제 마음과 너무 닮아있다고 느껴집니다. 가벼운 이야기이지만 많은 생각을 하게 하는 글들, 미래의 PM들에게 들려주고 싶습니다.

— (주)제인소프트 솔루션사업부 박상현 상무

글 내용의 배경이 되는 프로젝트를 지켜본 사람으로서, 프로젝트 상황에 따른 좌절과 고통을 저자의 끈기와 노력, 그리고 열정으로 이겨내어, 결국 성공한 프로젝트로 이끈 저자에게 박수를 보냅니다. 프로젝트를 어떻게 성공적으로 이끌 것인가에 대한 답을 찾거나, 프로젝트 체험을 하고자 하는 분에게 추천드립니다.

— (주)제인소프트 BA사업부 김민수 이사

열정과 혁신은 프로젝트매니저가 갖추어야 할 필수 덕목이다. 이 책은 열정에 찬 프로젝트 매니저들이 실제로 프로젝트 현장에서 경험한 사례들을 이야기로 풀어쓴 책으로 좋은 프로젝트 관리자가 되기 위해서 필요한 통찰력과 상황대응 전략을 쉽게 배울 수 있는 필독서다.

— 단국대학교 상경대 정윤세 학장

항상 정열이 넘치는 저자들의 책 "열정은 혁신을 만든다."는, 그 제목에서 보여주듯 훌륭한 책임이 틀림없기에 추천드립니다.

— 파웰코퍼레이션 강창수 대표이사

프로젝트 매니저에게 경험은 무엇보다 소중한 자산입니다. 여기 담긴 저자들의 생생한 경험은 읽는 이에게 지식과 지혜의 샘이 되어줄 것입니다. 또한, 이 책은 실제 업무를 수행하면서 번번이 마주하는 어려움 가운데에서 갈 길을 밝혀주는 한줄기 밝은 빛과 같은 존재가 되는 책입니다. 프로젝트 매니저에게는 현명한 멘토가 되어줄 것입니다.

— 일동제약 RPM팀 전용진

열정, 혁신을 주제로 한 기존의 많은 책들과 달리, 이 책 "열정은 혁신을 만든다."는 독자들의 감성지능을 깨워 좀 더 쉽게 이해하고 실천을 유도할 수 있도록 에세이,

소설 형식을 빌어 친숙하고 신선하게 독자들에게 접근함으로써 프로젝트 관리 전문서적의 새로운 지평을 제시하고 있다.

― 삼성SDI주식회사 PM팀 권영국 부장

"열정은 혁신을 만든다." 중 B2B 협상스킬 이야기는 대한민국 제조업의 하이라이트인 자동차 산업에서의 훌륭한 경험을 서면화시킨 재미있고 이해가 쉽게 잘 정리된 업무 매뉴얼과 같은 존재이다.

― 풍양상사 사영철

아리스토텔레스는 관념적이고 이론적인 지혜인 소피아(sophia)보다는, 실천적이고 실제적인 지혜인 프로네시스(phronesis)를 강조했다. 이 책은, 대한민국 산업 현장에서의 열정 투입 과정에서 흘리게 된 각 분야 전문가들의 진정한 땀 냄새가 물씬 풍기는, 한마디로 프로네시스(phronesis)가 가득 담긴 책이다. 강력히 추천한다.

― 더불어민주당 중앙당 정책위원회 부의장 황만기

조원양 팀장을 18년간 가까운 거리에서 지켜보면서, 저자가 담당한 다양한 SW 개발 실무와 팀 프로젝트 관리에 대한 많은 성공 및 실패 사례를 듣고 보았습니다. 글로 정리한 저자의 풍부한 경험에 의한 실제 프로젝트 관리 사례를 국내 중소벤처기업의 개발자 및 팀장들에게 추천합니다.

― 전자부품연구원 지능형영상처리연구센터 수석연구원 김용환

프로젝트를 실행하며 성공과 실패를 통해 배우고, 자기 혁신과 도전을 꿈꾼다. 결과의 아름다움과 달리 어려움의 총량은 과정의 깊은 시간 속에 존재한다. 현장의 목소리를 통해 살아있는 이야기를 들어보는 것은 삶의 큰 동기부여다.

― (주)하이트론씨스템즈 Security Division 부본부장 김경훈

프로젝트 관리자의 가장 큰 자산이나, 경쟁력은 풍부한 경험입니다. 왜냐하면, 프로젝트를 수행과정에서 너무나 많은 변수와 리스크가 발생하기 때문이죠. 체계적인 이론과 자격증 공부도 기초를 튼튼히 하는 데 필수겠지만, 이는 현실 세계와는 많이 다를

것입니다. 이 책을 일독한다면, 프로젝트 관리 초보자나 유경험자라도, 다양한 실전 경험과 고려 사항을 간접적으로 습득하게 되어, 프로젝트를 관리함에 있어 시행착오, 리스크 등을 최소화하는데 분명 도움이 될 것입니다.

– (주)삼성전자 네트워크사업부 김태훈 부장

　이 책은 실제 프로젝트 현장에서 쉽게 발견할 수 있는 여러 사례와 대응방안들, 그리고 적절하지 못한 대응에 의한 부정적 결과들이 실감나게 정리되어 있습니다. 관련된 업무를 수행하는 독자들에게는 단지 사례로만 이해되는 것이 아니라, 이러한 대리 경험을 토대로 어떻게 효과적으로 프로젝트를 관리하고 성공적인 결과로 이끌 것인가에 대한 또 하나의 교훈을 제공해줄 것이라 기대합니다.

– (주)비에스지파트너스 중국지사 법인장 송우근

서   문

"책 만들기 프로젝트"

한 명의 아이디어에 다섯 명의 겁 없고 호기심 많은 애어른 같은 순수하고 열정 넘치는 평범한 직장인들이 동조하면서 이 글이 시작되었습니다. 글을 쓰고, 책을 만들어가는 과정을 프로젝트 형태로 관리하면서 진행해보면 어떨까 하는 상상은, 언젠가 나도 글을 써보면 어떨까 하는 막연한 바램을 만나서 오늘 현실이 되게 됩니다.

그간의 저자들 일상을 봤을 때 글쓰기와 책 출간은 사실 무관한 일이었습니다. 그러나 프로젝트로 접근을 해보니 한시적이라는 점, 고유한 결과물을 만들어 낸다는 점 그리고 점진적으로 구체화된다는 부분에서 저자들이 업무현장에서 매일 접하던 프로젝트와 프로젝트 관리 그것과 별반 다르지 않았습니다.

그래서 시작된 책 만들기 프로젝트, 각자의 프로젝트 경험을 살리고 여러가지 방법론과 도구들을 접목하고, 그리고 이 모든 걸 저자들의 유일한 공통분모였던 PMI PMBOK® 에서 공부한 지식을 기반으로 진행되었습니다.

저자들은 이 책을 각자의 프로젝트 관리 경험을 소설형식을 빌어 옴니버스식으로 구성하였습니다. 이는 프로젝트 관리에 필요한 전문지식 보다 저자들이 몸담고 있는 각 산업영역에서 진행되는 프로젝트와 그 과정에서의 경험을 나누고 싶었기 때문입니다. 프로젝트 관리에 대한 전문 서적은 꽤 많이 있지만 현장에서의 프로젝트 관리 경험과 노하우까지 전달해주지는 않습니다, 저자들은 그 경험과 노하우를 전달하고 싶었고 이야기 형식이 그것을 전달하기에 가장 적합한 형태라 생각을 했습니다.

한편으론 각기 다른 산업군에 종사하고, 다양한 지식과 경험을 가지고 있는 저자들의 글은 억지로 획일화 하지 않으려 했습니다. 다양한 형태의 프로젝트가 실존하는 것처럼 있는 그대로의 현실을 반영하기 위해 노력했습니다.

그리고 책의 제목처럼 저자들의 열정과 작은 노력이 한낱 지식으로 머무를 수 있는 프로젝트 관리가 프로젝트 현장에서 필요한 경험과 노하우로 발전될 수 있는 혁신을 만드는 마중물이 되길 기대해봅니다.

마지막으로 이 책이 세상의 빛을 볼 수 있게 도움을 주신 (사)PMI한국챕터 분들과 박영사 관계자 분들께도 감사를 표합니다.

강혁구, 김상현, 김용회, 박헌수, 이두표, 조원양

목   차

PASSION

강혁구

프로젝트 관리는 PM만 하나요?

MAKES

NNOVATION

프로젝트 관리는 PM만 하나요?

강혁구

2014년 하반기 산업 전반 경기가 하락세를 보이고 국내 전반적인 투자가 경색이 되면서 회사의 매출도 급감하던 때가 있었습니다. 점점 더 영업 상황이 안 좋아지면서 영업 회의 때마다 격려보다는 질책이 많아지고, 저 또한 영업사원으로서 스스로 많이 힘들어했던 시기가 있었습니다. 지친 몸을 이끌고 퇴근하던 길에 하루는 집에 바로 들어가지 못하고, 집 앞 카페에 들러 스스로를 돌아보는 시간을 갖게 되었습니다. 나는 누구인지? 올바른 길을 가고 있는 것인지? 커피 한 잔을 시켜놓고 가만히 앉아 생각해보니 지난 10여 년의 회사 생활 동안 회사와 집 또 회사와 집, 2차원적이고 단순 반복적인 생활을 해온 저 자신을 발견하게 되었습니다. 어느 새부터인가 현실에 안주하고 미래에 대한 준비 없이 시간을 보내온 자신을 반성하며 기술 영업자로서 '전문성'을 갖기 위해 시작한 공부가 프로젝트 방법론이었습니다. 세상일에 정답은 없지만 프로젝트 방법론을 통해 입체적으로 생각하고 합리적으로 결정하는 법을 배우게 되었습니다. 관심을 갖고 공부하던 가운데 PMP자격증을 획득하고 PMI챕터 회원으로서 월간 세미나를 참석하면서 '세상은 넓고 전문가는 많구나.'라고 느꼈습니다. 챕터 회원분들과 교류를 통해 배움이란 한 순간의 이해로 끝나는 것이 아닌 평생교육이라는 꾸준함에 대한 도전도 받고, 그분들의 열정과 성공을 엿보며 '나도 할 수 있다. 도전해 보자.'라는 마음을 갖게 된 것 같습니다. 그런 의미에서 이 책도 공동 저술한 인생의 선생님들과 함께 격려하며 용기를 갖고 도전한 결과물이라고 할 수 있습니다. 인생의 멘토가 되어주시고 몸소 본이 되시는 PMI챕터 청석 이두표 이사님과 물심양면으로 지원해주신 PMI한국챕터와 이명주 차장님, 책을 마무리하기까지 가장 가까이에서 격려해준 사랑하는 아내 릉연과 아들 병준, 병헌에게 감사의 마음을 전합니다.

프로젝트 관리는 PM만 하나요?

항상 그렇지만, 월요일 출근은 몸이 무겁다. 월요병 정도는 아니지만, 월요일 출근길은 왜 이리 막히는지…… 주말에 생각나지 않던 긴급한 일들이 막 떠오르기 시작한다. 회사 정문을 지날 때쯤엔 이미 오늘 할 일이 태산과 같이 느껴진다. 평일 출근 시간은 9시이지만 우리 팀은 월요일 주간 미팅을 8시 45분에 시작하는 것으로 약속이 되어 있다. 어제 자기 전만 하더라도 아침 일찍 출근하여 커피 한 잔과 함께 여유 있는 한 주의 시작을 다짐하였건만, 나에게 고정된 생체시계라도 있는 것인지 어김없이 8시가 되어서야 일어난 것이다. 여기서 8시란 의미는 지각하지 않고 겨우 회사에 도착할 수 있는 시간을 뜻하기 때문에 나는 책상에 가방을 던지다시피 하고 바로 미팅룸으로 빠른 걸음으로 이동했다.

"굿모닝~ 여러분, 주말 동안 잘 쉬었나요?"
"요즘 우리가 영업을 하면서 고객사의 요구사항을 받아들이는 데 미숙함이 있는 것 같고, 이로 인해 고객과의 커뮤니케이션을 하는 데 있어서 많은 어려움도 있고, 이슈도 많이 발생하고 있잖아요?!"
"그래서 마침 제가 개인적으로 아는 부장님께서 최근에 PM 자격을 취득하시고, 몇 개월 전부터 회사 내에서 PM 교육을 하고 계신다는 것을 알게 되었습니다. 그래서 우리 팀 사정을 말씀을 드리고 교육을 요청드렸더니 흔쾌히 6주 과정으로 교육을 진행해주시겠다고 허락해주셨습니다."

"재훈 씨, 오늘 팀 전체에 참가 여부 회람해서 다음 주 수요일까지 참석자 명단 제게 알려주세요."

"그럼, 이렇게 정리하고 이번 한 주도 힘냅시다. 저는 이번 주에는 부산 출장이니 급한 일 있으면 제게 연락 바랍니다."

회의를 마치고 자리로 돌아오면서, 문득 PM이라는 것이 궁금해지기 시작했다.

"이 대리, PM이 뭔지 알아?"

"글쎄요? PM이 뭐지? 무좀약 이름은 아닌 것 같고…… 생산라인에서 예방보전 할때 PM이라고 하지 않던가요?"

이 대리가 멋쩍다는 듯이 뒷머리를 쓸면서 자신 없게 대답했다.

사실 나도 팀장님께 중간에 약자의 의미를 묻고 싶었지만, 밑에 있는 친구들의 시선도 있고 해서 따로 물어볼 심산이었다. 따로 인터넷 포털사이트에 약자라도 검색하여보아야겠다고 생각던 때에 이 대리가, 곰살맞게 말을 건넨다.

"과장님, 커피라도 한 잔하고 시작하죠~"

"어, 그럴까?"

그렇게 한 주는 시작되었다. 업무에 복귀하자 마자 PM이라는 작은 호기심은 머리속에서 온데간데없어지고, 고객들의 빗발치는 납기 단축 요구와 견적 요청에 치열한 생활이 계속되었고 나의 몸과 마음은 적응해가기 시작했다.

오늘도 고객은 미팅 약속을 어겼다.

"이럴 거면 미리 얘기라도 해줄 것이지…… 참……"

나는 애꿎은 핸들을 손으로 후려치며 불만을 토했다. 지난주에 미팅하자고 한 것도 고객이었고, 늦으면 안 된다고 한 것도 고객이었는데, 30분 일찍 도착하였지만 미리 연락하면 실례가 될 것 같아서 정확히 미팅 시간 1분 전인 9시 59분에 연락을 하였다.

"아! 맞다. 강 과장님, 어쩌죠? 갑자기 팀장님 보고 건이 생겨서 말이죠…… 잠깐만요…… 아, 안 되겠네요. 정말 미안하지만 1시간만 기다려줄 수 있나요?"

전화기를 들고 있는 나의 언짢은 얼굴이 백미러에 비쳤다. 혹시 고객이 눈치라도 챌까봐, 목소리를 가다듬고 대답했다.

"아 그럼 기다려야죠. 허허허…… 급한 일 마치시는 대로 연락 주세요. 저는 근처에서 기다리고 있겠습니다."

기술영업을 하다 보면 이런 일로 시간이 비는 경우가 많다. 약속 시간을 맞추기 위해 30분이나 일찍 와서 기다렸는데, 최근 들어 몇 번이나 이런 식으로 약속을 미루거나 기다리게 하니 짜증이 밀려왔다. 투덜거리면서 주변에 있는 카페를 찾았다. 아메리카노 한 잔을 시킨 후, 남는 시간에 메일이라도 확인해야겠다는 생각에 자리를 잡고 노트북을 펼쳤다. 자리에 앉고 보니 뜻밖에 커피 한 잔의 여유를 준 고객이 오히려 고맙기도 했다. 아웃룩이 인터넷에 연결되자마자 서버와 동기가 되면서 10통이 넘는 메일이 주르륵 화면을 가득 채웠다. 따뜻한 커피를 홀짝이며 메일을 하나씩 처리해나가다가 막내 재훈 씨가 보낸 메일을 열었다.

〈PM 교육 참가 인원 확인 건〉
팀장님께서 말씀하신 PM 교육 인원을 확인합니다.
일시: 2011년 06월 09일부터 매주 수요일 저녁 07~09시
장소: B604 대회의실
강사: 이청석 부장(자동차 사업부 PM)
교재: PMBOK 4판
(중략)

"아~ 맞다. 교육 신청하기로 했지!"

막상 교육 신청을 하려니, 6주간 수요일 저녁 시간을 투자해야 한다는 것이 여간 부담스러울 수가 없었다. 잠시 망설이다가 팀장님께서 하신 말씀이 문득 생각났다. 이번 강의는 다시 잡기 쉽지 않은 교육이며, 외부에서 교육받을 시에는 수십만 원을 들여야 들을 수 있는 교육이기 때문에 이번 기회를 잘 활용하라는 말씀이었다.

"그래, 어차피 배울 거라면 이번에 해보자."

나중에 하려면 별도로 돈과 시간을 투자해야 할 것이고 이번에 팀원들 배울 때 함

께 배워 두는 것이 좋을 듯하였다. 나는 혼자 중얼거리면서 교육 신청 응답 회신을 하였다.

메일을 다 정리하였을 즈음 고객사에서 연락이 왔다.

"강 과장님, 많이 기다리셨죠? 미안해요. 지금 미팅하시죠. 커피 타 놓고 기다리겠습니다."

조금 전의 불만은 사라지고 고민 후에 교육을 신청해서인지, 갑자기 고객이 친절하게 미팅을 하자고 해서인지 고객을 만나러 카페를 나서는 발걸음이 가볍게 느껴졌다.

바쁜 일상을 보내다 보니 교육을 신청했다는 것도 잊어갈 때 즈음, 아침에 휴게실에서 만난 이 대리가 말을 걸었다.

"과장님도 이번 주부터 시작하는 PM 교육 신청하셨어요?"

"어, 신청했어. 이번에 안 들으면 언제 다시 기회가 있을지도 모르겠고…… 남들들을 때 같이 들으면 좋을 것 같아서."

"맞아요. 그래서 저도 한번 들어보려구요. 아, 그리고 저 PM이 뭔지 알았어요."

"무슨 뜻이래?"

"하하, 그게 알고 보니 Project Management의 약자이더라구요. 자주 만나는 고객사 담당자 중에 프로젝트 담당자가 있는데 그분이 설명하길, PM은 자기 같은 프로젝트 관리자(Project Manager) 또는 프로젝트 관리(Project Management)를 뜻한대요.

우리가 고객사하고 회의할 때 가장 많이 하는 단어 중 하나가 프로젝트인데, 그걸 관리하는 별도의 이론이 있다는 것이 신기하기도 하고 궁금하기도 하네요."

"오, 그렇구나! 생소하기는 하지만 이 대리 이야기 들으니까 나도 궁금해진다. 하하"

수요일 저녁이 되어 교육을 받기로 한 팀원들이 저녁 식사를 마치고 대회의실로 하나둘씩 모이기 시작했다. 과장은 나 한 명인데, 막내 사원부터 대리급까지는 모두 참석을 했고 타부서원들까지도 소식을 듣고 신청을 했는지 자리를 차지하고 있었다. 교재를 받고 훑어보고 있는데, 처음 보는 분께서 수강생들과 한 명씩 인사를 나누고 있는 모습이 보였다.

'아 저분이 이청석 부장님이시구나'

나도 일어나서 부장님께 다가가 인사를 드렸다.

"안녕하세요. 자동화사업부 강탁구 과장입니다."

"아~ 반가워요. 우리 재미있게 공부해봐요."

간단하게 돌아가며 자기소개를 하고 첫 수업이 시작되었다.

강사님께서 우리를 향해 이렇게 물으셨다.

"여러분 프로젝트란 무엇이라고 생각하나요?"

막내 재훈 씨가 먼저 대답했다.

"제 생각에는 큰 비용을 투자하고 많은 사람들이 같이 하는 일이 프로젝트라고 생각됩니다."

"음…… 뭐랄까요…… 결혼식이나 행사 같은 이벤트가 프로젝트가 아닐까요?"

"글쎄요…… 저는 실현하기 힘든 일을 실현 가능하게 하는 것이 프로젝트라고 생각합니다."

"저는 계획과 실행을 반복하며 무언가를 만들어내는 것이 프로젝트라고 생각합니다."

다들 저마다 평소에 본인들이 생각했던 프로젝트에 대한 정의를 내려보았다.

나는 선뜻 나서서 대답하지는 않았지만 속으로 생각해보았다. 프로젝트란 무엇일까?

'아마도 무언가 의도한 것을 이뤄내기 위해 여러 사람들이 모여서 함께 협업하는 정도가 아닐까 라고……' 혼자만의 생각에서 깨어날 때 즈음 강사님께서 미소를 지으며 화이트보드에 프로젝트의 정의에 대해 적기 시작하셨다. 그리고 뒤를 돌아보며 말씀하셨다.

"사실 프로젝트라는 것이 PMI에서 나온 PMBOK에 정의되어 있기로는 'A project is a temporary endeavor undertaken to create a unique product, service or result.' 라고 해요. 하지만 여러분이 생각해낸 것도 모두가 맞다고 할 수가 있어요. 프로젝트에는 큰 비용과 시간이 들고, 인생에서 결혼식을 한 번 하는 것처럼 유일무이한 것이기도 하지요. 그리고 '미션 임파서블'이라는 영화처럼 프로젝트에는 항상 불확실성이 존재해요. 우리는 그 불확실성을 최소화하고 기회를 높여가면서 제한된 시간과 비용 그리고 리소스의 제약을 극복하면서 프로젝트를 성공으로 이끄는 것이 프로젝트 관리의 묘미라고 할 수 있죠."

강사님의 설명을 들으며 생각해보았다. '오호, 그렇구나. 프로젝트는 이미 우리가 정확히 알고 있지 않았을 뿐, 부지불식간에 이미 수행해오던 것들이었구나.'

그러고 보니 예전에 결혼식을 준비하면서 아내하고 혼수도 준비하고 예산도 짜보고 일정을 조율하고 양가 부모님의 의견도 참고해야 하고 많은 일들이 있었는데…… 아내와 다투기도 많이 하고 고민도 많이 하면서 함께 미래를 준비했던 재미있었던 추억을 되살려보니 그 모든 것이 하나의 프로젝트였던 것이었다.

첫날이라 강사님께서는 이론적인 깊은 내용으로 바로 들어가기보다는, 프로젝트란 무엇인가에 대해서 다양한 예시와 본인의 경험 사례를 통해서 참석자들이 프로젝트에 대한 개념을 충분히 이해할 수 있도록 도와주셨다.

"그럼 오늘은 이렇게 프로젝트 관리 방법에 대한 첫 소개를 마칠게요. 한 가지 말씀을 드리고 싶은 것은, 프로젝트가 꼭 일에만 관련된다고 생각하지 마시라는 것이에요. 하루하루의 삶, 여러분의 생활과도 아주 밀접하게 관련되어 있지요. 그리고 처음에는 프로젝트 용어와 많은 도구와 기법이 많이 생소하게 느껴질 거예요. 로마가 하루에 만들어지지 않았듯이 PM이라는 지식도 단기간에 다 익히기에는 무리가 있어요. PM의 유명한 표현에 'Rolling Wave Plan'이라는 용어가 있어요. 지금은 너무 어렵고 익히기 어렵게 느껴질지 모르지만 여러분의 회사 업무라든지 일상생활에서의 일들을 하나씩 접목해 가면서 PM을 공부해 나가다 보면 어느새 여러분들은 PM 전문가가 되어있을 겁니다."

집으로 돌아오는 길에 문득 멀게만 느껴졌던 프로젝트라는 것이 이미 우리 삶에 많이 밀접하게 행해지고 있었다는 사실이 흥미롭게 느껴졌다.

첫 수업에서 느꼈던 흥미는 수업에 대한 집중으로 이어졌고, 범위, 일정, 비용, 품질…… 한 주 한 주 진도가 나아갈수록 내가 수행하고 있는 기술 영업 중 상당히 많은 영역에 접목하여 사용할 수 있다는 사실이 나를 흥분하게 만들었고, 이러한 지적 호기심이 나를 PM의 세계로 이끌었다. 생소한 단어들과 어려운 개념들도 있었지만, 이러한 지식들을 습득하고 업무에 적용할 수 있다면 나만의 강력한 영업 관리 툴이 될 것 같다는 강한 확신이 들었다. 모든 PM 지식 영역을 영업에 적용한다는 것은 무리가 있겠지만 특히 범위 관리, 일정 관리, 비용 관리, 의사소통관리 그리고 이해관계자 관리와 관련된 기법과 도구들은 기술 영업자인 나에게는 새로운 지식 세계로의 여행과 같았다.

왜냐하면 기술 영업을 하면서 고객의 불합리한 요구사항을 어떻게 관리할 것인가, 복잡한 고객사의 다양한 이해관계자와의 관계를 매끄럽게 가져갈 방법은 없을까 수없이 고민해왔고, 정답은 없다 하더라도 무언가 합리적이고 효율적인 방법론은 존재할 것이라는 생각을 해왔기 때문이었다. 매주 수요일 저녁 수업을 듣는다는 것이 쉬운 일은 아니었지만, 이러한 지적 호기심이 나에게 큰 동기를 유발시켰고, 열정적으로 강의해주시는 이청석 부장님을 생각하면 수요일이 기다려질 수밖에 없었다.

"여러분 벌써 5주 차 수업 시간이 되었네요. 어때요? 프로젝트 관리라는 것이 아직도 많이 어렵게만 느껴지시나요? 지금까지 수업을 통해 이제 조금은 프로젝트에 대해 대략 개념을 잡으셨을 것 같은데요. 그런 의미에서 다음 주 마지막 수업을 위해서 과제를 하나 드릴까 합니다. 다음 주 수업 시간에는 최근에 여러분들이 진행했거나 계획하고 있는 일들을 프로젝트 관점에서 간단하게 정리해서 발표하는 시간을 갖도록 하겠습니다. 예를 들면 가족분들과 캠핑을 가셨거나 가족 여행을 계획하시거나, 돌잔치를 하시거나 다 프로젝트처럼 진행할 수가 있습니다. 범위를 잘 생각해보시고, WBS도 만들어보시고, 비용도 산정해보시고, 간트 차트도 만들어보시면 근사한 프로젝트로 바뀌게될 겁니다."

"결혼식 준비도 프로젝트라고 할 수 있나요?"

결혼을 앞두고 있는 민 대리가 물었다. 한바탕 웃음이 지나간 뒤 강사님이 대답하셨다.

"그럼요, 결혼 준비는 인생에서 아주 중요한 프로젝트라고 할 수 있지요. 이번 기회에 프로젝트 관리기법을 적용해서 결혼 비용도 줄여보시고, 아내가 되실 예비 신부님에게 일생의 가장 큰 선물이 될 이벤트로 준비해보시면 좋을 것 같네요."

"아! 네, 알겠습니다. 강사님, 혹시 제가 궁금한 것 있으면 수업 시간이 아니더라도 연락드리고 조언을 구해도 되겠습니까?"

"그래요, 제가 웨딩플래너는 아니지만, 프로젝트 관점에서 조언을 해드리도록 하지요."

피곤함을 잊을 정도로 수업 내용에 빠져 있다 보니 금방 수업이 종료되었다.

"여러분, 그럼 오늘 배운 리스크 관리 내용까지 추가해서 한 주간 여러분들만의 재미있는 프로젝트를 정리해서 다음 주에 만나기로 합시다. 기대할게요. 오늘도 수고 많으셨습니다."

'프로젝트라? 최근에 내가 계획하고 있는 일 중에 적용해 볼 만한 일이 무엇이 있을까? 아하, 이번 달 마지막 주 금요일에 캠핑을 가기로 했지!' 나는 집으로 돌아오는 차 안에서 캠핑을 나만의 첫 프로젝트 과제로 삼고 바로 기획에 들어가 보기로 했다. 집에 도착하자마자 씻고 아이들이 잠든 것을 확인한 후에 바로 A4지 한 장을 책상 위에 올려놓고 '캠핑'이라는 주제에 대해 브레인스토밍을 시작했다.

프로젝트 헌장

I.   프로젝트명: 우리 가족 가을 캠핑

II.   프로젝트 미션: 안전하게 캠핑하고 즐거운 추억 만들기

III. 프로젝트 목표: 아내와 두 아이들과 캠핑에서 행복한 시간 만들기

IV.   성공기준: 아내, 아이들의 만족 / 사소한 일로 아내와 다투지 않고 돌아오면 성공.

V.   제약사항: 모든 캠핑 도구가 완비되어 있는 것은 아님.

VI.   PM의 역할: 일정 관리, 준비물 챙기기, 가족의 안전 지키기

VII. 이해관계자: 사랑하는 우리 가족

VIII. 마일스톤: 2015.09.06. 출발 / 1박 2일 / 2015.09.07. 복귀

IX.   손익분석: 이익을 위한 사업 아님 / 가족과의 추억 ROI 산정 불가.

'처음 할 일이 음…… 그래 프로젝트 헌장을 만들어야지……'

'가족 캠핑에 프로젝트 헌장이라. 허허 좀 거창하긴 하지만 재미가 있네. 캠핑을 왜 가는지에 대한 의미도 좀 더 생각해보게 되고……. 그 다음은 이해관계자 파악하기니까 바로 우리 가족이 되겠고……'

간단하기는 하지만 직접 조직도를 만들어 보았다.

'돈은 아내로부터 나오니 스폰서님이 되시겠고, 아이들은 중요한 고객들이니……'

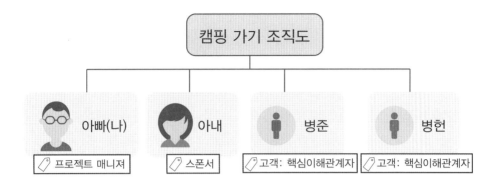

다음은 캠핑에서 할 일들을 생각해 범위를 산정해보아야 할 것이었다. 그런데 생각해보니 강사님께서 범위는 고객의 요구사항으로 만들어진다고 하지 않았던가? 그래서 나는 그날 저녁 식사 시간에 아이들과 아내에게 물었다.

"이번에 우리 캠핑 가잖아. 뭐, 특별히 하고 싶은 것 있어?"

"캠핑 자주 가는데 이번에는 왜 물어요? 뭐 특별한 이벤트 해보려구요?" 아내가 새삼스럽다는 듯이 물었다. 내가 대답하려는 찰나 둘째가 갑자기 치고 들어왔다.

"소시지 구워주세요."

"저는 떡볶이 해 먹고 싶어요. 친구가 며칠 전에 캠핑을 가서 해 먹었는데, 학교 앞 분식점에서 먹는 거랑 차원이 다르대요. 히히"

"그리고 저녁 먹고 나서는 영화 보여주세요."

"거기에 개울 있어요?…… 나 물고기 잡아보고 싶은데……. 깊으면 어떻게 하지."

"병준 아빠, 밤에 너무 추워, 침낭 좀 두꺼운 거 챙겨가요……"

"잠깐만, 나 좀 적을 것 좀 가져와야겠다."

아내와 아이들이 기다렸다는 듯이 요구사항을 쏟아냈다. 나는 하나씩 가족들이 원하는 바를 메모하면서, 그동안 혼자 생각하고, 준비하고, 캠핑을 가고, 나중에 가족들의 불만을 들으며 불평했던 기억이 떠올랐다. '고생해서 준비했더니 왜이리 불만이 많은거야?' 생각해보니 내 위주로 준비하고, 내 위주로 캠핑을 가다 보니 정작 아이들과 아내가 원하는 부분은 많이 놓쳤던 것을 반성하게 되었다. '아, 이래서 고객의 요구사항을 잘 수집하고 정리하는 것이 중요하다고 하는구나.' 왠지 이번에는 요구사항을 잘 받아

들여서 좋은 아빠, 좋은 남편이 될 수 있을 것만 같은 기분이 들었다. 처음에는 캠핑이라는 작은 토픽으로 프로젝트 방법론을 적용한다는 것이 너무 거창한 것이 아닌가 했는데, '가족 캠핑도 엄연히 프로젝트이고 몇 가지 단순한 부분만 적용해보아도 온 가족이 행복해질 수 있는, 짜임새 있는 가족 행사로 거듭날 수가 있구나'라는 생각이 들었다.

다음날 메모에 있는 내용을 마인드 맵으로 정리하고 이것을 WBS로 삼기로 했다.

일단, 살 것과 챙길 것으로 나누고 항목별로 정리해보았다. 그리고 이것을 출발하기 전 체크리스트로 쓰면 좋을 것 같았다. 왜냐하면 캠핑갈 때마다 꼭 한 개 정도는 빠뜨려서 캠핑장 근처에서 다시 사는 경우가 많았기 때문이다.

'이래서 강사님이 WBS를 만들 때는 항상 All the works, Only the works를 생각하라고 하셨구나……' 중복되지 않게 해야 할 모든 일들을 정리하는 것은 일의 효율과 시간, 비용을 절약해주는 좋은 방법인 것 같았다.

'WBS까지 간단히 정리해보니 어서 당장 캠핑을 가고 싶어지는데?'

나는 자랑을 하고 싶어서 아내에게 지금까지 만든 몇가지 문서를 보여주었다. 아내는 한참 보더니 나를 물끄러미 쳐다보았다. 나는 칭찬을 기대하며 아내의 대답을 기다렸다.

"왜 이렇게 피곤하게 살아요? 이럴 시간 있으면 아이들 공부나 좀 도와주지. 이그……."

"피~ 나는 칭찬해줄지 알았는데……. 사실은 사내 교육으로 프로젝트 관리 배우고 있는데, 우리 캠핑을 가는 것으로 숙제를 하는 거야. 어때 제법 그럴 듯해 보이지 않아?"

"그래도 가족 위해서 애쓰는 것 같아 보기는 좋네요. 히히"

나는 추가로 간단한 일정과 살 것, 주유비, 캠핑장 이용료 등을 비용으로 산정하고 리스크 관리도 간단히 정리해보았다.

마지막 수업 날, 나는 옆자리에 앉은 이 대리에게 물었다.

"이 대리는 무슨 주제로 했어?"

"저는 가족여행이요. 연말에 대만 여행을 가려고 하는데, PM을 한번 적용해보았어요. 막상 시작하니 생각할 것도 많고 할 일이 많던데요. 그래도 숙제를 하면서 여행 계

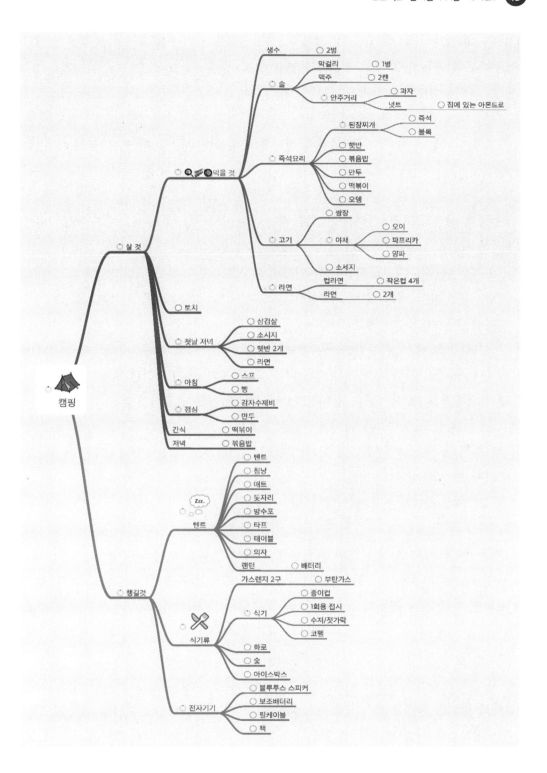

획을 좀 더 알차게 할 수 있을 것 같아요. 여자친구도 내가 이렇게까지 여행을 열심히 준비한다고 놀라는 눈치예요. 하하. 과장님은요?"

"어, 나는 캠핑으로 해봤지. 한번 볼래?"

나는 내가 준비한 내용을 살짝 보여주었다.

"오호~ 과장님 무슨 가족 캠핑 컨설팅해도 되겠는데요? 근데 좀 거창해보이기는 하네요."

수업이 시작되고 강사님께서는 지금까지 배운 프로젝트 지식영역에 대해 한 번씩 총정리해주셨다. 그리고 숙제에 대한 이야기를 꺼내셨다.

"여러분 숙제는 다 해 보셨나요? 어땠어요? 재훈 씨가 한번 이야기해주실래요?"

"네, 저는 차를 새로 구입할 예정인데요. 차 구입 프로젝트를 정리해보았습니다."

"어떤 부분이 가장 어렵던가요?"

"처음에는 브랜드, 디자인만 생각해보았는데, 범위, 일정, 비용, 리스크까지 정리해보고 나니 제 생각도 많이 바뀐 것 같습니다. 특히 제가 처음 원했던 자동차 모델이 저의 경제 상황과 같이 생각했을 때 타당한 것인가, 그리고 금융적인 리스크까지 생각해보니 좀 더 합리적인 생각을 하게 된 좋은 기회였던 것 같습니다."

"그래서 좀 경제적인 모델로 차를 고르실 건가요?"

"아직 고민 중입니다."

재훈 씨가 멋쩍게 웃으며 대답했다.

다들 여러 가지 주제에 대해 프로젝트 관리 방법론을 적용하여 돌아가며 발표를 하고, 강사님께서 부족한 부분들을 채워주셨다. 서로의 발표를 들으며 나도 내가 작성한 자료를 보니 틀린 부분과 보강해야 될 부분을 알게 되었다. 모두의 발표가 끝나고 질의응답을 마친 후에 강사님께서 마무리 멘트를 하셨다.

"여러분 6주간의 시간이 금방 지나갔습니다. 길다면 길고 짧을 수도 있지만, 이번 프로젝트 방법론 강의를 통해 여러분의 회사 일과 개인의 일에 조금이라도 변화가 있다면 그것만으로도 저는 만족할 것 같습니다. 강의는 오늘로 끝나지만 저는 여러분과 같은 건물에서 일하고 있으니, PM 관련 궁금하신 부분이 있으면 언제든 편하게 연락 주세요. 그리고 여러분의 한 번뿐인 인생 또한 중요한 프로젝트임을 잊지 마세요. 그럼 모두 수고 많으셨습니다.”

　　6주간 아무런 보수 없이 같은 그룹사라는 이유만으로 성심껏 강의를 해주신 이청석 부장님께 감사한 마음이 들었다. 그래도 한편으로는 나라면 저렇게 개인의 시간을 희생하며 지식을 공유할 수 있을까라는 질문을 스스로에게 해 보며 부장님의 열정에 감사드렸다.

　　그리고 7년이 지난 지금 나는 PM 팬이 되어있다. 강의를 듣던 때는 엄두도 못 내었던 PMP 시험에 도전하여 자격증도 취득하고, PMI 한국챕터 회원으로서 이제는 PMI 챕터 이사님이 되신 이청석 부장님과 계속해서 인연을 이어나가고 있다. 지금 생각해보면, 영업사원으로서 PM에 관심을 갖게 된 데에는 오래전부터 이어진 고민에 답이 있지 않나 한다. 프로젝트에서 범위, 일정, 비용 그리고 조달관리에 밀접하게 연관된 이해관계자이며, 프로젝트에 필요한 제품을 공급하는 공급자로서 그 공급사의 제품을 소개하고 홍보하는 자가 있으니 그가 바로 영업사원인 것이다. 영원사원으로서 고객의 프로젝트 현황을 이해하고 요구사항을 파악하는 측면에서, 프로젝트에 대한 개괄적인 이해를 바탕으로 영업을 진행하는 것과 그렇지 않은 것은 영업 결과에도 큰 차이를 만든다는 것은 많은 경험에서도 스스로 느끼는 바가 컸다. 또한 영업사원 입장에서는 고객을 대할 때 이해관계자 관리와 의사소통 측면에서 정말 많은 아이디어를 만들어 낼 수가 있다. 영업자들 사이에서는 소위 ‘키맨(Key man)’이라고 하는 사람을 잡아야 한다는 이야기를 많이 하는데 프로젝트 관점에서는 그가 바로 ‘핵심이해관계자(Key stakeholder)’이며 밀접하게 관리가 필요한 사람이기도 하다. 명쾌하게 황금비율과 같이 정량적으로 정답을 내기 힘든 정글 속과 같은 영업의 세계에 PM 방법론을 적용하여 고객 탐구에 나서면서 나에게는 많은 변화가 생기기 시작했다. 먼저 사용하는 용어가 표준화 하게 되었고, 다양한 고객과의 관계 흐름의 패턴을 찾고 PMBOK에 있는 도구와 기법들을 실제 영업 현장에 적용해보며 혼자만의 실험을 해 보고 그 효과를 어느 정도 경험하는 날에는 혼자서 그 성취감에 주먹을 움켜쥐며 기뻐했던 적도 있었다. 이제는 회사에서 팀 내에서 PM 전문가로서 그리고 후배 영업사원들의 문제를 같이 고민하고 해결 방안 중 하나로서 PM 방법론을 소개해주기도 하면서 PM 전도사 역할을 하고 있는 나를 발견하게 된다. 가끔 영업을 하다가 고객사 PM 담당자들과 인사를 나누고 이야기를 나누다가 보면 나의 명함에 적혀진 PMP 마크를 보고 의아한 표정으로 왜 영업사원이 PM까지 공부했냐고 물을 때가 있다. 그럴 때면 나는 웃으며 이렇게 대답한다. "프로젝트 관리는 PM만 하나요?"

리스크 관리 중요합니다! 그런데…… 어떻게 하죠?

회사에서 중요한 프로젝트와 관련된 회의를 하면서 가장 많이 들었던 것 2가지를 꼽으라고 한다면, 나는 아마도 'ROI'와 '리스크 관리'라고 이야기할 수 있을 것 같다. 오늘 월요일 주간 미팅에서도 리스크 관리에 대한 중요성은 어김없이 강조되었다.

팀장님이 우려 섞인 목소리로 본부장님께 보고했다.

"현재 문제는 ABC 엔지니어링에서 발주한 제품 중 일부 센서들의 납기가 예상보다 늦어질 수도 있다는 물류 팀의 회신입니다."

본부장님께서 당황스럽다는 듯이 대답하셨다.

"물류 팀에서 납기에 문제가 없다고 확신하여 자신 있게 밀어붙여 수주를 받았는데, 이제 와서 그런 답변은 참 책임이 없는 답변이네요. 제가 물류 팀장님과 이야기해볼게요. 납기일에 대한 불확실성이 가장 큰 리스크가 될 수 있겠네요. 혹시라도 납기일에 납품이 제대로 되지 못했을 때, 우리에게 닥칠 가장 큰 영향은 무엇일지 리스크 분석을 해보고 그 밖에 아직은 문제가 없지만 잠재적인 리스크들도 확인해서 분석한 뒤 보고 바랍니다. 이번 프로젝트는 규모와 금액이 크다 보니 보다 주의를 기울일 필요가 있습니다."

"네, 알겠습니다. 분석해서 보고 드리겠습니다."

회의가 끝나고 팀장님께서 부르셨다. 왠지 미팅 때 나온 주요 이슈와 관련된 이야기를 하실 것 같은 예감이 들었다.

"강 과장, 아까 회의 때 본부장님께서 지적하신 리스크 분석, 강 과장이 해볼 수 있을까요? 리스크 분석이라는 것이 말은 쉽지만 막상 무엇을 어떻게 해야 할지 고민스러운 것은 사실입니다. 강 과장이 프로젝트 관리에 대한 지식이 있으니 한번 아이디어 내주시면 좋을 것 같습니다. 그리고 이번 기회에 우리 팀 내에 리스크 관리에 대한 틀을 갖추는 것도 생각해서 작성해주세요."

"아, 네 알겠습니다. 저도 리스크 분석이라고 해서 따로 해본 적은 없지만 초안 작성해서 보고 드리도록 하겠습니다."

"고마워요. 그럼 금요일까지 초안 만들어주시면 같이 검토해보도록 합시다."

나는 잠시 머뭇거리다가 긍정의 답변을 할 수밖에 없었다. 어차피 내게 물으셨다는 것은 내가 해야 한다는 뜻이기도 했다. 이러한 나의 반응은 경험에서 만들어진 것이기도 한데, 대개 상사가 무엇인가를 해볼 수 있는지를 묻는다면 그 사람이 해주기를 바라고 묻는 경우가 많기 때문이다. 그 부분은 상사로서의 나도 마찬가지이다.

선뜻 쉽게 대답은 했지만 어디서부터 시작을 해야 할지 몰랐다. 왜냐하면 사실 나도 일상 업무에서 리스크에 대해서 이야기는 많이 했지만, 정작 나는 물론이거니와 다른 사람이 리스크 분석을 하는 것을 본 적이 없었기 때문이다. 그랬다. 우리 모두가 리스크를 기피하고 대비해야 한다는 것은 알지만 정작 어떻게 대비하고 관리하는지 그 방법에 대해서는 실천해본 적이 없었던 것이다. 일단 예전에 PMBOK을 참조하여 리스크 관리에 대해 다시 한 번 복습하고 컨셉을 잡기로 했다. PMBOK 6판이 새로 나왔기에 리스크 관리 부분을 펼쳐 놓고 큰 틀을 잡기 시작했다. 우선 리스크 관리 계획을 세우고 리스크에 대한 확률과 영향은 리스크 식별 차원에서 어떤 기준으로 가져갈 것인지에 대한 계획을 세우는 것이 중요했다. 이것은 나 혼자 하기에는 무리가 있는 데다가 팀원들의 의견을 모아 기준을 잡는 것이 중요하기에 별도 미팅을 통해 진행해야 할 것 같았다. 그리고 리스크를 정량적인 것과 정성적인 것으로 나누어 분석할 필요가 있었는데, 이번 리스크 분석 보고서에는 정성적인 리스크에 대해서 정리하고 매트릭스화하는 것으로 방향을 잡았다. 그리고 리스크를 심각도에 따라 나누고 가장 중요하고 심각도가 높은 3가지에 대한 대응 방법과 그에 따른 영향에 대해 정리하여 보고하면 될 것 같았다. 팀원들과 미팅 전에 어느 정도 리스크 관리에 대한 구상을 프레임화해서 미팅의 취지를 설명하고 의견을 구하면 좀 더 효율적인 미팅을 진행할 수 있을 것 같았다. 그래서 먼저 지금 진행하고 있는 프로젝트와 관련된 사안들을 정리하고 RMP(Risk Break-down Structure)로 카테고리화할 필요가 있었다.

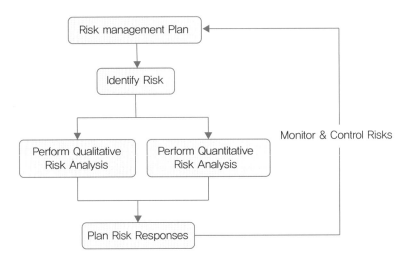

〈출처: PMBOK 6th Edition, Project Risk Management 참조〉

계약서와 발주서 그리고 고객사와 오간 메일 내용을 검토하다 보니, 세 가지 단어를 반복적으로 사용하고 있는 것을 발견했다.

리스크 / 이슈 / 문제

일상에서도 자주 사용하는 이 세 단어의 사전적 의미부터 궁금해졌다. 때로는 무의식적으로 사용하여 그 진정한 의미를 모르는 경우도 있기 때문이다. 그리고 사람마다 단어의 해석이 달라서 같은 상황을 두고도 누구는 리스크, 누구는 기회, 누구는 이슈로 표현하는 경우도 허다했다. 일단 포털사이트 사전 검색 창에 리스크를 검색해보았다.

리스크 〈출처: 산업안전대사전〉

어떠한 기회에 의해서 사람에게 상해를 주거나 또 건축물, 설비 등에 대해서 손상을 입히는 데 원인이 되는 잠재적인 위험성 또는 유해성을 말한다. 하인리치의 재해발생 기본원리에 따르면 잠재적인 위험성이 어떠한 기회에 의해서 사실의 현상이 되고, 그 사실의 현상에 의해서 다시 진전되어 발전해서 상해, 손해라는 결과를 초래한다.

하지만 사전적 의미로는 부족……

리스크 〈출처: 지식경제용어사전〉

예측하지 못한 어떤 사실이 금융기관의 자본이나 수익에 부정적인 영향을 끼칠 수 있는 잠재 가능성을 의미하는 것으로 위험(Danger)과는 달리 리스크를 수용하여 적절히 관리할 경우 그에 상응하는 보상이 제공되는 불확실성을 말함.

사전적 의미로는 무언가 부족했다. 좀 더 검색을 해보았다. 그러다가 보다 구체적인 답변을 찾아내었다.

리스크란? 〈출처: 대학생을 위한 실용금융〉
우리는 실생활에서 리스크(Risk)라는 말을 자주 접하지만, 정확한 의미를 이해하지 못하고 사용하는 경우가 많다. 그 이유는 아마도 영어 'Risk'에 대한 우리말 번역을 '위험'으로 표현하기 때문인 것 같다.
사실 우리말 '위험'은 부정적인 의미를 내포하며 영어로는 'Danger'에 더 가깝다. 즉, 영어로는 'Risk'와 'Danger'가 서로 다른 의미인데 우리말에서는 둘 다 '위험'으로 번역하기 때문에 리스크의 정확한 의미가 왜곡되고 있는 것 같다.
리스크(Risk)란 불확실성에 노출(Exposure to uncertainty)된 정도를 의미하며 부정적 상황 외에 긍정적 가능성도 내포하게 된다. 특히, 금융에서 많이 사용되는 리스크란 용어는 불확실한 미래 상황에 노출된 상태로서 미래 결과에 따라 좋을 수도 있고 나쁠 수도 있게 된다. 따라서 부정적인 결과만 있는 위험(danger)과는 구분되어야 한다.

'오, 이거네……. 내가 찾던 리스크의 의미를 잘 표현해 주는 내용이구나…….'
나는 위에 내용을 메모해놓고 PMBOK에서 정의하는 리스크의 내용도 찾아보았다.

Project risk is "an uncertain event or condition that, if it occurs, has a positive or negative effect on one or more project objectives such as scope, schedule, cost, or quality." 〈출처: 5th Edition of the PMBOK® Guide〉

번역해보면 리스크는 불확실한 사건이나 상태, 만약 발생하게 되면 하나 또는 그 이상의 프로젝트와 관련된 범위, 일정, 비용 또는 품질에 긍정적이거나 부정적 영향을 줄 수 있다는 내용이었다. 그리고 보면 리스크는 굳이 한국어로 번역하자면 위험이 아닌 '불확실성'으로 표현하는 것이 맞았다. 리스크가 현실화되어 그것이 긍정적인 영향을 줄지 아니면 부정적 영향을 줄지는 알 수 없기에 리스크를 무조건 부정적으로 볼 필요는 없었던 것이다. 리스크에 대한 정의를 되새겨 보면서 평소에 무심코 쓰던 단어들에 대한 정확한 의미를 파악하는 것이 중요함을 새삼 느끼게 되었다.

　'이제, 리스크는 좀 정의가 된 것 같은데 이슈와 문제, 이슈와 리스크는 무엇이 다르지? 비슷하면서도 차이가 있는 단어들을 쉽게 구분하기 쉽지 않네. 일단 사전에 검색해 보자……'

　포털사이트 사전 검색 서비스에 검색을 해보니 다음과 같은 결과가 나왔다.

이슈 〈표준국어대사전〉
쟁점(1. 서로 다투는 중심이 되는 점). '쟁점', '논쟁거리', '논점'으로 순화.

문제 〈표준국어대사전〉
[명사]
1. 해답을 요구하는 물음.
2. 논쟁, 논의, 연구 따위의 대상이 되는 것.
유의어: 문8 , 물의2 , 사건1

　이것은 쉽지 않았다. 좀 더 명확한 예시 같은 것이 있으면 좋으련만 나의 궁금함을 사이다같이 시원하게 해결해줄 정보를 찾기는 쉽지 않았다. 그래서 나의 PM 스승님이신 이청석 부장님께 메일로 질문을 드렸다. 최근 부장님께서는 사내에서는 PM 강사로서 외부에서는 PMI 한국챕터 이사로서도 활발하게 활동하고 계셨다.

[메일형식]
이사님, 안녕하세요.
　그간 잘 지내셨는지요? 제가 회사 일로 리스크 분석을 할 일이 생겼습니다. 리스크 분석에 대해 이론으로 배우기는 했지만 처음 실무에 적용해보려고 하니, 생각보다 쉽지가 않습니다. 그래서 용어에 대해 좀 더 명확히 하고 분석에 들어가고자 하는데 용어의 정의가 잘 되지 않아서요. 그중에서도 리스크/이슈/문제에 대해 차이점을 알고 정확하게 사용하고 싶은데 구분하기가 쉽지 않네요. 혹시 이 부분에 대해 조언을 부탁드려도 될까요?

이사님께서도 컴퓨터 작업 중이셨는지 오래 지나지 않아 답변이 왔다.

[메일형식]
탁구 씨 잘 지냈어요?
회사에서 리스크 분석을 실무에 적용할 일이 생겼다니 좋은 소식이네요. ^^ 이제 프로젝트 관리 방법을 제대로 적용해볼 기회가 생긴 거군요. 좋은 경험이 되실 겁니다. 질문하신 세 단어는 실제 많이 헷갈리고 중복해서 사용되는 경우가 많지요. 아래 탁구 씨의 이해를 돕기 위해 예문을 만들었어요. 바로 유명한 삼국지의 내용을 발췌한 것인데요. 먼저 한번 그냥 읽어보시고 두 번째 읽을 때는 내용 중에 리스크와 이슈, 문제를 구분해보세요. 정답은 별도의 메일로 보내드릴게요. ^^

"오장원에서 사마의는 촉(蜀)의 병사로부터 제갈량에 대한 정보를 입수한다. "음식은 조금 먹고 일은 많이 하십니다. 아침에는 일찍 일어나고 밤에는 늦게 주무시며, 매일 20개 이상의 일은 모두 직접 처리하십니다." 병사의 이 대답으로 사마의는 제갈량이 과로로 오래 버티지 못할 것을 예감한다. 천재형이었던 제갈량은 주위에 의견을 구하거나 부하들에게 권한을 위임하기보다는 모든 것을 스스로 처리하는 것을 선호했다. 청춘의 나이였다면 모르겠으나, 지나친 업무 부담으로 인한 과로로 인해 그는 적장에서 병사하고 만 것이다."

'하하하, 이사님께서 퀴즈를 보내셨네.'
메일 내용을 출력해서 호기심을 갖고 천천히 읽어보았다. 두 번 세 번 여러 번 읽어보았지만 다 리스크처럼 보이기도 하고 문제처럼 느껴지기도 했다. 한참 반복해서 읽어봐도 명확하게 구분하기 어렵던 참에 이사님의 두 번째 메일 도착 알림이 울렸다. 내용을 클릭해서 정답을 확인해보았다.

[메일형식]
"탁구 씨 어때요? 정답을 찾았나요? ^^

아래에 리스크, 이슈, 문제에 대해 밑줄 쳐서 표기해놓았으니 확인해보세요.

"오장원에서 사마의는 촉(蜀)의 병사로부터 제갈량에 대한 정보를 입수한다. (음식은 조금 먹고 일은 많이 하십니다. 아침에는 일찍 일어나고 밤에는 늦게 주무시며, 매일 20개 이상의 일은 모두 직접 처리하십니다.)

→ 문제 (병사의 이 대답으로 사마의는 제갈량이 과로로 오래 버티지 못할 것을 예감한다.)

→ 리스크 천재형이었던 제갈량은 주위에 의견을 구하거나 부하들에게 권한을 위임하기보다는 모든 것을 스스로 처리하는 것을 선호했다. (청춘의 나이였다면 모르겠으나, 지나친 업무 부담으로 인한 과로로 인해 그는 적장에서 병사하고 만 것이다.)

→ 이슈 발생

다시 정리하면,

문제(Problem): 정상적인 부분에서 벗어난 현상이나 행위

리스크(Risk): 문제로 인해 발생이 가능한 불확실성

이슈(Issue): 리스크가 현실화되어 표면화된 것

이렇게 정리해볼 수 있겠네요. 혹시 그래도 잘 이해가 되지 않으면 연락주세요.

이렇게 쉬운 것을……. 항상 그렇지만 알고 보면 쉬운 것들이 깨닫기 전에는 왜 그렇게 어렵게 느껴지는지 모르겠다. 오래 고민하던 것에 대한 것을 깨달을 수 있도록 자세히 설명해주신 이사님께 감사한 마음을 느꼈다. 나는 바로 휴대전화로 이사님께 감사의 메세지를 보내고 다음 작업에 착수하였다.

'오케이, 이제 리스크와 이슈, 문제를 구분할 수 있게 되었으니 본격적으로 리스크를 분석해볼까.'

혼자서 할 것이 아닌 팀원들의 의견을 함께 모으고 최대한 리스크를 식별해보는 것이 중요했다. 그래서 팀원들에게 미팅을 요청하고 미팅에 필요한 자료를 준비하기 시작했다. 일단 리스크 분석을 위해 우리 팀이 진행하는 프로젝트의 패턴을 정리하여 표준화할 필요가 있었다. 왜냐하면 PM이 별도로 없는 우리 팀의 특성상 보통 프로젝트 관리는 영업사원들이 맡아서 하였는데, 영업사원 별로 관리 방법이 제각각이었기 때문

에 프로젝트 생애주기에 대한 정리가 필요했다. 나는 일단 내가 진행하는 방식에 따라 프로젝트 진행 순서를 정리하고 가장 많은 문제가 발생하는 4가지 영역에 대해 간단히 정리 해보았다.

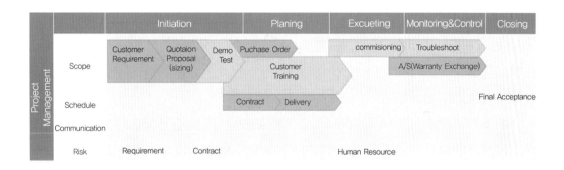

미팅 시간이 되어 팀원 전체가 한자리에 모였다.

"바쁘신데 모여주셔서 감사합니다. 다름이 아니라 최근 우리가 진행하는 MMS프로젝트에서 많은 리스크들이 보이기 시작하고 있습니다. 그래서 리스크 관리에 대한 필요성이 부각되어 이번 기회에 우리 팀에 맞는 리스크 관리 방법을 만들어보고자 합니다. 근데 모든 리스크를 저 혼자 발견하고 정리하기에는 한계가 있기에, 함께 머리를 맞대고 브레인스토밍을 통해 리스크를 식별해볼 필요하다고 생각해서 모이게 되었어요. 여기 보시는 것이 보통 우리가 프로젝트를 진행할 때 평소 진행하는 순서에 따라 간략히 프로젝트 생애주기에 따라 정리한 것입니다. 이 도식을 보시고, 프로젝트를 하면서 우려되었던 일이 이슈로 발생하거나 현재 진행 중인 프로젝트에 예상되는 리스크를 말씀해주시면 좋겠습니다."

"막상 리스크라고 하니 뭘 써야 할지 모르겠네요. 그냥 생각나는 대로 적으면 되는 건가요?" 이과장이 물었다.

"네, 일단 그것이 문제이건 리스크이건 아니면 잘 모르겠어도 본인이 생각되는 불확실한 모든 것을 적어보세요. 그것에 대한 판단과 분류는 의견이 다 모아진 뒤에 진행해도 되니까요."

"그냥 단어로 써도 되나요?" 김 대리가 물었다.

"가능하다면 가정형으로 적어줄래요? 예를 들면 '만약 고객의 발주시기가 지연된다면? 이로 인한 납기 준수 불가 우려' 이런 식으로 말이죠."

나는 아직도 무엇을 써야 할지 고민하는 친구들을 도와주며 화이트보드에 포스트 잇을 붙여나가기 시작했다. 조금 시간이 지나자 서로 물어보고 의견을 나누며 식별된 리스크를 추가해나가기 시작했다. 다 모으고 보니 제출된 리스크 목록이 제법 되었다. 브레인스토밍의 힘을 새삼 느끼게 된 경우였다.

"오, 기대 이상인데요. 이렇게 의견을 나누고 가감이 없이 생각나는 대로 붙이다 보니 꽤 많은 리스크들이 식별된 것 같습니다. 그럼 여기에 붙은 리스크들을 성격에 따라 분류해보도록 합시다."

다 같이 의견을 나누며 분류해보니, 대략 4가지 정도로 분류해볼 수 있을 것 같았다. 기술, 외부 그리고 조직과 프로젝트 관리 부재로 인한 리스크가 관리가 필요한 대상으로 판단되었다.

"범위와 마찬가지로 리스크도 쪼개는 것이 중요하지요. 그럼 화이트보드에 그룹별로 나누어 놓은 리스크들을 간단히 카테고리화해볼까요?"

나는 리스크 목록을 아래와 같이 나누어보았다.

리스크분류체계를 RBS(Risk Breakdown Structure)를 다듬고 있는데 형호 씨가 제안을 했다.

"과장님, 뭔가 표 같은 것이 있으면 좋을 것 같은데요. 주기적으로 업데이트도 하고 관리하기도 편하게요."

"형호 씨, 좋은 제안입니다. 그럴 줄 알고 제가 미리 만들어 놓은 서식이 있습니다."

"과장님 오늘 준비 많이 하셨네요."

"하하, 이 서식은 제가 창작한 것은 아니고요. 리스크 등록부(Risk register)라는 프로젝트 관리문서 중의 하나예요. 이번 기회에 사용해보려고 합니다."

"아, 이러한 서식도 있군요…… 잘만 사용하면 유용할 것 같습니다." 김 과장이 거들었다.

"네, 맞아요. 사실 아는 것들도 문서화되지 않고 공유되지 못해 이슈가 되는 리스크들이 많습니다."

"그럼 하나씩 볼까요."

Risk Category	Risk ID	Status	Risk Identification	기회/위협	Possibility	Impact	Score	Contingency Plan
External	Int-1	Active	Certification job	기회	5	2	3.5	Asking HQ
Technical	Int-2	Close	Motor sizing	위협	6	4	2.4	Double check with HQ
Project	Ext-1	Inactive	FAT	위협	3	5	1.5	Agreement …

"간단히 리스크 등록부의 구성 요소를 설명하면 먼저 리스크 카테고리는 리스크를 분류한 것이라고 보면 됩니다. 예를 들면, 예산 관련 리스크, 품질관련 리스크, 일정 관련 리스크, 프로젝트 성격에 따라 분류할 수 있겠죠.

이번에 저는 내부(Internal), 외부(External), 프로젝트 관리 측면에서의 리스크로 나누어보았습니다. 리스크 ID는 리스크 별로 아이디를 설정해서 관리하기 위한 것이고요. 리스크 상태(Status)는 현재 리스크가 트리거(Trigger)가 되어서 활성화 상태인지, 아니면 비활성화되어 모니터링 상태인지, 아니면 해결되어 종료된 상태인지로 나눌 수가 있어요. 그리고 리스크라고 모든 것이 나쁜 것만은 아니죠. 그래서 기회와 위협으로 구분할 수 있고요. 리스크의 심각성을 정량화하기는 어렵지만, 발생확률(Possibility)과 그것이 발생하였을 때의 영향도(Impact)를 정량화하여 심각성을 구별할 수 있는 것이죠. 리스크는 모니터링에서 끝나는 것이 아니고 리스크가 이슈가 되어 이벤트가 발생하였을 때 어떻게 대응할 것인가에 대한 계획이 필요합니다. 그래서 대응 계획(Contingency plan) 항목을 추가해놓았어요. 어때요? 그렇게 복잡해 보이지는 않죠?"

팀원들을 바라보니, 멍한 표정이다.

형호 씨가 조심스럽게 의견을 냈다.

"과장님, 설명은 쉬운데 용어들이 낯설고 처음 접해 보는 문서이다 보니 적응하려면 좀 시간이 걸릴 것 같습니다."

"하지만 제대로 사용하면 아주 좋은 리스크 관리 도구가 될 것 같은데요. 이번 기회에 과장님께서 리스크 관리에 대한 특강도 해주시면 좋을 것 같습니다. 사실 리스크라는 단어를 빈번하게 쓰지만 막상 어떻게 관리해야 하는지는 배운 적이 없어서요." 김 과장이 이어 대답했다.

그때 재훈 씨가 무언가 생각났다는 듯이 질문을 했다.

"과장님, 근데 심각성은 사람마다 기준이 다를 수 있는데 어떻게 정량화하죠? 그 부분에 대한 기준이 있어야 할 것 같습니다."

"좋은 질문이에요. 그래서 리스크 관리계획이 필요한 겁니다. 바로 지적한 부분과 같이 팀 내에서도 팀원마다 리스크를 받아들이는 데에 서로 다른 입장일 수 있기에 리스크 관리계획에서 그 기준을 마련하도록 하는 것이죠. 그럼 이야기 나온 김에 발생 확률과 영향도에 대해 기준을 잡아볼까요?"

Level	1	2	3	4	5
발생확률	20%미만	20~40%	40~60%	60~80%	80% 이상
영향도	무시 가능	팀원 처리 가능 영역	팀장 승인 영역	부서장 승인 영역	수용 불가 영역

그래서 잠시 시간을 내어 확률과 영향에 대한 의견을 조율하여 기준을 잡아보았다. 그리고 초안이기에 팀장님과 본부장님의 의견을 취합하여 기준을 확정하기로 하고 미팅을 마무리했다.

"여러분 이야기를 듣고 보니 오늘 제가 조금 두서없이 접근한 것 같네요. 용어의 정의 없이 바로 도구를 사용하고자 하니, 아직은 어려움이 많은 것 같습니다. 그럼 오늘은 지금 문제가 되고 있는 프로젝트와 관련된 리스크에 대한 식별이 목적이었으니, 앞으로 차차 우리 팀에서 어떻게 리스크를 분석하고 관리할 것인가에 대해서는 별도의 시간을 갖고 설명하는 자리를 만들어 볼게요. 수고 많으셨습니다."

나는 준비해온 리스크 등록부에 팀원들의 의견을 정리하고 리스크 대응방안에 대해서도 정리했다. 그리고 정리된 리스크 등록부를 기반으로 *P-I 메트릭스를 만들어 시각화하고 현재 MMS 프로젝트에서 가장 주의 깊게 관리되어야 할 리스크 Top3를 하이라이트하였다. 그리고 그것에 대한 리스크 대응 방법은 프로젝트 담당 영업사원들과 한 번 더 의견을 조율해서 최종 리포트에 담당자 의견을 담았다. 리스크에 대해 팀원들과 논의한 것이 처음은 아니었지만, 프로젝트 관리 방법에 기반하여 논의를 하다 보니 미팅 과정에서 예상보다도 긍정적인 효과를 본 것 같았다. 어렵기는 하겠지만 리스크가 문서화되고 방법론을 통해 모니터링되고 이슈 발생 시 대응하는 체계가 필요하다는 것에 대해서는 대부분 공감했던 것이다.

팀장님과 약속한 리스크 분석에 대한 리뷰 시간이 되어 팀장님과 한 테이블에 앉았다.

"강 과장, 수고 많아요. 리뷰 시작하기 전에……. 한 주간 옆에서 보니 리스크 분석한다고 별도로 팀원들과 모여서 열심히 의견 나누는 것 같던데 어때요? 분석해보면서

PI 메트릭스(*Probability - Impact Metrics)

Probability					
VHI	5	10	15	20	25
HI	4	8	12	16	20
MOD	3	6	9	12	15
LOW	2	4	6	8	10
VLOW	1	2	3	4	5
	VLOW	LOW	MOD	HI	VHI
			Impact		

21	T-1	고객사의 세부적인 요구사항 불명확으로 인한 범위 변경 발생 가능
10	T-2	신규 센서의 필드테스트 부족으로 양산 장비에서의 오류 발생 가능
12	E-1	납기 지연으로 인한 지체 보상금 1일당 계약 액의 0.0015%
7	P-1	고객사의 시험평가 기준 불명확으로 인한 업무 지연 가능성
11	P-2	폴란드 현지 공장에서 현지 담당자와의 의사소통 문제

어렵다거나 개인적으로 느낀 점 있나요? 그리고 팀원들의 반응도 궁금하네요.”

“예, 팀장님, 사실……. 저도 리스크 관리 방법에 대해 예전에 프로젝트 공부하면서 배운 적은 있지만, 직접 실전에 적용해보는 것은 이번이 처음이라 PMBOK 책도 오랜만에 펴보고, 예전에 PM 가르쳐주신 이청석 부장님께 여쭈어보기도 하면서 접근해보았습니다. 처음이다 보니 어렵고 어색한 부분은 있지만 크게 느낀 부분은 지금까지 우리가 이렇게 리스크를 관리하지 않고도 많은 프로젝트를 해왔다는 것이 신기할 정도였습니다. 저뿐만 아니라 팀원들도 어떠한 형태로든 리스크 관리가 필요하다는 것에 대해서는 공감하는 분위기입니다.”

“음……. 좋은 피드백이네요. 이번에 본부장님께서 지시하셔서 시작한 일이지만 이번 일을 계기로 우리 팀에서도 리스크를 관리하는 부분에 대해 신경 써보도록 합시다.

가능하면 강 과장이 세미나 형태로 지식 공유하는 시간을 갖는 것도 좋을 것 같네요. 오케이. 그럼 같이 강 과장이 준비한 보고서 초안 리뷰해볼까요?"

　　그날의 리스크 분석 보고서 리뷰는 긍정적인 반응으로 마무리되었고, 팀장님의 개인적인 의견을 추가하여 정식 보고서로 본부장님께 보고되었다. 오랜 시간이 지난 지금 돌아보면 서툴고 미리 식별되지 않아 추가한 리스크 사항들이 많았지만, 팀에 리스크 관리에 대한 새로운 시각을 갖게 한 중요한 기회로서 기억된다. 그리고 가장 많이 배운 것은 보고서를 작성한 나 자신이었다.

　　처음으로 리스크 분석 보고서를 작성한 경험을 갖게 된 이후, 나는 리스크에 대해 관심이 많아졌다. 신문 기사를 스크랩한다거나, 주변에서 일어나는 일들에 대해 리스크 관리 측면에서 바라보려고 하는 습관도 생겼는데, 예를 들면 회식 장소를 잡을 때도 혹시 모를 불확실성에 대비해 '플랜B'로 주변 식당을 물색을 한다든지 고객사와 미팅을 할 때 미팅 약속을 자주 번복하는 고객과의 미팅 약속 때는 같은 동선에 있는 다른 고객사 담당자의 일정을 파악하여 하루를 공치는 것에 대비하게 되는 것 등이다. 어쩌면 예전에 흐린 날에 어머니께서 하셨던 '오늘 비 올지 모르니 우산 챙겨가라.'는 말씀도 결국에는 비가 올지 모를 리스크에 대비한 어머님의 조언이지 않았을까?
　　"위험을 뜻하는 영어 단어 '리스크(risk)'는 암초나 절벽을 뜻하는 그리스인의 항해 용어였던 '리자($\rho\iota\zeta\alpha$)'에서 유래되었다고 한다. 애초의 뜻은 '뿌리' 였으나 점점 '절벽, 암초' 등 '바다에서 피하기 힘든 것'의 총칭으로 발전한 것이다. 당시에도 항해 중에 뱃사람들이 높은 파도보다 더 무서워했던 것은 잘 보이지 않는 암초"[1]였다고 하니 현 시대에 불확실성의 바다에서 영업이라는 항해를 하는 나 같은 영업 사원에게도 프로젝트에서의 돌발상황이나 예상치 않은 납기지연 같은 리스크는 큰 암초임에 틀림없는 것 같다.
　　동양에서는 '유비무환'이라는 단어가 리스크에 대한 철학을 간결하게 설명해준다고 생각한다. 리스크를 인식했기에 그것을 관리하기 위해 대비하라는 뜻으로 풀이할 수 있을 것 같다.
　　생각해보면 리스크라는 것은 동서고금을 막론하고 인류의 탄생과 더불어 피할 수 없는 부분이지 않을까? 그래서 우리에게 필요한 자세는 '피할 수 없으면 즐겨라.'가 아

---

1) 매경 이코노미 제1842호(2016.01.20~01.26일 자) 기사 인용함.

니라 '피할 수 없으면, 리스크를 발견하여 관리하고 대비해서 위기를 기회로 전환하는 능력을 키우자고 이야기하고 싶다.

4차산업혁명, industry 4.0 그리고 스마트팩토리? 도대체 뭐가 다른가요?

2016년 다보스포럼에서 '클라우드 슈밥' 교수가 4차산업혁명의 정의, 4차산업혁명의 명과 암, 새로운 글로벌 성장 동력 발굴에 관해 이야기하며 '혁신과 기술이 인류 공익을 위해 일하는 미래'에 대한 공동 책임을 강조하면서 '4차산업혁명'이라는 단어로 세상에 화두를 던졌다. 이는 전 세계에 큰 패러다임의 변화를 예고하며 센세이션을 불러일으켰고, 이 단어를 민간과 정부 어디서 먼저랄 것도 없이 강조하며 당장 무슨 일이라도 벌어질 것 같이 위기감을 가졌던 나라는 다름 아닌 한국이었다. '클라우드 슈밥' 교수가 쓴 '4차산업혁명'이라는 책의 30%가 한국에서 판매되었다니 그 열기를 짐작할 수 있다. 당시 나는 개인적으로 매일 뉴스에서 경쟁적으로 쏟아내는 '4차산업혁명'이니 스마트팩토리라는 단어에 관심이 가기 시작했다. 언론에서 무언가 변화에 대한 위기감을 조성하고, 4차산업과 관련된 서적이 매달 10권이 넘게 출판된다는 사실은 필요 이상으로 과열된 분위기라는 생각은 들었지만 나 또한 이러한 거대한 변화의 느낌은 단순히 트렌드가 아닌 패러다임의 변화로 연결될 것 같다는 생각이 들었다.

클라우스 슈밥의 '4차산업혁명'

4차산업혁명은 쓰나미와 같이 몰려올 것입니다. 그 속도는 엄청나게 빠를 것입니다.— 클라우스 슈밥(세계경제포럼 회장)

　　이러한 지적 호기심으로 인해 나는 '4차산업혁명', '명견만리', '현장 중심형 스마트 팩토리' 그리고 '축적의 길'과 같은 관련 책들을 하나씩 섭렵해가며, 4차산업혁명과 그 바른 의미에 대해 바로 알기 위해 힘쓰기 시작했다. 그리고 4차산업혁명 중에서도 스마트센서, IoT, 스마트팩토리와 같은 관심 분야에 대한 부분을 신문기사와 잡지를 통해 스크랩해나가기 시작했다. 4차산업혁명이라는 개념 자체가 생소한 개념이었고, 1차산업혁명 이후에 언제 2, 3차의 산업혁명이 이루어졌었는지. 그리고 지금 우리가 살고 있는 현재가 이미 4차산업혁명 시대로 이미 지나고 있는 것인지 아니면 앞으로 다가올 미래에 대한 의미인지에 대한 의문이 들었다. 게다가 또 다른 개념인 인더스트리 4.0이라는 것은 4차산업혁명과는 어떤 상관관계이며 한국에서 강조하고 있는 스마트팩토리는 어느 관점에서 바라보아야 할 것인가에 대한 질문들이 끊임없이 이어졌다. 한참 4차산업혁명에 대해 공부를 하던 중, 하루는 같은 팀의 이 과장은 4차산업혁명과 그 의미를 어떻게 생각하는지 갑자기 궁금해졌다. 오랜만에 맥주 한잔하자고 앉은 자리에서 뜬금없이 나는 가볍게 질문을 던져보았다.

　　"이 과장, 4차산업혁명이라고 들어본 적 있어? 요즘 언론하고 뉴스에서 많이 떠들어대잖아."

　　"네? 생뚱맞게 갑자기 웬 4차산업혁명? 잘 모르겠는데요? 1차산업혁명은 알겠는데…… 2, 3차산업혁명도 있었나요?

　　"음…… 그럼 하나씩 알아볼까? 먼저 1차산업혁명은 기억하지? 증기기관의 발명 말이야."

　　"그거야 중학교 때 배워서 알죠. 연도까지 정확히 기억은 안 나지만, 와트가 증기 기관을 발명해서 최초로 기계식 생산이 가능해져서 대량 생산의 첫 계기가 되었다나 뭐라나…… 있잖아요. 그거 히히."

　　"오 그래! 잘 아네~ 맞아. 정확히 얘기하면 1784년 인류 최초로 증기 기관의 도입으로 인해 기계식 생산이 가능해졌다 해서 이 시기를 1차산업혁명이라고 정의하고 있어. 이로 인해 오로지 인간에 힘의 의존하던 산업에서 최초로 증기를 이용한 기계의 힘을 통한 생산이 시작된 것이지."

　　"오 강 과장님~ 요즘 뭐 공부해요? 역사 선생님 같네요."

　　"그래? 뭐, 사실 나도 예전에 배우기는 했지만, 정확히 기억이 안 나서 따로 인터넷을 검색해보면서 다시 정리해본 것 뿐이야.”

“그러고 보니 1차산업혁명이 1784년에 일어난 것이라면 그렇게 오래된 것도 아니네요.”

“그러게 우리나라 조선시대 때 정도의 일이니 전체 인류 역사관점에서 보면 그리 오래된 것도 아니지. 하지만 혁명이라는 단어를 썼을 정도로 1차산업혁명 당시에는 생산에 기계의 힘을 이용할 수 있다는 사실이 적지 않은 충격이었나 봐. 왜냐하면 경영자들 입장에서는 증기기관의 도움으로 노동력을 혁신적으로 높일 수 있었기에 예전처럼 모든 생산과정에 일일이 사람들을 배치하지 않아도 되니까 원가절감을 할 수 있다는 사실에 들뜨기 시작했을지 모르지만, 노동자들 입장에서는 당장 본인들의 일자리가 기계들에 빼앗기는 것이 아닌가 하는 두려움에 공장에 들어가 기계를 파괴하는 일도 있었다고 해.”

“그건 요즘도 마찬가지죠. 이제 로봇에 인공지능까지 결합되면 단순한 일들은 로봇으로 다 대체된다고 하니까요. 얼마 전에 뉴스 보니까 아이폰 위탁제조업체 폭스콘 회장이 그랬다는데요. 앞으로 대부분 조립공정은 로봇으로 대체하겠다고요. 그럼 그 많은 생산직원들은 어떻게 될지…… 남 일 같지 않네요.”

“새로운 기술로 인해 대체되는 일자리에 대한 불안감은 예나 지금이나 마찬가지인 것 같아. 그래서 1차산업혁명 당시에는 사람들이 기계보다 더 훌륭하다는 것을 입증하려고 기계와 사람이 터널 뚫기 시합도 했다지 뭐야.”

“그래서 결과는 어떻게 됐대요?”

“그건 나도 몰라. 결과야 어찌 되었든 간에 요즘 세상에서는 상상도 못 할 일이지.”

“듣다 보니 재미있는데요. 1차산업혁명은 그렇다 치고, 그럼 2차산업혁명은 어떤 기술이 세상을 놀라게 한 거죠?”

“이 과장 생각에는 무엇이었을 것 같아?”

“음…… 뭐 1차는 증기니까 2차는 전기 아닐까요? 맞죠?”

“빙고!”

“아, 예전에 배웠던 기억이 되살아나는 것 같네요. 흐흐“

“맞아, 2차산업혁명은 전기의 발명이 혁명을 이끌었다고 할 수 있어. 20세기 초 전기의 발명으로 인해 증기기관에서 전기를 이용한 모터가 산업의 동력원이 되면서 기하급수적으로 생산성이 개선되기 시작했어. 이때 비로소 공급이 수요를 초과하게 되는 대량생산이 시작되었던 역사적인 순간이었지. 그리고 포드가 자동차 업계 최초로 컨베이어를 이용한 인라인 방식의 대량생산에 성공함으로써 대중적인 자동차 시대를 앞당기는 데도 공헌을 한 시기이기도 해. 21세기인 지금도 대량 생산라인의 주요 물류 이동에 컨베이어를 이용하는 것을 생각하면 포드는 정말 시대를 앞서간 사업가가 아니었나 다시 생각해보게 돼. 그럼, 3차산업혁명으로 넘어가 볼까? 3차산업혁명을 이끈 새로운 기술은?"

"3차산업혁명은요……. 컴퓨터? 인터넷?"

"음…… 뭐 다 맞다고 할 수 있을 것 같아. 왜냐하면 3차산업혁명부터는 어떠한 한가지 기술이라기 보다는 여러 가지가 복합적으로 급격한 발전을 가져온 시기라고 할 수 있어. 주요 기술의 등장을 예로 든다면 아날로그 기술에서 디지털 기술로의 변화, 컴퓨터의 발명, 그리고 인터넷의 발명이 3차산업혁명을 가능케 했다고 할 수 있지. 지금은 너무 당연하게 느껴지는 이러한 기술들은 우리의 삶에도 많은 변화를 가져왔지. 음…… 전화기를 예로 들어볼까? 생각해봐. 이 과장 어렸을 때 집에서 처음으로 쓰던 전화기가 뭐였어?

"다이얼 돌리는 전화기였죠. 과장님은요?"

"어, 우리 집도 전화할 때 돌리는 전화기였지. 전화를 거는 데 한참 걸리는…… 허허 참 그러고 보면 그때는 어떻게 살았는지 궁금해. 지금 스마트 폰 쓰면서도 느리다고 불평을 하는데…… 그래, 그다음은 어떤 전화기를 썼지?"

"그다음은 뭐……. 버튼식 전화기 쓰다가, 중학교 때 무선 전화기가 나오고 대학교 들어가서 삐삐(무선호출기) 쓰다가 군대 다녀와서 처음으로 PCS 휴대폰을 쓰기 시작했죠."

"어때? 재미있지 않아? 이 과장이 바로 아날로그에서 디지털 세상으로 진입하는 세상에 살아왔다는 거야."

"따로 생각해보지는 않았는데 이야기하다 보니 저와 같은 30, 40대들은 새로운 기술들이 끊임없이 나오는 세상에서 그러한 신기술의 발전에 맞추어 살아온 것 같아요."

"그럼, 3차산업혁명으로 인해 공장은 어떻게 변했을까?"

"공장에서도 처음으로 PC나 PLC를 쓰기 시작했다라는 말씀을 하시려고 했죠?"

"거기부터는 이 과장이 당연히 알아야지. 그래도 우리가 명색이 공장자동화 기술 영업인데…… 맞아. 이 과장도 잘 알고 있듯이, 켜고 *끄기*만 가능했던 공장의 생산 라인에 *PLC(Program Logic Controller)의 등장으로 드디어 공장에 자동화라는 개념이 생기기 시작했고, 단순 반복적인 일에서부터 복잡한 시퀀스 동작이 필요한 공정까지 작업자가 의도한 대로 생산라인을 가동할 수 있는 생산의 혁신이 시작된 것이 3차산업혁명이라고 할 수 있어. 생산에 로봇이 처음으로 등장한 것도 이 시기라고 할 수 있지."

"3차산업혁명부터는 좀 실질적으로 와 닿는 부분이 있네요. 그럼 4차산업혁명은 도대체 뭘까요? 과장님 생각에는 4차산업혁명은 이미 시작된 걸까요?"

"글쎄, 혹자는 앞으로 다가올 미래라고도 하고 누구는 이미 시작된 현실이라고도 하는데, 나도 무엇이 맞는지는 잘 모르겠어. 하지만 중요한 것은 어찌 되었든 간에 우리가 거대한 패러다임 변화의 소용돌이 속에 들어와 있다는 것은 부정할 수 없을 것 같아."

"요즘은 자고 나면 새로운 기술 비즈니스 모델이 나오니……. 따라가기 벅찰 지경이에요."

"그럼, 이 과장, 4차산업혁명에 대해 이야기하기 전에 내가 퀴즈 하나 내볼까? 3 Go라고 들어봤어?"

"3 Go요? 맞고는 알겠는데, 3 Go는 뭐죠?"

"음, 4차산업혁명이 삶에 변화를 준 일부분으로 세계적으로 센세이션을 일으켰던 대표적인 사례를 소개하는데 우스갯소리로 3 Go라고 이야기들 해. 구글에서 개발한 AI(인공지능, Artificial Intelligence) 알파고가 이세돌과 세기의 대국을 벌이고, AR(증강현실, Augmented Reality) 기술이 들어간 포켓몬고 하겠다고 전국의 사람들이 속초로 몰리질 않나, 아마존에서는 무인점포 시대를 열겠다고 아마존고를 개시한 것을 보면 이미 우리는 어렸을 때 공상 과학 소설에서나 가능했던 미래가 현실이 된 시대에 살고 있다고 할 수 있지."

"그래서 3 Go라고 하는군요. 그것 재미있네요. 하긴 이제는 병원에서도 IBM에서 개발한 왓슨(Watson)이라는 AI를 이용해서 병에 대해 진단을 한다고 하더라고요. 한국에서도 몇 대형병원에서는 이미 AI를 적용한 암 진단 서비스를 시작했다고 하니 이제 먼 나라 이야기도 아닌 것 같고요. 근데요 과장님 4차산업혁명하고 industry 4.0은 같은 의미인가요? 요즘 뉴스에서 두 단어를 반복해서 사용하는 것 같은데, 같은 것 같기도 하고 다른 것 같기도 하더라고요."

"맞아, 현재 두 단어가 혼용되어 사용되고 있는 것이 사실이야. 거기에 스마트팩토리, IoT까지 들어가면 아주 복잡해지지. 그래서 사실 나도 요즘에 4차산업혁명과 인더스트리 4.0의 상관관계에 대해서 공부하고 있었어. 그러다가 최근에 각 나라별 제조혁신에 대한 비교자료를 보고 좀 정리가 되었지. 먼저 인더스트리 4.0이라는 개념을 최초로 주창한 곳은 독일이야. 독일 인더스트리 4.0은 2006년 독일 연방정부가 발표한 '첨단기술전략(High-Tech Strategy)'에서 시작되었다고 할 수 있어. '첨단기술전략'에는 기후변화-에너지, 보건, 교통, 운송, 보안-통신 등 5개 중점 육성 분야가 있는데 이것을 좀 더 구체적으로 실행하기 위해 독일정부에서 2012년 발표한 계획이 '첨단기술전략2020 액션플랜(High-Tech Strategy 2020 Action Plan)'이라고 해. 이 액션플랜에는 10개의 미래 프로젝트가 있는데 그중에 하나가 바로 '인더스트리 4.0'이라고 할 수 있지."

"아, 그러니까 인더스트리 4.0은 독일 정부에서 추진한 국가 기술 전략 중 하나의 축이라고 할 수 있겠네요."

"맞아, 그것이 한국에서는 4차산업혁명과 내용이 뒤섞이는 바람에 비슷한 의미로 혼용되어 왔던 것 같아. 독일에서 정의하고 있는 인더스트리 4.0은 전체 4차산업혁명 기술을 포괄하지는 않고, 좀 더 제조업 중심에 맞추어 있는데 독일이 강점을 갖고 있는 제조업의 디지털화에 초점을 맞추고 있다고 할 수 있어."

"음, 그렇다면 도대체 4차산업혁명은 더 큰 범위의 개념으로 봐야 하는 걸까요?"

"이 부분이 해석이 엇갈리는 부분인데 4차산업혁명에 대해서는 나라마다 그 해석이 다르기 때문에 정답은 없다고 생각해. 인더스트리 4.0에 대한 이니셔티브를 쥐고 있는 독일에서는 4차산업혁명과 인더스트리 4.0을 같은 개념으로 이해하고 있는 반면, 미국에서는 인더스트리 4.0이라는 개념보다는 IoT를 더 보편적으로 사용하는데, IoT의 경우 인더스트리 4.0보다는 제조업과 일반 생활에 적용되는 기술까지 더 큰 범위를 가진다고 할 수 있지. 예를 들면 IoT가 적용된 공장이 독일에서는 '인더스트리 4.0' 미국에서는 '스마트팩토리'라고 할 수 있고, 공장을 벗어나 IoT가 빌딩이나 집에 적용이 되면 '스마트 빌딩', '스마트 홈', 농장에 적용되면 '스마트 팜' 그리고 가전제품에 적용이 되면 '스마트기기(Smart Device)'가 되는 셈이지."

"나라마다 쓰는 이름만 다르지 기본 개념은 대동소이하네요. 그런데 왜 우리나라에서는 '4차산업혁명'이 왜 그리 난리도 아닐까요?"

"한국의 경우는 2016년 세계경제포럼(World Economic Forum)의 설립자인 클라우스 슈밥(Klaus shwab)의 다보스 포럼 연설 이후 '4차산업혁명'이 온 나라를 들썩이게 만들었다고 해도 과언이 아니야. 연설 내용을 정리해서 출판한 책 이름이 바로 '4차산업혁명'

High-Tech Strategy 2020 Action Plan 10개 미래 프로젝트

1	이산화탄소 중립(CO2 neutral)·에너지 고효율화·온난화에 대처하는 도시
2	화석연료 대체 자원 개발
3	지능형 에너지 공급 개혁
4	맞춤형 의료 서비스를 통한 치료 방안 개선
5	식생활 개선을 통한 건강 증진
6	고령자의 자기결정이 가능한 생활
7	지속가능한 이동성
8	상업용 인터넷 서비스
9	인더스트리 4.0
10	개인정보 보호 및 보안

〈출처: www.bmbf.de〉

인데 그 책의 전 세계 판매량의 30%가 한국에서 이루어졌다니, 한국인들의 관심은 가히 폭발적이었다고 할 수 있지. 이러한 지대한 관심은 정부를 비롯해 대선 공약으로까지 나올 정도로 온 나라를 '4차산업혁명'으로 물들여 놓았는데, 이때부터 4차산업혁명, 인더스트리 4.0 그리고 스마트팩토리라는 개념이 여러 미디어 채널을 통해 본질적인 내용이 제대로 해석되지 못한 채로 대중에게 전파된 것이 아닌가 하고 나는 생각하고 있어. 하지만 어찌되었든 간에 '4차산업혁명에 대한 관심'은 제조업을 중심으로 성장한 나라로서 미래를 준비하고 고민할 수 있는 거국적인 화두가 되었다는 것에 긍정적인 현상이 아닌가 생각하고 있어."

제4차산업혁명, 인더스트리 4.0 및 관련 주요 구성요소들 간의 상관관계

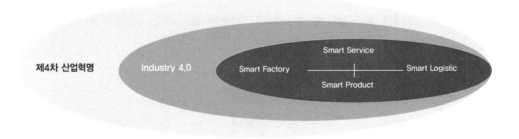

〈출처: [김은 칼럼] "단순한 '공장자동화'와 차원 달라" 중 일부 발췌〉

"어, 이런 1차산업혁명부터 4차산업혁명까지 시간 여행을 하다 보니 시간이 이렇게 되었네. 와이프가 내일 캠핑을 가야 하니 너무 늦지 말라고 했는데, 많이 늦었네 그래, 하하."

"어서 들어가요. 형수님 화 많이 났겠는데요. 어쨌든 과장님 덕에 오늘 많이 배웠어요. 오~ 강 과장님 달라 보이는데요. 언제 이렇게 유식해졌대요?"

"뭘, 관심이 있어서 하나씩 찾아보다 보니 알게 된 거지 뭐. 이 과장도 이 참에 좀 관심 갖고 4차산업혁명에 대해 공부 좀 해봐."

"그래야겠어요. 사실 평소에 관련 뉴스를 보다 보면 생소한 신조어들이 난무하던데. 신지식도 습득할 겸 주말에 서점에 가서 책이라도 하나 골라서 읽어 봐야겠어요. 최근에 읽으신 책 중에 추천할 만한 책이 있으면 알려주세요."

나는 이 과장에게 최근에 4차산업혁명에 대해 개념을 잡는 데 도움이 되었던 책 제목과 출판사 이름을 알려주고 서둘러 집으로 향했다. 기존에 나름 공부하던 내용을 맥주 한잔하며 설명한 것인데, 역시 '가르치다 보면 2번 배운다'는 말을 새삼 깨달았다. 설명하면서 오히려 내 머릿속이 정리되는 느낌이었다.

바쁜 일상생활 속에서도 '4차산업혁명', '인더스트리 4.0', 'IoT' 그리고 '스마트팩토리'를 키워드로 뉴스를 검색해가며 거대한 패러다임의 변화를 읽기 위해 힘쓰고 있었다.

2016년 3월 이청석 이사님께 연락을 받았다. 이사님께서는 최근에 보쉬에서 희망퇴직하시고 차근차근 준비해오시던 개인사업으로 PM 강의와 중소기업 컨설팅을 새롭게 시작하고 계셨다. 나를 PM의 세계로 안내해주신 고마운 은사님이시기도 하다. 오랜만에 이사님으로부터 온 전화라 반갑게 인사를 드렸다.

"이사님, 안녕하세요."

"탁구 씨, 잘 지내고 있어요?"

"네, 이사님, 잘 지내고 있습니다. 새로운 사업은 어떠세요? 강의와 컨설팅으로 많이 바쁘시죠?"

"다행히 조금씩 바빠지고 있는 것 같습니다. 준비를 많이 하고 시작했는데도, 독립해서 강의와 컨설팅 사업은 처음이라 어려운 부분도 있네요. 다름이 아니라 내가 PMI 챕터 한국 이사로 봉사하고 있잖아요. 이번 5월에 PMI 국제컨퍼런스가 있는데 제가 행사 준비위원장을 맡게 되었어요."

"아, 그러시군요. 사업으로 바쁘실 텐데 더 바빠지셨겠어요."

"그래서 말인데 탁구 씨가 저를 좀 도와주셔야겠어요."

"그럼요. 제가 도와드려야죠. 어떻게 도와드리면 될까요?"

"행사에 주요 발표자를 섭외하고 있는데, 탁구 씨가 발표 세션 하나를 맡아주면 좋겠어요."

"네? 제가요? 저같이 부족한 사람이 그렇게 큰 국제행사에서 발표라뇨? 그것은 어렵겠는데요?"

이사님의 부탁이기는 했지만 PMI 국제컨퍼런스 같이 큰 행사에 발표자로 나선다는 것이 매우 부담스러운 일이었기에 그렇게 대답할 수밖에 없었다.

"탁구 씨, 너무 부담 갖지 말아요. 이번 행사의 컨셉을 4차산업혁명으로 잡았어요. 생각해보니 탁구 씨가 몸담고 있는 보쉬가 독일 회사잖아요. 독일이 4차산업혁명을 주도하고 있는 나라고, 보쉬는 인더스트리 4.0 선두 업체 중 하나이니 발표하는 탁구 씨에게는 좋은 경험이 되고 참석자들에게는 독일 인더스트리 4.0을 배울 수 있는 좋은 기회가 될 수 있을 것 같아요. 너무 부담스러워할 필요는 없고요. 아직 시간이 많이 남아 있으니 준비해보세요. 그럼 탁구 씨가 발표하는 것으로 행사 준비하도록 할게요."

"네…… 이사님 알겠습니다. 기회 주셔서 감사합니다."

"고마워요, 잘할 거라고 생각해서 부탁했어요."

"부족하지만, 열심히 준비해보겠습니다."

전화를 끊고 나자 큰 부담감이 몰려왔다. 내가 보쉬에는 근무하고 있지만 인더스트리 4.0관련하여 업무를 담당하고 있는 것도 아니었고, 최근 들어 개인적인 관심을 갖고 공부를 하고는 있었지만, 대중 앞에서 나만의 인사이트를 갖고 발표를 하기에는 너무나 부족한 상황이었기 때문이다. 하지만 이사님께 이미 하겠다고 말씀을 드렸고, 또한 이사님의 부탁을 거절할 수도 없었다. 부담스럽기는 하지만 큰 행사에서 발표한다는 것이 새로운 도전으로도 느껴졌기에 이왕 이렇게 된 김에 제대로 준비해 보자는 스스로의 다짐도 해보게 되었다.

확실히 도전적인 일에 대한 부담은 인더스트리 4.0에 대한 공부에 큰 동기부여가 되었는데 나는 먼저 제목과 주제 잡기에 주력했다. 일단 인더스트리 4.0이란 개념이 독일에서 시작되었고, 독일은 그들만의 독자적인 전략과 플랫폼을 갖고 산업혁명을 이끌어 가고 있으므로, 제목은 '인더스트리 4.0의 발전현황과 적용사례'라고 하는 것이 좋을 것 같았다. 그리고 하부 주제는 다음과 같이 정해 보았다.

◇ What is Industry 4.0?

◇ Why Industry 4.0?

◇ How Industry 4.0 works?

◇ Industry 4.0 reference in Germany

◇ Outlook and Summary

이제 제목과 주제는 결정되었고, 참석자분들의 기대가 클 텐데, 구글이나 유 튜브에서 쉽게 접할 수 있는 너무 일반적이거나 비현실적인 내용보다는 객관적이고 현실적인 사례가 좀 더 가치가 있을 것 같았다. 그래서 독일 본사 친구들에게 나의 사정을 이야기하고 외부에 공개 가능한 내용으로 자료를 부탁해놓았다. 그리고 며칠 후 독일에서 PoC(Probe Of Concept)로 진행 중인 몇 가지 Use case와 독일에서 나온 '인더스트리 4.0'에 대한 자료들을 받을 수 있었다. 5월 첫 주까지 발표 초안을 내고 행사 2주 전에는 완성본을 제출해야지 행사 준비위원회에서 발표 자료를 출력할 수 있기 때문에 시간이 촉박했다. 근무 시간에는 발표 자료를 준비할 수 있는 시간 자체가 나지 않기 때문에 아침에 평소보다 일찍 출근해서 30분, 퇴근해서 30분 정도가 가능한 시간이었다. 그래서 시간을 쪼개가며 겨우 발표자료를 완성하고 행사 2주 전에 PMI 한국챕터에 자료를 제출하고 나서는 발표 연습에 주력했다. 평소에는 연습보다는 마음속으로 많이 시뮬레이션해보고 실제 발표자리에서 즉흥적으로 하던 버릇이 있어서, 형식을 갖추고 발표 연습을 한다는 것이 여간 어렵지 않았다. 그래서 찾은 방법이 팀의 막내 재훈 씨에게 '인더스트리 4.0'에 대한 특강을 해준다고 하고 발표에 대한 피드백을 받기로 한 것이다. 발표 연습을 하고 재훈 씨에게 물었다.

"어때, 재훈 씨?"

"과장님, 실제 행사 때 과장님께 할애된 시간이 몇 분인가요?"

"25분이야. 그런데 지금 내가 몇 분 걸렸지?"

"40분이요. 말도 엄청 빠르게 하셨는데, 25분 내에 발표하시려면 내용을 많이 줄여야 되겠는데요. 그리고 처음 보는 내용과 요즘 주요 이슈들이 많이 들어가서 참신하기는 한데요. 내용이 너무 많고 흐름에 연결성이 없어서 사실 무슨 내용인지 잘 이해가 안 됩니다."

"아…… 그렇구나. 많이 다듬어야겠는걸……허허, 솔직한 피드백 고마워, 재훈 씨. 약속대로 내가 저녁을 사지."

재훈 씨와 저녁 식사를 마치고 집에 오는 길에 차 안에서 오늘 발표 연습에 대해 돌아보았다. 사실 재훈 씨가 너무 솔직하게 피드백을 해서 조금 충격을 받기는 했지만, 솔직한 답변을 요청했기에 재훈 씨가 사실 그대로 부족한 점을 지적한 것이니만큼 앞으로 어떤 부분을 개선해야 할지 보이기 시작했다.

드디어 PMI 국제컨퍼런스 행사일, 아침 일찍 일어나서 혼자 발표 연습을 한 번 더 하고 행사장으로 이동했다. 흥분된 마음으로 행사장에 도착해보니 역시 PMI 컨퍼런스 답게 각 산업의 PM 전문가분들과 중국, 일본, 싱가폴 챕터에서도 회원들이 모여 모닝커피와 함께 담소를 나누고 있었다. 나는 오후 세션 발표였기에 오전에는 다른 발표자분들의 발표를 들었는데 PM 관련 Lesson Learn과 각 산업에서의 Case study에 대해 배울

PMI 한국 챕터 국제컨퍼런스 Industry 4.0 발표

수 있는 귀중한 시간이었다. 점심시간이 지나고 나의 발표 순서가 되자 조금씩 긴장이 되기 시작했다. 드디어 오늘 나의 발표 주제가 화면에 등장하고 연사 소개 후에 강단으로 나아가 2개월여 준비한 발표를 시작했다. 25분에 시간을 맞추기 위해 뒤로 갈수록 나의 발표 속도는 빨라지기는 했지만 오랜 기간 반복해서 연습했기에 준비한 내용을 비교적 큰 실수 없이 잘 전달하고 내려올 수 있었다. 처음으로 큰 행사에서 각계의 많은 전문가분들 앞에서 발표한다는 것은 개인적으로 큰 도전이자 큰 경험이었다. 지금 생각해보면 그때의 지식수준이나 경험은 부족했지만 '인더스트리 4.0'에 대해 깊이 고민하고 이해를 높일 수 있었던 좋은 기회였던 것 같다.

PMI 국제컨퍼런스를 마치고 나서도 나는 꾸준히 '인더스트리4.0'에 대한 기술 트렌드와 한국 산업 시장의 변화를 지켜보면서 나만의 뉴스 스크랩을 만들어가며 정보의 폭을 넓혀가기 시작했다. 2016년에는 특히나 인더스트리 4.0, 제조혁신과 같은 주제로 수많은 행사와 전시회가 우후죽순 생겨나기 시작했는데, 나는 기회가 될 때마다 전시회와 기술세미나에 참가하여 어떤 업체들이 시장을 선도해나가는지 살펴보았다. 확실히 제조업 혁신에 대해 앞선 고민을 해온 유럽과 미국업체들 중 '스마트팩토리' 또는 '디지털 팩토리'의 개념으로 홍보하는 곳이 많았다. 많은 경쟁 업체들이 시장에서 '스마트팩토리'의 리딩 업체임을 자처하며 홍보에 열을 올리고 있는 것을 볼 때마다 무언가 뒤처지는 느낌이 들었고 한편으로는 두렵기까지 했다. 왜냐하면 내가 몸담고 있는 보쉬 렉스로스는 독일에서는 '인더스트리 4.0'에 관련된 선도업체이고 독일 정부의 프로젝트에도 주요 멤버로서 많은 활동을 하고 있었지만, 아직 한국지사에서는 별다른 홍보나 영업 활동을 펼치지 않고 있었기 때문이다.

이러한 부담감은 점점 커져가기 시작했고, 내 스스로 '인더스트리4.0'에 대한 시장 보고서 및 경쟁업체들의 동향 보고서를 만들게 된 계기로 삼았다. 나는 최근 PMI 국제컨퍼런스 때 발표자료를 기초로 하여 인더스트리 4.0에 대한 기술 동향과 우리나라의 제조혁신 3.0의 정책 방향, 그리고 경쟁사들의 홍보 및 파일럿 프로젝트 현황을 정리하여 하나의 보고서로 묶어서 준비를 해 놓았다. 그리고 미리 팀장님께 보고서 요약본을 보여드리고 이와 관련된 논의를 위한 미팅을 제안을 드렸다. 다행히 팀장님께서도 보고서 제목에 흥미를 느끼셨는지 흔쾌히 미팅에 응해주셨다.

미팅 시간이 되어 나는 준비한 내용을 최대한 논리 정연하게 설명드리고 '인더스트리 4.0' 관련된 사업을 추진하는 것이 시기상조이거나 아니면 당장 해야 할 급선무인지는 장담할 수는 없지만, 분명한 것은 우리가 더 이상 움직이지 않고 관망하는 것은 '리스크'이며, 경쟁사에서 이러한 리스크에 선제적으로 대응하여 기존에 정체된 공장자동화 시장에서 새로운 '인더스트리 4.0'과 관련된 기술을 접목하여 시장 재편에 대한 기회를 모색하고 있는 것은 확실하다'라는 취지로 설명을 드렸다. 설명을 조용히 듣고 계시던 팀장님께서 말문을 여셨다.

"강 과장, 먼저 따로 부탁하지도 않았는데 이러한 보고서를 만들어서 공유해주어 고맙습니다. 최근 한국에서 일어나고 있는 전반적인 내용을 균형이 있게 잘 나타내고 있어서 저도 공부가 많이 되었습니다. 언제부터 '인더스트리 4.0'에 관심을 두고 있었죠? 사실 갑자기 조금 놀라기도 했어요."

"네, 개인적인 관심도 있었고 우리 회사도 본사에서는 '인더스트리 4.0'에서 주도적인 역할을 하고 있는 것을 알고 있었기에 좀 더 관심을 갖게 되었습니다."

"그렇군요. 사실 한국지사에서도 신사업으로서 '인더스트리 4.0'에 대해 고민이 많습니다. 한국에서의 4차산업혁명에 대한 열풍이 산업계로 번져 '스마트팩토리'에 대한 신화를 만들어내고 이 때문에 실제 존재하지 않거나 먼 미래에나 가능한 일들에 대해 기대감만 키우는 것이 아닐까 하고요. 이러한 팽창되는 분위기에 편승하여 우리 회사도 마케팅을 시작하는 것이 맞을지 아니면 강 과장이 보고한 경쟁사처럼 선제적으로 홍보하고 '인더스트리 4.0'과 관련된 브랜드 이미지를 강화해야 하는지에 대한 고민을 경영진에서도 하고 있는 것은 사실입니다. 중요한 시기에 강 과장의 보고서가 도움이 될 것 같네요. 제가 본 건으로 본부장님과도 이야기 나누어보도록 하겠습니다."

"네, 감사합니다. 팀장님"

보고를 드린 뒤에도 위에서는 한동안 별다른 피드백은 없었다. 하지만 무언가를 바라고 시작한 일은 아니었다. 그래서 피드백이 없는 것에 대한 아쉬움보다는 시장에서의 외부변화에 대한 보고를 드리고 경영진에서 좀 더 객관적인 판단을 하는 데 도움이 되었다면 그것으로 만족한다 생각하고, 개인적으로는 '인더스트리 4.0'에 대한 스크랩을 지속하며 관심을 유지해나갔다.

보고를 드린 지 6개월 즈음 지났을 때 팀장님께서 따로 부르셨다.

"강 과장, 시간 되면 11시에 잠깐 미팅 좀 합시다. 의논할 일이 있어요."

나는 무슨 일일까 궁금했다. 최근 독일 출장을 다녀오신 후에 부르신 터라 '아마 본사에서 새롭게 출시한 신제품 관련하여 말씀하시지 않을까' 하는 생각으로 미팅에 참석하였다. 회의실 문을 여니 팀장님만 계실 줄 알았는데 본부장님께서도 앉아계셨다.

"어서 와서 앉아요. 강 과장"

본부장님께서 앞자리를 가리키며 맞이해주셨다.

"별다른 설명 없이 갑자기 불러서 의아했죠?"
"네. 사실 최근 출장을 다녀오신 일과 관련하여 부르시지 않으셨을까 생각하기는 했습니다."

본부장님께서 웃으시면서, 대답을 이어나가셨다.

"맞아요. 좀 더 배경설명을 하자면 이번에 이 팀장님과 독일 본사에서 열린 국제 컨퍼런스에 참가해서 많은 연사들의 강연을 들어보니 독일에서 시작한 '인더스트리 4.0'의 흐름이 단순히 일시적인 트렌드의 변화가 아닌 그야말로 산업의 패러다임 변화로 이어지고 있다는 강한 인상을 받게 되었습니다. 그래서 본사 '인더스트리 4.0' 담당자들과 미팅도 하고 다른 지사에서는 어떻게 이 변화를 바라보는지 물어보기도 하고 이 팀장과도 출장 내내 의견을 나눈 후에 우리도 이제 '인더스트리 4.0'을 새로운 비즈니스 기회로 보고 사업개발을 추진하기로 결정하였습니다. 강 과장 생각은 어때요?"
"네……."
나는 한 템포 쉬고 나서 답변을 이어나갔다.
"저 같은 과장급 실무진의 의견이 도움이 될지는 모르지만 저도 본부장님 말씀에 동의하는 바입니다. 예전부터 말씀드리고 싶었지만, 현재 진행 중인 기존 비즈니스라든지, 내·외부 환경에 대해서도 진지하게 고민해야 하기 때문에 저로서는 그저 저의 소견을 담아 보고서 형태로 제 의견을 전달해 드리고 위에서 현명한 결정을 내려주시기를 기다리고 있었습니다."

"아……. 그 보고서……. 저도 이 팀장께서 전달해주셔서 잘 보았습니다. 우리 부서 안에서 미래 비즈니스에 대해 고민하고 있는 인원이 있다는 것에 대해 흐뭇했었습니다. 사실 그래서 오늘 강 과장을 부른 겁니다. 방금 이야기한 신사업으로서 '인더스트리 4.0' 사업개발을 담당할 적임자를 이 팀장께 물으니 주저하지 않고 강 과장을 추천하셨어요. 저도 같은 생각이고요. 어때요? 강 과장께서 맡아서 진행해보겠습니까?"

이러한 질문을 받았을 때, 왜 선뜻 "네 잘 해보겠습니다." 자신이 있게 답변하지 못하는 걸까. 나는 잠시 머뭇거린 후에 자신이 없는 목소리로 이렇게 대답했던 것 같다.

"예……. 부족하지만 기회를 주시면 잘 추진해보겠습니다."

"강 과장이 오케이해주었으니, 이제 시작할 일만 남았네요. 신사업이라 해서 너무 어렵게만 생각할 필요는 없고, 당장 다음 달에 하노버 전시회가 있으니 참가해서 본사 담당자들과 네트워킹도 하시고, 경쟁사에서는 어떻게 준비하고 있는지 동향도 파악하는 기회로 삼으면 좋을 것 같네요. 그러고 나서 같이 신사업에 대한 구상을 해나가도록 합시다. 아, 이 팀장님께서 본사 담당자들에게 먼저 연락해주셔서 강 과장이 네트워킹하는 것을 도와주시면 좋겠습니다."

"네, 본부장님 미리 연락 취해놓도록 하겠습니다."

'한순간에 모든 것이 결정되었다.' 나는 독일 프랑크푸르트로 향하는 비행기에서 창밖에 펼쳐진 구름바다를 바라보며 혼자서 되뇌었다. 개인적인 관심으로 시작했던 일이 회사의 미래와 관련 짓게 되고, 생각지도 못했던 신사업의 담당자로 지정된 일은 되돌아보면 신기하고 놀라웠다. 예전에 누군가와 대화 중에 '좋아하는 일을 회사일로 하면 얼마나 좋을까?' 하고 생각했던 적은 있지만 이렇게 우연히 기회가 다가올 줄은 몰랐기 때문이다.

하노버 전시회는 그 명성만큼이나 규모도 대단했다. 족히 코엑스의 3, 4배 이상은 되어 보였다. 전시회 기간 동안 주목해서 보고자 했던 부분은 인더스트리 4.0을 외치는 독일의 주요 회사인 지멘스, 보쉬, 또 미쓰비시 같은 공장자동화의 전통 강자들과, 기존까지 공장과는 거리가 멀어 보였던 마이크로소프트, 인텔과 같은 소프트웨어 중심 회사들의 변화였다. 전시장이 너무나 넓고 전시 부스가 너무 많아서 보다가 지칠 정도였지만 3일째 전시상을 둘러보고 나올 때는 어느 성노 브렌드를 파악할 수 있었다.

몇 가지 느낀 점을 정리해보자면 첫째, 기존의 하드웨어 강자들은 소프트웨어를 강화시켜 서비스화하는 데 주력하고, 반대로 마이크로소프트와 같은 기존의 소프트웨어 강자들은 하드웨어를 개발하거나 기존의 하드웨어 강자들과 연합하여 기존의 소프트웨어 플랫폼에 하드웨어를 결합한 서비스를 강화하고자 한다는 것이다. 다시 말해 기존의 시장과 분할된 경쟁 영역의 벽이 허물어지고 새로운 거대 경쟁 구도가 만들어지는 것 같았다.

두 번째는 표준화였다. 독일은 인더스트리 4.0을 시작하면서 오픈 소스, 오픈 인터페이스를 강조하며 표준화에 대한 부분에 신경을 많이 썼는데, 예를 들면 전시회장에 마련된 특별 부스에서는 독일의 Smart Factory 회원사들이 서로 브랜드는 다르지만 통일된 통신방식을 통해 한 라인에서 끊김이 없이 통신하고 호환되는 장비들을 전시해놓았다. 공장자동화에 새로운 패러다임이 적용되는 것을 보면서 어서 이러한 표준화 체제에 참여하지 않는다면 향후 시장 진입을 하는 한국 회사들이 표준화라는 장벽에 갇힐 수도 있지 않을까라는 우려도 되었다.

세 번째는 스마트공장에 대한 새로운 시각이었다. 한국에서는 대개 4차산업혁명이 사람 한 명 없는 무인화된 공장에 인공지능이 자율적인 공정을 운영하는 공장시스템을 스마트 공장의 표상으로 떠올리게 하는 것으로 오해하는 경우가 많았는데, 독일에서 이야기하는 스마트 공장의 모습은 꼭 완전 자동화가 아니더라도 주문을 받는 것에서 시작해 물류 그리고 생산라인에 이르기까지 회사의 전체 밸류 체인에 따라 스마트 기술을 적용하여 유연한 생산체계를 갖춤으로써 경쟁력을 제고하는 것에 좀 더 초점이 맞춰져 있는 것으로 느껴졌다.

마지막으로 한국 방문자들을 전시회장 곳곳에서 발견할 수 있었다. 내가 몸담고 있는 보쉬 부스에도 많은 관람객들이 방문하였는데, 출장 전부터 한국 회사에서 부스 방문 예약을 받아 내가 직접 현장에서 부스 안내를 해드리기도 했다. 국내에서의 4차산업혁명에 대한 열기만큼 대기업에서 중소기업에 이르기까지 산업의 패러다임 변화를 느끼고 배우고자 하는 열의가 많이 느껴졌다. 혹자는 우리나라의 산업이 위기라고 하는데, 독일 현지의 전시장에서 만난 한국 방문객들과 대화를 나누어보니 위기일수록 더 배우고 4차산업혁명이라는 리스크의 실체를 알기 위해 열심인 모습을 느낄 수 있었다. 4차산업혁명이 위기가 될 것인지 위협이 될 것인지는 어떻게 파악하고 준비하는가에 그 답이 있을 것이다. 어쨌든 전시회장에서 만난 한국 고객들을 보며 신문에서 우려하는 만큼 우리 기업들도 손 놓고 가만히 걱정만 하는 것은 아니구나라는 약간의 안도감도 느껴졌다.

나는 전시회가 끝나고 남은 일정 동안 독일 로어에 있는 본사를 방문하여 industry 4.0 솔루션 담당자를 만나 시장 상황과 영업 전략을 공유받고 공장을 견학하는 기회도 얻게 되었다. 보쉬 렉스로스 로어 공장은 EBS에서 특집으로 방영한 "4차산업혁명 위기인가 기회인가?"에도 나올 정도로 보쉬 내에서도 인더스트리 4.0과 관련된 대표적인 공장이었다. 공장을 견학하며 본사 담당자에게 물었다.

"완전히 새로운 공장으로 꾸며진 것은 아니네요."

"네, 맞아요. 기존의 공장을 점진적으로 개선하고 있는 중이죠. IoT 기술 덕택으로 기존의 장비를 교체하지 않고 디지털화하는 데 도움을 받고 있습니다. 혹시 새로운 공장으로 탈바꿈한 것으로 알고 있었나 보네요."

"네, 맞아요. 인더스트리 4.0이 적용된 공장이라고 해서 새롭게 투자가 이루어진 줄 알았죠."

"그건 아니에요. 인더스트리 4.0이 반드시 새로운 투자를 의미하지는 않죠. 그것은 인더스트리 4.0의 취지에도 맞지 않아요. 흔히 Brown Field(기존 설비) 그리고 Green Field라고 표현을 하는데요, 현재 대부분의 기업은 Brown Filed가 더 많겠죠. 당연히 투자할 자산보다 기존에 투자한 설비 자산이 많을 테니까요."

"하지만 오래된 설비들에 Connectivity(인터넷망으로의 연결)를 주기가 어렵지 않나요?"

"그래서 IoT 기술들을 필요로 하는 겁니다. 예를 들면 저기 있는 장비 보이죠? 예전에는 장비 상태를 보려면 꼭 장비 앞에서 모니터를 보면서 장비 상태를 파악할 수밖에 없었거든요. 하지만 IoT Gateway와 스마트 센서 몇 개를 부착하고 나서는 사무실에서도 장비의 상황을 파악할 수 있게 되었답니다."

"그건 원래 기존 PLC로도 가능하지 않나요?"

"가능하죠. 하지만 똑같이 센서를 부착하고 올라오는 데이터를 회사 DB까지 올리려면 PLC 전문가, DB 전문가 그리고 중간에 데이터도 매핑해야 하고 여간 복잡하지가 않아요. 하지만 IoT Gateway를 사용하면 저 같은 공정관리자도 데이터를 손쉽게 DB까지 올릴 수가 있죠. 왜냐하면 별도의 프로그램을 사용할 필요 없이 몇 단계의 설정을 통해 데이터를 관리할 수가 있거든요. 그리고 데이터는 웹 기반 대시보드에서 컴퓨터 또는 회사에서 승인된 모바일 기기로 볼 수가 있어요."

"조금 어렵기는 하지만 IoT 기술을 통해 보다 쉽게 기존 설비들을 스마트하게 만들 수 있다는 거네요."

"네 맞습니다. 공장의 담당자들이 아이디어를 내고 그 아이디어를 IoT 기술을 이용해서 기존 설비를 스마트하게 바꾸어 볼 수 있는 세상이 된 거죠. 그래서 보쉬 내 공장에서는 사용사례(Use case)를 만드는 활동들을 많이 하고 있어요."

"아, 저도 많이 들어본 것 같아요. 언제부터인가 보쉬 내에서 사용사례(Use Case)라는 표현을 많이 쓰더라고요."

"그것은 보쉬에서 추진하는 양면 전략(Dual Strategy)과도 관계가 있어요. 보쉬는 270여 개의 생산 공장을 보유하고 있으니 새로운 제품을 개발하기 전에 보쉬가 먼저 선도 사용자(Leading User)가 되어 새로운 IoT, ICT 기술들을 적용하고 그 경험과 효익을 통해 입증된 기술들은 기술 사업화하여 선도 공급자(Leading Provider)로서 시장에 사용사례(Use Case)를 갖고 스마트한 기술을 소개하고 공급하는 것이죠. 그래서 방금 이야기

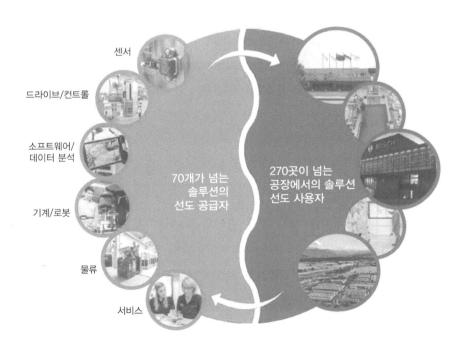

〈출처: Robert Bosch GmbH, 2016, 보쉬의 Industry 4.0 Dual Strategy〉

한 것처럼 보쉬 공장에서는 사용사례(Use Case)를 만들고 실험해보고 적용하는 것에 의미를 두고 있는 것이죠."

"아……. 이제야 사용사례(Use Case)에 대한 의미를 제대로 파악할 수 있을 것 같습니다."

공장 투어가 끝나갈 무렵 궁금증이 생겼다. 스마트 팩토리라고 하기에는 수작업이나 작업하는 인력도 많아 보였다.

"혹시 민감한 질문일 수도 있는데요. 스마트 팩토리 프로젝트를 추진하면서 인원이 감축되는 부분에 대한 갈등이나 직원들 내에 우려는 없었나요?"

"오~ 미스터 강, 좋은 질문이에요. 사실 그 부분은 우리 공장뿐만 아니라 독일 내에서도 아주 중요한 이슈 중에 하나에요. 혹시 미스터 강, 보쉬의 인더스트리 4.0 특징 7가지에 대해 들어본 적 있어요?"

"사실 제가 인더스트리 4.0 사업 개발 담당이 된 지 한 달밖에 안 되어서 아직은 잘 모릅니다. 설명해주실 수 있으세요?"

"좋아요. 한국에서 인더스트리 4.0 코디네이터 역할을 하신다면 꼭 알아야 될 내용이죠. 그럼 우리 투어가 거의 끝났으니 회의실로 옮겨서 이야기를 이어나가죠."

우리는 회의실로 이동해서 보쉬가 정의한 인더스트리 4.0의 7가지 특징에 대한 이야기를 이어나갔다.

"첫째는 '분산지능'이에요. 분산지능과 통합 소프트웨어를 갖추고 분산 작업을 통해 상위 시스템 부담을 줄여주고 유연한 생산시스템을 강조하는 것이죠. 둘째는 '안전'과 '보안'이에요. 인더스트리 4.0은 기계 관련 위험으로부터 사람을 보호하는 '안전'과 기업 정보를 외부로부터 보호하는 '보안'을 의미합니다. 셋째, '빠른 통합과 유연한 구성'입니다. 빠른 통합과 유연한 구성은 인더스트리 4.0의 적용성을 높여주기 때문이죠. 예를 들면 투어 때 설명한 IoT 기술을 이용해 장비의 데이터를 쉽게 통합하거나 스마트 폰 같이 생산라인을 유연하게 재구성하는 것을 의미합니다.

넷째, '개방형 표준'이에요. 인더스트리 4.0이라는 거대한 담론을 한 기업이 대변할

Bosch Group Industry 4.0 7가지 특징

 PEOPLE AS KEY PLAYERS

1 스마트 안경을 착용하고 있는 서비스 기술자는 증강 현실을 사용하여 복잡한 문제를 분석하고 신속하게 해결책을 찾을 수 있습니다.

2 모든 관련 정보: 프로세스의 지속적인 개선을 위해 생산 데이터를 실시간으로 집계합니다.

3 APAS 생산 보조자들은 인간과 기계의 직접적이고, 안전하고, 접촉 없는 협업을 가능하게 한다.

 DISTRIBUTED INTELLIGENCE

자율 롤러에서 유연한 제조 모듈까지: 분산형 인공지능을 통해 모듈은 적절한 기술을 파악하고, 조직합니다.

FAST INTEGRATION AND FLEXIBLE CONFIGURATION

직관적 적용: 작업자는 스마트 장치를 사용하여 생산 라인의 상태를 제어하고 기계 언어를 프로그래밍하지 않고 생산모듈을 새롭게 변경합니다.

 OPEN STANDARDS

개방형 표준은 다양한 공급업체의 장비와 소프트웨어를 통합, 연결하는 데 필수적입니다.

 VIRTUAL REAL-TIME REPRESENTATION

개체의 가상 실시간 표현을 통해 서로 및 소프트웨어 시스템과 상호 작용합니다.

 DIGITAL LIFE-CYCLE MANAGEMENT

제품의 전체 수명 동안 사용 가능한 모든 데이터를 집계하고 분석하는 것은 제품을 지속적으로 개선하는 데 도움이 됩니다.

 SECURE VALUE-CREATION NETWORK

Industry 4.0의 안전 및 보안에는 우선 기계 관련 위험으로부터 사람들을 보호하고, 둘째, 주변 환경(보안)의 공격과 결함으로부터 시설과 기업 IT를 보호하는 것이 포함됩니다.

〈출처: Robert Bosch GmbH, 2016, 4차산업혁명과 제조업의 귀환 내용 참조〉

수 없고 방대한 기술을 독점할 수 없기에 보쉬는 제조업체 간 약속된 표준을 따르고 지원합니다. 다섯째, '실시간 가상모델'인데 쉽게 말해서 요즘 많이 이야기하는 '디지털 트윈'이라고 생각하면 됩니다. 이는 제품 개발부터 시작해 제품 생애 주기를 보다 효율적으로 관리할 수 있는 새로운 방법이라고 할 수 있죠.

마지막 일곱째, 바로 '사람중심(People as key player)'입니다. 사실 아까 미스터 강의 질문에 답하고자 길게 설명을 하고 있는 겁니다. 보쉬의 인더스트리 4.0의 7가지 특징 중에서 가장 핵심이라고 할 수 있는데요, 인더스트리 4.0에서 기술이란 사람이 보다 효율적으로 일할 수 있고 편리하고 안전하게 일할 수 있는 환경을 제공하는 데 의미가 있습니다. 그렇기에 보쉬에서는 스마트 팩토리 프로젝트를 진행하면서 오히려 공장 내 인원이 느는 경우도 있습니다. 그래서 아까 미스터 강이 공장 내의 인원에 대해 궁금해할 수 있었던 것이죠."

담당자가 싱긋 웃으면서 설명을 마무리했다.

"정말 중요한 사실이네요. 인더스트리 4.0을 처음 시작하는 단계에서 의미 있는 시간을 보낼 수 있게 해주셔서 감사합니다."

본사 인더스트리 4.0 공장 투어와 담당자의 자세한 설명은 이번 출장에서 경험한 것 중 최고의 소득이었다. 담당자와 점심을 같이 하고 귀국을 위해 프랑크푸르트로 향하는 기차에 몸을 실었다.

한국에 돌아오자마자 출장 기간 동안 있었던 내용을 출장 보고서로 정리한 뒤 한국에서 인더스트리 4.0 사업 시작에 필요한 제품군을 선별하기 시작했다. 당시만 하더라도 인더스트리 4.0을 표방하는 제품들이 시제품 단계이거나 개발 단계의 제품들이 대부분이었기에 사업을 시작하는 데는 무엇보다 한국 시장에 적합하고 판매 가능하며 국내에서 영업과 기술지원이 가능한 제품을 선별하는 작업이 급선무였다. 그래서 보쉬에서 나오는 모든 인더스트리 4.0 제품을 엑셀 시트에 나열하고 제품 판매 가능 수준, 한국 지사에서 지원 가능한 역량을 매트릭스로 구성하여 제품을 필터링하였다.

우선 고객군을 타겟팅하고 제품 포트폴리오를 정하는 부분이 시급했다. 고객군은 기존 시장인 반도체, 배터리 제조, 디스플레이 제조를 기반으로 스마트 팜과 스마트 물류 쪽을 타겟으로 삼기로 했다. 제품 포트폴리오는 IIOT(Industrial Internet of Things, 산업용 사물인터넷)를 강화하는 방향으로 결정하였는데, 이유는 다음과 같다.

소위 스마트 기술을 ICBM(A)으로 칭하는 경우가 많다. 풀어서 이야기하면 IoT, Cloud, Big data, Mobile 거기에 AI 기술까지 포함하여 약자로 ICBM(A)으로 표현하는 것이다. 언론과 광고에서는 스마트 팩토리를 클라우드, 빅 데이터, 인공지능을 통한 자율 통제 가능한 공장으로 표현하지만, 이 모든 것은 바로 '데이터'가 존재했을 때 가능한 이야기이다. 데이터가 없으면 정보를 만들 수 없고 정보가 없으면 사람이 본인의 경험을 더해 결정을 내릴 수 있는 판단 기준도 마련할 수 없게 된다. 다시 말하면 데이터가 없다면 클라우드에 올릴 정보도 빅 데이터도 없고 분석할 데이터가 없으니 인공지능도 없는 것이다.

또한 1년여간 시장조사를 하고 많은 중소기업을 직접 방문하면 할수록 우리가 생각하는 것보다 산업 현장의 스마트 팩토리를 위한 수준이 아직은 초기 수준이거나 이제 MES(생산관리시스템)를 이제 막 적용한 수준이라는 결론에 도달하게 되었다. 때문에 국내 산업 현장의 수준에 맞고 고객들이 현실적으로 고민하고 구현하고 싶은 솔루션을 공급하는 것이 급선무였다. 그래서 기존의 설비에도 손쉽게 장착이 가능한 스마트 센서 제품군과 생산라인에서 발생하는 다양한 데이터 소스를 수집하여 클라우드나 데이터베이스에 저장이 용이한 데이터 수집 장치(IoT Gateway), 그리고 수집된 데이터를 시각화하여 생산관리 및 예지 보전에 도움을 줄 수 있는 모니터링 프로그램(Dash Board) 또 공장 내의 생산 현황을 통합하여 소통할 수 있는 생산 현장용 커뮤니케이션 소프트웨어를 중심으로 본사에서 준비된 제품군 중에서 IIoT(Industrial Internet of Things) 제품군을 중심으로 사업개발을 추진하기 시작했다.

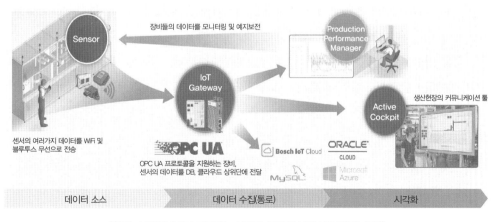

〈출처: 보쉬렉스로스코리아, 스마트 공장에서의 데이터의 흐름〉

또한 본사의 Dual Strategy를 한국에서도 추진할 필요가 있었다. 신사업을 추진하고 지원받기 위해서는 본사의 전략을 잘 이어받아 현지에서도 그 전략을 펼쳐야 한다는 생각에서였다. 또한 인더스트리 4.0을 표방하는 제품의 영업은 단순히 카탈로그를 통한 기존 방식의 영업 전략으로는 절대 보수적인 산업에서 승부를 볼 수가 없었다. 이유는 인더스트리 4.0, 스마트 팩토리 솔루션으로 소개되는 제품은 주변의 그 누구도 사용해본 사례가 없거나 부족하기에 어느 회사도 사용사례가 없는 제품을 선뜻 먼저 사용해보겠다는 의사를 밝히지 않기 때문이다. 그래서 더더욱 선도적 사용자(Leading user), 선도적 공급자(Leading provider)로서의 전략이 필요했다. 이는 보쉬 그룹 내 생산 공장에서 먼저 사용하고 사용사례를 만들어 구체적인 효익을 고객들에게 전달함으로써 고객이 신뢰를 갖고 신기술을 도입하도록 하여 경쟁사보다 빠르게 시장 진입을 꾀하는 본사의 인더스트리 4.0에 대한 전략이었다. 마침 한국에서는 보쉬 대전공장에서 스마트 팩토리 프로젝트가 막 시작되는 단계여서 스마트 팩토리 프로젝트 리더이신 구 부장님께 연락을 드렸다.

"부장님, 안녕하세요. 인더스트리 4.0 사업개발을 맡은 자동화 사업부의 강탁구입니다."

"아, 탁구 과장님. 이야기 많이 들었습니다. 안 그래도 만나고 싶었어요. 대전공장 스마트 팩토리 프로젝트를 하는데 과장님과 상의할 일도 있고 도움받을 일도 많이 있어요."

"아…… 그렇다면 반가운 소식입니다. 그럼 제가 대전으로 찾아뵙겠습니다."

구 부장님께서 반갑게 맞아주셔서 힘이 솟았다. 새롭게 사업개발을 하는데 함께 같은 고민을 나누고 의논할 분이 계시다는 것 때문에도 그렇게 느껴진 것 같기도 했다. 나는 당장 이틀 뒤에 구 부장님과 대전공장에서 만났다. 처음 뵙고 부장님과 몇 마디를 나누어 보았을 뿐인데 부장님께서는 그야말로 보쉬 스마트 팩토리의 산 증인이자 전문가임을 알 수 있었다.

"부장님, 대전공장은 언제부터 스마트 팩토리에 대한 논의가 시작되었죠?"

"대전공장의 경우, 2016년부터 스마트 팩토리에 대한 프로젝트가 논의되기 시작했어요."

"그래요? 한국에서 4차산업혁명이 무엇인지 막 화두가 되었을 때 이미 프로젝트가 시작이 되었다니 빠르네요. 그렇다면 독일에 있는 공장의 경우, 스마트 팩토리 프로젝트가 더 일찍 시작되었겠어요?"

"그럼요. 독일의 경우 2014년에 이미 IPN 프로젝트를 시작했던 것이죠."

"IPN은 무슨 프로젝트죠?"

"IPN은 International Production Network의 약자인데요. 자동차 부품 중 특정 제품을 생산하는 전 세계의 공장 11개를 IoT로 연결하는 프로젝트였습니다. 자세히 이야기하면 11개의 공장의 MES와 5,000여 개의 장비에서 나오는 생산 분석 데이터를 인터넷으로 통합하여 연결하였는데, 이는 실시간 벤치마킹(Real-time benchmarking)을 가능하게 했고, 그 결과는 기대 이상으로 생산성이 25% 이상 올라가는 큰 효과를 본 것이죠. 이를 통해 보쉬는 연결성(Connectivity)의 중요함을 인지했고, 이 파일럿 프로젝트를 시작으로 스마트 팩토리 프로젝트를 전 세계 250개 공장에 확장 전개하고 있는 중이죠."

"부장님, 그런데 보쉬가 왜 100년이 넘은 전통적 생산 기업임에도 불구하고 인더스트리 4.0 관점에서 어떻게 이렇게 신속하게 신기술들을 접목하여 스마트 팩토리로 변모할 수 있었을까요?"

"강 과장님은 뭐라고 생각하세요?"

"글쎄요? 부장님같이 뛰어난 인재들? 하하하."

"여러 가지 이유가 있겠지만 두 가지로 요약한다면 첫째로, 저는 최고경영자의 인더스트리 4.0에 대한 확고하고 강력한 의지가 작용했다고 생각합니다. 보쉬 그룹 회장에서부터 각 사업부 사장들에 이르기까지 인더스트리 4.0을 열정적으로 강조하고 있죠. 예를 들면 회장님이 '보쉬는 이제 IoT 회사로 변모하고 있다.'라고 공식 석상에서 연설한 것이나, 회사 포털에서도 인더스트리 4.0과 미래의 공장(Factory of The Future)에 대한 기사가 하루가 멀다하고 쏟아져나오고 있는 것을 보면 알 수 있죠. 그리고 스마트 팩토리에 대한 ICT, IoT를 투자하는 데 있어서도 회계적인 관점보다는 미래 기술의 선도적 적용과 선도적 기술 개발에 더 큰 의미를 두고 과감히 투자하는 것도 탑 매니지먼트의 영향력에 있다고 봅니다.

둘째는 위기감이라고 생각이 돼요. 보쉬가 130여 년이 넘는 제조 전문 기업이지만 하드웨어 제품만으로는 4차산업혁명 시대에서 더 이상 지속 경영이 가능할 수 없다는 것을 우려한 것이죠. 그래서 수년 전부터 보쉬는 센서와 소프트웨어 역량을 강화하는

데 많은 노력을 기울이고 있고 작년에는 전 세계 거점 지역에 AI 연구소를 개소해서 인공지능에 대한 연구도 시작했다고 하네요. 마지막으로 세 번째는 보쉬만의 일관된 생산 방식이 있었기에 빠른 스마트 팩토리의 전개가 가능했다고 생각됩니다."

"부장님, 실례지만 BPS가 무엇인가요?"

"아 과장님은 영업 쪽이라 BPS는 잘 모를 수 있겠군요. BPS(Bosch Production System)는 보쉬의 생산방식이라고 보시면 됩니다. 생산에서 발생하는 모든 낭비요소를 제거하고 표준화한 보쉬만의 생산 방식이죠."

"그런데 BPS와 스마트 팩토리는 어떤 관계가 있는 건가요?"

"관계가 깊지요. 왜냐하면 스마트 팩토리라고 하면 단순히 첨단 기술, 첨단 로봇만 공장에 배치하면 공장이 자율적으로 운영될 거라는 환상을 갖고 있어요. 하지만 그런 스마트 팩토리가 있다면 모든 공장이 이미 스마트 팩토리가 되어 있겠지요. 가장 중요한 것은 스마트 팩토리 이전에 기업의 생산 방식을 먼저 정의하고, 그 기업만의 생산 방식이 정확하게 정의되어 있을 때, 기존의 생산 방식을 보다 효율적으로 개선하고 생산성을 높이기 위해 어떤 ICT 기술을 적용할 것인지 어떤 ICBM 기술을 투자할 것인지에 대한 아이디어가 나오고 그 기대효과를 예상할 수가 있는 것이죠. 그런 면에서 보쉬는 수십 년의 시간을 통해 축적된 생산방식에 대한 표준화가 이루어졌기 때문에 스마트 팩토리 프로젝트를 시작하는 데 많은 시간을 절약할 수 있었다고 생각합니다."

"아…… 그렇군요. 그리고 보니 최근에 제가 방문했던 한 중소기업에서도 스마트 팩토리 프로젝트를 추진하다가 난관에 부딪혀서 잠시 프로젝트를 중단하고 먼저 회사의 생산방식에 대한 방법론을 정립하기 위해 컨설팅을 받기로 했다는 이야기를 들었습니다. 부장님 말씀대로 솔루션이 모든 것을 해결해주지 못한다는 사실을 다시금 깨닫게 되네요. 제가 좀 더 일찍 부장님을 찾아뵀어야 했습니다. 오늘 부장님 통해 많이 배우고 있습니다."

"에이……뭘요. 강 과장님이 더 전문가시면서……. 앞으로 저는 공장에서 Leading User로서 강 과장님은 산업 시장에서 Leading Provider로서 앞으로 잘 해 봅시다."

이후로도 부장님과 시간 가는 줄 모르고 대화를 나누고 그것도 모자라 저녁 식사까지 함께 하고 집으로 향했다. 늦은 밤 경부고속도로를 가로지르며 몸은 운전을 하고 있었지만, 머릿속은 대전공장의 구 부장님과의 긴 대화를 통해 돌이켜 본 인더스트리

4.0과 4차산업혁명, 스마트 팩토리 그리고 우리나라 산업의 미래에 대한 여러 가지 생각으로 가득 찼다.

'과연 4차산업혁명은 시작된 것일까? 스마트 팩토리는 무엇일까?' 스마트 팩토리를 추구하는 기업은 OT(생산기술, Operation Technology)를 알고 있지만 ICT(정보통신기술, Information Communication Technology)를 모르고 솔루션 제공업체는 ICT는 알지만 모든 산업 모든 애플리케이션(공정)의 OT를 알 길이 없다. 그리고 OT와 ICT를 알더라도 그 기업만의 생산방식(Production System)이 없다면 ICT 기술에 대한 투자는 '사상누각'과 같을 수 있다는 생각이 들었다. 그리고 새로운 기술을 적용했을 때 그 기대효과는 불확실하기에 스마트 팩토리에 대한 아이디어를 모으고 그것을 기획하고 범위, 시간, 비용을 효율적으로 관리하여 스마트 팩토리 프로젝트를 성공으로 이끄는 것은 그 기업의 PM(프로젝트관리, Project Management) 역량에 달려있으니 과연 스마트 팩토리가 흔히 유튜브나 화려한 광고에서 보는 것처럼 구현하기에는 많은 어려움이 있는 것이 사실이고 현실이었다. 하지만 오늘 배운 보쉬의 사례에서 보듯이 기업의 생산방식이 표준화 되어있고 기업 내외의 OT 전문가와 ICT 전문가가 서로의 전문 영역을 공유하고 일관된 중장기 계획아래 강력한 사업추진을 위한 기업 경영층에서의 지속적인 지원이 있다면 우리나라에서도 보쉬 사례와 같은 스마트 팩토리가 많이 탄생하지 않을까? 하는 기분 좋은 상상을 해보았다. 그리고 이제 막 시작된 나의 인더스트리 4.0의 여정에서 나는 선도적 공급자(Leading Provider)로서 내가 속한 회사와 산업에 어떠한 역할을 할 수 있을까? 라고 스스로에게 물어보며 긴 하루를 마무리했다.

From storming to performing

여름휴가를 앞두고 전격 인사공문이 발표되었다.

2018.08.01부로 자동화사업부 영업팀을 강탁구 차장이······

지난 3월 팀장님과의 짧은 미팅이 떠올랐다.

"우리 팀은 강 차장을 비롯한 팀원들이 혼연일체가 되어, 지난 3년간 폭발적인 성장을 이루었다고 생각합니다. 이제는 인원이 30명이 넘다 보니 저 혼자서 팀 전체를 이끌어가기에는 어려움이 있다고 생각이 됩니다. 그래서 팀의 효율성을 높이기 위해 기술부와 영업부에 각 팀장을 두고 팀 운영을 더 가볍게 체계화할 계획입니다. 그럼…… 이제 제가 왜 강 차장에게 이런 이야기를 하는지 감이 오지요?"

팀장님이 싱긋 웃으며 물으셨다.

방금 전 팀장님께서 커피 한잔하자고 하실 때만 하더라도 평상시와 같이 요즘 어떻게 지냈는지에 대한 가벼운 이야기를 예상을 했기에 앗, 이런 깜짝 소식을 팀장님이 말씀하실 줄이야. 나는 머뭇거리며 대답했다.

"네에? 아…… 네…… 짐작은 갑니다만. 좀 갑작스럽기는 합니다."

"맞아요. 좀 당황스러워할 거라 생각은 했어요. 하지만 이러한 팀 조직 변경에 대해서는 임원분들과 올해 초부터 고심하던 내용이었습니다. 여러 가지 의견 조율 끝에 영업팀장으로는 강 차장이 적임이라는 의견이 통일되어 오늘에야 강 차장에게 이야기하는 거예요. 물론 강 차장을 추천한 건 저구요. 허허"

"네…… 알겠습니다. 감사합니다."

팀장님과 회사에서 나를 인정해주시고 팀장의 자리를 제안해 주신다니 기뻐서 크게 답변을 드려야 했을 것이나, 나의 대답은 조금 무겁기까지 했다.

"그럼, 인사부와도 의견조율을 한 뒤 최종적으로 사장님께 보고할 예정이니 마음의 준비하고 있어요. 그리고 강 차장이 팀장이 되었을 때 어떻게 팀을 운영할 것인지에 대해서도 고민해보기 바래요. 분명히 강 차장만의 아이디어를 갖고 잘 이끌어가리라 생각이 됩니다. 요즘 신입사원이 많이 입사해서 교육과 역량개발 관련해서 할 일이 많아요. 아, 그리고 다음 주 월요일에 본부장님께서 본 건으로 면담하자고 하시니 참고하세요. 미팅 시간은 아웃룩으로 초청할게요."

스스로 생각해보았다.

나는 팀장이 될 자격이 되는가? 지금까지는 혼자서 잘 해내었다고는 하지만, 팀원들을 어떻게 지원하고 동기부여 해야 할지에 대한 무게감이 더해져 왔다. 쉽게 내릴 수 없는 결정이었기에 본부장님과 면담에 들어갔다.

"어때요? 강 차장, 많이 생각해보았나요?"

본부장님이 미소를 지으며 물으셨다.

"네, 사실 팀장 자리는 예전부터 생각하고 있었습니다. 다만, 막상 제안을 받으니 책임감이 먼저 느껴지고 마음이 무거운 것은 사실입니다."

"하하, 세상의 모든 일은 대부분 처음이 많아요. 누군가의 남편이 된다는 것, 아버지가 된다는 것, 팀장이 된다는 것, 연습하고 될 수 있다면 좋겠지만, 처음 맡고서 배우면서 해야 하는 일들이죠. 분명 영업사원일 때와 영업팀장으로서의 역할과 책임은 분명히 다르니 무거운 마음이 앞선다는 것은 자연스러운 반응입니다. 강 차장이 잘할 수 있는 사람이라 믿기에 회사에서 지정한 것이니, 이제부터는 마음의 부담은 지우시고 지금 팀장님의 팀 운영 방향을 잘 이어받아서 멋진 팀으로 이끌고 가길 바랍니다. 아, 그리고 인사발표는 7월 말에, 팀장으로서의 역할은 8월부터 시작될 예정이니 참고하세요.

"네, 알겠습니다."

아직 팀장으로서 역할을 시작하기에는 1달여의 시간이 남아 있었지만, 그날 이후로 운전을 하거나 혼자 보내는 시간 동안 나의 머리 속은 팀 운영에 대한 생각으로 가득 찼다. 생각이 많아지자 이것이 창의적인 생각인지 아니면 기우에 지나지 않는 걱정인 것인지 헷갈리기 시작했다.

그래서 마인드맵으로 생각을 정리하기 시작했다. 생각이 많아질 때 나의 습관은 마인드맵을 활용하는 것이다. 나의 무의식에 있는 생각들을 암묵지에서 형식지로 전환해줄 수 있는 가장 확실한 도구이기 때문이다. 나는 마인드맵을 열고 하나씩 나열해나가기 시작했다.

팀원들의 이름을 나열해보다가 문득 팀에서 가장 중요한 부분은 그 팀을 구성하고 있는 팀원들이라는 생각이 들었다. 결국 그 팀의 성숙도는 팀원들 개개인의 업무 성숙도와 직결되기에 팀원들의 이야기가 궁금해졌다. 평소에 개인적인 대소사를 묻거나 업무상 도움을 주는 정도였지 팀장의 입장에서 이야기를 나누어 본 적은 없었기 때문이다.

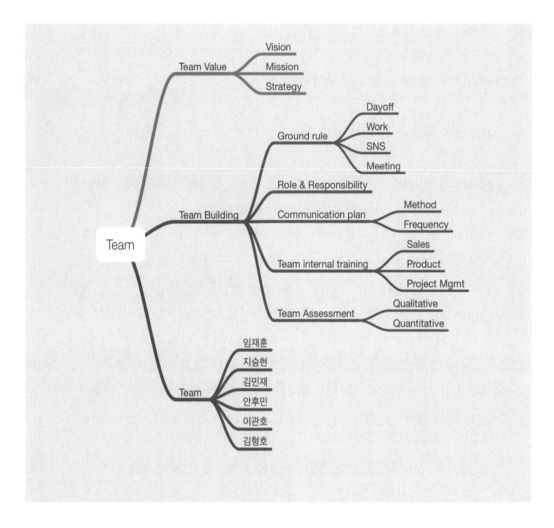

  '그래, 고객들의 니즈(Needs)를 파악하기 위해 'Customer journey'를 하는데 팀원들을 고객으로 생각하고 그들의 'Pain points'와 'needs'를 파악해보는 것도 방법이겠네.'
  팀장님에게 양해를 구하고 팀원들에게 개인 면담을 신청하였다. 면담 순서는 신입 사원인 막내 형호 씨부터 시작하기로 하고 약속을 잡은 후에 면담을 위한 설문지를 작성해보았다. 나는 복잡한 내용보다는 크게 5가지 질문으로 면담의 내용을 정리해보았다.

• 현재 본인의 근무 만족도는? 그에 대한 이유는?
• 업무에 대한 열정을 10점 만점이라 한다면 몇 점이라고 말할 수 있는가?
• 최근 업무는 본인 리소스의 몇 %를 차지하고 있는가?

- 본인이 투입하고 있는 리소스 대비 본인이 성장하고 있다고 느끼는가?
- 현재 조직에서 본인에 대한 SWOT을 스스로 분석해본다면?

현재 맡은 개인의 업무 강도와 그에 따른 개인의 만족도, 그리고 개인 스스로 생각하는 조직 내에서의 기회와 위협 요소를 파악해보는 것이 주요 목적이었다. 자칫 형식적인 문답으로 대화가 변질될 것을 우려하여 장소는 사무실이 아닌 카페에서, 질문 내용은 대화 속에서 자연스럽게 이어나갔다.

막내 형호 씨의 경우, 팀 내에서 업무를 배우고 있는 단계여서 아직 본인의 업무가 정형화되지 않은 부분에 대해 우려가 컸다.

"선배 사원분들이 시키는 일들만 해도 하루가 어떻게 흘러가는지 모를 정도로 바쁜 것 같습니다. 하지만 퇴근하는 길에 하루를 되돌아보면 제가 생산적인 하루를 보낸 것인지에 대해 후회도 되고요. 입사 1년이 다 되어 가는데 제가 성장하고 있는 것인지 고민이 많습니다. 저도 어서 팀에 도움이 되는 1인이 되고 싶습니다."

내년에 대리 진급을 앞둔 재훈 씨는 보다 도전적인 일에 대한 요구가 있었다.

"신입사원 때는 배우는 재미가 회사를 다니는 데 큰 동기 부여가 되었습니다. 이제는 회사 프로세스에 적응도 많이 되고 나니 업무상 우선순위를 정하는 부분이나 관련 부서와 소통하는 일도 많이 자연스러워진 것 같습니다. 그래서 이제는 좀 더 도전적인 일을 해보고 싶습니다. 아직 부족하기는 하지만 위에서도 믿고 좀 어려운 일들을 맡겨주시면 좋을 것 같습니다."

팀의 중요한 역할을 맡고 있는 김민재 과장은 항상 활기찬 모습이어서 평소에 전혀 알 수 없었던 이야기를 많이 나눌 수 있었다. 특히 반복되는 업무 과다로 많이 지쳐 있는 것 같았다.

"예전에는 일이 많아서 야근을 해도 새롭게 배우고 성장한다는 느낌을 많이 받았어요. 그래서 일도 재미있고 스스로에게 동기부여도 많이 되었는데, 요즘에는 비슷한 업무들이 반복되고 아직 후배 사원들의 역량이 올라오려면 좀 더 시간이 걸릴 것 같아서, 직접 일을 쳐내다 보니 바쁘기만 하고 이제는 배운다는 느낌보다는 무언가 소모적인 느낌이 자꾸 드네요."

　팀원 개개인과의 면담은 기대 이상으로 나에게 팀 빌딩을 구상하는 데 많은 아이디어를 제공해주었다. 약간의 차이는 있었지만, 팀원들의 동기에 가장 큰 영향을 주는 요소는 '금전적인 보상'보다는 도전적인 과업을 통해 개인의 역량이 성장하는 부분이라 느껴졌다. 나는 팀원들의 상담내역을 개인별로 분류한 후에 이를 바탕으로 개인마다의 '동기─위생'요인 그리고 역량 강화를 위한 기초 틀로 사용하기 위해 템플릿화하여 정리해놓았다. 그리고 팀장으로서의 업무가 시작되기 전에 팀 빌딩 워크샵 추진이 필요하다는 생각에 팀장님에게 나의 생각을 말씀을 드리고 8월 초에 팀 빌딩을 제안드렸다.

　"안 그래도 첫 시작이 중요한 만큼 워크샵으로 팀의 전반적인 부분을 정리하고 시작하는 것이 좋겠다라고 생각하던 참이었어요. 강 차장께서 안건을 제시해주시고 여름 휴가 전에 미리 일정을 공지해주세요."

　휴가 후에 8월 둘째 주 화요일에 팀 빌딩을 진행하는 것으로 의견이 모였다. 팀 빌딩 일자가 확정되고 난 뒤 퇴근 후 대부분의 시간은 팀 경영, 팀 운영, 조직인사와 관련된 전문 서적 공부에 할애하며, 우리 팀에 적합한 툴과 적용이 가능한 이론을 찾아내는 데 쏟아부었다. 공부를 하다 보니 나의 부족한 이론을 실제에 적용하기가 쉽지 않음을 다시 한 번 느꼈다. 또한 팀원들이 이해하고 받아들일 수 있는 수준을 맞추어야 하기에 여러 가지로 많은 생각과 아이디어가 필요했다. 이러한 부분을 극복하기 위해 팀원 중 막내 2명을 준비 위원으로 삼고 같이 팀 빌딩을 준비하기에 이르렀다.

　"형호 씨 민후 씨, 팀 빌딩을 하는 데 여러분의 아이디어가 필요합니다. 이번 워크샵은 예전과는 달리 새로운 시각으로 접근하고자 합니다. 제가 가칭으로 주제를 정해보았는데 들어볼래요? '나는 누구인가? 같이 일하는 당신은 누구인가? 그리고 우리 팀은 어디를 향하고 있는가?'입니다."

　재미있다는 듯이 형호 씨가 반응했다.

　"오~ 차장님, 뭔가 다큐멘터리 느낌이 나는데요. 히히히……."

　"이번에 워크샵을 통해 얻고자 하는 부분은 다음과 같아요. 이미 어른이 되어버린 우리 스스로를 다시 알아보고, 매일 같은 공간에서 일하지만 서로 몰랐던 동료들을 알아보고, 매일 바쁘게 일하고는 있지만 우리가 예전에 세워놓은 로드맵에 맞게 같은 방향으로 향해 가고 있는지 돌아보는 시간이 되었으면 해서 이렇게 나름대로 주제를 만들어 보았습니다."

조용히 듣고 있던 민후 씨가 대답했다.

"말씀 듣고 보니 의미 있는 시간으로 만들어 볼 수 있을 것 같습니다. 근데 우리가 컨설턴트도 아니고 어떻게 주제를 반영하여 워크샵을 진행할 수 있을까요? 그 부분이 궁금합니다."

"좋은 질문이에요. 사실 그 부분 때문에 제가 퇴근하면 공부를 하고 있습니다. 어느 정도 아이디어는 만들어졌는데, 실행 수준을 어느 선에서 할 것인지, 그리고 어떤 방법으로 진행할지에 대해 혼자서는 도저히 다 생각해낼 수가 없어서 여러분들에게 도움을 요청한 거예요."

두 친구들은 조금 의아해하면서도 호기심 어린 눈으로 나의 이야기를 경청했다.

"여기를 볼래요?"

나는 내가 간단히 워크샵 아젠다를 정리해놓은 PPT 자료를 보여주며 이야기를 이어나갔다.

"다음과 같이 여러 가지 순서들을 기획하고 있습니다. 앞서 주제를 말했듯이, 먼저 생각해볼 것이 나는 누구인가?라는 거죠. 철학적이고 무거운 질문으로 시작하자는 것은 아니고 MBTI 설문을 다 같이 해보려고 해요."

"근데요 차장님, MBTI가 뭐예요?"

"MBTI는 심리유형을 파악해 보는 설문 기법이라고 할 수 있어요. 저도 예전에 한번 해보았을 뿐이라……. 그래서 제가 좀 찾아봤지요."

나는 미리 복사 해온 MBTI에 대한 내용을 보여주었다.

'MBTI 심리유형 지표는 심리학자 융의 이론에 기초를 두고 개발된 것으로 캐서린 브리그스가 추가적으로 발전시키고, 그녀의 딸 이사벨 브리그스 마이어스에 의하여 이론적으로 완성된 것으로 일상생활에 유용하게 활용할 수 있도록 고안한 자기 보고식 성격유형 지표이다.'

01	Introduction – Orientation
02	Group Separation
03	Team Maturity Level
04	MBTI
05	Group Activity 1 (R&R)
06	Break Time
07	Group Activity 2 (Tower game)
08	Team Presentation & Discussion
09	Wrap up

〈출처: 글로벌프로젝트 경영, 한경사〉

"아, 이런 검사도 있었군요. 저는 IQ 검사 세대라……."

"맞아요, 대부분의 우리 나이 또래가 IQ 검사나 해보았지 MBTI를 해보지는 못했던 것 같아요. MBTI는 비교적 오랜 기간 실증적 검증을 통해 많은 조직에서 사용되고 있는 툴이에요. 개인에게는 본인의 성격 유형에 대해서 파악해볼 수 있는 좋은 기회가 될 수 있고, 팀장 역할을 맡을 저에게는 여러분들의 성격 유형을 통해 여러 분들의 역량을 개발하는 데 좋은 자료가 될 수 있을 것 같아요."

"아, 제게도 좋은 생각이 있는데요. 검사 전에 본인 것과 서로 예상하는 성격 유형을 예측해보고 검사 후 결과와 비교해보는 것도 재미있을 것 같습니다."

"음~ 좋은 아이디어네요."

"차장님, 그럼 우리 팀이 어느 위치에 있는지? 어느 방향으로 가고 있는지는 어떻게 알아볼 수 있을까요?

"그 부분은 팀 형성 단계 이론으로 같이 이야기해볼까 합니다."

"팀이 형성되는 데 단계라는 것이 있나요?"

"그럼요. 잠깐 설명하자면 터크만이라고 하는 학자가 1960년대에 팀의 형성 단계를 체계적으로 연구하여 이론화한 것이 팀 형성 단계 또는 팀 발전 단계라고 할 수 있어요. 요즘에는 팀장 급에서는 꼭 알아야 하는 필수 이론이라 할 만큼 유명한 이론이에요. 우리 팀은 기능조직이라 '팀 형성 단계'를 적용하는 것이 무리일 수는 있으나 마지막 '해산' 단계를 제외하면 이 이론으로 우리 팀의 현재 위치를 가늠해볼 수 있을 것 같아요."

"아, 흥미로운데요. 마치 조직의 생애 주기 같은 거네요. 이런 것도 연구해서 정리해 놓은 것이 있다니 신기할 따름입니다. 팀의 현재 위치를 파악하는 데 좋은 도구가 될 수 있을 것 같습니다."

민후 씨가 관심을 갖고 나의 의견에 동의해주었다.

"차장님, 여기 R&R은 무엇인가요?"

"역할과 책임이라고 하죠. 영어로는 Role and Responsibility로 표현되기 때문에 줄여서 약자로 R&R이라고 많이 써요."

"그렇군요. 최근에 고객사에서 미팅하는데 R&R이라고 해서……. 궁금했거든요. 저는 그 회사에서만 쓰는 무슨 전문 용어인가 했습니다."

"우리 팀원들이 솔선수범해서 많은 일들은 해주고 있는 것은 사실이에요. 하지만 아직 우리 팀에 R&R이 제대로 정해져 있지 않은 관계로, 때로는 해야 할 일들이 진행되지 않아 문제가 발생하는 경우가 있는 것 같아요. 그래서 이번 기회에 팀원들 개개인의 일들을 정의해보고 보다 명확하게 '역할과 책임'을 정의해볼 생각이에요."

"역할과 책임을 정하는 것만으로도 의미 있는 팀 빌딩이 될 것 같습니다. 사실 저도 예전부터 이 부분을 제안하고 싶었는데, 혹시나 제가 하고 있는 일을 덜고 싶어서 제안하는 것으로 오해받을 것 같아서 말씀 못 드리고 있었거든요. 아시겠지만 따로 정해져 있지 않은 일들은 대게 저희 같은 막내들이 하는 경우가 많잖아요. 헤헤."

맞는 말이었다. 회사에서 따로 담당이 정해져 있지 않은 일일 경우, 대부분 물이 아래로 흐르듯이 결국 막내 사원들이 눈치껏 하는 경우가 다반사였다. 이전에야 신입사원이니까 막내니까 당연하게 생각했지만 체계적인 팀의 구조를 위해서는 이러한 관행을 'R&R(Rule and Roll)' 정의를 통하여 없애야 하는 것이 마땅하다고 생각했다.

워크샵 준비사항이 대부분 구체화되고 이제 타워 게임에 대한 구상만 하면 마무리가 될 것 같았다.

"여러분, 타워 게임 해 본 적 있어요?"

"혹시 높이 쌓기인가요?" 민후 씨가 물었다.

"네, 맞아요. 하지만 단순히 높이만 쌓는 게임은 아니죠."

나는 빙긋이 웃으며 대답했다.

"이 게임은 제가 최근에 참석했던 PMI 한국챕터 멤버스 데이 행사에서 배운 게임인데요. PBL에 기반한 게임이죠. PBL은 Project based learning의 약자인데요. 프로젝트에 근거한 게임 또는 학습을 통해 문제 해결 능력을 향상시키는 학습방법이라고 할 수 있어요."

"아…. 단순한 높이 쌓기 게임은 아니라는 말씀이군요."

형호 씨가 관심을 보이며 이야기했다.

"맞아요. 그래서 게임 전에 몇 가지 제약 조건을 제시해줄 거예요."

"혹시 샘플 같은 것이 있을까요?"

"제가 따로 자료는 없고요. PMI 멤버분 중에 회사 워크샵 때마다 타워 게임을 진행하시는 부장님을 알고 있어요. 그분에게 자료를 구해 보도록 하겠습니다."

"이 게임은 차장님이 직접 진행을 하실 건가요?"

"아니요. 형호 씨가 이번 기회에 게임을 준비하면서 PBL을 이해해보는 것은 어떨까요?"

"앗, 제가요? 샘플만 주신다면 열심히 준비해보겠습니다."

잠시 멈칫했던 형호 씨가 자신이 있게 대답했다.

"네, 그럼 제가 자료 구하는 대로 형호 씨에게 전달하고 진행 방법 설명해줄게요."

"네, 알겠습니다. 차장님, 기대됩니다."

워크샵을 위한 준비 모임은 두 신입사원의 열정적인 참여로 인해 기대감이 가득한 상태에서 마무리가 되었다. 처음에는 두 친구에게 소일거리를 맡기고 내가 직접 워크샵을 진행하려고 생각했으나, 준비모임을 진행하면서 기대 이상으로 열정적으로 참여하고 적극적으로 참신한 의견을 제시하는 모습을 보면서 기획은 다 같이 실행은 오전, 오후 각각 민후 씨와 형호 씨가 진행하는 것으로 담당을 변경하였다. 조금 부담스러울지는 몰라도 두 친구에게는 좋은 배움의 기회가 될 것 것이라 믿었다.

드디어 워크샵 당일, 준비한 것도 이야기 나누어야 할 안건이 많았기에 평소보다 30분 일찍 모여 워크샵을 시작하였다. 우리가 워크샵을 비밀리에 준비하였기에 다른 팀원들은 어떤 내용을 갖고 하루를 보낼 것인지에 대해 내심 궁금해하는 눈치였다. 먼저 본부장님의 오프닝 멘트로 워크샵을 시작했다."

"안녕하세요. 오늘 워크샵은 이번 달부터 새롭게 팀장을 맡게 된 강 탁구 팀장과 김형호, 강민후 씨께서 2주간 준비해주셨습니다. 세 분께서 알차게 준비해주신 만큼 팀 빌딩을 하는 데 중요한 하루가 되기를 바랍니다. 그럼 강 탁구 팀장 나오셔서 오늘 워크샵에 대해 소개해주시고 본격적으로 시작해봅시다."

"여러분, 오늘 워크샵에 대한 어떤 기대를 갖고 계시는지요? 하하, 아쉽게도 엔터테인먼트 요소는 최소화하고 팀 빌딩에 대한 부분을 주로 구성하였습니다. 다소 아쉬울 수는 있겠으나 의미가 있는 하루로 같이 치열하게 논의하고 진지하게 의견 나누는 시간이 되었으면 합니다."

오전 시간은 강민후 씨가 담당하여 진행이 되었다. 평소 매일 함께하는 팀원들이지만 분위기를 좀 더 편하게 하기 위해 '아이스 브레이크'로서 민후 씨가 간단한 활동적인 게임과 몇 개의 넌센스 퀴즈로 분위기를 풀어낸 후에 팀을 4개의 조로 나누었다. 그리고 각 조마다 조장과 조 이름을 정하도록 하였다. 그리고 민후 씨가 다음 순서를 이어나갔다.

"여러분, 조 이름을 다 정하셨으면 조 이름을 책상에 붙여주시고요. 이제 조장 분들이 나오셔서 조 이름의 의미와 조원들을 소개하실 건데요. 조장님들은 조원들을 소개하실 때 '사랑하는 00를 소개합니다.'로 시작해주세요."

다소 어색할 수 있었으나 다들 수줍어하면서도 재치 있게 조원들을 소개하는 시간을 가졌다. '사랑하는……'이라는 말 한마디를 통해 팀 분위기를 얼마나 화기애애하게 만들 수 있는지 새삼 느끼는 시간이기도 했다. 중간중간 진행을 맡은 민후 씨의 입담까지 더해져 분위기가 고조되었을 때, 민후 씨가 다음 순서를 소개하였다.

"여러분, 이번 순서에는 우리 팀의 형성 단계를 진단해보고자 합니다."

민후 씨가 순서를 소개하는 중간에 재훈 씨가 물었다.

"팀 형성 단계라는 것은 원래 있는 이론인가요? 워크샵 준비팀에서 개발한 툴인가요?"

민후 씨가 웃으면서 대답했다.

"아, 저는 엔지니어지 학자는 아닙니다. 하하…… 이 이론은 제가 만든 것은 아니구요. 제가 조사한 내용을 토대로 설명드리겠습니다. 이 이론은 1960대에 미국 교육심리학자인 브루스 터크만(Bruce Tuckman) 교수가 만든 이론입니다. 이 이론에서는 팀이 거치는 단계를 형성(forming), 혼돈(storming), 규범(norming), 성취(performing), 해산(adjourning) 등 다섯 가지로 설명하고 있습니다. 첫 번째 단계인 형성 단계에서는 팀이 하나로 뭉치면서 구성원이 서로에 대해 파악하게 되죠. 이후 팀은 혼돈 단계로 진입하는데요. 혼돈 단계에서는 구성원이 집단 내 역할을 놓고 다투면서 서로에 대해 이의를 제기하고, 시행착오를 통해 집단의 업무 처리 절차가 모습을 드러내기 시작하는 상황이 진행됩니다.

중간 단계인 규범 단계는 다툼이 줄고 점차 구성원의 역할과 절차, 집단이 지켜야 할 규범에 대해 합의가 도출되는 단계입니다. 성취 단계인 네 번째 단계가 되면 구성원이 서로의 역할, 관련된 업무처리 절차에 대해 익숙해지게 되는데요. 비로소 성취 단계에 이르면 팀이 가장 효과적으로 업무를 수행하는 수준에 도달하게 되는 거죠. 그리고 마지막 업무가 끝나면 팀은 해산 혹은 중지 단계로 들어간다고 하는데 우리 팀은 프로젝트 조직과 같이 일시적인 팀이 아닌 기능조직인 관계로 오늘 이 시간에는 4단계까지만 생각해보기로 하겠습니다."

민후 씨의 설명이 끝나고 각 조에 팀 형성 단계에 대한 도표를 나누어줬다.

"그럼 이제부터 조별 토의를 통해 지금 우리 팀은 어느 단계를 지나고 있는가를 논의해보시고 나누어드린 종이 위에 표시해보시는 겁니다. 다 정리되면 각 조에서 발표하실 분을 한 분씩 지정해주시기 바랍니다. 20분 후에 각 조별로 발표 시작하겠습니다."

민후 씨가 너무 설명을 잘 해 주어서 내가 부연 설명을 할 필요가 없었다. 어제만 해도 사회를 맡기가 부담스럽다며 도서관에서 공부라도 해야겠다고 했는데, 기대 이상으로 잘 진행해주고 있었다. 그리고 '혹시 이론적인 내용이어서 어렵게 느끼면 어떻게 하지'라고 생각했던 것은 기우에 지나지 않았다. 민후 씨의 설명이 끝나자 각 조별로 열띤 토론의 분위기를 형성하며 나누어준 자료에 코멘트를 달기 시작했다. 주어진 20분의 시간이 다 흘렀음에도 불구하고 지속된 열띤 토론 분위기가 계속되어 5분의 시간을 더 준 다음 민후 씨가 사회를 이어 나갔다.

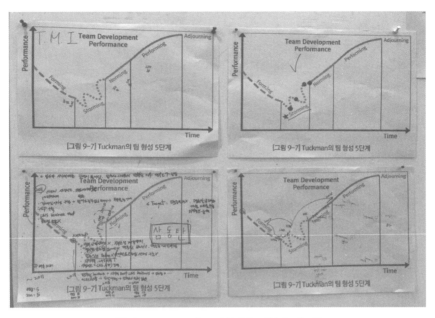

〈출처: PMI – 프로젝트 지식체계 지침서, 제6판〉

"여러분 다 정리되셨나요? 그럼, 각 조별로 어떻게 우리 팀의 형성 단계를 평가해 보았는지 의견 들어보도록 하겠습니다. 항상 1조가 하면 억울하니까 이번 순서는 4조부터 나오셔서 발표해주시겠습니다."

4조 발표자인 재훈 씨가 느긋하게 있다가 당황스럽다는 듯이 머리를 긁적이며 앞으로 나왔다.

"저희 4조에서는 우리 팀의 단계를 혼돈기(Storming) 단계에서 규범기(Norming)로 전환되는 단계로 보았습니다. 이유는 작년부터 지금까지 갈등도 많이 있었던 것 같고 때로는 부서원들 간에 오해로 인해 다툼도 있었던 것 같은데, 요즘에는 서로 잘 이해도 하고 뭔가 규칙 같은 것도 만들어지는 것 같아 그렇게 정하게 되었습니다. 저 또한 작년에는 많이 힘들었는데 요즘에는 팀 선배 사원분들이 중요한 순간에 도움 주셔서 어려운 일들을 해결할 수 있었던 것 같습니다."

"그럼 4조에서는 모두 혼돈기 – 규범기 사이에 위치한 우리 팀의 현재 단계를 동의하신 건가요?"

"네, 그렇습니다."

"네, 좋습니다. 그럼 이어서 3조 의견 들어볼까요?"
"저희 조는 각자 의견이 달라서 점이 3개입니다."

여기저기서 웃음이 터져 나왔다.
민후 씨가 잠시 자제해달라는 손짓을 하며 이야기했다.

"네, 그럴 수도 있습니다. 오늘 하는 우리 자체의 평가에는 정답은 없으니까요. 그럼 대리님 이어서 설명해주시겠습니까?"
"네, 먼저 우리 조의 연장자이신 이 부장님께서는 우리 팀을 성과기(Performing)로 보셨고요. 저는 규범기, 그리고 승현 씨는 형성기로 보았습니다. 이렇게 나뉜 이유는 설명하기 어려운데요. 간단히 설명을 드리면 아마 본인들이 현재 처해있는 상황과 업무 능률에 따라 그렇게 판단한 것이 아닌가 하는 생각이 듭니다."
"재미있는데요. 팀의 형성단계가 구성원의 직급 또는 경험에 따라 다르게 설명될 수도 있다는 것을 엿볼 수 있는 것 같습니다. 색다른 의견 감사합니다."

2조는 4조와 같이 혼돈기–규범기로의 전환기로 판단하였고, 이유 또한 유사했다.

"마지막으로 1조 의견 들어보겠습니다."
"네, 1조 발표자 김민재입니다. 저희 조는 최근 2, 3년간의 팀 구성원의 변화를 토대로 형성 단계를 뒤돌아보았습니다. 저희 조의 생각은, 3년 전에 우리 팀은 성과기에 있었다고 생각합니다. 이유는 그 당시에는 인원이 지금처럼 많지도 않았고, 제가 대리일 때 위에 과장님, 차장님들께서 회사 프로세스라든지 영업 및 기술지원을 하는 데 있어서 막힘이 없는 시기였다고 생각이 됩니다. 그리고 당시 팀장님을 중심으로 팀원들 간에 의사소통도 비교적 활발하게 되었던 것 같고요.
하지만 2년 전부터 매출이 증대되면서 그에 따른 인원 충원 그리고 재작년에 본사로 김 팀장님과 이 과장님이 연달아 전근을 가시게 되고 부장님이 팀장님이 되시면서 현업에서 일하던 경험이 있는 인원들은 줄고 신입사원이 많아지다 보니 갑자기 팀의 퍼포먼스가 성과기에서 다시 형성기로 되돌아 간 것이 아닌가 하는 생각이 들었습니다. 그래서 현재 기존 선배 사원들의 업무 강도는 높고 신입사원들은 아직 본인들의 일에 대해 파악하는 데 어려움을 겪고 있는 시기로 생각됩니다.

　　그래도 우리 팀을 긍정적으로 보는 점은 현재 우리가 형성 단계로 역행하기는 했지만 기존 선배 사원들이 신입 사원들을 잘 이끌어주고 서로의 역할과 책임만 잘 정의된다면 혼돈기는 짧은 시간 동안 지나가고 규범기로 진입할 수 있을 것이라 확신합니다."

　　약간 상기된 표정으로 김과장이 설명을 마치자 민후 씨가 말했다.

　　"오~ 김민재 과장님 훌륭한 설명 감사드립니다. 상당히 의미 있는 말씀해주셨는데요. 우리 팀의 발전 과정을 논리적으로 잘 설명해주신 것 같습니다. 박수 한 번 부탁 드릴게요!"

　　민후 씨가 분위기를 가다듬고 다음 순서를 이어나갔다.

　　"다음 순서는 MBTI 설문 시간입니다. 혹시 MBTI 설문해보신 분 계십니까?"

　　주위를 둘러보니 팀원 16명 중 한두 명만이 손을 들었다.
　　민후 씨가 다행이라는 듯한 모습으로 설명을 이었다.

　　"휴~ 다행입니다. 저희가 설문을 준비하면서 설문을 해본 분들이 많이 없기를 바랐거든요."

　　"MBTI가 뭔가요? 이것도 IQ 검사처럼 지능 검사인가요?"

　　안후민 대리가 물었다.

　　"아니요. 지능검사……. 아닙니다. MBTI는 심리유형을 파악해볼 수 있는 지표가 되는 검사라고 할 수 있습니다. 오늘 저희 워크샵 주제 중 하나가 '나는 누구인가?'입니다. 그래서 평소 본인도 몰랐던 본인의 심리유형을 객관적인 도구를 사용해서 알아보고자 하는 취지에서 준비해보았습니다. 좀 더 자세히 알아보기 위해서 제가 위키피디아에서 찾아본 내용을 그대로 읽어 드려보겠습니다. "MBTI(Myers－Briggs Type Indicator)는 C.G.Jung의 심리 유형론을 근거로 하여 Katharine Cook Briggs와 Isabel Briggs Myers가 보다 쉽고 일상생활에 유용하게 활용할 수 있도록 고안한 자기 보고식 성격유형 지표이다. 융의 심리 유형론은 인간행동이 그 다양성으로 인해 종잡을 수 없는 것 같이 보여도, 사실은 아주 질서정연하고 일관된 경향이 있다는 데서 출발하였다. 그리고 인간행동의 다양성은 개인이 인식(Perception)하고 판단(Judgement)하는 특징이 다르기 때문에 발생한다고 보았다. MBTI는 인식과 판단에 대한 융의 심리적 기능이론, 그리고 인식과 판단의 향방을 결정짓는 융의 태도 이론을 바탕으로 하여 제작되었다. 또한 개인이 쉽게 응답할 수 있는 자기보고(Self report) 문항을 통해 인식하고 판단할 때의 각자 선호하는 경향을 찾고, 이러한 선호 경향들이 하나하나 또는 여러 개가 합쳐져서 인간의 행동에 어떠한 영향을 미치는가를 파악하여 실생활에 응용할 수 있도록 제작된 심리검사이다. 헥헥……. 제가 너무 빨리 읽었나요?"

"검사를 하면 16개의 유형으로 결과가 나오게 되는데요. 책상 위를 보시면 MBTI 설문지와 조원분들 이름이 적힌 표가 준비되어 있습니다. 먼저 준비된 표에 조원분들의 심리유형을 평소에 본인이 생각한 대로 적어 볼 겁니다. 그리고 검사 후에 결과값과 비교해보면 보다 흥미 있는 시간이 될 수 있을 것 같습니다. 자~ 그럼 이제부터 프로젝터 스크린 화면에 보이는 16개의 성격 유형을 보시고 우리 조원들의 성격 유형은 어디에 속할지 그리고 본인이 생각하는 자신의 성격유형도 적어보도록 하시죠."

팀내 역할	가장 적합	적합	부적합	매우 부적합
조각가	ENTP, ESFP	ISFP, SITP ESFJ, ESTJ	ISFJ, ISTJ ENFJ, ENTJ	INTJ, INFJ, ENTP, ENFP, INTP
큐레이터	ISFJ, ISTJ	ESFJ, ESTJ ISFP, ISTP	ESFP, ESTP INTP, INTP	ENFP, ENTP, INTJ, INFJ, ENFJ, ENTJ
탐험가	ENFP, ENTP	INFP, INTP ENFJ, ENTJ	INFJ, INTJ ESFJ, ESTJ	ISTJ, ISFJ, ESTP, ESFP, ISFP, ISTP
개혁자	INFJ, INTJ	ENFJ, ENTJ INFP, INTP	ENFP, ENTP ISTP, ISFP	ESFP, ESTP, ISTJ, ISFJ, ESFJ, ESTJ
지휘자	ESTJ, ENTJ	ISTJ, INTJ ESTP, ENTP	INTP, ISTP ESFP, ENFP	INFP, ISFP, INFJ, ISFJ, ESFJ, ENFJ
과학자	ISTP, INTP	ESTP, ENTP ISTJ, INTJ	ESTJ, ENTJ ESFJ, INFJ	ESFJ, ENFJ, ISFP, INFP, ENFP, ESFP

코치	ESFJ, ENFJ	ISFJ, INFJ ESFP, ENFP	INFP, ISFP ESTP ENTP	INTP, ISTP, INTJ, ISTJ, ESTJ, ENTJ
개혁운동가	ISFP, INFP	ESFP, ENFP ISFJ, INFJ	ESFJ, ENFJ ISTJ, INTJ	ESTJ, ENTJ, ISTP, INTP. ENTP, ESTP

〈출처: Team Technology 1995. / 글로벌프로젝트 경영. 한경사〉

민후 씨의 설명이 끝나자 각 조별로 상대방의 성격유형을 추측하면서 재미있는 분위기가 연출되었다. 나 또한 MBTI 검사를 3년 전에 해보기는 했지만, 그때의 결과가 기억나지 않았기에 나는 어느 성격 유형에 속할까? 그리고 우리 조원들의 성격 유형도 추측해보았다.

민후 씨는 각 조별로 특정인을 지정하여 조원들의 성격 유형을 물어보고 왜 그렇게 생각했는지를 물어보았다.

"승현 대리님, 왜 강 차장님을 ENFJ라고 생각하셨나요?"

"강 차장님께서 활달하신 성격에다가 회의할 때 참신한 아이디어를 많이 내시는 아이디어 뱅크 같아서 그렇게 생각해보았습니다."

"아~ 그렇군요. 저도 의견에 동의합니다. 나중에 강 차장님 검사 결과와 한번 비교해보도록 하시죠. 그럼, 이제부터 설문을 시작하도록 하겠습니다. 시험을 보는 것은 아니니까 너무 심각하게 오래 생각하지 마시고요 편하게 하시면 됩니다. 15분 드리겠습니다. 검사 시작하겠습니다."

설문이 시작되고 다들 차분한 분위기에서 검사를 시작했다. 검사가 끝나고 모든 조원들이 각자 본인들의 검사 결과를 살펴보았다.

"어떠세요? 결과가 예상대로였나요, 아니면 예상 밖이었나요? 김 차장님은 결과가 어떻게 나왔어요?"

"네, 저는 검사 전 스스로를 ENTJ라고 생각했는데요. ENFP로 나왔습니다. 오히려 재훈 씨가 정확히 맞혔어요. 제3자의 눈이 더 정확한가 봅니다. 하하."

결과 중에는 예상과 적중하는 경우도 있었고, 예상 밖의 결과가 나와 본인과 상대방들이 의아해하는 경우도 있었다. 하지만 대부분 평소 제3자가 생각하는 성격 유형이 검사에서 반영되는 것은 확인해볼 수 있었다. MBTI가 개인성향과 성격을 100% 반영한 다고 할 수는 없겠지만 개개인에게는 본인의 성격을 다시 한 번 스스로 분석해볼 수 있 는 좋은 계기가 되었고 팀장에게는 각 성격 유형을 통해 팀 내에서 적합도에 따라 팀원 들을 적재적소에 배치할 수 있는 힌트가 되어 줄 수 있는 자료로서 사용할 수 있을 것 같다는 생각이 들었다.

하루에 많은 안건을 다루어야 했기에 점심은 피자로 해결하면서 다음 순서를 이어 나갔다.

다음 순서는 R&R(Role and Responsibility)였다. 최근 1년 사이 신입사원과 경력사원 이 대거 영입되면서 기존보다 팀원 수가 배로 늘었다. 기존 직원들은 본인들의 업무가 명확했지만, 새로 들어온 팀원들의 경우 업무 분장이 제대로 되지 않아 일의 범위가 불 명확한 상태에서 일을 하다 보니 어디까지 본인이 책임지고 해야 하는 일인가에 대해 말 못 할 고민들이 있는 것 같았다. 나는 팀원들의 이러한 어려움을 인지하였기에 R&R 을 설정하는 것이 이번 워크샵에서 가장 중요한 산출물 중에 하나라 마음에 두고 있었 다. 그래서 나는 팀 내의 업무를 영업에 직접적인 업무와 영업에 간접적인 지원업무로 나눈 후에 각각의 역할을 정의해보았다. 그리고 팀 내에는 기술직과 영업직이 있었기에 프로젝트를 진행하는 경우 프로젝트 생애주기에 따른 역할을 정의해놓고 기술직과 영 업직의 업무를 나누는 부분에 대해 논의를 시작했다. 논의 중에는 간혹 영업직과 기술 직 간에 업무에 대한 정의에 대해 서로 다른 해석에 약간의 논쟁도 있었는데 예를 들면 다음과 같았다.

"기술 영업이라면 기술적인 부분까지 깊게 알고 영업해야 하는 것이 아닌가요? 사소 한 부분까지 기술직에서 다 지원할 수 없습니다. 현장에서 기술 지원하기에도 바빠요."

"아니죠. 영업 중에 기술적인 부분은 영업이 다 알 수 없으니 기술지원을 위해 기 술직이 있는 것 아니겠습니까?"

한 팀이라도 직무 간에 갈등과 오해는 있기 마련이기에 서로를 인정하고 이해할 필요가 있었다. 그래서 처음에는 미리 정의된 똑같은 R&R 템플릿을 영업직 그룹과 기술직 그룹에 나누어주고, 본인들의 생각대로 R&R을 정의해보도록 했다. 그런 다음 같이 모여 서로의 생각의 차이를 이야기하고 설명하면서 오해가 있는 부분은 풀고 인정할 부분은 상호 인정하는 분위기로 유도했다. 퍼실리테이터로서 나의 역할이 중요했는데 내가 택한 방법은 '스무딩(Smoothing)' 갈등 기법이었다.

"여러분, 우리가 팀 내에서는 영업과 기술직으로 나뉘기는 하지만 외부에서 볼 때는 한 회사 한 팀일 뿐입니다. 너와 내가 아닌 우리가 한 팀이라는 생각으로 R&R에 대해 생각해주시고 직무군별로 입장을 고집하기보다는 어떻게 업무 분장을 하였을 때 팀의 효율이 극대화될 수 있을지, 그리고 경쟁사 대비 더 고객 중심적으로 일할 수 있을지를 생각해보면 답은 그리 어렵지 않을 것이라 생각됩니다."

다행히 대부분이 나의 제안에 동의하는 분위기여서 R&R은 어느 정도 합의에 이를 수 있었다. 그리고 각 역할별로 책임(Responsible)과 지원(Support)으로 나누어 영업과 기술직의 업무 범위를 구분 지을 수 있었다. 그리고 워크숍 자리에서 100% 결론을 낼 수는 없었기에 끝까지 정의를 내릴 수 없는 업무에 대해서는 본부장님과 팀장이 워크숍에서 나온 의견을 수렴하여 업무를 분장하고 3개월간 임시 진행하면서 업무 분장을 최적화하는 것으로 마무리되었다. 다시 오전 시간과 같이 4개 조로 나누어 모이게 하고 다음 순서를 소개했다.

다음 순서는 워크숍에서 가장 기대가 되는 타워 게임이었다. 다행히 PMI 챕터 회원이신 CSPI 김 부장님께서 자료를 제공해주셔서 타워게임 준비를 맡은 형호 씨가 약간의 각색을 하여 우리 팀 구성원 숫자에 맞게 준비하였다. 타워 게임의 진행을 맡은 형호 씨가 게임의 방식을 소개했다.

"여러분 방금 전까지 R&R 나누시느라 조금 무거워진 분위기를 타워 게임으로 다시 끌어올려 보시죠. 혹시 타워게임을 아시거나 해보신 분 계신가요?"

서로 쳐다볼 뿐 손드는 사람은 없었다.

형호 씨가 웃으며 말했다.

"아무도 없으셔서 다행입니다. 제가 야심 차게 준비했으니 오늘 재미있게 참여해주시면 감사하겠습니다. 그럼 간단히 게임의 룰을 소개하겠습니다."

형호 씨가 프로젝트 화면을 가리키며 설명을 이었다.

"화면을 보면서 설명드릴게요. 여러분에게 다음과 같은 재료를 나누어드릴 겁니다. 아마 타워게임이라고 해서 무조건 높게만 쌓는 게임이라고 생각하셨을 텐데요. 그렇게 생각하셨다면 오산입니다. 타워게임도 엄연히 게임이다 보니, 보시는 바와 같이 규칙이 있습니다. 여러분은 지금 고객으로부터 타워 건설을 요청받았습니다. 주어진 준비물을 사용하셔서 20분 안에 주어진 요구 사항을 만족시키고 높이와 남은 리소스(재료)를 정산하여 최종 우승 팀을 가리게 됩니다. 잊지 말아야 할 것은 종이컵이 맨 꼭대기에 위치해야 한다는 것입니다. 물론 최종 평가 전에 무너지지 않도록 품질도 생각하셔야 하구요. 여기까지 질문 있으신가요?"

"다 쌓고 시간이 남으면 점수가 있나요?"

이 과장이 물었다.

"남는 시간 1분당 5센티를 추가 점수로 인정해드립니다. 음…… 추가 질문 없으시면 자세한 규칙은 화면에 띄워 놓았으니 규칙을 잘 고려하셔서 전략적으로 타워를 쌓아보시기 바랍니다. 그럼~ 모두 준비되셨나요?"

"네~" 모든 조원들이 사뭇 진지한 표정으로 외쳤다.

"좋습니다. 어느 조가 타워게임에서 승리할지 궁금하네요. 자~ 그럼 게임…… 시작하겠습니다! 시작~~!"

Tower Game
Game Rule

❶ 제한시간 **20분**내 주어진 재료를 가지고 최고 높이의 탑을 올리는 팀이
   우승(최소 **1.1m**, 초과 **70%**까지 인정)

❷ 탑의 제일 윗부분은 반드시 컵이 되어야 함 ☞ 요구사항 준수, 리스크 관리

❸ 탑을 완성하고 지정된 장소로 이동 후 무너지면 안됨 ☞ 품질관리

❹ 남은 시간 **1분당 5cm**를 더함 ☞ 일정관리

❺ 사용하지 않은 재료 하나당 **extra length**를 더함 ☞ 리소스 관리

- 주어지는 재료:
  - 종이컵 10개
  - 젓가락 5짝
  - 이쑤시개 20개
  - 고무줄 20개
  - 박스 테이프 1m
  - 투명 테이프 30cm

형호 씨의 외침을 시작으로 각 조마다 분주하게 움직이기 시작했다. 나는 유심히 각 조의 작업 방식과 협업 구조를 탐색해보았는데, 1조는 무조건 높이 쌓기 위해 젓가락과 종이컵을 테이프와 고무줄을 붙이는 데 주력했고, 2조의 경우 조원 별로 타워의 각 부분을 분담하여 작업하기 시작했다. 3조의 경우는 작업보다는 먼저 어떠한 조건이 요구사항을 만족하였을 때 최적의 우승 조건이 될지 계산을 먼저 하고 있었고, 4조는 젓가락과 이쑤시개만 이용하여 타워를 최대한 높인 후에 꼭대기에만 종이컵을 올려놓으려는 심산으로 보였다.

"5초, 4초, 3초……완료! 게임 종료되었습니다."
형호 씨가 게임 종료를 알렸다.
"타워 게임의 최종 승자는 어느 조일까요?"

Work Shop — PBL 기반 Tower Game 중

조별 타워의 모습은 제각각이었는데 1조의 경우 높이만 쌓으려다가 위로 갈수록 타워가 고개를 숙여 제대로 서 있지를 못하였고, 2조의 경우 너무 튼튼하게 쌓다 보니 게임의 요구 조건을 만족하지 못했고, 3조의 경우는 가장 높았지만 평가 중에 넘어져서 순위에서 탈락하게 되었다. 4조의 경우 기발한 아이디어로 게임의 우승자가 되었는데, 하부를 삼각형 구조로 만들어 안정되게 지지한 다음 젓가락 사이를 이쑤시개로 지지한 기둥의 꼭대기에만 종이컵을 올려 높이와 리소스(재료) 활용 면에서 최고의 점수로 승리했다.

"이번 타워게임은 4조가 우승하였습니다! 축하합니다! 짝짝짝"

축하 분위기가 조금 가라앉은 뒤에 양해를 구하고 나는 팀원들에게 타워게임의 의미를 설명했다.

"여러분 타워게임이 재미있으셨나요? 형호 씨께서 잘 준비해주셔서 아주 유익한 시간이 되었던 것 같습니다. 제가 간단히 타워 게임에 대한 교훈을 설명해드리고 게임을 마무리하고자 합니다. 타워게임은 PBL에 기반한 게임인데요. Project Based Learning이라고 할 수 있습니다. 이 게임을 통해서 아주 짧은 시간이지만 여러분은 고객이 요구한 품질, 범위, 시간, 원가 요구사항을 충족하면서 타워 쌓기 프로젝트를 하신 겁니다. 여러분들 팀원 간의 화합과 소통은 의사소통과 이해관계자 관리 측면에서 중요한 부분이었을 것이고요. 비록 짧은 시간이었지만 게임을 통해 우리가 하는 프로젝트는 항상 제약과 제한된 조건하에서, 도전적인 상황을 극복하고 고객의 요구사항을 만족시켜야 할 뿐만 아니라 거기에 기업의 이익까지 추구해야 하는 중요한 일이라는 것을 다시 상기해 볼 수 있는 중요한 시간이었던 것 같습니다. 오늘 보여주신 협력과 열정으로 우리 팀의 가능성을 엿볼 수 있었습니다. 모두 수고하셨습니다."

별도의 순서로 고객 중심 영업을 위한 미션과 실천방안에 대한 각 조의 의견들을 조별로 발표하고 구체적인 계획을 타임라인으로 만드는 것으로 워크샵은 마무리되었다.

본부장님께서 마무리를 위해 나오셔서 워크샵을 지켜보신 느낌을 말씀해주시고 나에게 마지막 순서를 넘기셨다.

"오늘 워크샵을 위해 수고하신 분들이 있습니다. 강 탁구 팀장과 김형호, 강민후 사원에게 큰 박수 부탁해요. 그리고 강 탁구 팀장 나와서 오늘 워크샵 진행한 느낌 한 번 이야기해주세요.”

나는 팀원들을 한 명 한 명 돌아보며 이야기를 시작했다.

“하루라는 짧은 시간 동안 많은 활동을 하시느라 정말 수고 많으셨습니다. 오늘 나 스스로를 되돌아보고, ‘동료들은 누구인가? 그리고 우리가 어디를 향해 가고 있는가? 우리는 어떤 팀 형성 단계를 거치고 있는가’라는 질문을 통해 우리의 모습을 파악해 볼 수 있었던 좋은 시간이었습니다. 제가 느낀 바로는 아직 우리는 형성단계에서 혼돈기로 접어드는 시기인 것 같습니다. 이론대로 우리가 꼭 혼돈기를 거쳐야 하는 것은 아니지만 피할 수 없는 성장의 단계, 성장통이라고 한다면 다 함께 소통하며 혼돈의 시기를 슬기롭게 그리고 빠르게 지나가는 방법이 있을 것입니다. 저 혼자서는 결코 할 수 없는 일이고요. 저와 여러분이 한 몸이 되어 상호 의존하고 신뢰하면서 함께 이루어야 할 부분이라고 생각합니다. 오늘의 워크샵은 한 번의 이벤트로 끝날 것이 아니라 CIP(Continuous Improvement Process)로서 다 함께 성과기를 향해 멋진 팀을 만들어가면 좋겠습니다. 감사합니다.”

그날 워크샵 이후 회식은 어느 때보다 활기차고 하나되는 느낌이었다.
집으로 오늘 길에 우리 팀의 미래를 생각하며 혼자 되뇌어 보았다.
“From storming to performing……”

Epilogue

파워의 속성, 당신의 파워는 어디서 나오는가?
What have you achieved over the last 3 years?

어느 세미나에서 참가했을 때 본 문구입니다. 그러고 보니 지난 3년은 저에게 큰 전환기였던 것 같습니다. 3년 전 사회인이 되고 나서 성장에 대한 정체기를 만났고, 자기 계발에 대한 심각한 고민은 저를 PM 세계로 이끌었습니다. 제대로 공부 해 전문가가 되고 싶다는 열정이 PMP를 획득하고 대학원 MBA 과정을 거쳐 지금은 회사의 인더스트리 4.0 사업개발 담당자로서 일하게끔 이끌어온 것 같습니다.

3년 전 화창한 봄 토요일 오후였습니다. 대학원 프로젝트 개론 강의 시간에 교수님께서 해주신 말씀이 기억납니다.

"여러분 회사생활 힘드시죠? 게다가 여러분이 고위직 임원이나 팀장이 아니라면 더 힘드실 수 있을 거예요. 불확실한 미래, 점점 더해 가는 조직 내에서의 경쟁……조직 내에서 개인의 파워는 보통 5가지가 있다고 합니다. 바로 강압적인 파워(Coercive Power), 보상을 주는 파워(Reward Power), 지위에서 오는 파워(Legitimate Power), 조직 내 영향력(Referent Power), 전문가로서의 파워(Expert Power)가 있죠. 여러분은 어떤 파워를 갖고 계신가요? 이 중 강압, 보상, 지위 3가지는 조직에서 위임을 받았을 때 나오는 파워이고, 나머지 2가지는 개인이 가질 수 있는 파워입니다. 그중에서도 전문가 파워를 갖추기 위해서 여러분이 저와 함께 황금 같은 토요일 이 시간 저와 수업을 하고 있는 것이 아닐까요? 지금은 일과 학습을 병행하기에 힘들겠지만 이 시기를 잘 이겨내어 여러분 모두가 각각 속한 조직 내에서 전문가 파워를 통해 영향력을 발휘하는 챔피언이 되시면 좋겠습니다."

지금 생각해보면 프로젝트 강의 시간에 왜 교수님께서 파워 이야기를 하셨는지 정확히 기억나지는 않지만 교수님의 말씀은 그날 이후 저에게 큰 귀감이 되었고 지금도 전문가로서 영향력을 발휘하기 위해 배우기에 힘쓰고 있습니다.

4차산업혁명 시대에 미래의 일자리에 대한 우려감이 커지고 있습니다. 하지만 본인이 좋아하는 영역을 찾아 관심을 갖고 지속적으로 자기계발하고 또한 열정적인 전문가들과 교류하며 동기부여 받고 그 열정을 다시 주변 사람들과 나눈다면 저와 여러분의 미래는 더 밝아지지 않을까 생각해봅니다.

He can do, She can do, Why not me!

PASSION

김상현

안 되면 되게 하라
- 인생은 짧고 프로젝트는 길다

MAKES

NNOVATION

안 되면 되게 하라
- 인생은 짧고 프로젝트는 길다

김상현

선배들의 조언 중에 "인생은 짧고 프로젝트는 길다."라는 말이 있다. 건설회사에 몸담고 있는 동안 한시도 멈추지 않고 다양한 프로젝트를 수행해왔다. 그때마다 반복되는 Schedule과의 전쟁, 그리고 발주처의 압박을 견디면서 10여 년을 지내다 보니 알게 된 사실이 하나 있다. 우리의 인생에도 생애주기가 있듯이 프로젝트에도 생애주기가 있다는 것이다. 그래서 프로젝트가 마치 살아 숨쉬는 생명체인 것처럼 느껴질 때도 있다. 거시적인 관점에서 이렇게 느낄 수 있는 가장 큰 이유 중 하나는 인간이 시행착오 끝에 만들어냈고 지금 이 순간에도 계속 Develop되고 있는 SYSTEM 경영이라는 산출물일 것이다. 그중에서도 하나의 관리 기법으로 사용할 수 있는 Project Management라는 방법론을 만들어냈고, 전문가 집단에 의해 그것을 이용하여 Standardization을 구축하여 사용자의 편의성을 증대시킨 Project Management

Information System을 개발했다. 우리는 과연 이 모델들을 적절하게 이용하여 프로젝트를 영위하고 있을까라는 질문을 던져본다.

　　회사에서 사업관리를 수행하는 동안 요구되는 프로젝트 Lesson & Learn 자료와 종결보고서는 많이 만들어냈으나 나를 위한 정리는 아니었던 것 같다. 금번 출간을 통해서 "지난 프로젝트를 어떻게 수행해왔나?"라는 자문자답을 이끌어내 보고 나를 뒤돌아볼 수 있는 계기를 마련했으면 한다. 또한, 공저를 통해 건설업뿐만 아니라 IT, 자동차, Automation 등의 다양한 분야의 전문가분들과 함께 프로젝트를 다른 시선으로 바라볼 수 있도록 여건을 만들어 주신 한국PMI챕터 이두표 이사님께 고개 숙여 감사드린다. 마지막으로 내가 처음으로 글을 쓸 수 있도록 용기를 북돋아 준 사랑하는 나의 아내 혜령이와 올해 태어난 복덩이 내 딸 봄이에게도 영광을 돌리고 싶다.

Episode 1 급해요 급해

　　눈을 비비고 일어나 창밖을 바라보니 아침부터 뙤약볕이다. 찬물 샤워라도 해야 정신이 차려질 만큼 피곤하다(물론 아침저녁으로 매일 두 번씩은 꼭 한다). 오늘은 썬 크림을 어제보다 더 많이 발라야겠다는 무미건조한 생각을 하고 흐느적흐느적 나체로 화장실로 향한다. 어제 화장실에 벗어놓은 셔츠가 눈에 들어온다. 땀을 얼마나 많이 흘렸는지 숙소로 들어와 셔츠를 벗어보니 땀에 젖었다가 말랐다가를 반복하여 소금기가 가득히, 하얗게 변색되어 있었다. 샤워를 대강하고 다시금 현장으로 나갈 채비를 한다. 밖에는 먼저 나온 박 대리가 현장 차량인 은색 아반떼에 기대어 담배 한 대를 피워 물고 햇살에 눈을 찡그리며 인사를 한다. 젊은 놈이 벌써부터 머릿속이 휑하니(탈모가 진행되고 있다) 누가 보면 나보다 한참 형인줄 알겠다.

　　현장사무소에 도착해서 백팩을 의자에 대강 걸쳐놓고 아침을 먹으러 식당으로 향했다. 시공팀 직원들과 눈인사를 대강 한 후 주위를 둘러보니 PM(Project Manager)이 나를 힐끗 쳐다보고 이내 눈짓으로 이리 오라고 한다. 같이 앉아서 아침 식사를 하던 중 급한 배관 물량이 어젯밤에 나왔다며 오늘 해결하란다. 밥이 코로 들어가는지 입으로 들어가는지 모를 만큼 빨리 우겨 넣고 다시 사무실로 들어가야 할 일이 생겨버린 것이다. 얼마나 또 많은 양이, 얼마나 또 Special한 자재가 나왔을까…… 급 짜증이 밀려왔다. 오늘 또 난리 치겠네…… 아침부터……

먼저 자리에 앉아있던 박 대리가 온갖 인상을 쓰며 내게 말을 걸어왔다.

"대리님!"

"어."

"큰일 났어요!"

"왜?"

"Alloy20 forged Fitting 또 나왔어요."

"뭐라고?"

"Alloy20이요."

"아이, 제기랄(속으로), 몇 인치 몇 개인데?"

"종류별로 다 있는 거 같은데요?"

속으로 하고 있던 욕이 그 순간 입 밖으로 튀어나와 버렸다.

"젠장, 이제 와서 왜 또 난리래? 나보고 어쩌라고! 도대체 설계를 발로 했다냐? 아침부터 진짜 열 받게 만드네. 여기가 머 동네 수퍼마켓인 줄 알아? 그냥 달라면 어디 동네 수퍼 가서 사가지고 오는 줄 아나 보지? 이게 어디 한두 번이야? 내가 오늘 아침부터 미쳐 돌아가시겠다!"(Alloy20 Forged Fitting은 흔하게 그냥 살 수 있는 Item이 아니다. 전문 Fitting-'배관재이음쇠' 공장에 납기 Check를 먼저하고 난 후에 Order할 수 있는 특수한 재질의 Item이다. 게다가 가격은 일반 STS304 제품의 3배 이상이다.)

그때 휴대폰이 울렸다. 누군가 봤더니 PM이다. 하아……전화 받기 싫다. 전화 받으면 분명 급하다고 당장 어떻게 해보라고 할 것이 뻔하다. 순간적으로 머릿속으로 계산을 해야만 한다. 이 순간에 전화를 받아야 하나 말아야 하나? 그러나 계산을 해도 수화기에서 들려오는 소리는 안 들어도 알 것 같다.

현장은 Revamp(증설보수공사) 공사 중이라 아주 바쁘게 돌아가고 있다. 우리에게 추석 연휴 따윈 없었다. Revamp 공사는 공장을 일정 기간 Shut Down(가동 중지)하고 단기간 내에 공사를 마쳐야만 하는 건설공사 Project이다. 비가 와도 그리고 눈이 와도 공사는 예정대로 진행되어야만 한다. 보통 정유공장은 365일 24시간 Full 가동된다. 생산을 하지 않아도 각 기계 장치들이 초고온(+500℃) 또는 극저온(−50℃)으로 유지되어야 하며 언제든지 가동해도 생산을 할 수 있을 Stand-By 상태가 되어 있어야만 한다. 정유공장의 생산 Process 특성상 정유탑(보통 A타워, B타워라고 한다.)과 Rx & RG(Reactor & Regenerator), Slide Valve 등은 상시 500°C 이상으로 관리되고 있다. 대부분 Equip-ment(기계 장치)들이 고온고압을 견딜 수 있는 재질로 만들어져 있어 온도를 올리는 데도 시간이 많이 소요되지만, 한번 고온으로 올라간 기계장치들을 식히는 데도 시간이 오래 소요된다(쉽게 말하자면 식히는 데 1달, 다시 온도 올리는 데 1달 걸린다). 정유 공장의 Unit마다 다르지만 내가 공사를 수행하고 있는 이 공장은 원가로 따지면 일 추산 원가 Base로 70억원 정도 생산을 하는 정유 Plant이다. 하루라도 공장을 돌리지 못하면 그만큼 손해가 난다. 그래서 최단기간 내에 수행할 수 있도록 공사기간을 산정했고, 공장을 Shut Down한 뒤 Revamp(개조) 공사를 진행할 수 있는 기간은 발주처 측으로부터 정확히 45일 주어졌다. 우선 공사할 수 있는 기간이 별도로 주어지긴 했지만, 사전공사 기간에는 준비만 할 뿐Main 공사를 할 수 없어 아주 세밀한 Schedule 그리고 정확한 Plan을 짜서 움직여야만 한다. 반드시 그래야만 한다.

오늘은 추석 연휴가 시작되기 전날이다. 연휴에는 집에 갈 수 있을 거라는 한 줄기 희망은 이미 쓰레기통에 처박아 버린 지 오래다. 어김없이 매일 똑같은 하루하루를 보낸 지 벌써 20여일이 지나고 있다. 아침부터 땀으로 시작해서 숙소로 되돌아갈 때까지 땀에 계속 절어 있다. 오늘 아침에는 특하나 날씨가 좋아 식당에서 밥 먹는 중에도 땀이 난다. 에어컨은 세차게 Full 가동되고 있지만, 목에 흐르는 땀은 주체할 수 없다. 천장에 달아 놓은 파리 퇴치용 물 담은 비닐장갑이 선풍기 바람에 빙빙 돌아가고 있다. 아까부터 계속 울리던 전화기는 받기 싫지만 마지못해 수화기를 받아 든다.

"야 이 새끼야! 왜 이렇게 전화를 안 받아! 죽을래?"

"죄송합니다.(아, 너무 짜증이 난다.)"

"배관에서 BM(Bill of Material, 자재내역서) 메일 보낸 거 확인했어?"

PM이다. 이 인간은 아침부터 난리다. PM은 다그치듯이 말하는 것이 습관이다.

"네, 팀장님, 지금 막 확인하려던 참입니다."

"바로 확인하고 어느 업체가 할 수 있는지 확인해서 알려줘, 당장! 뚜……뚜……뚜……"

옆에서 박 대리가 말을 걸어온다.

"이거 지금 당장 만들 수 있는 업체가 없을 텐데요. 오늘 추석 연휴 전날이고 환봉

깎아서 만들어야 되는데, Raw Material(원 소재)이 있는지도 모르고, 있다고 해도 내일 추석인데 누가 해준다고 하겠어요? 그냥 뭉개고 있다가 추석 끝나고 하는 걸로 해야 할 거 같아요."

"야, 진짜 미치겠네…… 이걸 도대체 어디 가서 구한다냐. 지금 이 시점에, 이 순간에 어느 집에서 이걸 해준다고 하겠어? 설사 해준다 한들, 지금 다른 Project 것으로 Work-Load(공장생산 가능량)가 꽉 차 있을 건데 중간에 끼겨 넣는 게 가능하겠냐. 미치고 팔짝 뛸 노릇이구만."

속이 타들어 가고 있는 와중에 나는 자조 섞인 목소리로 한탄을 늘어놓고 있었고, 대각선 저 건너편 책상에서 현장 자재부장이 나를 힐끔힐끔 쳐다본다. 지금 너무 예민한 상태라 누군가가 나에게 한마디만 하면 바로 쏘아붙일 기세였다. 한동안 말없이 배관 팀에서 보내온 BM을 넋 놓고 바라보고 있었다. '이거를 어떻게 해결한다…….' 나는 고민에 빠지고 말았다. 그러나 서둘러야만 한다. 공사 기간은 단 45일이고 내게 주어진 시간은 고작 오늘 그리고 내일뿐이다. 일단 본사의 배관 자재 구매팀 담당자에게 전화를 하기로 했다.

수화기 너머 반가운 목소리가 들려온다. 구매팀 이 대리다.

"어머, 대리님~! 현장 가셨다면서요? 더운데 고생 많으시죠?"

"어…… 이 대리, 잘 지내지? 여기 너무 힘들어. 너무 덥고…… 하아. 아침부터 땀을 한 바가지나 흘리고 있어."

"서울도 더워요, 대리님~ 여름이잖아요? 하하하~"

까르르 웃는 소리가 연신 반갑고 정겹게 들려온다. 신혼 새댁 특유의 제스처가 눈에 선하다. 구매팀 이 대리는 지난 번 Project 때부터 알게 됐는데, 참 정이 많아 걱정도 함께 해주고 여러모로 도움을 받고 있던 터라 본사에 근무할 때는 가끔 커피브레이크를 가지며 자주 보던 사이다. 나는 PMT(Project Management Team, 사업관리팀)에서 전체 Buyer(구매팀 직원들)와 협력해서 일해야 하는 처지라 종종 구매팀 직원들과 식사 자리를 함께하곤 했다. 그중에서도 친하게 지내던 몇 안 되는(?) Buyer라 더욱 반갑게 느껴진다. 이런저런 이야기를 하다 자재 이야기를 꺼냈다.

"내가 조금 전에 긴급 자재를 받았는데, 이거 좀 볼래? 바로 메일 쓸게."

"뭔데요. 대리님?"

"Alloy20 Forged Fitting인데 Size별로 다 있어. Elbow, Tee, Reduce, 1/4″, 3/4″,

1/2″……."

"어머머, 납기가 언제인데요?"

"음…… 놀래지마, 오늘 발주해서 내일은 일부라도 현장에 입고시켜야 해."

"헉, 안 되죠 그건. 절대 납기라는 게 있는데, 갑자기 그러시면 업체들이 어떻게 만들어서 납품을 해요?"

"나도 사정은 알지, 알면서도 이야기하는 거야. 이런 일 하루 이틀도 아니고, 이젠 별로 놀랍지도 않아."

본사 구매팀 이 대리가 소스라치게 놀라면서 말한다.

"네? 뭐라고요? 하루 이틀 일이 아니라고요? 전 특별히 받은 거 없었는데요?"

"천만 원 이하는 현장에서 그냥 구매하니까, 본사에서는 모르는 거지. 여기 지금 완전 난장판이야."

통화하면서 그녀에게 메일을 보냈다. 이 대리라면 본사 buyer니까 제조사 측에 이야기하면 긴급으로 제작해줄지도 모른다는 약간의 희망을 걸어본다. 그러나 돌아온 대답은 희망적이지 못했다.

"이거 제가 알아는 볼 건데요, 내일부터 추석 연휴 시작이고 원 소재도 Special해서 아마 안 될 가능성이 커요. 이 Item은 기본적으로 납기 90일은 줘야 하는 제품인 거 대리님도 아시죠?

뻔한 대답이다. 내가 그 대답 듣자고 너한테 전화했겠냐? 답답하다 답답해. 속으로 짜증이 번져오기 시작했다.

"나도 알지. 모르고 이야기하겠어? 좀 도와줘. 이거 못 맞추면 나 오늘 밤에 잠 못 잔다. 연휴 내내 PM한테 개갈굼 당할 거야"

"김 대리님, 일단 전화 끊고 기다려보세요. 제가 좀 알아본 후에 연락 드릴게요."

"어, 고마워 이 대리." 뚜뚜뚜……

느낌상 아마도 구매팀 이 대리에게는 연락이 오지 않을 것 같다. 발주처의 AVL (Approved Vendor List – 승인업체: Project 수행 시 사용할 수 있는 공사 또는 자재 업체 리스트)가 문득 떠올랐다. 급히 가지고 있던 Excel Sheet를 열어 확인하기 시작했다. A업체, B업체, C업체. 어느 업체를 Contact해야 할 것인가? 이 상황에 어느 업체에게 연락을 해야 할까? 내일은 추석 연휴의 시작이고 오늘 오전만 근무하고 다들 고향 앞으로 갈 마음에 들떠있을 텐데. 어쩌면 좋을까? 에라, 모르겠다. 일단 다 연락해보자!

도와주세요 공장장님~!

"박 대리, Fitting 건 관련해서 내가 제조사들 직접 Contact할 테니까, 박 대리는 대리점들 연락해서 재고 보유 List 당장 받아. 그리고 Stockiest 아는 업체들한테 메일 뿌려!"

시간이 없다. 오전 중으로 제조사 생산 Line이 멈추기 전에 일을 시켜야 한다. 긴급히 전화를 돌리기 시작했다. A업체, B업체, C업체, D업체……

분주하게 업체 담당자와 연락을 하고 있을 무렵 현장자재부장이 다가와 말을 걸어왔다.

"여기 한번 연락해보지 그래?"

"네?"

"지난번에 한번 도와준다고 나랑 약속한적 있거든."

"그래요? 여기 긴급 자재도 해요?"

"일단 전화해봐."

포스트잇 종이를 건네받자마자 전화기를 누르기 시작했다. 긴가민가 하는 마음으로 전화를 걸었다. 수화기 너머로 기계 돌아가는 소리가 역력하게 들려왔다. 철컥 철컥 철컥.

"생산부입니데이."

"네 안녕하세요? 여기 XX현장인데요. 급하게 자재 부탁 좀 드리려고요."

"말씀하세요."

사정을 소상히 이야기하기 시작했다. 긴급 자재로 특수재질에 당장 필요하다고. 물론 무리라는 걸 알지만 부탁 좀 드린다면서. 되돌아오는 대답은,

"공장장하고 이야기하이소"

무심하게 뚝 끊어 버린다. 혼잣말로 "내 참, 공장장 전화번호를 알아야 이야기를 하지. 어이가 없네 진짜." 나는 다시 수화기를 들었다.

"여보세요?"

"네, XX건설 김상현 대리입니다."

"방금 전에 전화하셨습니꺼?"

아주 진한 경상도 사투리 억양이다.

"네 맞습니다. 직원분께 내용은 말씀드렸습니다."

"대강 들었는데, 내일 추석인데 이거 참……"

"죄송해요, 저희 현장이 너무 급해서 무례를 무릅쓰고 연락 드렸어요."

"근데, 우리가 지금 로드(Workload – 생산가능량)가 꽉 차서 우짜면 좋노?"

"원 소재는 보유하고 계신가요?"

아주 센 경상도 억양이 시작됐다.

"그게 좀 복잡하다, 이게, 다른 집에 납품할 물량의 소재인데 써도 되나 모르겠네."

나는 아주 간곡하게 말했다.

"제발 부탁인데요, 저희 주시면 안 될까요? 당장 가겠습니다."

상대방의 짜증 섞인 목소리가 들려온다.

"이게 온다고 될 일이 가? 그리고 내일 추석아이가? XX건설은 추석도 안 쉬노?"

"네, 저희는 Revamp 공사라 무조건 일정 맞춰야 해서 계속 공사합니다, 도와주세요 공장장님~!"

"아나…… 참…… 난감하네. 일단 전화 끊어 보이소마. 내보고 우짜란 말이고." 뚜뚜뚜…….

약간의 희망이 비치는 듯하다. 박 대리는 계속 대리점과 stockiest에게 연락하고 있지만 결과가 없다. 판단해야 한다. 어쩌면 좋을까? 에라 모르겠다. 제조사 공장으로 쫓아가자.

가자, 부산으로!

공장은 부산 녹산공단(부산 강서구 부산신항 근처) 내 있었다. 우리 현장이 울산이니까 차로 1시간 반 정도면 갈 수 있는 거리다. 관리팀 직원에게 차 키를 받아 당장 부산공장으로 출발해야겠다. 우선 현장 자재 부장님께 보고는 하고 가야겠지.

"부장님!"

"어"

"지금 당장 부산공장으로 가서 쇼부를 보고 오겠습니다."

"자신 있냐?

"모르겠습니다."

"비타 500 한 박스 사가지고 가."

자재부장님의 호주머니에서 꾸깃한 만 원짜리 몇 장이 나왔다. 이내 물끄러미 돈을 바라보시다가 내게 몽땅 쥐어주셨다.

"잘 다녀와, 더운데 고생하고."

"네."

자재부장님은 평소에 말수가 적고 참 조용한 분이시다. 온화한 영향력으로 따르는 후배들도 많은 것으로 알고 있다. 현장 관리에 대부분 업무를 많이 하셨고, 이렇게 대규모 공사의 자재관리는 수행해보신 경험이 없으셔서 본사에 SOS를 하셨던 터라, 나와 박 대리가 현장에 왔을 때는 마음이 나름 든든하셨을 것이다. 우리 팀 부장님(PPM, Project Procurement Manager, 사업팀 조달부장)도 그리고 PM(Project Manager)께서도 현장 요청에 흔쾌히 OK하여 나와 내 부사수인 박 대리가 현장에 급파되어 온 것이다. 다시 말해서 나는 본사 PMT(Project Management Team, 사업관리팀)에서 현장으로 긴급 파견되어 현장 구매 및 자재 Handling을 Support하는 역할을 담당하고 있는 것이다(본사에서는 내가 Equipment 전체를 관리하고, 내 부사수인 박 대리가 일부 Item인 전기자재와 계장품(Instrument)을 관리하는 것으로 업무 분장이 되어 있었다. 그러나 현장에 와서는 그런 구분이 없어졌다).

나는 황급히 노트북 가방을 챙기기 시작했다. 그리고 박 대리에게 몇 가지 업무를 넘겨줬다.

"박 대리, 나 지금 부산 제조사 공장으로 갈 테니까, 업체들 계속 연락해보고 stock 찾으면 바로 연락 줘. 그리고 이따가 점심 먹고 오늘 나 대신에 현장 한번 돌고, 알았지? 개진상(발주처 사업관리부장을 우리는 그렇게 불렀다.)한테 가서 인사하는 거 잊지 말고, 응?"

"네, 알겠습니다, 김 대리님."

박 대리의 시원찮은 대답이 썩 맘에 들지 않았다. 발주처 사업관리 부장 요구사항 중에 하나가 매일 점심 이후에 안전장구 차고 현장을 돌면서 찾아가는 서비스를 하라면서 어처구니없는 말을 해대는 바람에 어쩔 수 없이 얼굴도장을 찍어야만 하는 똥 같은 일을 반복하고 있었는데, 오늘은 그 쌍판 안 봐도 되니 속이 다 시원하다(Project에서 사업관리 부장이면 넘버 2다. 한마디로 조직도에서 PM 바로 밑이라고나 할까? 안 그래도 후배가 PM이고 본인이 그 바로 밑이라 평소에 짜증이 많이 나 있던 터라 발주처 PM 이야기는 사업관리부장 앞에선 좀처럼 입에 올리지 않고 있었다). 발주처에 독특한 캐릭터들이 많은데, 그중에서 둘째가라면 서러울 정도로 더러운 성격의 소유자에게 얼굴을 매일 일수도장 찍듯 인사하려니 정말 죽을 맛이었다. 오늘은 나 대신 박 대리가 쪼임을 당하는 날이 되겠지. 너도 한번 겪어봐라. 크크크. 안 그래도 박 대리가 본사에서 진행한 배관자재 발주 물량 정리하고 있었는데, 이거 가지고 물량이 맞니 안 맞니 '개진상'이 하루가 멀다 하고 계속 따지고 있었다. 이따가 점심 먹고 가면 한창 더울 때고, 잘못 맞추어서 발주처 사업관리부장이 현장이라도 돌고 땀범벅일 때, 독기가 잔뜩 올라 있을 시점에 가면 못해도 두어 시간은 갈굼 당하겠지 하하하. 웃을 일은 아니지만 피식 웃음이 나온다. 불같은 성격의 발주처 사업관리부장은 언제든지 얼굴색을 바꿔 사람을 힘들게 만드는 재주가 있는 양반이었다. 내 부사수인 박 대리는 오늘 아무래도 힘든 경험을 할 것 같다. 성실하고 착실한 친구지만 발주처 상대로는 아직 역부족이다. 이직해서 처음 경험하는 Project라 나름 힘겹게 업무를 하고 있을 것이다. 본사에서 내 옆자리에 앉혀놓고 하나하나 가르치고 일을 배우던 중이었는데, 운 좋게(?) 나와 함께 현장으로 파견되어 실전경험을 많이 쌓을 수 있는 좋은 기회를 잡았다. 어쨌든 나는 부산으로 출발하려고 현장 차량에 몸을 실었다. 날씨는 무척이나 덥고, 찌는 듯한 더위에 등줄기에 땀이 주르륵 흘러내리고 있었다. 이마와 인중에도 땀이 송골송골 맺혀 있다. 아침에 입고 나온 셔츠는 이미 다 젖어버렸고, 겨드랑이에서 땀이 흐르는 것이 느껴진다. 에어컨을 최대로 틀고 휴대전화 네비게이션 APP의 안내에 따라 엑셀을 밟았다.

　한 시간쯤 달렸을 무렵이었다. 눈앞에 부산 앞바다가 펼쳐지고 있었다. 이내 광안대교로 진입하고 해운대 앞 마린시티가 눈에 들어왔다. 저기 사는 사람들은 엄청 부자겠구나, 나는 언제쯤 저렇게 멋진 곳에서 살 수 있을까 하는 푸념 비슷한 생각에 사로잡힐 무렵 네비게이션 APP을 돌리고 있던 휴대전화에서 삐ー삐 하는 소리가 들려온다. 뭐지? 왜 삐ー삐거리는 거야?
　화면을 힐끗 보니 배터리가 거의 바닥이다. 아까 현장사무소에서 나오면서 박 대리에게 받아온 차량용 충전 잭이 불량인가 보다. 아직 30분쯤 더 가야 하는데 방전이라니. 초행길에 내비게이션이 없으면 어찌 가란 말인가? 얼마 지나지 않아 횡단보도가 나오고 신호를 기다리는 순간이 왔다. 우측 길가에 편의점이 눈에 들어왔다. 아, 편의점에서 휴대전화 충전하고 가야겠다. 휴, 살았네……
　편의점 앞에 차를 대고 10분 급속 충전기에 2000원을 투입한 뒤 휴대전화를 충전시켰다. 막간을 이용하여 편의점에서 파는 1000짜리 커피와 얼음 컵을 사서 간이 식탁

(편의점 앞의 파란색 플라스틱 재질로 된 탁자와 의자)에 앉았다. 그늘막이, 파라솔이 없어 눈이 찡그려졌지만 그래도 잠시 쉬어가는 타임이다. 흠, 가서 뭐라고 설득을 해야 해주려나. 걱정이 앞섰지만 어찌 됐든 가서 해결해야지. 문득, 왜 이렇게 살고 있나 하는 생각에 약간 고독해(?)졌지만 남은 커피를 원샷하고 급속충전기에서 휴대전화를 뽑아 들고 이내 다시 갈 길을 재촉했다.

부산 시내 길은 신호도 많고 뱀처럼 구불구불했다. 아직도 만덕터널에서는 동전을 던져야 통과할 수 있다. 아마도 재정자립도가 낮기 때문이 아닐까 하는 추측을 하면서 동전을 던져본다. 서울 사람에겐 마냥 신기해 보이기만 하지만, 몇 번 왔던 터라 이젠 신기하지도 않다. 어둑한 터널을 지나 계속 달리다 보니 부산 신항 이정표가 보인다. 이제 조금만 더 가면 목적지가 보일 것이다. 긴장되었다. 거절당하면 어쩌지? 박 대리한테는 연락도 없고, 대안도 없고, 무슨 자신감으로 여기까지 왔단 말인가. 성과 우선주의인 PM의 성격에 오늘 단 몇 개라도 안 가져가면 나는 아마도 쌍욕을 들을 것이 뻔하다. PM한테 욕만 먹으면 다행이지만 현장 공사부장이 길길이 날뛸 것이고, 자재 없어서 공사를 못 하겠네, 어쩌네 하고 동네방네 다 떠들고 다니면 정말 얼굴을 들 수 없을 정도로 쪽팔릴 것이며, 본사에 앉아 있는 PPM이(Project Procurement Manager, 프로젝트 조달부장) 알면 내 인사고과에 분명히 영향을 줄 것이다. 반드시 성과를 가지고 가야 한다. 엄청난 압박감에 두통이 올 지경이다.

이윽고, 공장 정문 앞에 도착했다. 아무도 반기는 사람이 없다. 정문 한쪽의 수위실에는 인기척이 없다. 일단 차를 공장 구석에 세워두고 사무실로 들어갔다.

"XX 건설에서 왔는데요, 공장장님 계십니까?"

사무실 직원들이 고개를 쏙 내밀며 누가 왔나 하고 나를 한번 쳐다보더니, 이내 고개를 파티션 안으로 숨겨 버린다. 아무도 대꾸를 안 한다. 그냥 본체만체하는 것 같다. 괜히 머쓱해지고 있던 순간에 총무부 팻말이 선풍기 바람에 살랑살랑 흔들리며 움직이는 곳에서 여직원 한 분이 나와 나에게 말을 건다.

"무슨 일 때문에 오셨어요?"

역시 강한 경상도 사투리다. 나는 명함을 한 장 꺼내 내밀며 급한 일로 공장장님 뵈러 왔다고 말하고 어디 계신지 물었다. 되돌아오는 여직원의 무미건조한 대답은,

"현장에 가보세요."

그러고는 자기 자리로 가버린다. 대접받을 생각은 없지만, 그래도 전화 정도는 해

서 손님 오셨다고 말은 해 줄 거라 생각했는데 그건 나만의 착각이었다. 발길을 돌려 공장동으로 성큼성큼 걸어갔다. 프레스 소리가 쿵쾅쿵쾅 들려왔다. 엄청 큰 소음이 아마도 90dB(90dB은 자동차 엔진이 최고 속력을 낼 때 나오는 소음과 동일하다.)은 될 것 같았다. 귀가 찢어질 듯 큰 소음에 약간 주눅 들었지만 공장 한편에 간이로, 샌드위치 패널로 만들어놓은 사무실을 발견했다. 눈에 보이는 그곳으로 발길을 옮겼다. 그러고는,

"안녕하세요? XX 건설 울산 현장에서 왔습니다."라고 인사를 건넨다.

돋보기를 끼고 계시는 노신사 한 분이 눈꼬리를 치켜뜨며 나를 바라본다.

"누군교?"

"네, 저는 김상현이라고 합니다."

"아까 전화한 양반이구먼."

"네, 공장장님이세요?"

"아니, 공장장은 지금 나갔고, 어디 보자, 한 시간쯤 있다가 들어 올 긴데……"

시계를 보니 지금 시간은 오전 11시쯤 되었다. 1시간 이후면 12시. 보통 공장에서는 12시가 되면 기계를 세우고 점심 식사를 한다. 아무리 바빠도 식사 시간은 칼같이 지키는 게 제조업의 특성이다. 공장장이 12시에 돌아온다면 난 아무런 소득이 없을 것이라는 직감이 들었다.

"저, 죄송한데 공장장님께 연락 한번 해주실 수 있으실까요?"

"뭐라꼬?"

"아침에 전화한 내용으로 너무 급해서요."

"이기 뭐라카노? 우리는 그거 몬 한데이!"

"네?"

"다짜고짜 찾아와서 뭐를 우애하란 말이고? 우리는 명절도 쉬지 말고 일하란 말인가? 안 그래도 아침에 공장장이 그런 말 하길래 택도 읍다고 했데이!"

가만 보니 어느 정도 직급이 있으신 분 같아 보였다. 아주 낡은 스즈키 작업복(상의와 하의가 이어진 옷, 자동차 정비소에 가면 볼 수 있을지도 모르겠다.) 차림이었지만 포스(?)가 남달라 보였다. 직장이다. 이분이 직장이다. 보통 제조사의 생산라인에는 반장 위에 직장이라는 직급이 있다. 공장장은 직접 일은 안 하고 Management(관리)만 하지만 직접 일도 하시면서 Management도 같이 수행하시는 분이 이분이다. 레스토랑으로 비유하자면 '쉐프' 같은 역할이랄까? 불현듯 아까 편의점에 들러서 샀었던 비타500 박스가 생각

났다. 급히 차로 달려가 검은 비닐봉지에 담아놓은 비타500 두 박스를 헐레벌떡 들고 들어왔다. 그리고는 비타500 한 병을 까 내밀면서, 조심히 말을 걸었다.

"아침에 말씀드린 거 해주시면 안 될까요? 저 방금 울산에서 전화 끊자마자 막 달려왔습니다"

"누가 니 오라캤나? 나는 몬한데이. 내일이 추석 아이가? 할라카믄 공장장이랑 해라마!" 직장님은 심한 역정을 내며 자리를 박차고 일어나버렸다.

정말 난감했다. 내일 추석인데 오늘 공장으로 쫓아 와서 물건 만들어 달라고 말한다는 것 자체가 상식에서 한참 벗어난 이야기다. 나라도 못한다. 아니, 안 한다고 할 것이다. 입장 바꿔놓고 생각하면 제정신이 아닌 것이다. 사장이라도 추석 연휴에 일 시키는 것은 매우 어려운 일이다. 이를 어쩌나. 그렇다고 작업자분들께 해달라고 말할 수도 없고. 만감이 교차했다.

Forged Fitting(단조 파이프 이음쇠)이라는 게 만드는 과정이 생각보다 복잡하다. 파이프나 환봉을 절단만 해서 뚝딱 만들 수 있는 것이 아니다. 고온고압 유체가 흐르는 라인에 쓰이는 관 이음쇠의 한 종류인 Elbow를 만드는 과정을 잠시 살펴보면, 단조 작업을 한 원 소재를 재질별로 구매하여 사이즈에 맞게 절단(Cutting)한 후, 기계 가공(Forming), 열처리(Heat Treatment)를 거쳐 표면처리(Shot Blasting & Clean)를 하고 연결부의 각도 Cutting(Beveling)을 시행하고 Cleaning한 후 선별적으로 UT(Ultra Sonic Testing, 초음파검사)를 실시한 뒤 최종적으로 품질검사원의 VT(Visual Inspection, 육안검사)를 마치면 검사성적서와 함께 포장하여 출고한다. 1 inch Elbow 하나를 만드는 데 원 소재 구매부터 출고까지 최소 소요 시간은 공장에 Workload가 0(Zero)인 상태에서도 며칠은 소요된다. 그러나 원 소재가 Stock(재고) 자재로 구비되어 있다면 이야기가 다르다.

내가 발을 동동 구르고 있던 사이에 백발의 노신사 한 분이 아무런 소리 없이 사무실로 들어왔다. 직감적으로 이분이 공장장이라는 것을 한눈에 알 수 있었다.

"안녕하세요 공장장님!"

"워매, 진짜 왔네."

나는 다급한 목소리로 다짜고짜 필요한 물량을 줄줄줄 읊어버렸다.

"인사나 먼저 좀 하세나."

노신사는 바지 뒷주머니에서 낡은 지갑을 꺼내 먼지가 묻은 명함 한 장을 꺼내 내게 내밀었다. 나도 미리 호주머니 속에 준비해왔던 명함을 내밀며 악수를 청했다. 그러자마자 대뜸 내게 물었다.

"점심은 묵었는교?"

"아, 아직입니다."

"그럼 밥 때 다됐으니까, 밥 묵으면서 이야기합시다."

"네, 그러시지요."

공장장과 나는 직원식당으로 향했다. 줄이 길게 늘어선 것이 마치 지네처럼 보였다. 공장장이 맨 뒷줄에 서자 저 앞줄에서 아까 내게 역정 내며 나가던 직장이 손짓을 한다.

"행님요, 이리 오이소."

공장장은 내게 저리 가자고 한다. 가만 보니 직장은 이제 막 식판에 반찬을 담을 순간이었나 보다. 줄을 서 계신 다른 직원 분들께 약간 미안한 생각이 들었다. 그 줄을 지나가는 동안 공장직원들은 내 옆에 계신 노신사 분께 이내 계속 목례를 했다. 조금 껄끄러운 배식 라인을 지나 우리는 밥을 타서 자리에 앉았다.

"찬이 좀 부족하지만 많이 드이소. 우리는 마, 맨날 요렇게 묵습니더."

직장이 한마디 한다.

"이 정도면 마, 진수성찬 아잉교. 고기도 있고 김치도 있고. 나는, 요 깻잎찜이 젤로 맛나."

깻잎찜이라. 이것은 가정주부들이 집에서 양념 발라서 쪄서 만드는 손이 아주 많이 가는 반찬 중에 하나다. 어렸을 적 내 어머니께서 해주셔서 맛나게 먹었던 생각이 난다. 밖에 음식점에서는 간장과 식초에 절인 깻잎만 먹을 수 있는데 여기는 찬모 아주머니께서 신경을 많이 쓰시는 것 같았다. 밥을 한 수저 뜨려고 하니 공장장이 내게 일 이야기를 꺼낸다.

"그래, 재질이랑 양이 얼마나 되노?"

"재질은 Alloy20이고 대강 120개 정도 됩니다. Elbow랑, Tee랑, Reducer랑……"

"몇 인치?"

"1/4", 3/4", 1/2"…."

"이 직장, 요거 원 소재 을매나 남아 있노?"

직장은 입에 음식을 가득 담은 채 대답을 한다.

"소재는 있는 데예, 내일 추석 아임니꺼."

"오후에 일 하나 안 하나?"

"오후에 일 합니더."

"그라믄 120개 하는 데 을매나 걸리겠노?

"몬합니더."

"그냥 해줘라 마."

"몬 합니더! 내일 추석인데, 120개 할라카믄 오늘 밤새도록 해야 합니더. 생산부 직원들 죽일라 합니꺼?"

"예전에 우리 어려울 때 XX 건설에서 많이 도와줬다 아이가? 이자뿟나?"

정말 눈물이 날 지경이었다. 과거에 선배들에게 신세를 좀 지셨나 보다. 내가 수혜를 입을지도 모르겠다. 무슨 일이었는지 모르겠지만 나중에 본사 가면 물어봐야겠다. 직장은 계속 투덜댔다.

"다짜고짜 찾아와서 내놓으라 카면 우째 내놓노? 너그들은 완전 깡패다 깡패. 왜 맨날 이 난리고!"

"죄송합니다. 도와주세요 직장님."

나는 연신 고개를 숙이며 사정을 했다. 국은 다 식어서 아까 막 받아왔을 때 피어오르던 연기는 온데간데없이 보이지가 않는다. 물론 입맛도 없다. 어떻게든 라인에 태워서 오늘 몇 개라도 현장으로 가져가야 한다. 지금 고개 숙인다고 내가 어떻게 되는 것도 아니고 납작 엎드려도 해줄까 말까다. 직장의 마음을 어떻게 움직여야 하나?

식사 후에 공장 한 켠으로 향하는 직장을 졸졸 따라갔다. 여기는 흡연장. 담배 한 대를 꺼내 물자 나는 재빨리 주머니에서 라이터를 꺼내 직장님 담배에 불을 붙였다. 힐끗 쳐다보는 직장에게 살살 말을 걸었다.

"직장님"

대답이 없다.

"오늘 다 해달란 말은 아니에요. Spool(보통 Piping Spool이라고 하며, 배관 Line을 구성하는 한 부분이다) 제작하다가 P&ID(Piping & Instrument Diagram, 공정배관 계장도)가 갑자기 바뀌는 바람에 이렇게 됐네요. 밸브도 사야 하고. 너무 일이 복잡해졌습니다. 도와주세요, 직장님."

직장은 한숨을 크게 내쉬었다. 먼 산을 바라보며 담배 한 모금을 깊게 빨아들였다. 그러고는 말을 이어갔다.

"이기 내만 OK 한다고 될 일이가? 원래, 오늘 점심 묵고 직원들 모여서 차 한 잔 마시고 추석 선물이랑 상여금 나눠주고 다 같이 샤따 내리기로 했는데, 우애하면 좋노? 니라면 우째 하겠노?"

할 말이 없었다. 내가 무슨 권한으로 일을 시킨단 말인가? 내가 생각해도 너무 과한 부탁이었다. 상식이 통하는 사회라고 공익광고도 하는 판국에 집에도 못 가게 붙들고 일을 시켜달라고 하고 있으니 불한당도 이런 불한당이 없다. 내가 정말 나쁘다는 생각이 들었다. 조직을 위해 일하는 일개미일 뿐 아무것도 아닌 사람이 와서 회사를 뒤에 업고 강요를 하고 있는 모양새다. 그렇지만 나는 물러설 수 없다. 설득을 못 하면 나는 죽는다.

"직장님, 저도 이 상황이 말도 안 된다는 거 압니다. 저라도 못 해준다고 얘기할 겁니다. 근데 어쩌겠습니까? 위에서 시키면 시키는 대로 해야지요. 저는 힘이 없어요. 그러나 이 공사를 제때 맞춰서 하려면 당장 물건이 필요하니 이렇게 염치 불구하고 찾아와서 조르고 있습니다."

나는 설득을 위해 계속 말을 이어갔다.

"사실, 월급 더 받고 싶어서 큰 건설회사에 들어왔어요. 근데, 지금은 산업 현장의 역군이 되고자 하루하루 힘쓰고 있습니다. 내가 노력하면 Sch.(Schedule, 일정) Mitigation 이(만회) 될 것이고 단 하루라도 Delay(지연) 없이 공사를 진행할 수 있을 것이라고 생각합니다. 물론 입장이 다르니 뭐라고 말씀을 못 드리지만, 분명 이 산업에 이바지하시는 것으로 도움 주신다고 생각하시면 안 될까요? 도와주세요 직장님."

직장은 다시금 새 담배를 물었다. 그러고는 이내,

"좋다, 니 그 근성을 내 크게 산다! 내 지금 자재 확인해보고 얼마나 시간이 걸리는지 알아보꾸마."

야호! 나는 속으로 쾌재를 외쳤다. 휴…… 한편으로는 가슴을 쓸어내렸다. 이제부터는 시간 싸움이다. 오늘 최대한 많이 만들어서 가져가야 한다. 오늘 못 가져가면 추석이 지나고 5일 뒤에나 물건이 새로 만들어진다. 오늘 밤을 새우더라도 내일 아침에는 현장으로 갖다 줘야 한다.

이윽고 점심시간이 끝나는 벨 소리가 들려왔다. 공장 안으로 사라졌던 직장이 눈에 보인다. 나에게 이리 오라는 손짓을 한다.

"장갑 껴라. 공장에 몇 사람 남아 있으라고 하고, 내랑 니랑 같이 작업해야 한데이."

나는 생각할 틈도 없이 기름을 가득 머금은 장갑을 받아 들고는 약간(?) 당황했다. 뭐부터 해야 할지도 모르겠는데, 어느덧 생산라인에는 몇몇 작업자분들이 하나, 둘 위치를 잡고 있었다. 우두커니 서 있는 나에게 직장님은 날 선 목소리로 소리쳤다.

"니 뭐하노? 안 움직이나? 자재 창고 가서 소재 가온나!"

자재창고가 어디 있는지도 모르는데 참나…… 하지만 눈치껏 행동해야 한다. 지금 빨리 작업할 수 있도록 뭐든지 도와줘야 한다. 저쪽에서 나를 바라보고 있던 작업자 한 분이 턱으로 방향을 알려주는 것을 보았다. 아, 저기구나.

자재창고는 생각보다 깨끗하고 일목요연하게 정리되어 있었다. 대부분의 공장들이 그렇듯 자재창고는 어수선한 느낌을 지울 수가 없는데, 여기 공장은 Tagging(자재는 눈으로 보기엔 대부분 비슷하게 생겼다. 색깔도 그리고 모양도…… 그래서 원산지별 바코드 시스템으로 정리되어 있어야 구분하기가 좋다.)이 아주 잘 되어 있었다. 대강 훑어보니 저기 필요한 자재가 한켠에 잘 정리되어 있었다. 손으로 들고 가기엔 너무 무거워 보였다. 잠시 망설이는 동안 작업자 한 분이 불쑥 들어왔다.

"소재 찾는교?"

"네, 근데 너무 무거워 보여서……"

말끝을 흐리자 중년의 작업자분은 쇠뭉치를 번쩍 들어 작업장으로 사라졌다. 나보다 20년은 연배가 더 되어 보이는데 힘이 엄청 쎄신 듯 보였다. 머쓱한 기분을 뒤로 한 채 그분의 뒤를 재빠르게 쫓아갔다.

직장의 지시에 따라 나는 데모도(노가다 현장에서 기술자의 조수 역할)를 하며 분주하게 움직였다. 얼마나 시간이 흘렀을까? 벨 소리가 들려왔다. 3시 30분. 오후 휴식 시간이다. 땀이 뻘뻘 나는 이마를 한번 훔치고 허리를 폈다. 아까 중년의 작업자분이 빵 한 봉지와 우유 하나를 건네면서, 말을 건넨다.

"디죠?"

"네?"

"힘들죠?"

사투리로 '디'단 말은 '힘들다'라는 말의 경상도 사투리다. 예전 현장에서 '디죠, 디죠'란 말을 잘못 알아들어서 '디져, 디져'로 듣고 '이 자식이 나한테 도대체 왜 자꾸 뒈지라고 하는 거야? 싸워야 하나?'라고 오해했던 웃긴 일이 있었다. 사실 진짜 싸울 뻔 했다.

"괜찮습니다. 여기서 매일 일하시는 분들도 계시는데요, 뭘."

"션~한 사무실에 있다가 여기서 일하면 힘들제. 내도 안다. 나도 예전에 다른 회사 영업부에 있을 때는 편했다 아이가? 근데, 그거는 마음이 너무 불편해."

우리는 이런저런 이야기를 하면서 작업자 아저씨의 옛 기억을 잠시나마 추억했다. 이내 벨 소리가 다시 울리고 우리는 작업라인으로 다시 투입되었다.

나는 핸드그라인더(전기로 동력을 받아서 쓰는 게 아니라 공기압력으로 돌아가는 절삭 공구)로 쉴 새 없이 자재의 모서리를 갈아내었다. 예전에 막노동했던 실력이 빛을 발하는 시점이다. 그러나 저녁 식사 시간을 알리는 벨이 울려 공구를 놓을 시점에는 손이 달달 떨려서 이상한 느낌을 받을 지경이었다.

한 공장에서 두 끼를 먹는 것은 아주 이례적인 일이었다. Vendor(업체) 상주 관리를 하더라도 아침과 저녁은 밖에서 먹고 점심 정도 공장에서 먹는 것이 보통이었다. 오늘은 특별히(?) 급하니까 공장에서 일도 하고 밥도 먹는 특이한 경험을 해본다. 점심과 비슷한 식단을 받아서 의자에 앉아 숟가락을 드니 손이 달달 떨렸다. 숟가락으로 국을 떠서 먹을 수가 없다. 반나절 동안 에어 그라인더를 잡고 있었더니 생긴 후유증이다. 앞에 앉아계신 작업자분이 키득키득 웃는다. 기분이 나쁘진 않았지만 배고파서 빨리 밥을 먹고 싶은데 맘대로 되지 않는 것이 너무 황당했다. 나조차도 이 상황에 웃음이 터져 나왔다.

저녁을 먹고 우리는 다시 작업장으로 투입되었다. 너무 미안했다. 내일 추석인데 나 때문에 쉬지도 못하고 일하고 계신 작업자분들. 너무 미안해서 얼굴을 제대로 들 수가 없다. 제품은 다 생산했으나, 아직 후공정이 남아 있다. 얼마나 더 하면 될까? 2시간? 3시간?

직장님이 두어 시간만 더 하면 물량은 완성된다고 했다. 조금만 더 힘을 내자고 한다. 내가 독려해도 모자랄 판에 나에게 용기를 주고 계신다. 근데 너무 지친다. 너무 지쳐서 공구를 바닥에 내팽개쳐버리고 싶은 마음이 굴뚝같다. 그러나 그럴 수 없다. 내 얼굴을 내가 직접 보진 못했지만, 아마도 똥 씹은 얼굴을 하고 있을 것이 뻔했다.

어느덧 제품은 완성되어 있었다. 그러나 작업자분들은 공구와 기계에서 떨어질 생각이 없어 보였다. 기왕 생산한 김에 최소물량 정도는 해놓고 끝낸다고 한다. 나중에 물어보니 최소물량은 1,000개란다. 나는 고작 120개 만들어 달라고 했으니 수지타산이 안 맞았을 것이다. 그래서인지 기계는 멈추지 않고 계속 돌아갔다.

물론, 공장장님도 퇴근하시지 못하고 남아계셨다. 지쳐 있는 내게 다가와 차 옆에 물건을 내놨으니 싣고 가란다. 와…… 오늘 전부 생산할 수 있을 거란 기대는 전혀 하지 않고 있었다. 그럼에도 불구하고 부탁한 물건이 전부 생산되었다. 모양과 사이즈도 다른 제품이 종류별로 완성되어 박스에 차곡차곡 담겨져 나를 반기고 있었다. 트렁크에 제품을 싣고 있는데 모양이 다른 박스 하나가 스윽 하고 쓸려 들어왔다. 뭐지? 하고 보니 식용유 선물세트다.

"집에 가지고 가라."

"네?"

다른 박스 하나가 더 들어왔다

"이건 또 뭐에요?"

"이거는 블루베리즙. 현장에 있대 매? 이거 우리 시골집에서 키운 걸로 짠 거니까 묵을만할 끼다. 내 건설회사에서 여러 놈 찾아왔지만 니처럼 같이 기름장갑 끼고 일한 놈은 처음 봤데이."

안 그래도 고마워 죽겠는데 너무 감사할 따름이었다. 연신 감사하다는 말씀을 드리고 한참을 고개 숙여 인사를 하였다. 현장에서 사람들 기다리겠다고 얼른 가라고 재촉하신다. 다시 공장 안으로 들어가 작업자분들께 인사를 하고 나오겠다고 하고 뛰어 들어갔다. 라인에 서 계신 작업자분들께 일일이 감사 인사를 하고, 마지막으로 직장님께 인사를 했다. 연신 감사하다는 말에 직장님의 얼굴에 미소가 번지고, 이윽고 웃음소리가 나왔다. 앞니가 한 개 없지만 그 모습이 웃기지 않았다. 공장장님, 직장님 그리고 작업자 아저씨들 모두 너무나도 고마웠다.

다시 현장으로

현장으로 출발했다. 지금은 밤이니까 낮에 1시간 반 걸리는 거리는 차가 안 막히니 1시간이면 갈 수 있다. 현장 사무소에 대기하고 있던 내 부사수 박 대리에게 연락해보니, 자재 언제 오느냐고 재촉하고 있다고 한다. 오늘 밤에 반드시 연결해야 내일 지체 없이 다음 공정으로 이어질 수 있다. 사실, 내일은 공정 Sch.상 그 구간에 Hydro Test (물을 채운 뒤 기계로 압력을 걸어 새는 곳이 없는지 확인 하는 시험)를 해야 한다. 특별한 문제가 없으면 오늘 밤을 새워 Piping 작업을 마무리할 수 있을 것이다.

부산에서 울산으로 1시간을 넘게 달려 현장에 도착했다. 예전 같으면 고속도로가 없어서 2시간 반 이상은 족히 걸릴 거리를 많이 단축할 수 있게 된 것이다. 가는 동안에 자재 대리에게 미리 연락해서 시공업체 대기시켜 줄 것을 요청했다. Spool Shop(배관 작업하는 현장의 간이 부지)에 작업자분들이 한창 용접작업을 하고 있었다. 현장은 수은등이 수천 개는 달려 있어 대낮같이 환했고 아직도 엄청난 인원이 작업을 하고 있었다.

우리 현장은 24시간 주간 조, 야간 조로 나뉘어 쉴 새 없이 돌아간다. 이것이 바로 Refinery Plant의 Revamp 현장 특성이다. 시간은 없고 주어진 시간 내에 모든 공사를 마쳐야 한다. 공기(공사 기간)의 압박이 매우 커 현장 시공 관리자들과 발주처 감독관들은 신경이 매우 날카롭다.

현장에 도착하자마자 BM List와 품질성적서(제품 박스 안에 들어 있었다. 그 바쁜 와중에 언제 성적서까지 만들어서 주셨는지 내 눈을 의심했다.)를 자재 대리에게 넘겨주고 Piping Spool Shop으로 자재를 옮겼다. 그러고는 이마에 맺힌 땀을 닦아내며 배관시공업체 담당자로부터 고맙다는 인사를 받기에 바빴다. 지친 하루를 뒤로하고 저 멀리 정유 Tower에서 비추고 있는 환한 불빛이 흐려짐을 느끼고 있었다.

Episode 2 비행기를 개조하다

6호선 지하철에 몸을 싣고 가만히 눈을 감는다. 어제 마신 술이 과했을까? 정신은 몽롱하고 속은 부대껴 서 있기조차 힘들다. 회사는 을지로3가역. 중간에 신당역에서 갈아타야 한다. 내가 출발하는 돌곶이역은 종점에서 세 정거장 정도만 떨어져 있어 항상 앉을 자리가 있다. 중간 긴 의자의 가장자리에 앉아 머리를 차가운 봉에 기대어 본다. 차가운 봉에 이마를 갖다 대면 술이 좀 깰까? 비몽사몽인 채로 한 정거장 또 한 정거장 흘러간다. 보통은 출근하면서 조용한 파도소리(휴대폰 APP으로 듣고 있으면 마음이 차분해지고 명상의 효과를 낸다.)를 들으며 가지만 오늘은 격렬하게 아무것도 듣고 싶지도 생각하고 싶지 않다. 아니, 머릿속엔 온통 잠뿐이다.

어찌어찌하여 회사 앞에 도착했다. 느릿느릿 발걸음을 재촉해 보지만 다리가 말을 안 듣는다. 심호흡을 크게 한번 하고 엘리베이터에 몸을 넣었다. 2층…… 4층…… 7층…… 중간에 갈아타야 한다. 엘리베이터를 이상하게 Setting해놔서 중간에 다른 엘리베이터로 갈아타야 다른 층으로 갈 수 있다. Rush Hour에만 적용한다고 하는데 도무지 왜 이렇게 만들었는지 이해할 수가 없다. 게다가 안에서는 내가 가고자 하는 층도 누를 수 없다. 밖에서만 처음에 가고 싶은 층을 누를 수 있다. 게다가 사원증을 안 가져온 날에는 1층 로비에 있는 리셉션에서 출입증을 받아 등록된 층만 갈 수 있다. 뭐 이따위로 시스템을 만들어놨다 싶다. 다른 층으로 미팅 갈 때도 혼자서는 갈 수도 없다. 다른 직원이 문을 여러 번 열어줘야만 한다. 너무 불편하다. 보안이라는 것이 중요하다지만 직원들을 감시하기 위한 것인지 어쩐지 모르겠다. 우리가 산업스파이라도 된다는 말인가? 엘리베이터 안 사람들 속에 끼겨서(?) 잡생각을 하는 사이 어느덧 목적지인 14층에 도착했다.

구불구불한 복도를 걸어 저쪽 내 자리가 보였다. 자리에 들어서자 PM(Project Manager) 이 눈짓으로 먼저 아는 체를 하신다. 주위를 둘러보니 PEM(Project Engineering Manager) 은 PC는 켜져 있으나 자리에 안 계신다. PCM(Project Control Manager)은 PCE(Project Control Engineer)들과 Standing Meeting Room(의자는 없고 가슴높이의 탁자만 있다)에서 회의 중이다. 나의 Manager(부장)인 PPM(Project Procurement Manager)은 아침부터 한자 공부에 열을 올리고 계신다. 올해 개인 KPI(Key Performance Indication)를 한자 1급 따는 걸로 연말에 적어내셨다나 뭐라나…… 아무튼 주위를 한번 스윽 둘러보고 자리에 앉아 노트북 PC를 켰다. 망할 놈의 노트북이 뭐가 문제인지 부팅에 한참이나 걸린다. 게임을 하는 것도 아닌데 왜 이렇게 오래 걸리나…… 그러나 나는 속으로 '그래…… 켜지지 마라. 오늘은 개점휴업이다. 아무것도 하기 싫다.'고 생각하며 의자 속에 몸을 녹이고 있었다.

멍한 채로 PC가 부팅되는 것을 기다리며 파티션에 붙여놓은 Project Sch.(프로젝트 일정표)을 동태 썩은 눈빛으로 바라보고 있자니 내 부사수인 박 대리가 사무실로 헐레벌떡 뛰어 들어온다. 일주일이면 거의 3~4일은 지각이다.(주 5일 근무니 매일 지각이라고 보면 된다.) 화정역(일산 3호선)이 집이라 을지로까지 오는 데 걷고 지하철 타고, 다시 갈아타고…… 족히 1시간 반은 걸릴 것이다. 아침잠이 많은 박 대리는 언제나 지각 대장이다. 하루 이틀 일도 아니고 이제는 오고 있냐는 카톡 따윈 보내지도 않는다. 그냥 오겠거니 한다. 안 그래도 매일 지각에 부장한테 찍혀서 가끔 회의실로 둘만 들어가더니만 오늘 아침 부장 얼굴을 보아하니 눈이 10시 10분이다. 오늘도 역시 끌려 들어가서 개갈굼 와꾸라는 것을 직감적으로 느낀다. 눈치 없는 사원 PPE(Project Procurement Engineer)는 이제 오시냐면서 집이 멀어서 힘들겠다고 놀리는 건지 걱정을 하는 건지 조용한 사무실의 정적을 깨버린다. 굳이 꼭 그 말을 했어야 하는가? 굳이 이 조용함 속에 말을 해서 주변 사람들 다 들리게 해야 하는가? 평소 박 대리와 그녀의 사이가 좋아 보였는데 아니었나 보다. 막말로 '죽어봐라' 하는 식의 언어폭력으로 내 귀에 들려온다. 아니나 다를까, 부장(PPM)은 정확히 10분 후 박 대리를 미팅룸으로 Call한다. 오늘은 아무래도 박 대리의 숱 없는 머리가 더 휑해질 것만 같았다.

숙취와 Hot Issue

폭풍 같은 아침 시간이 지나가고 있다. 내 뱃속은 어제 먹은 폭탄주로 인해 요동치고 있었다. 설사가 나올 듯 말 듯하며 화장실을 수차례 들락날락하고 있었다. 오전 10시엔 Spiral Heat Exchanger(일종의 열교환기) 제작사와 Kick Off Meeting(KOM, 업체와 계약 후 계약관리차 공식적으로 처음 하는 미팅, EPC 건설사에서는 대부분의 기자재에 대한 KOM을 실시한다.)이 있다. 지난주에 미리 작성해 놓은 KOM Note(미팅노트 포맷)을 대강 훑어보고 ERP(전사적자원관리, 보통 인트라넷과 혼용해 쓰고 보통 VPN이 접속 가능한 곳에서만 사용 가능하다.)상으로 예약해놓은 회의실 일정을 다시 한 번 확인했다. 이상은 없었다. 업체와 KOM이 있는 날에는 다른 일정은 잡지 않는 것이 보통이었다. 특별한 Item이 아니면 대부분의 기계장치류 KOM은 평균적으로 1 day 정도면 충분했다(GTG: Gas Turbine Generator 같은 Big Package Item은 KOM을 1주일 내내 하기도 한다). KOM에서 주로 다루는 내용은 계약확인, Vendor Print Control Procedure(승인도서 제출 및 승인에 대한 절차)에 대한 안내, Technical Issue에 대한 협의, 시공상 문제점 확인 등 EPC(Engineering, Procurement, Construction) 전반적인 내용을 다룬다. 보통 업체들은 계약을 따내기도 힘들지만, 계약 이후의 업무 Scope가 더 많다. 특히 Petro Chemical Plant(석유화학 플랜트) 공사는 더욱 그렇다고 할 수 있다.

무거운 몸을 이끌고 KOM 준비차 미리 예약해놓은 미팅룸으로 향했다. 손님 맞을 준비는 비교적 간단하지만 혼자 하려면 이것도 일이다. 다과를 내놔야 한다는 것. 팀 보물창고라 불리는 과자, 사탕 그리고 음료가 든 냉장고와 캐비닛을 뒤져 예쁘게(?) 쟁반에 담고 세팅해야 한다. 지난번에 서무 여직원한테 도와달라 했더니 귀찮아하는 눈빛을 보이기에 그냥 내가 한다.

어제 부어라 마셔라 한 소맥의 여파인 듯 부글부글 끓어오르는 속을 부여잡고 회의실에서 홀로, 쓸쓸히 준비를 했다. 박 대리 이 자식은 뭐 하는지 코빼기도 비추지 않는다. 슬슬 열 받기도 하고 몸 상태도 멜롱(?)인 관계로 심오한 짜증이 밀려왔다. 그러나 어제의 과음의 여파로 또 화장실 신호가 온다. 하던 일을 멈추고 급히 화장실로 직행했다. 화장실 입구에 들어서자마자 왝왝하는 역겨운 소리가 들려온다. 누구지? 누가 돼지 멱따는 소릴 하고 있는 거지? 정말인지 더러워 죽겠다. 소리가 더럽다. 이상야릇한 냄새도 나는 것 같았다.

볼일을 보고 난 후에 밖으로 나와 눈이 벌겋게 달아오른 박 대리를 세면대에서 마주쳤다.

"어제 얼마나 처마신 겨?

"어제 1차에서 좀 달렸더니 영 안 좋네요."

"그러니까 작작 좀 퍼먹어. 그러다가 죽어 인마."

"네"

한심한 놈. 그 이름은 박 대리. 어제도 오늘도 매일 꽥꽥이다. 저러다가 위에 빵꾸 날지도 모르겠다. 집에 갓난쟁이도 있는 놈이 맨날 총각들처럼 저리 술을 마시고 다니는지 도통 알 수가 없다. 어디 가서 누굴 만나 술을 먹고 다니는지 오후만 되면 그의 휴대폰이 바쁘다. 까똑……까똑……

세수를 대강하고 다시 미팅 룸으로 향했다. 문을 열고 들어서니 업체 관계자분들이 미리 앉아 있었다. 아직 미팅 시작하려면 15분 정도 남았지만, 미리 도착해 있는 것을 보고 안심을 하였다. 어떤 업체는 해외에서 오니 KOM에 늦지 않으려고 하루 전에 미리 도착하여 회사 앞 호텔에서 하루 묵고 오는 분들도 있었다.

오늘 우리와 미팅할 업체는 프랑스 리옹에 있는 기계회사다. 그러나 프랑스 사람은 안 보이고 한국지사 사람들만 보인다. 오늘도 제대로 된 미팅 하기는 글러 먹었다. 제조사에서 Engineer가 와야 Technical Issue에 대한 Clarification(논쟁거리가 될 만한 사항을 확인하고 업무 Scope를 확인하는 과정)을 우리 엔지니어들과 할 수 있는데 한국지사 사람들만 오면 Commercial(Order Confirmation - 계약내용 확인, Delivery Check - 납기확인, Vendor Print Submit Sch. - 승인도서 제출 일정 협의 등)적인 내용만 가지고 미팅할 수밖에 없다. 이러면 2~3시간 정도면 미팅이 끝나버린다. 차라리 잘됐다는 생각이 든다. 몸도 안 좋고 박 대리는 꽥꽥이를 외치고 있고…… 아무튼 오늘은 시간 길게 끌지 말고 쓸데없는 잡담도 하지 말고…… 시작하기도 전에 어서 미팅 노트 쓰고 빨리 끝내고만 싶었다.

그러나 슬픈예감은 틀린 적이 없다. 아니나 다를까 PO Confirmation(Purchase Order 한 내용을 확인하는 과정)하는 도중 우리가 발주한 기계와 업체가 인지한 기계 Item이 다르다는 것을 확인하였다. 말도 안 되지만 이런 어처구니없는 일은 가끔 발생하기도 한다. 제조사의 국내 지사 담당자는 미팅 도중에 프랑스 공장으로 연락하여(시차가 있기 때문에 연락이 어렵지만 그날따라 제조사 PM은 전화를 받았다) Sub-Order(자재 발주)가 나갔는지 확인 요청하였고, 미팅이 끝날 무렵에는 Item 변경에 따른 Sch. 및 Cost Impact가 없다는 것을 확인하였다. 정말 다행이었다. KOM 시 가장 중요한 것은 우리가 발주한 Item과 업체가 인지하고 있는 Item이 동일한 것인가를 확인하는 작업이다. 동상이몽이라는 말도 있지 않은가? 그래서 KOM을 실시하기 전 미리 업체 측에 Technical Evaluation Result(기술적 평가 결과), Reference Drawing(예시 도면), Master Schedule(설계, 제작, 설치 등을 포함한 일정표) 등 사전 자료를 보내 달라고 요청한다. 기본적인 Data를 가지고 Technical 사항을 Base로 한 미팅을 해야 성과가 있다. 미팅에 와서 얼굴만 멀뚱멀뚱 쳐다보고 인사만 하고 끝낼 수는 없지 않은가?

직감적으로 요 Item은 반드시 무슨 일이 생겨도 생기겠다는 불길한 예감이 들었다. 원래 2~3시간이면 끝날 수 있을 거란 예상은 빗나갔고, Sch.과 Cost 때문에 하루 종일 업체를 미팅 룸에 잡아둘 수밖에 없었다. 다른 산업에서는 어쩔지 몰라도 건설업은 Sch.과 Cost 문제가 Issue되면 반드시 해결하고 가야 한다. Sch.과 Cost Impact 발생은 반드시 원가 상승으로 이어지고, 그것은 Project의 성패를 가늠하는 척도로 작용하기 때문이다. EPC 건설산업에서는 통상적으로 공사가 끝날 무렵에 원가가 90%를 넘지 않으면 성공한 Project라고 본다.

어찌됐든, KOM은 무사히 마칠 수 있었다. 보통 KOM 이후 업체 관계자와 우리 측 인원들과 저녁 식사를 같이 한다거나 차 한잔 정도는 하는 것이 관례였다. 그러나 우리의 꽥꽥이 박 대리의 내일 모습이 보기 싫어서 업체 한국지사장님의 청을 뿌리치고 곤히(?) 집으로 고고(GOGO)하기로 결정하였다.

"박 대리"

"네, 과장님"

"너 내일은 무슨 일이 있어도 늦으면 안 돼, 알았지?"

"늦게 올 거 같으면 아예 연차를 쓰란 말이야, 부장님한테 욕먹지 말고, 알아들었냐?"

"네 알겠습니다."

"대답은 청산유수다, 대답은 진짜 잘해! 내일도 KOM 있으니까 아침에 출근해서 준비 잘 하고, 알았지?"

회사 현관문을 나서며 박 대리에게 수고했단 인사와 함께 손을 흔들어 보였다. '내일은 정말 안 늦어야 할 텐데……'라며 속으로 생각하곤 지하철 역으로 향했다.

언제나 중요한 Logistics

그렇게 매일매일 KOM을 진행하고 발주업무를 지속하다 보니 어느덧 6개월이 지나 겨울이 되었다. Scheduler(Project 일정 관리자)가 처음에 Setting한 PSR(Procurement Status Report)의 Plan에 따라 기계장치를 하나하나 발주하고 계약 관리하다 보면 시간이 금세 흘러간다. 오늘 아침 출근 길 뉴스에서는 강추위를 예고하고 있었고 냉기가 가득한 칼바람이 얼굴을 찢는 듯한 느낌이다. 아침부터 어디론가 바쁘게 움직이는 사람들은 자기 일터로 움직이는 사람들이 대부분일 것이다. 나도 복장을 단단히 하고 이 겨울을 맞설 준비를 하였다. 지하철역 근처의 프랜차이즈 빵집에서 풍겨 나오는 고소한 향내가 나의 코와 마음을 자극하였다. 나도 모르게 그 향내음에 이끌려 들어갔고, 향기로운 크루아상과 따뜻한 커피 한 잔을 손에 쥐었다. 그러고는 지하철에 몸을 실었다.

출근하자마자 9시 반에 Logistics(운송) 팀과 미팅이 있었다. All Item List를 다시 한 번 정리하고 국내 그리고 해외 자재를 구분한 Sheet를 Review(검토)하고 있었다. 이번 Project는 Site가 한국이라 국내 업체로의 발주분이 많아서 Logistics 팀과 많은 교류는 하지 않았다. 그러나 일부 LLI(Long Lead Item, 장납기 Item, 제작에 12개월 이상 소요되는 장치나 기계류) 품목이 있어 Logistic팀과 Forwarder(해외운송 대리회사)와 가끔 이메일과 전화를 통해 연락을 주고받고 있었다. 물론, 운송비 부분을 제외하고 발주 낸 Item에 대해 Forwarder와 별도 계약하고(예를 들어 Ex-work: 제작 공장에서 트럭 같은 교통수단을 이용하여 실어 내보내는 Item 또는 FOB: 선적항까지만 운송) 이 같은 Item에 대해서는 개별적으로 제작업체와 Forwarder 사이에서 Control하는 역무를 하고 있기에, 내가 속한 Project Management Team(PMT, 프로젝트 사업관리팀)에서는 그 결과를 주기적으로 보고 받고 있었다. 예를 들어 PMT의 조달담당은 발주 후 공장에서 기계가 제작 완료되기까지 매달 MPR(Monthly Progress Report, 월간 공정 보고서) 또는 Weekly Base Report(주간 공정 보고서)를 제작업체로부터 접수하여 공장출고 및 선적 가능 시점을 확인, Logistic 팀과의 Co-Work(협업) 및 Forwarder와 의견 조율, SRD(Site Requirement Date, 현장요구일), 현장 여건(만약 Heavy Equipment라면 그 무게에 맞는 Crane을 선임대 조치해야 함)을 감안한 Sch.을

Planning하고 Location에 따른 Americas, Asia, EU 지역을 관장하는 Forwarder를 Contact하여 업무를 진행하게 된다.

복잡하고 다양한 형태를 가진 기계장치를 운송하는 일은 전문업체가 아니면 하기 힘든 일이다. 예를 들어 국내업체로는 해외 중장비 운송 경험이 많은 한진, CJ 대한통운 등과 같은 업체가 주로 EPC(Engineering, Procurement, construction, Turn Key 수행이 가능한) 상대로 물류 및 운송 업무를 제휴하고 있으며, 해외는 세계에서 가장 큰 NYK Logistics 등의 업체가 함께하고 있다. 해외운송이 많은 Project에서는 운송업체가 계약 전에 현장을 답사하고 문제점을 파악하여 적정한 금액으로 입찰을 하는데, 이런 과정에서 가장 중요한 것은 Route Survey(운송경로 탐방)라고 할 수 있다. 또한 국가적 문제로, 특히 내전이 있는 나라 등지에서는 게릴라의 공격이 있을 수 있으므로 Convoy(사설 무장경호 또는 현지 군인 및 경찰 호위)가 필요한 경우도 있겠다.

Logistics 미팅에서는 해외 운송해야 할 Item에 대한 일정 점검 및 Heavy Equipment의 운송에 대한 논의가 주로 이루어질 것으로 예상하여, 카테고리를 미리 협의한 문서를 PPT(Presentation 용으로 만든 Power Point)로 만들어 화면에 띄웠다. 일단, 국내 제작분 Item의 운송방안을 최종 검토하고, 다음 달부터 시작되는 중장비 사용·임대계획 및 Tower(원유 정제시설) 운송에 대해 협의하였다. Tower 제작사의 경우 다행히 항만 앞에 있어 Transporter(트랜스포터-중량물 운송 시에 쓰이는 운송장비, 일종의 바퀴 많이 달린 대형 트럭이라 생각하면 되겠다.)의 이동 경로 및 선적 접안 시설에서 바지선에 어떻게 Transporter를 무사히 안전하게 태울 건지, 그리고 바지선으로 바다를 이동하여 하역항까지 얼마나 소요되고, 파도 없는 날짜는 어떻게 잡을 건지에 대한 논의가 주로 이루어졌다. 물론 도착항에서 현장까지의 육로 운송에 대한 Route Survey 결과도 함께 다루어졌다. 사실 도착항에서 현장까지 몇 킬로미터 되지 않은 거리를 2박 3일 동안 간다는 것이 믿어지지 않겠지만, 실제로 눈으로 보면 아주 천천히 조심스럽게 운반한다는 것을 알 수 있다. Transporter의 이동 시 간섭물, 예를 들어 가로등이 있으면 한전에서 대기하고 있다가 뽑고 장비가 지나가면 다시 심고, 소화전이 있을 경우 상하수도 사업본부 및 소방서에서 나와서 이를 지켜보고 도움을 준다. 흥미로운 사실은 이 모든 사항을 사람이 직접 눈으로 일일이 다 확인하고 계획을 세운다는 것이다. 21세기에 AI 및 컴퓨팅 기술이 아무리 발전했더라도, 이런 중량물 운송에 대해서는 시뮬레이션을 할 수 있을 뿐 실제로 작업을 계획하고 실행하는 것은 사람만이 할 수 있는 것이다. 게다가 전문적인 도비 인력이 필요하다. 경험이 없으면 아무리 정밀한 계산을 하더라도 그대로 실행에 옮기는 것은 어려운 일이다.

별다른 특이 사항 없이 Logistic 미팅은 마무리 되었다. PMT(프로젝트사업관리팀)에서는 각 기능부서(Function Team)에서 수행하는 업무를 Monitoring하고 문제가 발생하였을 때 적극적으로 개입하여 해결 방안을 모색하고, 사전에 문제가 될 만한 사항들에 대해 발굴하여 선조치하는 것도 주요 업무에 속한다. 아직까지는 특별한 문제점이 발생되거나 발생된 이력이 없어 안심하였다.

다음날, 어제의 완벽하리 만큼 아무런 일도 발생하지 않을 것 같던 일정에 찬물을 끼얹듯 문제가 발생하였다. 발주처의 요청으로 공장에 Spare Part로 보유하고 있던 Turbine Rotor를 제작사인 독일 업체에 보냈으나 입고된 그대로(열어보지도 않은) 포장되어 있었던 드럼통 CAP(뚜껑)에서 백색 가루가 발견되었다며 자기네들은 당신들이 보내온 이 드럼은 위험하여 열 수 없다고 하는 E-Mail이 접수되었다. 독일 업체가 왜 그런 메일을 보냈는지 우리는 직감적으로 알 수 있었다. 그 당시는 아프간 반군 또는 그 일당들이 유럽 등지에서 한창 탄저균 공격을 시도하고 있을 때였다. 이에, 독일업체 측은 위험을 무릅쓰고 개봉할 수 없다 하여 메일을 보내온 것이다. 물론 이해는 간다. 우리가 뉴스에서 봤듯이 탄저균은 생화학 무기로 사용될 만큼 독성이 매우 강하고 치사율이 너무 높아 사망에 이르게까지 하는 위험천만한 물질로 당연히 걱정할 만한 사안이었다. 발주처에서는 본 건으로 수차례 독일 제조사를 설득하여, 드럼통을 Open하도록 최선의 노력을 다하였다. 사실, 지금 생각해 보면 제작사의 농간이었을지도 모른다는 추측도 해본다. 일종의 오너 길들이기(?) 같은 종류의 힘겨루기는 종종 갑과 을 사이에서 벌어지곤 한다. 해외업체의 경우 일단 계약을 하고 나면 갑과 을이 뒤바뀐다.

SRD(Site Requirement Date, 현장요구일)는 정해져 있고 업체 측에서 제출한 VP(Vendor Print, 자재승인도서)를 2주 안에 승인 안 해주면 계약 납기는 물 건너 간다(?)고 협박을 하기도 한다. 뭐, 하루 이틀 일도 아니니 그러려니 하고는 있지만, 담당 엔지니어는 똥줄이 탄다. 업체가 제출한 Vendor Print의 질(Quality)이 낮아서 이것저것 Comment를 하고 다시 Return(업체로 회신 하는 것)시키면, 업체 측에서는 이런 것을 반영하는 것은 계약에 내용이 없다며 Reject(반영 거부)를 한다. 그러면 PMT 조달담당을 통해 Buyer(구매담당)에 요청하여 반드시 적용해야만 하는 사항에 대해서만 Issue하고 담당 Buyer는 해달라고 하니 요청은 하지만 PS(Purchase Spec.)에는 없었던 사항이니 Cost Impact하거나 또는 적용 불가 회신을 받을 수 있음을 미리 언급한다. 만약, 업체가 Cost Impact로 Change Order를 요구하고 나서면 PMT에서는 왜 계약 전에 반영 안 했냐, 이유가 도대체 뭐냐? Value engineering을 왜 안 하는 거냐, 네가 빵꾸 냈으니까 네가 돈내고 사라 등등…… 담당 엔지니어에게 갖은 압박을 가한다. 물론 사람이니까 일하면서 Human Error를 할 수도 있다. 실수라는 게 마음으로는 이해가 가지만 벌어진 일을 만회하려면 엄청난 노력이 필요하다. Turn key 공사면 다른 것에서 Cost 절감할 거리를 찾으면 되겠지만, Reimbursable Contract 건설공사의 경우 발주처에 일일이 Equipment를 구매하는 과정을 보고하고 승인을 받아야 하는 복잡한 과정이 있기에 Cost Impact(특히, Additional Cost)가 발생하면 반드시 해야만 하는 명확한 사유가 있어야 승인을 해준다 (PUMP를 예로 들면 유량 증가에 의한 Motor 용량 증가 같은). 그러나 Human Error로 인한 Cost Impact는 PM 또는 PCM(Project Control Manager)이 발주처 사업 관리 담당 또는 발주처 PM을 찾아가서 해결해야 하므로 여간 힘든 일이 아니다. 그러나 이런 일이 어디 한두 번이겠는가? Project를 하다 보면 계속 이런 일들이 반복하여 발생한다. 그래서 PM의 對 발주처 Soft Skill이 매우 중요하고 EPC 건설공사 PM의 범접할 수 없는 강력한 Management Skill & Leadership이 필요한 것이다.

　　Project를 운영하다 보면 구매한 자재가 한창 현장에 입고되는 Critical Path Period (중요 기자재 입고기간)가 오기 마련이다. 그때가 되면 약간(?) 긴장한다. 왜냐면 제작공장에서 Ex－work(공장 상차도) 계약 장비들이 나오기 시작하면 일정에 맞추어 현장에 입고되기 전까지 Daily(매일 현황을 확인한다)로 추적을 하기 시작해야 하기 때문이다. 특히 해외운송 품목에 대해서는 공장 출하 전부터 물품에 대한 계약 관계를 다시 확인하고 선적항에 문제는 없는지(간혹 선적항에서의 노동자 파업 또는 기상 악화－태풍이나 허리케인 등으로 일정이 지연되기도 한다) 보험 관련 사항도 Forwarder를 통해 재확인하며, 모든 Booking 사항(트럭, 선박, 항공, Container Yard 예약 및 사용 가능 여부 등)을 Check한다. PMT에서는 Project 시작 단계에서 재보험 회사(코리안리 또는 삼성화재 등)와 미리 전체 Project에 Impact를 받을 수 있는 사항에 대해 계약하고, 일부 Critical Item에 대해서는 별도의 약관에 명시하여 Risk Management의 일환으로 관리한다. 과거에 진행했던 Project 중에서, 미국 제작사로 Order 낸 Item 중 Shop(제작공장)에서 Turbo Chiller(냉동기)가 제작 완료되어 육로 운송(Trucking)을 통해 뉴욕항에서 배에 선적하기로 되어 있었으나, 육로 운송 중간에 허리케인의 영향으로 인해 고속도로가 유실되어 이러지도 저러지도 못 하는 상황이 발생했던 사건이 있었다. 설상가상으로 트럭이 이동해야 하는 고속도로의 앞뒤가 모두 파괴되어 Heavy Equipment(중량물)인 Turbo Chiller 기계장비는 육로 운송으로는 방법이 없었다. 현장 SRD(Site Requirement Date, 현장자재 요구일)는 목에 차 있고, 본 Item이 입고가 지연되면 배관공사 및 다른 기계들도 설치할 수 없는 복잡한 상황이었다. 이에, 급히 제조사 측에 도움을 요청하였더니 중량물 운송용 헬기를 이용해보는 것은 어떨지 제안해왔다. 허리케인의 영향으로 헬기를 당장 운영하는 것은 어려우나, 조금만 비가 잦아들면 미국 내 항공운송 업체 측에 요청하여 가능 여부를 협상하겠다고 손을 내밀었다. 만 하루가 지나가고 허리케인이 소강상태를 보여 제조사 측에서 제안한 것과 같이 헬기를 이용한 운송을 진행할 수 있었다. 다행히도 뉴욕항까지 특별한 문제 없이 도착할 수 있었다. 비록 미리 Booking 해 놓았던 정기선은 놓쳤지만, 우리 기계장치처럼 허리케인의 영향으로 선적하지 못했던 다른 업체들의 발 빠른(?) 움직임으로 타 업체에서 용선한 배에 무임승차(용선비는 Free였지만 비정기선이므로 운송비가 조금 더 비쌌다)의 기회도 얻어 무사히 부산항까지 운반했었다.

이렇듯 해외 자재의 경우 제조사의 제작 관리뿐만 아니라 운송관리 또한 중요하다. 요즘은 선박회사의 홈페이지에서 선적항 to 도착항까지의 위치 확인 및 추적이 가능하도록 System화 되어 있으며, 옵션 사항으로 추가적인 비용을 지불할 경우 Container뿐만 아니라 Bulk선에 실어 나르는 Item에 GPS를 부착하여 온도, 습도, 진동발생 사항에 대해 휴대전화에서 실시간으로 확인할 수 있는 Application 서비스도 제공하고 있다.

문제가 안 생기면 Project가 재미없다

매서운 추위가 더욱 기승을 부릴 무렵 해외 발주분 자재의 입고 시기가 가까워지고 있었다. 그 첫 번째 Item은 프랑스에서 오는 Spiral Heat Exchanger(일종의 열교환기)이다. 현재 90% 정도는 제작이 완료된 것으로 확인된다. 매달 접수하는 MPR(Monthly Progress Report, 월간 공정 보고서)을 바탕으로 사진 자료까지 요청하여 Cross Check하므로 문젯거리는 발생하고 있지 않은 것으로 보였다. 그 후 약 보름이 지나고 제작이 완료되어 Hydro Test(수압검사, Pressure Part 즉, 압력부에 물을 채워서 설계에 맞는 압력을 견디는지 시험하는 방법)를 시행하였으나, 일정 압력이 올라가면 Leak(물이 새는 현상)가 발생한다고 Report가 접수되었다. 제조사와 우리 사무실은 이역만리 멀리 떨어져 있으나, 해외의 검사 용역업체를 이용하여 입회 검사를 수행하기 때문에 검사 결과를 알 수 있었다.

제조사에서는 두 차례 더 테스트를 수행하였지만 원인을 알 수 없는 문제가 발생하여 일부 Assembly Part를 Re-work(재제작)해야 하는 불가피한 상황이 발생하였다고 우리에게 정식으로 통보하였다. 일정상 Room(약간의 여유시간이라고 보면 되겠다.)이 없었으나, Test를 통과하지 못하면 공장 출하가 불가능하므로 제조사 측에 소요 기간을 산정하여 알려달라고 요청하고 현장 반입 및 설치 일정을 변경할 수 있는지 CM(Construction Manager, 공사부장)에 문의하였다. 아니나 다를까, 현장은 일정이 촉박하여 계획된 일정대로 기계장치가 입고되지 않으면 뒤에 따라오는 공정이 지연될 것을 Inform하였다. 책임 소지를 따지지는 않았으나 분명 자재가 늦게 도착하면 문제를 제기할 것이 뻔하다. PMT에서는 제조사가 Repair Work(수정조치)를 가장 빠른 시일 내에 해줄 것을 요청하였으며, 소요 일정에 대해 추산하여 통보해줄 것을 지속적으로 요구하였으나 아무런 답변이 없었다. 묵묵부답이었다. 프랑스 공장의 생산 담당에게는 연락이 안 되고 한국지사에서는 프랑스 PM과 협의 중이라고만 답변하고 있으며, 일정은 안 나오고⋯⋯너무 답답했다. 기다리는 방법 이외엔 우리가 할 수 있는 것이 아무것도 없었다. 그 순간 머릿속에 유럽 GPO(Global Procurement Office)에 연락하여 제작사에 직접 방문하여 확인해 달라고 요청하는 방법이 있다는 사실이 뇌리를 스쳤다.

　소식을 접수한 유럽 GPO는 현지 인력을 프랑스 공장으로 급파하였고, 즉각적으로 제조사의 Status(진행상태)를 확인할 수 있었다. 다행히도 문제 된 부분은 Repair가 완료되었고 자체 Test를 수행하고 있다고 한다. 다시 Leak되지만 않으면 기계장치에는 문제가 없을 것으로 연락을 받았다. 오늘 밤만 잘 넘기면 내일 정도 결과를 받을 수 있을 것이다. 쓰린 가슴을 움켜쥐었다. 내가 잘못한 것은 아니지만 All Equipment에 문제가 생기면 왠지 내 책임인 것 같은 심리적 Pressure를 받는다. 이 직업도 참 못 해먹을 일이다. 업무를 하루 이틀 한 것도 아니지만 항상 문제가 발생할 때마다 긴장되고 초조해진다. 염병할 프랑스 놈들은 잘못을 시인하지도 않고 미안해하지도 않는다. 정말 열 받지만 한국이 국가적인 파워가 없어서 그런 것 아니겠는가. 항의 공문을 정식으로 보낼까 하다가, 해봤자 내 기운만 뺄 것이 분명하므로 그냥 skip하는 것으로 생각했다.

　약 20일정도 Sch. Delay된 것을 만회하기 위한 대책 방안을 강구해야만 했다. 프랑스에서 기계장치를 실어 보내는 데 일반배편으로 보내면 대략 40일은 소요된다. 쾌속선이 있는 것도 아니고 바다를 건너는 것은 우리의 계획에서는 제외한 지 오래다. 이미 SRD는 물 건너간 것이다. 그러면 당장 우리가 할 수 있는 일은 항공편으로 화물 운송하는 방법뿐이었다. 그러나 화물기를 잡는 것이 어디 쉬운 일이겠는가? 거래하는 모든 Forwarder를 통하여 화물기를 Booking하려고 했지만 일정이 너무 촉박하여 어려움을 겪고 있었다. 게다가 기계를 화물기에 선적할 때는 조건이 매우 까다롭다. 기계장치의 사이즈, 중량, 무게중심 문제도 발생하고, 무엇보다 중요한 것은 화물의 모든 조건을 확인하여 비행기 내에 선적이 가능한지 여부를 확인하는 것이다. 우리는 항공 선적 전문가가 아니기 때문에, 선적 가능 여부를 알 수가 없었다. 일단, Forwarder에게 Booking이 가능한 화물기를 알아보라 요청하고, 혹시 모를 상황에 대비하여 프랑스에서 출발하는 국적기(대한항공 그리고 아시아나 항공)에 대한 예약이 가능한지도 확인 요청하였다.

제조사에서 공항까지 육로 운송을 하는 며칠 동안 우리는 수단과 방법을 가리지 않고 화물기 예약에 최선을 다하고 있었다. 이내 트럭이 공항에 도착했고 가장 능력 있는 포워더가 대한항공을 설득하여 화물기 Booking에 성공했다. 하지만 선적이 문제였다. 보통 여객기는 승객의 짐을 Loading하기 위한 화물칸(그러니까 여행용 Carrier 등 가벼운 짐들만 싣는다)만을 가지고 있지만, 화물기는 앞쪽 Head를 Open하여 Big Size의 중량물도 적재할 수 있도록 만들어졌다. 공항에 도착한 기계는 선적을 위해 Size Check 를 하고 항공기 내부의 Rail에 고정하는 작업을 해야 한다. 그러나 Size Over 및 무게중심이 맞지 않아 비행에 무리를 줄 수 있다는 판단에 항공사에서는 선적에 난색을 표했다. 이러한 사실을 실시간으로 전하던 Forwarder는 PMT에 진행 경과를 알리고 어떻게 할 것인지에 대한 Decision(의사결정)을 요청하였다.

나는 즉시 기계장비 제조사 측에 연락하여 도움을 요청하였다. 제조사 측에서는 즉각적으로 반응하여 가용한 기술자들을 공항으로 급파했다. 비행기 앞에 도착한 기술자들은 비행기에 기계를 선적시키기 위해 Sizing을 줄이는 작업부터 시작하였다. Forwarder 사장님은 항공사 물류 담당에게 설득에 설득을 거듭하고, 제조사 엔지니어들은 기계를 비행기 내부로 진입시키기 위해 걸리는 간섭물들을 제거하고 별도로 포장을 실시하여 선적하였으며(Site에 도착해서 본 열교환기 Assembly에 대한 Supervising이 별도로 필요했다.), 기계장치가 화물기 내부의 Rail에 고정이 불안한 관계로 비행기 내부 고정장치들을 개조하여 버틸 수 있도록 수정조치를 하였다. 이건 정말 대단한 일이었다. 항공사에서도 절대 일어날 수 없는 사건이 일어났고, 모두가 힘을 합하여 무사히 선적될 수 있도록 최선의 노력을 다했다.

우리는 사무실에 앉아 실시간으로 어떻게 진행되고 있는지 사진 자료로 알 수 있었다. 본 화물의 운송을 담당했던 Forwarder 사장님의 도움이 없었다면, 그리고 제조사의 엔지니어들의 도움이 아니었다면 선적조차 불가능했을 것이다. 또한 일정 준수에 실패했을 것이다. 물론 비용은 상승했지만 현장 SRD에 문제없이 들어와 공사에 전혀 차질을 주지 않고 순항된 이 사건은 발주처 및 우리 팀 역사에 길이 남을 만한 기념비적인 사건으로 기억되고 있다.

이렇듯 Project 수행에서는 Critical Path가 있기 마련이고 앞서 소개한 운송에 관련된 문제뿐만 아니라 크고 작은 많은 Issue들이 발생한다. 모든 문제점에 대비하여 Risk Management를 사업 초기 단계에 설정하고 관리하지만, 중간에 벌어지는 사건·사고들을 그 순간순간마다 어떻게 유연하게 대처하고, 벌어진 일들을 수습하는가가 매우 중요한 Point다.

Episode 3 감사합니다 사장님

중소기업에서 기계 엔지니어를 하던 13년 전 일이 떠오른다. 당시 청계천 자재상에 갈 때마다 일부러 종로와 을지로를 둘러서 돌아돌아 청계천 배관 자재상으로 돌아 들어가곤 했다. 그것엔 특별한 이유가 있었다. 나도 언젠가는 저 빌딩 숲 속에서 일해보고 싶다는 꿈이 있었기 때문이다. 그 속에서 일하고 계신 분들에게는 별일 아니겠지만, 변두리 작은 엔지니어링 업체에서 근무하고 있었던 나로서는 정말 큰 꿈이었다고 말할 수 있을 것이다.

내가 일하던 중소기업은 인원이 얼마 되지 않아 영업, 설계, 시공 등 정해진 업무 영역이 따로 있는 것이 아니라, 매 순간마다 닥치는 대로 일해야만 했다. 물론 처음에는 시공현장의 데모도(현장 기능공의 보조)처럼 사무보조부터 시작하여(도면 복사, 발주처에 제출할 승인서류 만들기, 부장님 커피 타기 등등) 특별한 기술이 필요로 하지 않는 일부터 내게 주어졌다. 그러기를 한 달, 두 달, 석 달이 지나고 같은 시기에 입사한 동기보다 조금 습득이 빨라 Sub-Mechanical Engineer(보조 기계 엔지니어)가 되었다. 물론 말이 엔지니어지 내가 스스로 할 수 있는 것은 없었고, 그저 상사가 이렇게 해라, 저렇게 해라라고 지시하는 일만 받아서 할 수 있는 수준이었다. 그렇게 또 한 달, 두 달, 석 달 시간이 계속 흘러가고 내 사수였던 대리가 급한 현장으로 투입되면서 나의 영역이 조금 더 커지기 시작했다. 급한 현장에는 과장이 현장 소장이었던 관계로, 대리가 그 현장에 투입되어 사무실에 없으니 당연히 내가 대리 몫까지 해야만 했다. Main 도면은 그리지 못했지만 영업용 도면 정도는 그릴 실력이 되었다. 당시 근무하던 회사는 규모는 작지만 업력이 25년이나 된 알차고 저력 있는 회사로 하루에도 몇 건씩 꾸준하게 견적의뢰가 들어왔다. 나는 온종일 견적용 도면, 그리고 견적서를 작성하는 일을 한동안 하게 되었는데, 어느 날은 부장님도 안 계신 사무실에 급한 견적 의뢰가 들어왔다. 보통은 부장님의 지시 하에 견적용 도면과 견적서를 작성하는데 난감했다. 일단, 부장님께 전화로 물어보고 어떻게 처리해야 할지 고민해보자 생각했다.

"부장님"

"어, 무슨 일 있어?"

"견적 의뢰가 들어 왔는데, 급해서 오늘 당장 달라고 하네요. 어떻게 할까요? 부장님 안 계셔서요……"

"그래? 그럼 자네가 한번 작성해서 줘봐."

"네?"

"자네가 그동안 많이 했었잖아. 그러니까 잘할 수 있을 거야."

"네, 알겠습니다."

솔직히 자신이 없었다. 매일 시키는 것만 해봤지 스스로 판단하여 견적을 작성하는 것은 내게는 어려운 일이었다. 그러나 기회는 아무 때나 오는 것이 아니라는 것을 깨닫고 전화를 끊자마자 그동안 작성했었던 견적서 폴더를 열었다. 가장 비슷한 설계자료를 찾으려고 눈에 불을 켜고 노력하였다. 물론 물가정보지에 회사 기계 Package(PKG)의 용량과 가격이 나와 있었지만, 그건 물가정보지 가격일 뿐 실제 견적 작성할 때 그 가격으로 내면 경쟁력이 없어서 20~30% 정도 할인된 가격으로 작성해야 했다. PKG장비는 기계 하나로만 구성된 것이 아니라 여러 기계 장치들의 조합이다 보니 먼저 GAD(General Arrangement Drawing, 기계 배치도)와 P&ID(Piping Instrument Diagram, 공정 계통도)를 먼저 작성하고 그것을 바탕으로 견적서를 작성한다. 물론 실시 설계할 때 발주처의 요구 사항에 따라 달라질 수는 있겠지만, 그것은 계약이 후 Change Order(CO) 또는 Cost Impact(CI) 처리하면 되니까 큰 문제는 아니었다. 나는 활용할 수 있는 모든 자료를 참고해서 견적을 작성했다. 오전부터 시작해서 저녁까지 골머리를 썩이면서 하루 종일 견적서 작성에 매달렸다. 검토하고 또 검토했다. 무엇이 잘됐는지 잘못됐는지 판단이 서질 않았다. 부장이 자리에 없으니 검토해줄 사람도 없고, 에라 모르겠다, 여러 번 검토했으니까 일단 보내자. 고민 끝에 견적서를 E-Mail에 첨부하고 보내기를 클릭했다.

며칠이 지나고 얼마의 시간이 흘렀을까. 혼자 견적했었던 일이 내 머릿속에서 잊혀져 갈 무렵, 불현듯 부장님이 나를 미팅룸으로 불렀다. 미팅룸까지 가서 할 이야기가 뭐가 있을까 하는 궁금함이 있었지만, 나는 가벼운 마음으로 봉지 커피 한 잔을 손에 들고 미팅룸에 들어갔다. 부장님 말고 처음 뵙는 분이 앉아 계신 것을 발견하고 업체 미팅인가 했다. 인사를 하고 테이블에 놓인 서류를 보니 계약서였다. '계약하는데 굳이 나를 불러서 이야기할 것이 있나?' 하고 마음의 소리를 내고 있을 무렵 부장님이 입을 열었다.

"자네가 대응을 잘 해줘서 공사를 수주하셨다고 인사차 오셨어. 그리고 그 보답으로 우리와 계약하시겠다고 말이지. 자, 이 건은 자네가 회사 직인 찍고 사인도 해봐."

어안이 벙벙했다. 이게 도대체 무슨 일인가 싶었다. 내 덕에 수주를 했다니……. 내 얼굴은 약간 상기되었다. 솔직히 말하자면 내가 제출했던 견적은 대비 견적(타업체 견적에 들러리를 서는) 내지는 입찰용으로 내는 것이라 우리 회사가 수주할 것이라고는 기대하지 않았다. 게다가 내가 작성한 견적에 대한 자신도 없었다. 단지 내게는 혼자서 견적서를 제출하는 Challenge를 했을 뿐이라고만 생각했던 일이 수주로 이어져 감개무량(?) 하기만 했다. 이 사건을 계기로 나는 외부에서 요청되는 견적서를 혼자 곧잘 처리하곤 했다. 현장에 사람이 필요하다고 하면 지원을 나가고 자재가 필요하다고 하면 언제든지 트럭을 혼자 몰고 나가서 Material Sourcing(자재수급) 작업을 했다. 그렇게 계속 지내다 보니 여기저기 전국 방방곡곡으로 돌아다니느라 몸이 하나로는 부족할 정도로 바쁘게 지내게 되었다. 그러던 와중에 회사로 연락이 와야 하는 견적 요청이 자꾸 내 휴대폰을 울리기 시작했다. 과장급 이상 선배들이 공사 현장에 많이 투입되어 있었고 견적 작업하기가 귀찮은 것도 있었을 것이다.

입사한 지 1년 반 정도 지났을 무렵 설계 업무는 다른 직원에게 맡겨 놓고 나는 수주 영업을 다니고 있었다. 나를 포함해서 Engineering Sales를 하는 직원들은 매일 바쁘기만 하지 고정 거래처가 적어 매출이 생각만큼 나오지 않았었다. 대규모 공사에 일부 참여하게 되면 인력이 없어 다른 업무가 마비되는 것이 중소기업의 특징이라 나조차도 예외는 아니었다. 이대로 지내다가는 매출 신장도 어렵고 고정거래처를 확보하는 것조

차 힘들 거라 판단했다(물론 내가 사장은 아니지만 성과에 목말라 있긴 했다).

한창 바쁘게 지내던 어느 날 동종업계에서 근무하던 초등학교 친구와 연락이 닿아 차 한잔 마실 기회가 생겼다. 그간 살아온 이야기와 옛 추억을 회상하고 있었는데 문득 영업 이야기가 나와서 귀담아듣고 있었다. 친구의 회사는 삼성전자 1차 협력업체로 등록되어 고정적으로 수주를 하고 특별한 영업 기획을 하지 않아도 Order를 받는 System을 만들었다고 한다. 이게 무슨 말인가? 나는 온종일 엉덩이를 들썩거리면서 트럭 몰고 다니면서 설계사무소로 또는 중소형 건설사로 영업을 다니고 있었는데, 이 친구는 참 편하게 일을 하고 있었구나. 뭐지? 나도 어떻게 하면 친구 회사처럼 이렇게 매출이 나오도록 만들 수 있을까?

나도 할 수 있다

조금 더 시간이 흐르고 나서야 알게 된 사실이 하나 있었다. 친구가 재직하고 있는 회사는 사촌 형이 사장이고, 친구가 수주를 하면 월급 이외에 일부 인센티브를 주는 형식으로 일하고 있었다. 영업능력에 당연히 경쟁력이 생길 수밖에 없는 구조였다. 나는 이 회사에서 직장생활을 처음 하는 것이라 인센티브라는 것을 몰랐다. 그 사실을 알게 된 즉시 부장에게 가서 내가 수주해오면 나도 인센티브 달라고 말씀을 드렸더니 "얼마 줄까?" 하면서 웃으시는 거였다. 그 웃음의 의미는 얼마 지나지 않아 금방 알아차릴 수 있었다.

나는 영업스킬이나 기획 따윈 배우지도 생각해보지도 않았다. 다만 회사에 접수되는 견적 요청을 받아 처리하는 것, 그리고 고객에게 친절하게 응대하는 것. 영업에 대한 생각은 두 가지뿐이었다. 하지만 인센티브를 주겠다고 약속을 받았으니 가만히 있을 수는 없었다. 우선 지금까지 받아 두었던 명함철을 뒤지기 시작했다. 그리고 부장 명함철도 받아왔다. 명함들을 업종별로 구분하고 Excel을 이용해서 일목요연하게 정리했다. 정리된 sheet를 부장에게 가져가 영업 대상이 될 업체들을 간추려 보았더니 1,000군데도 넘는 회사들이 있었다. 과거에 거래했던 회사, 그리고 현재 거래처, 거래할 가능성이 있는 업체 등등 분류를 해보니 대상 업체들이 너무 많았다. 25년 업력은 무시할 수가 없는 것이었다. 부장도 사장과 함께 지내온 시간이 있으니 거래처가 엄청 많을 것이 아니겠는가. 그 명함들을 정리하는 데 시간은 오래 걸리지 않았다. 단지 내가 만나야 할 사람들의 리스트를 뽑는 것이 더 중요했다. 부장이 말하길 본인 경험으로는 젊은 친구가 영업을 다니면, 만나는 사람들이 더 좋아한다는 것이다. 아무래도 나이 많은 늙다리 노땅이 가는 것보다 젊은 영업 사원이 가면 이야기하기가 더 쉽다는 것이다. 내가 어디 가서 영업을 해 본 적은 없지만 어디서 나오는지 모를 자신감은 있었기에 새로운 일에 대한 도전이 즐겁기만 했다.

우선 정리한 리스트에 영업 가능성이 있을 법한 업체들을 상대로 전화를 하기 시작했다. 재직을 하고 계신 분도 있고 아예 전화도 안 되는 분, 그리고 이직한 분도 계셨다. 영업하러 간다고 하면 부담될까 봐, 그냥 인사차 커피 한 잔 얻어마시러 간다고 말을 돌렸다. 오지 말라고 하는 곳은 부장에게 담당자 못 만나면 쫓아낸다고 협박을 받고 있다면서 뻥(?)을 쳐서라도 만나고 왔다. 지금 생각하면 피식 웃음이 나오는 일이다. 하긴 그때도 내 자리에 앉아서 영업하는 전화를 듣고 부장이 빵빵 터졌었지. 온갖 생쑈를 다하면서 전화를 하고 있으니까 말이다. 나중에 들은 얘기지만 나처럼 천연덕스럽게 말하는 직원은 그 회사 역사상 없었다고 한다.

여기저기 돌아다니면서 새로운 사람들을 만나는 일은 내게 즐거운 일이었다. 다양한 업체도 있고 다양한 직군도 있듯이, 방문하는 업체마다 담당자분들의 성격도 가치관도 다른 분들을 만났다. 마땅히 만나서 업무 이야기할 것이 없어도 나의 영업 대상자들을 만나러 다녔고, 그러면서 현업부서 담당자분들과 친숙해지기 시작했으며, 마침내 하나씩 둘씩 견적의뢰가 들어오기 시작해, 사무실에 앉아 있을 시간이 거의 없게 되었다. 그럼에도 불구하고 나는 매출에 대한 불만이 있었다. 내가 사장은 아니지만 지속적인 매출이 발생하는 Cash Cow가 필요했다. 장기적인 관점에서 볼 때 우리 회사는 안정적인 매출이 필요했다. 내가 할 수 있는 일이 무엇인지 고민해야만 했다.

어느 날 지인에게 전화 한 통이 걸려왔다. 급하게 Micro Filter(초정밀필터)가 필요한데 아는 분야가 아니라 Sourcing하는 것이 어렵다며 긴급하게 도움을 청해왔다. 나에게는 어려운 일이 아니라서 제작 업체를 연결시켜 주고 조금 신경을 써주기로 약속했다. 비록 우리회사가 발주 받아서 하는 일은 아니었지만, 제조사 사장님과 내가 친해서 호형호제하는 사이였으므로 관리하는 것은 문제가 없었다. 그러나 모르는 사람으로서는 무척이나 신경 쓰이는 일이기도 하고 납기를 못 맞추면 큰일이 나니 내게 개인적으로 잘 좀 관리해 달라고 부탁한 사항이었다. 특별한 문제 없이 원하는 곳으로 납품이 완료되었고 지인께서는 감사의 의미로 Micro Filter를 납품했던 거래처를 나에게 연결시켜 주겠다고 했다. 본인의 전공 분야도 아니고 지방에 사업체를 둔 관계로 포기하는 것이었다. 그 덕에 납품처 담당자를 알게 되었는데, 알고 보니 대형 제철소였다. 이게 웬일인가. 공장에 방문하여 설비보전 담당자를 만나보니 우리 회사와 연관된 비즈니스가 매우 많았다. 그중에서도 제철소 내에 설치되어 있는 모든 Micro Filter 유지 관리가 내게 첫 번째로 눈에 들어왔다. 한두 개가 아니라 몇백 개는 되는 것이다. Micro Filter 안에는 Filter Element(여과필터)가 장착되는데 Filter Housing이 몇백 개면 내부에 장착되는 Filter Element는 수천 개가 넘는다. 제철소의 설비 보전 담당자는 주기적으로 여과 필터를 갈아줘야 하는데 인력도 모자라고 시간도 부족해서 너무 힘들다며 내가 해주면 안 되겠냐고 제안을 해왔다. 나는 단번에 'Yes!'를 외치며 당장 할 수 있다고 자신감 있는 말을 뱉었고 나는 공장 내 모든 Micro Filter의 유지보수 및 관리 수의계약을 따냈다. 금액도 상당했다. 연간 Base로 따지면 10억이 넘는 금액이니 당시에는 내 생애 가장 큰 계약금액이었다. 교체해야 하는 여과 필터의 양이 너무 많아서 교체 시기가 오면 1주일은 제철소에서 살아야 했다. 소문이 어떻게 잘 퍼졌는지, 제철소 내 다른 Unit의 설비 보전 담당들도 내가 한참 필터 교체 공사를 수행하고 있는데 찾아오셨다. "나는 이런 것이 필요하다, 저런 것이 필요하다……" 우리 회사에서 하는 품목이 아니라도 성심성의껏 업체를 연결시켜 주고 협업을 진행하였다. 그런 이유로 연말에는 우수 협력사 감사장과 포상도 받을 수 있었다. 이런 것은 내게 너무 큰 기쁨이었다. 시작은 지인의 부탁을 들어준 것으로, 일종의 선한 영향력이라는 것이 이렇게 큰 파장을 일으킨 것이다. 물론 필요에 의한 거래일 뿐이라고 생각할 수도 있지만, 이런 과정 자체가 아름답다고 생각했다.

드디어 메이저리그로!

그렇게 바쁘게 지내던 어느 초여름날, 나는 우연히 좋은 기회를 맞아 대형건설회사로 자리를 옮길 수 있었다. 설렘 반 두려움 반으로 가득 찬 마음으로 시내로 출근하게 되었다. 처음 출근하는 아침. 아침에 지하철을 타고 시내로 나가는 것이 왠지 낯설었다. 근무지가 명동이라 정말 시내 한복판에서 일하게 된 것이다. 나는 창가 자리로 배정받았는데 창 밖을 바라보면 바로 롯데백화점이 눈에 들어왔다. 세상에 이런 일이…… 내 근무지가 명동이라. 간절히 바라면 이루어진다고 누가 그랬던가. 내 소망이 이루어지는 순간이었고, 무언가 이뤄낸 기분이었다.

직함은 대리로 시작했다. 내 전공은 전기공학이지만 기존에 Sales Engineer와

Mechanical Engineer(기계 엔지니어) 업무를 해왔기에 당연히 기계 엔지니어 업무를 맡게 될 것으로 예상했으나, 의도치 않게 PMT(Project Management Team, 사업관리팀)에서 근무하게 되었다. 보통은 Function Team(기능부서, 예를 들면 기계 엔지니어는 기계장치팀, 배관 엔지니어는 배관설계팀 또는 Stress 해석팀 등)에서 먼저 근무하다가 경력이 쌓이면 PMT에 가서 근무하게 되는데(PMT는 일종의 Temporary 조직, Taskforce Team [TF]이라고도 한다.) 나는 처음부터 PMT에서 근무하게 되는 불상사(?)를 겪게 되었다. PMT에서 근무하더라도 PEM(Project Engineering Management, 엔지니어링총괄)팀에서 일할 것이라 생각했는데, 이게 도대체 운명의 장난인지 어쩐지 모르겠지만 PPM(Project Procurement Management, 조달총괄) Team에서 일하게 되었다. 당시 국내사업본부에 사람이 많이 부족한 상태였고, 사업관리팀 쪽은 업무강도가 높고 힘들어서 서로 눈치보고 안 가려는 추세였기에 아무것도 모르는 나는 바로 PMT로 투입되었고, 게다가 생소한 PPM팀에 배치되어 Project의 Supplier 계약관리를 하는 업무를 맡게 되었다. 처음에는 구매팀이 하는 업무와 유사한 것이라 생각해서, 전 직장에서도 해왔던 일이라 판단하고 업무를 하려다 보니, EPC 건설공사 특성상 계약이 수백 건에 이르고 관리해야 하는 Point도 어마무시(?)하게 많이 포진되어 있다는 것을 깨닫는 순간 뭔가 잘못되었다는 느낌이 들었다. 전체 Project Execution Plan(프로젝트 실행계획)을 살펴보니 공사금액이 3,000억 정도 되는데, 구매·자재비는 30% 가량 차지하고 있었다. 단순계산해 봐도 900억이다. 900억 원어치 계약을 관리해라? 9억짜리 계약서를 보긴 했어도 900억 원어치 계약을 직접 관리하는 것은 엄두도 못 낼 일이었다. 게다가 조달팀 인원은 부장과 나 둘뿐이었다. 세상에…… 어찌 이걸 다 관리한단 말인가?

나를 받은 PPM 부장도 마찬가지로 다른 회사에서 이직하여 처음 수행하는 Project에 대형 EPC 건설 Project 경력이 없는 초짜인 나를 받아서 일을 하려니 얼마나 속이 터지겠는가? 물론, 나도 작은 기업에서 이것저것 하면서 잔뼈가 굵어지긴 했으나 큰 Project 경험이 없다 보니 역무에 대해서 머릿속에 무엇을 어느 정도까지 해야 하는지 감이 오질 않았다. 직무 기술서를 읽어 보아도 마음에 와닿지가 않는다고나 할까? 업무 절차가 너무 복잡했다. 뭐가 이렇게 복잡한 것인지 업무를 어디서부터 어떻게 해야 할지 막막하기만 했다.

그 와중에 PPM 부장은 초장에 기선제압을 하려는 건지 일하기 시작한 지 며칠 되지도 않은 나에게 사사건건 갈궈 대기 시작했다. "그래가지고 회사 다니겠냐? 직장생활자~알 하겠다" 등등 낮은 수위의 압박으로 시작해서 점점 강도와 수위를 높여 나를 혹독한 훈련으로 담금질했다.

그러기를 3개월 정도가 흐르고, 나의 PPM 부장은 3개월여 동안 다른 곳으로 가고자 이리저리 전화를 해대고, 입 밖으로 그 속내를 분출하며 좋지 않은 인상을 계속 내비추었다. 나는 그 양반이 어떻게 정치를 하고 다니는지 알 길이 없었으나, 조만간 내가 몸담고 있는 PMT를 떠날 것이라 예감은 했었다. 그런 상황을 계속 느끼고 있었던 터라 만약 부장이 없으면 내가 혼자 끌고 가야 한다는 부담감이 찾아오기 시작했다. 3개월 동안 부장이 하는 역무를 일일이 기록하고 메모했다. 그러고는 업무절차서와 비교하면서 Case Study를 했고, 모르는 것이 있으면 살살, 아주 살살(?) 질문했다. 물론 질문이 많으면 '여기가 학교냐', '그런 것도 모르냐' 등등의 핀잔을 듣는 경우가 종종 있었기 때문에 궁금해도 질문하지 못할 경우도 많았다. 그때마다 내 뒷자리에 앉아 있는 PE(Project Engineer) 과장님께 물어보곤 했다.

부장은 다른 회사에서 어찌 근무했는지 알 수 없으나 인성은 정말 별로인 인간이었다. 어차피 오래 같이 있을 것 같진 않아서 꾹 참고 하루하루를 버텼다. 그러다 보면 조만간 어디든 가버리고 누군가 다른 사람이 오겠지 했는데, 4개월 정도 지나자 PMT를 훌쩍 떠나버리고 나만 남겨졌다. PCM(Project Control Manager) 부장님께 물어보니 아무도 오지 않는다고 한다. 그럼 나 혼자 PMT(사업관리팀)의 PPM(조달관리) 부분을 이끌고 가야 한다. 젠장…… 이가 없으면 잇몸으로 씹으란 말이 있지 않은가? 하루하루를 이를 악물고 버티면서 펑크(?)나지 않게 관리하자고 다짐했다. 그러나 EPC 건설 공사에서는 구매하는 Item(기계, 설비, 배관, 전기, 계장, 소방 등등)이 많고 PO별 관리(Purchase Order)를 해야 하므로 매일매일 업무와의 전쟁이 계속된다. 그러다 보면 꼭 펑크(발주누락 내지는 지연 발생 등)나는 Item이 있다. 나도 마찬가지지만 계약 이후에 업체 담당자도 사람인지라 일하다 보면 Human Error를 발생시킬 수도 있는 것이다. 그리고 계약 건수가 너무 많았다. 종류별로 다 있으니 한 공종에 집중관리가 되기가 어려웠고 당연히 Detail하게 관리하는 것은 무리였다. 지금의 나라면 쌓아온 경력이 있으니 대수롭지 않게 관리하겠지만 당시엔 초짜(?)인 관계로 우왕좌왕하면서 일할 수밖에 없는 형편이었다. 그렇게 바쁘게 지내고 있던 어느 날 일이 터지고야 말았다.

따르르릉…….

"대리님, 안녕하세요?"

"네, 안녕하세요?" 배관 설계팀에서 내선 전화가 왔다.

"다름이 아니고 오늘 supplement 물량(추가 물량) BM(Bill of Material 자재 내역서) 나올 건데, 잘 좀 부탁드립니다."

"네? 아, 네 알겠습니다." 뚜뚜뚜뚜…….

나는 영문도 모른 채 전화를 끊었다. 누가 전화했는지도 기억이 나지 않았다. 솔직히 말하자면 당시엔 Plant 용어에 익숙하지가 않아 뭐라고 했는지도 잘 이해를 못 했다. 그래도 어쨌든 대답은 했다. 그거 뭐였든지 간에…… 내 옆에 계시는 PCM(PCM은 Project에서 No.2다.)께서 무슨 전화였냐고 내용을 물어보신다. 그 와중에 배관 설계팀에서 관련 메일이 왔고 그것을 공유해드리고 내용을 대충 설명 드렸더니 날카롭게 인상을 쓰시면서 한마디를 날렸다.

"이거 PM 아시면 큰일 나겠는데"

"네?"

"추가 물량치고는 너무 많아. 그러니까 초반에 설계를 잘못한거지."

설계 오류라…… 물량을 처음부터 잘못 산정했다는 이야기다. 이전 회사에서 근무할 때 배관 물량을 잘못 뽑아서 큰 곤욕을 치른 경우가 있었다. 배관 거리계산 시 직접 눈으로 현장 확인을 하고 측정해서 도면에 반영한 뒤 배관 자재 물량을 산정해야 했으나 현장에 가보지도 않고 사진 그리고 구두상으로 대강 듣고 견적과 물량을 산출한 것이 잘못이었다. 막상 그런 공사를 수주하여 현장 실사를 가보면 90% 이상 문제가 발생한다. 그래서 공사 견적은 반드시 현장을 확인하고 작성하는 것이 매우 중요하다. 건설공사에서는 초기 배관 설계에서 70% 정도 물량을 산출한다. 그리고 2차, 3차…… 추가적으로 설계가 바뀌고 현장 여건 및 타 공종과 간섭 사항이 발생하면, 그때그때 변경사항이 발생하므로 긴급 물량이 나오기도 한다. 이런 것을 모두 감안하여 초기 발주물량을 산정하는데, 설계를 위한 설계를 하는 것이 아니라 사용자 편의성 및 최적화를 감안한 설계를 하는 것이 VA(Value Analysis), VE(Value Engineering)인 것이다. 단순히 Cost만 절약한다고 VA, VE가 되는 것은 아니다.

당시엔 내 스스로 할 수 있는 것이 별로 없고 대부분 PE(Project Engineer) 과장에게 많은 것들을 도움받아서 일을 진행하였다. 나에겐 형님 같은 존재였다. 물론 나이 차도 9년이나 나서 개길 수도 없고, 범접할 수 없는 포스(Force, 사실 PE 과장님은 회사에서 가장 장신이었다. 본인은 190cm라고 하지만 사실은 198cm은 되는 것 같았다. 키가 오지게 큰 사람들은 본인 키를 작게 이야기하는 경향이 있는 것 같다.)도 있어서 쉽게 다가갈 수 있는 그런 사람은 아니었다. 그래도 어쩌겠는가? 옛말에 목마른 놈이 우물을 판다 하지 않았는가? PMT에 배정받아서 일하는 그 첫날부터 담배 피우러 같이 다니고 간식 먹으러 같이 다니고 뭐든 같이 했다. 물론 PE 과장님께서 내가 잘 따르니 나를 많이 챙겨 주시기도 했다. 배관 추가물량이 터졌을 때도 마찬가지였다. 물량이 생각보다 너무 많아서 발주처에 Cost Impact 보고를 하고 CBE(Commercial Bid Evaluation, 견적 평가)를 담당 구매원에게 전달받은 후 그것을 최종 검토한 뒤에 발주처 보고용 자료로 꾸려서 승인을 받아야 하는데, 발주처 PM 또는 사업관리부장에게 승인을 받아야 한다. 그러나 중간에 "설계 Mistake로 인한 물량산출에 문제가 발생하여 추가 구매가 이렇게 많이 필요합니다."라고 보고하기에는 나와 발주처와의 관계가 돈독하지 않기 때문에 그때마다 PE 과장님의 도움을 받아 보고서를 작성하였고, 나 대신에 발주처 담당자들에게 설명 또한 해주시곤 했다. 정말 감사한 일이었다. 당시엔 왜 이런 일이 발생했고, 근거와 정당성을 설명하기엔 내 역량이 많이 부족했기 때문에 매사가 불안불안 했지만 PMT Manager들의 도움을 잘 받아서 역경을 헤쳐나가고 있었다.

　　그럼에도 불구하고 문제는 항상 생기는 법이다. 설계 오류로 인한 배관라인 추가 및 수정 발생으로 Special 재질의 배관 자재가 다량으로 Issue된 것이다. 배관 설계팀에서 보내온 BM(Bill of Material, 자재명세서)을 자세히 들여다보니 수량이 몇십 개 정도가 아니라 다품종 다량(수백 개는 되었다) Item이 길게 늘어서 있었다. 내 눈을 의심했다. 일반적인 STS(Stainless Steel) 또는 CS(Carbon Steel) 재질이 아니라 Special 자재였던 것이다. 지금 생각해보면 너무 아찔한 순간이었다. 그중 한 Group이 Casting Valve(주물형 밸브, Valve Body의 Raw Material 쇳물을 녹여 형틀에 부어서 만드는 것)인데, Body 재질이 Hastelloy(고경도 자재, 보통 내부식성 Piping Line에 쓴다.)였다. 게다가 국내에서는 Raw Material의 재고를 찾기도 힘든 Hastelloy-C 재질이었다. 이 뿐만이 아니었다. 10여 년 전에는 중동(사우디, UAE, 쿠웨이트 등)에서 발주되는 Refinery Project를 한창 한국 건설사가 수주하여 자재가 발주되고 있었던 터라, 가격과 기술력으로 경쟁력 있는 국내의 Petro Chemical 자재 및 장비 회사들은 100% 이상 Full 가동되고 있어 급한 오더에 대해 대응하기도 힘든 처지라는 것은 공공연한 사실이었으므로 매우 난감한 실정이었다. 게다가 각 PMT(회사의 각 사업팀) 간의 매출 달성 경쟁이 심화하고 있었으며 보이지 않는 알력도 작용하고 있었다. A라는 화공기기 제조사에서는 각 사업팀에서 발주한 물량을

Sch.을 감안하지 않고 수주를 하는 경우가 종종 발생했으며(어차피 다른 업체로 발주해도 Work Load가 높았기 때문에 Low Cost & High Quality를 표방하는 업체들에게는 Overlap되게 오더를 할 수밖에 없었다.) 이로 인해 내 Project 것 먼저 해달라고 하는 Expeditor(공정관리자)가 업체들을 계속 압박하였으며, 전체적으로 납기 지연이 발생하고 있는 추세였다. 내가 소속된 PMT라고 다를 바는 없었다. 배관 추가 물량이 Issued된 지 한 시간이 채 지나지 않아서 출장 가신 PM에게 전화 연락이 왔다. 무슨 수를 써서라도 제날짜에 들어오게 만들라고…… 제날짜라……

현장에 구구절절 메일을 쓰자니 본사의 구차한 변명 같았고 잘못은 배관 설계팀에서 해놓고 해결은 PMT에서 알아서 해주겠거니 하는 무책임한 행동을 될 대로 되라 식으로 받아들일 수도 없었다. 그래도 어쩌겠는가? 필요한 시점에 자재 공급이 안 되면 현장 시공팀에서는 자재 없어서 공사를 못 하겠네 어쩌네 하고 난리를 칠 것이 분명했다. 이 시점에서 내가 할 수 있는 일이 무엇인지 곰곰이 생각했다. 일단 첫째로는 담당 구매원에게 "이러한 자재가 급하니 긴급구매해다오"라고 요청하고 기다리는 일이었다. 둘째는 발주처 승인 Vendor 내에서 이용 가능한 업체를 찾아 BM(Bill of Materials, 자재내역서)을 뿌려 납기를 조사한 후 담당 구매원에게 발주요청하는 것이었다. 마지막으로는 급하게 나오는 자재에 대해 어떻게 해결하시냐고 현장 자재부장에게 문의하고 도움을 받는 일이었다. 첫 번째, 두 번째 방법은 본사에서 해결할 때 쓰는 방법이고, 마지막 방법은 본사에서 도무지 해결할 수 없을 때 현장에 도움의 요청을 하는 것이다. 마지막 방법은 그다지 좋지가 않다. 본사는 무능하니 당신들이 알아서 Sourcing해서 쓰라는 것이기 때문에 자칫 잘못하면 PMT에서 현장 자재팀과 본사 조달팀을 싸움 붙이려는 것처럼 보일 수도 있다. 지금 같으면 일부러 싸움 붙여서 누가누가 잘하나 하고 기다려보겠지만, 그 당시엔 간이 콩알만 해서 그럴 수 있는 배포는 없었다.

결과적으로는 PMT & 현장자재팀 협업으로 해결하였다. 고민 끝에 현장 자재부장님께 연락하여 사정을 이실직고했다. 긴급자재는 본사 구매팀에서 움직이면 시간이 너무 많이 소요되므로 현장 자재 담당이 운영하는 업체와 시공업체 자재 담당 그리고 PMT에서는 내가 전국 제조사 그리고 대리점을 다 뒤져서 재고 물량을 최대한 찾아내고, 제작해야 하는 Item은 제조사 생산 담당 임원급에게 특별히 사정을 이야기하고 부탁하여 물량을 해결하였다. 이 모든 것은 일사천리로 이루어졌고 중간에 원소재 수급이 문제로 떠올랐지만, 대리점의 특별한(?) 도움으로 해결되었다. 한 Unit의 배관공정이 건설사, 제조사, 시공사 그리고 대리점의 Collaboration(협업)으로 이뤄낸 성과였다. 솔직히 내가 한 일은 거의 없었다. 일이 돌아가는 상황만 주시하고 어떻게 되고 있는지만 물어볼 뿐이었다. 특수재질에 원소재도 없고 현장 자재창고에 재고도 없는 상황에서 내가 뭘 어떻게 할 수 있단 말인가?

엔지니어로서의 삶과 나

건설공사에서의 프로젝트 관리 중 가장 중요한 것은 Risk Management라고 할 수 있다. PMT 운영 중 가장 큰 Issue가 되는 것은 Schedule Delay(일정지연)다. 보통 일정 지연이라고 할 때 머릿속에 가장 먼저 떠오르는 것은 시공 일정 지연으로 생각할 수 있는데, 대규모 Construction Project에서는 시공보다 설계 Sch. 지연이 먼저 Issue 된다. 설계 지연은 곧 조달 지연으로 이어지고 현장에 시공 Sch. Impact로 이어진다. 각 단계별로 지연에 따른 Risk를 무엇으로 관리할 수 있느냐라는 질문을 던지게 되는데, 그것은 Scheduler(일정 관리 담당)가 매주 또는 각 단계별 Critical Path(주공정경로)에 미리 Warning(경고)을 주는 것으로 관리한다. 매주 문제가 될 만한 사항에 대해서는 각 공종별로 Red Color가 음영된 Sch.을 각 공종으로 경고 메시지를 보내기 때문에 잊어버리긴 어렵다. 그러나 그러한 경고 메시지에도 불구하고 인간이란 동물은 억지로(?) 잊으려 애쓰는 경향도 가지고 있다. 내가 직장생활을 10여 년 넘게 해보니 분명히 문제가 생길 것 같은데 애써(?) 외면하다가 문제가 안 될 일을 문제로 만드는 사건이 허다하게 발생하는 것을 경험하고 있다. 왜일까?

PMT를 운영하면서 항상 똑 같은 질문을 던진다. 'Risk를 무엇으로 Hedging할 수 있을까?' 그것은 바로 관심이다. 자기 Rule & Roll에 맞게 본인의 역무에 관심을 갖고 일하다 보면 문젯거리가 보인다. 그것을 잊지 않고 메모하여 어딘가에 기록하고 주기적으로 떠들러 본다면 과연 잊을 수 있을까? 그리고 잊지 않는다면, 해결되지 않는다면 마음이 불편해서 다른 업무에 집중이 잘 안 될 것이다. 그리고 정직해야 할 것이다. 문제가 생길 수 있음을 감지하지 못한다면 실력이 없거나 실수일 수도 있지만 알면서도 모른 체 하고 누군가에게 전가하려 한다면 그것은 엔지니어로서의 자질에 큰 문제가 있는 것이다. 이 땅의 모든 엔지니어에게 부탁하건대 엔지니어로서의 Moral Hazard(도덕적 해이)에 빠지면 안 된다. 그리고 엔지니어는 자의적 판단을 해서는 안 된다. Code & Standard와 설계 계산치에 근거하여 논의하고 의사결정을 해야 한다. 정치적으로 문제에 맞서면 안 된다.

　엔지니어로서의 나의 삶의 여정은 계속될 것이다. 처음 사회에 발을 내디뎠을 때, 회사 대표가 내게 당부한 말씀이 생각난다. '무엇이든 해보고 무엇이든 도전해라. 그것이 네가 자라나는 자양분이 될 테고 너를 이끄는 원동력이 될 것이다.' 나는 이 말을 지금도 마음속에 담고 간직하고 되뇌고 있다. 사장님, 감사합니다.

PASSION

김용회

열정 두 스푼, 맛있는 프로젝트를 만들다!

MAKES

INNOVATION

열정 두 스푼, 맛있는 프로젝트를 만들다!

김용회

필자는 과거 생애 첫 차세대 프로젝트를 맡아서 호된 신고식을 치른 적이 있습니다. IT개발자로 살아오면서 알 만큼 알고, 할 만큼 한다고 나름 자부하고 있었는데, 그 첫 번째 차세대 프로젝트는 새로운 고민과 숙제를 남겨줬고, 한동안 절치부심하는 성장통을 겪게 만들었습니다. 돌이켜 보면 IT개발자로서의 역량과 프로젝트를 책임지고 이끌어가는 리더 간에는 필요한 지식이나 역량 그리고 경험이 사뭇 다름에도 불구하고, 개발자로서의 성공 방정식을 프로젝트 관리자로서의 역할에 그대로 접목하는 우를 범했던 게 아닌가 하는 생각이 듭니다. 이 글은 이후 필자가 주어진 역할에 대해 한 걸음 더 나아가 보고자 치열하게 고민했던 프로젝트를 소설의 형식을 빌려 이야기하고 있습니다. 굳이 소설로 다소 가볍게 풀어내고자 했던 이유는 그동안 필자가 경험했던 프로젝트 관리는 너무 이론적이거나, 아니면 현장에서 사용 가능한 경험은 선배들의 무용담으로 구전되거나 또는 맨땅에 헤딩하듯 고생하고 아픔을 겪어야만 얻을 수 있었기 때문입니다. 프로젝트 관리에 관한 여타의 이론서나 학습서와는 달리, 필자는 지식이 아닌 현장에서 얻은 경험과 지혜에 대해서 이야기하고 싶었습니다.

이번 이야기의 배경이 되는 3년간의 시간을 함께하며, 우리의 열정을 스마트한 혁신으로 만들어냈던 조정철 수석, 강창균 과장, 신형준 과장 그리고 전지웅 대리에게 지면을 통해 다시 한 번 함께해줘서 고맙다는 인사를 전합니다. 그리고 이 과정을 지켜보고 응원해준 ㈜씨에스피아이 가족들과 실제 프로젝트에 관계됐던 모든 분들께도 감사의 마음을 전합니다. 이 모든 분들의 노력과 응원, 그리고 협력이 없었으면 오늘의 이야기도 없었을 것입니다.

끝으로 그 시간 동안 함께하고 싶었던 마음과는 달리 가족과 많은 시간을 보낼 수 없었기에, 아이 둘에 대한 육아를 전적으로 책임졌던 슈퍼맘 아내 황지혜님에게 그간 쑥스러워 말로 못했던 미안한 마음과 고마움을 한꺼번에 전해봅니다. 한편으로 그 기간 동안 부족했던 아빠의 사랑에도 건강하게 무럭무럭 자라나 이제는 아빠가 쓴 책의 의미를 이해하며 읽을 수 있을 정도로 폭풍 성장한 딸 예진이와 아들 태환이에게도 고맙다는 말과, 그대들의 아빠라서 행복하다는 말을 지면을 통해서 전합니다. 그리고 하늘에 계시는 아버지 고(故) 김재도님 감사합니다. 아버지를 똑 닮았기에 이 일을 해낸 것 같습니다.

그 어느 해보다 뜨거웠던 여름을 지나 가을을 맞이하며

프롤로그

"김 차장~ 김 차장~ 김 차장기렌터카~"
"갑니다, 이사님. 근데 웬 썰렁한 농담? 오늘 좋은 일 있으세요?"
김 차장은 사업부장인 김 이사의 호출에 사업부장실에 들어섰다.
"다른 건 아니고, 오후에 정 이사님이 셋이 미팅 좀 하자고 하니까, 오후 시간은 비워냐."

"넵, 근데 시간 비우고 자시고 할 게 뭐 있습니까? 요즘 탱자탱자 놀고 있는데……
하하"

"저기 뭐야, 고 대리가 맡고 있는 카드사 혁신 포털 개발하는 데 좀 봐주러 들어간
다고 하지 않았던가?"

"그건 어제, 오늘은 다른 일정이 없어서 오후에 미팅하는 데 문제 없습니다."

"그래 알았어, 이따 봅시다. 근데 전에 보고했던 팀원들 역량개발 한다던 건 잘 되
고 있나?"

"그럭저럭이요. 근데 이사님, 말씀만 하지 마시고, 매번 일정 공유 드리니까 스터디
발표할 때 한번 들어오세요. 애들 하는 것도 좀 봐주시고, 끝나면 고생한다고 맛난 것도
한번 사주시고, 사업부장이 열심히 공부하는 사업부원들 챙기는 데 화기애애하니 얼마
나 좋아요?"

"알았어, 알았어. 근데 내가 김 차장 알고 지낸 게 한 10년 정도인 것 같은데 지금
이 제일 평온한 시기인 것 같아, 그치?"

"뭐 그렇죠, 입사 이래로 제일 평화롭네요, 4개월째 본사에서 쉬엄쉬엄 지내니, 근
질근질하기도 하고……"

"그래도 뭐, 애들 데리고 스터디도 하고 이것저것 만들어보고 연구해보느라 고생
많다야~! 너처럼 누가 시키지도 않는데 시끌시끌 일 만들고 돌아다니는 친구는 처음
본다."

"이사님, 칭찬이에요? 욕이에요?"

"고맙다는 말을 에둘러 표현하는 거지, 짜식. 이따 봐~"

이쯤에서 내 소개를 하지,

내 이름은 김태풍, 나이는 30대 중반.

씨에스피아이라는 IT 전문 회사에 신입으로 입사해서 10여 년 넘게 회사 내 다양
한 업무를 두루두루 경험한 행운아.

자존감 강하고 다양한 분야에 걸쳐 연구·개발하는 데 취미가 있고, 한 칼 하는 오
지라퍼라 내 일보다 남 일을 먼저하고 밤에 미뤄놨던 내 일을 하며 사서 고생하는 독특
한 성격이지.

이제 조그만 차세대 프로젝트 두어 번 죽어라 고생한 경험을 가지고 있고, 그래서 이제는 그 어떤 프로젝트도 해낼 수 있다는 자만감이 충만한 심각한 자뻑 소유자.

"정 이사님, 말씀하시죠."

"네, 김 이사님. 알고 계시겠지만, 지난번 말씀드린 보험사 프로젝트에 우리가 들어가게 됐어요. 방금 그쪽 주 사업자 영업대표 만나고 오는 길인데……"

"네, 말씀하세요."

"근데 이번 프로젝트가 그다지 녹록한 프로젝트는 아닐 것 같아서, 김 차장이 들어가면 어떨까 싶습니다."

"정 이사님, 녹록한 프로젝트가 아니라 하시면?"

"김 차장, 그게 말이지…… 일단 그림이 좀 이상해. 주 사업자가 있고, 핵심 기능을 수행하는 Core 시스템 개발은 외국회사가 맡아서 할 거야, 그 이야기는 업무 외적인 부분도 좀 있다는 거고, 이를테면 소통 문제 같은 것들……"

"음~ 그럼 영어로 일을 해야 한다는 말씀이세요?"

"아니 뭐 꼭 그건 아니고, 통·번역 전담 인력들이 프로젝트에 투입되기 때문에 지원을 받을 수 있을 거야. 그리고 정 안 되면 영업팀 박 과장이 스팟성으로 통역 좀 지원을 할게, 그 친구 영어 잘하는 것 알잖아."

"아무리 그렇다 해도 본사 인력까지 동원할 건 아닌 것 같고, 말도 말이지만 그쪽에서 우리 제품이나 한국에서의 업무 형태나 선호하고 통용되는 기술세트나 통신 프로토콜 또는 개발방법 등 이런 걸 서로 맞출 수 있을까요? 전 그게 더 걱정됩니다."

"김 차장, 그럼 어떻게 하면 될까? 원하는 걸 말해봐."

"김 이사님, 제가 개발사를 바꿀 수도 없고 믿을 수 있는 친구들이라도 있으면 좋겠는데…… 팀을 제가 구성해도 됩니까?"

"일단 말해봐."

"그럼 첫 번째 픽은, 조 차장을 데리고 들어가겠습니다."

"김 차장, 걱정되는 건 알겠는데, 프로젝트 하나에 베테랑을 둘이나 넣자는 말인데, 프로젝트 두 개 할 수 있는 핵심 인력을 하나에 다 털어 넣자고 하면 돈은 누가 버나?"

"김 이사님, 조 차장 넣어주세요. 그래야 그 사연 사연들 다 극복하고 떡~ 하니 해낼 수 있을 것 같습니다."

"어벤져스 구성하냐? 하긴 그 조합으로 어떤 그림을 그릴지 궁금하긴 하다."

"김 이사님 어떻게 하시겠습니까?"

"정 이사님 둘이 들어가면 프로젝트 하나 더 돌리기가 어렵긴 하지만, 아직 예상되는 그 프로젝트도 수주 확정된 건 아니니까 김 차장이 원하는데 같이 붙여 들여보내는 걸로 하시죠. 김 차장, 대신 조 차장 지금 프로젝트 막바지니까 투입은 한 달 정도 뒤에 투입할 수 있을 거야. 일정 그렇게 알고 들어가서 사전 정지작업 잘해놔."

"두말하면 잔소리죠, 이사님"

1막 1장 – 고객의 불신을 넘어서~

아침이 밝았다.

오늘은 프로젝트에 참여하는 첫날, 김태풍 차장은 이미 두어 번 프로젝트팀에서 대내 인터페이스 업무를 담당할 공통파트 PM과 사전미팅을 진행했고, 제한적이나마 프로젝트 분위기도 파악했고, 해야 하는 업무 등에 대해서도 어느 정도 논의는 했지만, 왠지 쉽지 않을 것 같다는 생각이 들었다.

'핵심 업무시스템을 개발하는 업체가 외국회사라는 것도 마음에 걸리고, 의사소통은 어떻게 하지? 아무리 통역사가 있다고 해도 살짝 불안한 게, 너무 쉽게 생각을 했나? 더군다나 고객사가 이미 우리 제품을 쓰고 있지만 만족도가 높지 않다는 점도 마음에 걸리고, 쉽지 않아, 힘들겠어.'

김 차장은 출근하는 차창 밖을 보면서 머릿속으로 이런저런 생각을 떠올린다. 그럼에도 불구하고 새로운 프로젝트를 위해 출근하는 첫날은 새로운 출근루트, 새로운 풍경, 그리고 새로운 사람들로 기대하게 된다, 아이러니하게도……

첫 만남, 첫인상, 첫 이슈

프로젝트 사무실은 아직 어수선하다. 불과 2~3개월 전에 PMO를 중심으로 주요 업무 PL이나 컨설턴트가 투입되어 업무파악을 막 시작한 시점인 데다 프로젝트에 참여할 고객사 업무담당자 선정도 아직 안 된 상태라 분석·설계가 본 궤도에 오르고 안정적으로 돌아가려면 아직 갈 길이 멀어 보였다.

수행사를 대표해서 이번 프로젝트를 이끌고 나갈 총괄 PM 님과의 첫인사. 회색 머리 색에 풍채 좋으신, 한눈에 봐도 IT 업종 최소 10~15년 선배로 산전수전 다 겪은 베테랑의 느낌이 물씬 풍긴다.

"안녕하세요? PM 님, 오늘부터 대내 인터페이스 업무를 맡아서 진행할 씨에스피아이 김태풍 차장입니다. 프로젝트 성공을 위해 최선을 다하도록 하겠습니다."

"어이쿠 반갑습니다. 김 차장님. 이번에 도입하는 EAI(Enterprise Application Integra‒tion)[1] 솔루션은 이미 고객사에서 사용하고 있는 제품이기도 하고 10여 년 이상 굵직한 프로젝트 경험이 많은 전문업체에서 수행하는 거라, 제 눈치 보지 말고 알아서 잘 해주시기 부탁합니다. 내가 뭐 훈수 둘 만한 부분이 아니라서, 허허."

김 차장은 알아서 잘 해달라는 말에 마음이 살짝 무거워진다.

'아~ 알아서 해달라는 말이 더 무서운 법인데……'

"그래도 PM 님 저희 업무 관련해서 특별하게 당부하시거나 부탁하실 말씀은 없으신가요?"

"첫날부터 피곤하게 하고 싶지 않은데, 굳이 말하자면 우선협상 할 때부터 연계 부분은 고객사 만족도가 좀 떨어지는 걸로 들었어요, 그럼에도 불구하고 동일 제품을 선정하고 내부에 확대해서 적용하려고 하는 부분 감안해서 좋은 아키텍처로 잘 만들어 주세요. 제가 맡고 있는 이 프로젝트에서 이참에 고객사 불신을 종식시키도록 합시다. 자자! 첫날부터 너무 심각해지지 마시고, 전 김 차장께서 잘 해주시리라 믿습니다."

'말씀이 무겁네, 역시 한방이 있었어, 그나저나 프로젝트팀이야 같은 편이라 서로 도와가며 해결한다고 치지만 고객의 불신이라는 또 다른 허들이…… 이건 그냥 허들이 아닌데……'

김 차장은 총괄 PM 님과의 면담을 마치고 나오면서, 생각한 것보다 훨씬 더 많은 부담감을 가지게 되었다. 다른 한편으로는 EAI 시스템 구축과 기술지원에 국내 최고라 자부하는 우리 회사에 대해서 이렇게 불만 있는 고객사가 있었나 하는 생각에 갑자기 그간의 히스토리가 궁금해져, 본사 기술지원팀 박 팀장에게 확인해야겠다는 생각이 들었다.

---

1) EAI(Enterprise Application Integration): 기업 내 연관된 시스템이나 응용 프로그램을 유기적으로 연동하여 필요한 데이터나 서비스를 통합, 관리할 수 있는 시스템을 의미함.

"여보세요? 씨에스피아이 기술지원팀입니다."

휴대폰 넘어 들리는 박 팀장의 목소리는 언제나 자신감이 넘친다. 10년 이상 이 분야에서 한 우물을 파온 엔지니어로서의 자부심이 없다면 이렇게 자신감 넘치고 시원할 수 없다.

"김 차장입니다. 오늘 프로젝트 들어왔는데 궁금한 게 있어서 박 팀장에게 좀 물어보려고 전화했어요."

고객사의 불신과 불만에 대해 궁금해하는 김 차장에게 박 팀장은 지난 몇 년간의 상황을 알려줬다.

'아, 이거 상황이 더 심각하네, 예전에 다른 TIBCO Software[2] 파트너사에서 EAI시스템을 구축한 후 경영상태가 어려워서 우리 쪽으로 유지보수가 넘어왔었구나. 구축 당시 생각보다 아키텍처나 유형 설계가 그렇게 잘 되지 않아서 그간 이런저런 문제를 구조적으로 개선하지 못하고 땜질 처방으로 메울 수밖에 없었던 상황이고, 고객은 성능, 안정성 등에 불만이 많고……'

김 차장은 자리로 돌아와 호흡을 가다듬고 차분히 생각해본다.

김 차장은 그간의 경험에 비추어, 본능적으로 연계업무와 관련된 이해관계자들을 식별하고, 이해관계자들의 관심 사항을 확인하고 관리해야 할 필요성을 느꼈다.

'우리 업무는 조직 내 여러 시스템이나 응용프로그램들과의 연계를 담당하다 보니 거의 모든 고객사 IT 담당자와 현업 담당자들과 실무 레벨의 이해관계를 형성하게 되는데, 프로젝트팀 내의 각 업무파트들과도 더군다나 외국 개발사까지, 생각하면 한숨만 나오지만 어쩌겠나 하나하나 넘어봐야지.'

프로젝트의 시작은 이해관계자 식별부터~

다음날 김 차장은 이해관계자 관리 문서를 만들어, 이후 프로젝트를 진행하면서 직·간접적인 이해관계를 가지게 되는 사람들을 나열하기 시작한다. 간접적으로는 스폰서, 핵심 3사 PM(주 사업자 프로젝트 총괄 PM, 주 개발사 프로젝트 PM, 고객사 PM)과 각 사 PMO 등등 프로젝트 진행/관리 등에 관련된 사람들부터, 고객사 EAI 담당자, 고객사 TA

---

2) TIBCO Software: 미국 실리콘 밸리에 위치한 글로벌 IT 기업으로, Messaging Middleware, EAI/ESB, BPM, MDM, Event Processing, Analytics, Cloud 등의 솔루션을 공급하는 Enterprise Software 전문 기업

(Technical Architect)[3]/SA(Solution Architect or System Architect)[4]/AA(Application Architect)[5], 고객사 PL 및 프로젝트 팀 공통파트 PM과 아키텍처팀 그리고 인터페이스 요건을 가지고 있는 각 업무 PL·컨설턴트·개발리더와 그들의 고객사 카운터파트들까지 이 모두를 나열해놓고 보니 김 차장은 한숨이 나온다.

'프로젝트 조직구성이 다른 프로젝트와는 달리 복잡하니 이해관계자도 많고 관리해야 할 사람들도 많고 험난하네, 어디서부터 풀어야 할까?'

김 차장은 1차 정리된 이해관계자 관리대장을 물끄러미 바라보며 고민에 잠긴다.

'아무리 복잡한 조직구조와 인력구성을 가진 프로젝트라 하더라도 크게 보면 세 가지 그룹의 이해관계자들이 있게 마련인데, 어디 보자~'

그리고 김 차장은 프로젝트 수행에 긴밀하게 관여하고 영향을 줄 수 있는 그룹과 그렇게 해서 만들어진 결과를 가지고 이해시키고 설득시켜서 이후 정해질 인터페이스 표준을 반영하는 2차적 행위를 유도해야 하는 그룹, 그리고 이러한 일련의 과정을 관리·감독·지원하는 그룹으로 이해관계자들을 분류했다.

김 차장은 이해관계자 관리대장을 보면서 3그룹이야 담당업무에 이슈가 없으면 그다지 관리하거나 관계해야 하는 부분이 거의 없을 것으로 판단하여 1그룹에서 2그룹으로 업무를 전개해 나아가기로 한다.

'그렇다면 지금 필요한 것은 뭘까? 2그룹이야 아키텍처, 표준화 방향, 표준 유형 등 우리 업무의 방향성이 어느 정도 잡히면 설명회 등을 통해 이해시키고 설득시켜나가면 되는 거고, 하지만 이들에 영향을 미치기 위해서는 우리를 지지해줄 강력한 아군이 필요하고, 그렇다면 결국 가장 중요한 건 1그룹을 어떻게 우리 편으로 만드느냐가 이 복잡한 상황을 타개할 수 있는 관건이 될 거야. 자자! 어디부터 공략해야 하나?'

김 차장은 이해관계자 1그룹에서 협의되고 설계된 방향성을 가지고 2그룹에 설명함으로써 2그룹이 대내 인터페이스 팀에서 정한 방향성 안에서 관련 업무를 진행할 수 있게끔 풀어나가기로 하고 당장은 1그룹에 집중하기로 한다.

---

3) TA(Technical Architect): 프로젝트에서 대한 하드웨어 및 네트워크와 같은 인프라 아키텍처를 설계하고 관리함.

4) SA(Solution Architect or System Architect): 특정 솔루션이나 시스템에 대한 소프트웨어적인 아키텍처를 설계하고 관리함.

5) AA(Application Architect): 애플리케이션에 대한 표준 가이드, 프레임워크나 공통모듈에 대한 아키텍처를 설계하고 개발, 관리함.

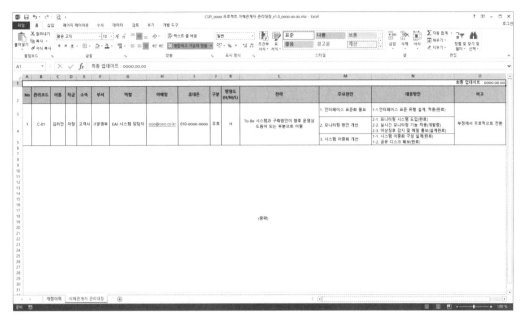

이해관계자 관리대장 예시

첫 번째 허들을 우리의 첫 아군으로~

'아마도 시간이 관건이 되겠지? 2그룹이 우리의 방향성이 결정되기 전에 관련 업무에 대한 잘못된 경험, 자의적 해석 등으로 예단하기 전에…… 그럼 뭐부터 한다~'

김 차장은 정리된 이해관계자들 중 1그룹으로 분류된 사람들을 물끄러미 쳐다보다 눈에 띄는 이름, '김리안 차장'을 발견했다. 김리안 차장은 IT 분야에서 20여 년 이상 몸 담았고 지난 10여 년 가까이 현 EAI 시스템을 운영해온 담당자로 지금의 문제점을 누구보다 잘 알고, 그 문제점으로 인해 가장 맘고생이 심했던 사람이었다.

김 차장은 고객사 담당자로부터 기존 연계 대상 시스템들의 시스템 구성, 기술적인 특징, 연계 방식 그리고 그동안 운영상의 문제점, 불편함 등에 대한 정보를 얻고 이를 해결할 수 있는 방안에 대한 확신을 통해 고객사와 반대편이 아닌 나란히 서서 좋은 시스템을 구성하기 위한 동반자로 만들고자 마음먹었다. 두 번째로 눈에 들어오는 이름들은 프로젝트 팀에서 아키텍처를 책임지는 TA·SA·AA 삼총사. 이들은 프로젝트 전체적으로 표준, 가이드, 기술 검증 등과 같은 업무를 책임지는 사람들로, 가장 중요한 Core 시스템 내 인터페이스 표준 방식을 결정하는 데 결정적인 역할을 할 사람들이라 김 차장은 이들과의 협의와 방안 수립 그리고 설득에 역량을 기울이기로 결심했다. 고객과 이들을 김 차장 편으로 만드는 것이 이후 외국 회사와의 인터페이스 표준 설계 시점에 중요한 역할을 해줄 거라 믿었기 때문이다.

'이 프로젝트는 산 넘어 산이네, 이들과 잘 이야기되면, 이들과 함께 외국 개발사와의 업무협의, 더 나아가 각 업무 팀과의 협의가 원활하게 될 거야, 물론 한 번에 끝나지는 않겠지만……'

김 차장은 고객사 EAI 담당자인 김리안 차장에게 기존 EAI 시스템 관련 자료를 받아서 분석하는 한편, 인터뷰를 통해 파악하고자 하는 부분들에 대한 질의 항목을 정리해 나아갔다. 그간의 경험에 의하면 고객사에서 제공하는 기존 자료들은 원하는 형태나 정보가 불충분한 경우가 많고, 설령 있더라도 현행화가 안 되어 있어 인터페이스 소스나 시스템 구성 모두 설정을 직접 살펴보고 분석해서 확인해봐야 하는 경우가 많았다.

이번에도 역시나 전달된 자료를 통해서는 부분적인 현황 정보밖에 파악할 수 없었다. 이럴 경우 인터뷰를 통해서 추가적인 내용을 파악하고 요구사항에 대해서 이야기를 끌어낼 수밖에 없는데, 인터뷰이(고객, 김리안 차장)의 모호하고 포괄적인 설명에서 세분화되고 구체적인 내용을 캐치해야 하는 인터뷰어의 어려움을 누구보다 잘 알고 있는 김 차장은 인터뷰를 통해 고객의 니즈를 캐치하는 것도 중요하지만 중간중간 다른 프로젝트들에서 비슷한 문제점들을 해결한 사례들을 설명하면서 고객의 요구사항을 충분히 살피고 해결할 수 있는 역량을 가지고 있는 부분과 이번 프로젝트를 통해 개선된 환경이 구성될 수 있는 믿음을 갖게 함으로써 분야 전문가들이 수행하는 과정과 결과에 대한 지지를 이끌어 내는데 부분을 병행하기로 했다.

"김리안 차장님, 선수들끼리 뻔한 내용에 대한 요식행위와 같은 질의응답이라 생각하지 마시고 좋은 시스템을 만들기 위한 차장님과 저와의 컨센서스(consensus, 의견일치)를 형성한다 생각하시고 편하게 말씀해주시면 됩니다. 지금부터 주신 자료를 기반으로 확인하고 싶은 부분들과, 차장님께서 To-Be EAI 시스템에 필요로 하는 기능 요건들을 파악하기 위해 한 20여 개 정도의 질문을 가지고 인터뷰 진행하겠습니다, 차장님, 첫 번째 질문은요……"

김 차장은 질의응답을 진행하는 과정에서 요즘 EAI 시스템을 도입·구축할 때 단순하게 표준 수립을 넘어서 IT 거버넌스(Governance)[6] 차원에서 인터페이스 표준화 지

6) IT 거버넌스(Governance): IT자원을 통해 조직의 경영목표를 충족시킬 수 있는 계획을 수립하고 통제하는 것 또는 그러한 프로세스

침을 수립하고, 이를 기반으로 인터페이스 표준 유형 개발/적용 트렌드를 설명했다. 덧붙여서 이번 프로젝트에도 이러한 부분을 적용해서 프로젝트가 종료된 이후 운영 시에도 일관된 방향성을 가지고 유지될 수 있는 체계를 만들겠다는 방향성을 설명했다. 김리안 차장은 과거 개발팀이 철수한 이후 운영하면서 경험했던 경험을 떠올리며 철수 이후의 안정적인 운영체계를 유지할 수 있는 여러 방안들과 새로운 접근법을 설명하는 김 차장에 대해서 상당한 호감을 느끼게 된다.

"김리안 차장님, 다소 어색하셨을 텐데 긴 시간 답변해주셔서 감사드립니다. 혹시라도 인터뷰 도중에 꼬치꼬치 캐묻듯이 또는 지적하듯 질문드리거나 말씀드린 부분이 있었다면 악의는 없었다는 점 이해해주시면 감사하겠습니다."

"뭘요, 저도 새로운 접근방식과 현행 문제점들에 대한 전문가 의견과 어떻게 진행하겠다는 방향성에 대해서 들어볼 수 있어서 유익했고, 최소한 지금보다는 더 좋은 환경으로 갈 수 있게 되지 않을까 하는 느낌을 받았습니다. 잘 좀 부탁드릴께요. 말을 안 해서 그렇지 그동안 마음고생을 너무 많이 해서, 허허."

"김리안 차장님, 마지막으로 한 가지 더 부탁을 좀 드리면, 지금 EAI 인터페이스를 통해 타 시스템과 연계를 처리하고 계시는 고객사 담당자분들과 개별 인터뷰를 간단하게 했으면 하는데, As-Is 연계대상 업무 목록에 있는 것 기준으로 일정을 잡아주시면 좋겠습니다."

김 차장은 김리안 차장의 호의적인 반응을 보고 내친김에 고객사 각 업무시스템 담당자들도 호의적으로 만들어보고자 미팅 제안을 했다.

"그래요, 좋습니다. 제가 각 시스템 담당자들과 일정 조율해서 알려드릴게요."

김리안 차장은 김태풍 차장을 통해, 업무적으로 다소 껄끄러웠던 업무시스템 담당자들과 업무 개선 방향에 대해서 논의하고 설명하고 때로는 설득했고, 김태풍 차장은 To-Be 방향성에 대한 설명을 통해 그간의 불편함과 문제점이 개선될 수 있음에 대한 청사진을 제시하고 긍정적인 반향을 끌어냈다.

Soulmate, 조자룡 차장

"휴~ 이제야 끝났네. 조 차장 고생했어. 쉽지는 않은 시간이었지만 이분들이 본격적으로 프로젝트를 진행할 때 각 업무팀과의 이견이 있으면, 그때 우리의 든든한 지원군이 되어줄 거야, 누구든 고객사 의견을 무시할 수 있나, 이제 다음 단계로 넘어가야지?"

조자룡 차장은, 회사 내에서도 손꼽는 엔지니어로, 다소 몽상가적 기질이 있는 김 차장의 스케치를 기가 막히게 색칠해내는 탁월한 개발역량과 실행력을 가지고 있는 팀원이다.

"그래야죠, 지금까지 인터뷰 정리해서 차장님께서 표준화 방안 수립하시고, 제가 예상되는 인터페이스 표준 유형 후보군을 도출해서 아키텍처 팀과 논의하시죠."

김 차장과 조 차장은 인터뷰를 기반으로 구체화된 시스템 요구사항을 도출하면서 각 고객사 담당자들에게 확인하는 작업들을 진행함과 동시에 이번 프로젝트에 적용할 조직 프로세스 자산과의 'GAP 분석'[7]을 통해 영향도를 체크하면서 표준화 방안과 표준 유형 초안을 도출했다.

"차장님, 수고 많으셨습니다. 표준화 방안에 대한 방향성을 먼저 잡아나가면서 유형 설계 초안을 만드니까 일의 진행이 한결 편하네요. 설계 하나하나 요구사항들을 충분히 고려하여 반영할 수 있고 어떤 부분을 감안한 설계인지 연결 부분에 대한 파악도 쉽고 색다르네요. 재미난 경험입니다."

"조 차장이 고생 많이 했지. 가급적 고객사 요구사항을 최대한 반영하면서 기존의 우리 업무 관행, 방식, 방법론 그리고 자산에 이르기까지 많은 걸 검토하고 새로운 시도와 변경을 해야 하니까. 그래도 조 차장하고 치열한 내부 검토와 토의를 통해 우리의 논리와 설계가 더 탄탄해진 것 같아. 둘 다 수고했다고 셀프 쓰담쓰담 해주자고. 하하."

"그래도 뭐니 뭐니 해도 거버넌스 성격의 인터페이스 표준화 방안을 도출한 게 신의 한 수인 것 같습니다. 처음에는 그렇게까지 할 필요가 있을까 했는데, 보통 시스템 구축 이후 일 년도 안 돼 이런저런 요구사항 반영하다 보면 표준 잡아놓은 게 다 어그러지는 게 일반적인데 조직, 담당자 역할, 업무 프로세스와 유형별 적용 기준 등 업무에 필요한 거의 전 부분에 대한 방향을 정리하면서 저도 많이 공부하고 배운 것 같습니다. 고객사에도 좋은 지침이 될 것 같아요."

적극적인 대응은 긍정적 변화의 씨앗으로

김 차장은 대내 인터페이스 표준화 방안을 가지고 아키텍처 팀의 TA·SA·AA와 방안에 대한 설명과 협의를 진행했다.

"김 차장님, 해당 솔루션에 기반한 방안에 대해서 크게 저희가 가이드할 필요는 없

---

7) GAP 분석: 차이점 분석을 통해 원인 및 해결방안을 도출하는 기법

을 것 같고, 세부 방안은 슬라텍스사 쪽하고 협의를 하면 될 것 같습니다. 아직 그쪽의 관련된 사람들이 들어오지 않아서, 그쪽 일정 봐서 들어오는 대로 세부 협의 진행하실 수 있도록 준비해드리겠습니다. 저희도 메일하고 컨퍼런스콜을 통해서 사전 협의하고 있는데 일 진행이 지지부진해서 이번에 출장 들어오기만 기다리고 있습니다."

"네, 그러시죠. 그렇더라도 그전에 각 업무팀 컨설턴트와 개발 리더들에게 간단한 저희 제품 소개와 기술적 특징, 그리고 아직 초안이긴 하지만 연계 표준화 방안 등에 대한 설명회 먼저 한번 하도록 하겠습니다. 아무래도 각 업무팀에서 이런 부분들 감안해서 진행하시면 저희와 어느 정도 맞춰진 컨센서스 기반으로 향후 컨선(Concern)이나 아규(Argue)가 많이 줄어들 것 같습니다."

김 차장은 전체 업무팀 컨설턴트와 리더들에게 관련 내용을 상세하게 설명하고 이후 진행에 참고할 만한 가이드를 설명한 뒤, 이후 질의응답을 통해 연계 부분에 대한 프로젝트팀 전체 공감대를 형성해나가는 작업을 마무리했다.

'그간 어떤 프로젝트보다 초반 준비과정이 탄탄하고 사전 정지작업도 잘 됐는데 외국 개발사와 아직 구체적인 협의를 진행하지 못한 게 현시점에서 가장 큰 리스크네. 이 친구들이 들어와야 말이 통하든지 안 통하든지 뭘 해도 할 텐데.'

김 차장은 마음 한켠에 살짝 불안함 마음이 들었지만, 그럼에도 불구하고 가장 큰 수확은 우리를 보는 고객사 불신을 어느 정도 해소했다는 점으로, 앞으로의 험난함은 짐작하지도 못하고 살짝 안도의 마음을 가지게 되었다.

1막 2장 – IT 프로젝트에서 언어가 장벽이 될 줄은……

이번 프로젝트는 외국 IT 개발회사와 같이 진행하다 보니 전문 통·번역을 담당할 인력이 PMO 조직 내에 구성되어 있다.

김 차장은 통·번역 서비스를 받는 절차와 방법에 대해서 가이드를 받았고, 일부 인력이 들어와서 통·번역 서비스 지원을 받으면서 한국 멤버들과 업무를 진행하는 것을 보니 외견상으로 크게 문제 없을 것 같아 보였다.

"조 차장, 다음 주 드디어 우리 쪽 담당할 친구가 출장 오는데 뭐 별문제 없겠지?"

"그럼요 차장님, 큰 문제 없을 거예요. 제품 소개 자료랑 한국에서의 EAI 관련 개념과 구축사례 등등 사전에 살펴보고 들어오면 좋을 만한 것들을 이미 번역담당자 통해서 정리해서 전달했고, 아직까지 다른 의견을 그쪽에서 피력한 게 없는데 큰 문제가 있을려구요. 잘 될 거예요."

"나도 그렇게 생각하는데, 외국 엔지니어들이다 보니 살짝 기대도 되고 살짝 걱정도 되고 그러네. 같은 IT 하는 친구들이라 기술적인 건 크게 문제가 안 될 것 같은데, 통·번역도 아직까지는 그렇게 문제없어 보이고, 더군다나 본격적인 분석·설계가 진행되면 통·번역 담당자가 조금 더 충원된다고 하니 잘 되겠지? 모르겠다, 걱정하지 말고 긍정적으로 생각해보자고."

첫 영어 미팅, 소통의 어려움을 깨닫다!

김 차장과 조 차장은 슬라텍스사에서 이번 프로젝트의 아키텍처를 담당하는 얀(Mr. Jan)과 첫 미팅을 진행하게 된다.

"Hello, I'm glad to meet you for the first meeting about Internal interface……"

김 차장과 조 차장은 서로 준비할 게 있냐면서도 각자 준비했던 자기소개를 하고 미팅을 시작했다.

얀은 이번 프로젝트에서 사용되는 EAI 제품이나 한국에서의 인터페이스 환경, 구축 방법, 주요 연계 기술 등을 궁금해했고, 김 차장과 조 차장은 슬라텍스사에서 이번에 가지고 들어와서 적용할 모델/프레임워크의 환경과 구성, 외부 인터페이스를 위해 가능한 방안이나 제공되는 API(Application Programming Interface)8) 또는 설계되어 구현된 서비스 등을 확인했다.

"차장님, 이거 생각보다 쉽지 않겠는데요. 얀이 이번 출장에서 우리 쪽 하고 만 업무협의를 하는 것도 아니고, 출장 기간이 2주 정도라 긴 것도 아니고, 통역을 통하다 보니 배정된 시간 안에 충분히 대화할 수 있는 것도 아니고, 이번 출장 기간 동안 우리가 원하는 만큼의 공감대를 만들 수 있을지 모르겠습니다."

"조 차장도 그렇게 느꼈어? 더군다나 얀이 개발 레벨까지 커버하는 게 아닌 것 같아. 그리고 인터페이스 업무에 대한 이해와 경험이 달라도 너무 다른 것도 그렇고. 하나

8) API(Application Programming Interface): 응용 프로그램이나 서비스에서 사용할 수 있도록 운영체제나 프로그래밍 언어 또는 프레임워크나 솔루션 등에서 제공하는 기능을 제어할 수 있게 만들어서 배포되는 모듈이나, 서비스 또는 그것들에 대한 규약, 명세.

에서 열까지 공부시켜 가며 할 수도 없고. 또 하나 간과하지 말아야 할 것이 통·번역
지원 문제인데, 제안된 인원이 전체 업무팀을 한정된 시간 내에 집중적으로 지원해야
하다 보니 할당받은 시간도 적고, 언어적 스킬은 좋지만 기술적이고 분야 전문적인 내
용은 번역은 아무래도 매끄럽지 않은 것 같으니, 통·번역하시는 분들도 최선을 다해주
고 있고 힘들겠지만, 자칫 잘못하다간 프로젝트 진행에 상당한 차질이 있을 것 같아. 언
어 문제가 어느 정도 영향이 있을 수 있을 것으로 예상했지만 이게 이슈가 될 줄은 생
각지도 못했네, 낭패야~!”

이번 프로젝트에 참여하는 외국 개발사는 차세대 시스템의 핵심 부분을 담당하고
있지만 통합 테스트 단계 전까지 한국에 상주하지 않고 설계·개발은 유럽의 본사에서
진행하면서, 거기에 필요한 관련 업무협의를 위해 계획된 일정으로 출장 와서 처리하는
형태로 프로젝트가 진행된다. 짧은 출장기간에 거의 전 업무팀이 동시다발적으로 통·
번역이 필요한 상황이 발생하게 되니 업무팀별로 통·번역 지원에 대한 예상치 못한 불
평과 불만이 폭증하는 상황이 발생되었다.

PMO 입장에서 통·번역 인원을 무작정 늘려 대응할 수도 없고, 수요가 증가하는
시점에만 단기 인력을 늘려서 투입하는 것도 업무 진행·이해도가 전혀 없는 사람이 배
치될 수밖에 없어 원하는 수준의 퀄리티를 보장하기 어렵다는 점에서 누구도 예상치 못
한 문제점이 드러났다.

변화의 시작!

다행스럽게도 영어로 소통이 가능한 팀원이 있는 몇몇 업무팀은 이들을 활용함으
로써 이슈를 자체 해결해나가는 방식으로 발 빠르게 시작했다.

“차장님, 아무리 생각해봐도 소통 부분은 우려가 되네요. 통·번역 리소스나 서비
스 퀄리티가 단기간에 획기적으로 늘어나지는 않을 것 같은데.”

“그러게, 조 차장. 알고 있겠지만 나도 외국 개발사와 같이 진행되는 거라 혹시 몰
라 프로젝트 들어올 때 책 한두 권 사서 영어 공부를 다시 시작하긴 했는데, 그런다고
우리 어학 능력이 획기적으로 늘어나지도 않을 거고, 난감하다. 예상 밖이야.”

“일단 매니저급보다는 실질적인 업무담당자를 카운터파트로 바꾸는 게 좋을 것 같
아요. 얀이 좋은 역량을 가졌겠지만 논의가 구체적인 레벨로 들어가지도 못하고 계속
‘너희 나라에서는 어떻게 하니, 우리나라에서 이렇게 한다’ 이렇게 비생산적인 논의만

계속되는 상황이라."

"그 부분은 나도 동의. 실제 연계 부분 모듈을 설계·개발할 사람과 협의·진행할 수 있도록 얀하고 슬라텍스사 PM한테 정식 요청하고, 우리 쪽 PMO 쪽에도 그렇게 인력 배정하여 업무 진행될 수 있도록 챙겨달라고 정리합시다. 그리고 업무협의 관련 내용 사전 인지하고 들어올 수 있도록 요청은 하되, 번역되는 것 기다리지 말고 매끄럽지는 않겠지만 구글 번역기 같은 걸 써서라도 영문 자료 만들어서 메일로 보내기로 합시다."

"넵, 아 그리고 차장님, 영문표현 사전이나 비즈니스 영작 패턴 관련된 책이 좀 있으면 좋지 않을까요?"

"그래, 그것도 괜찮겠네. 퇴근하는 길에 서점 들러서 한번 내용 보고 구매해서 비치해 놓을게. 자료 만들고 메일 쓰고 할 때 급하게나마 참고하고 응용하면 영작하는 데 도움이 될 듯."

김 차장은 이 정도의 지엽적인 대응 방안으로는 상황이 개선될 거라 보지 않았다.

'어떻게 한다. 메일이나 자료는 시간을 두고 쓰고, 해석할 수 있어서 이 방법이 느리긴 해도 어느 정도 도움이 되긴 할 테지만, 결국 직접 소통하는 듣고, 말하는 게 소통의 핵심인데……'

김태풍, 15년 만에 영어공부를 시작하다!

다음날 아침 이른 시간, 김 차장은 평소보다도 더 이른 시간에, 평소와 다른 장소로 발걸음을 옮기고 있었다.

"안녕하세요? 제가 업무 때문에 급하게 공부를 좀 해야 해서 수업 상담을 받았으면 합니다."

"아 그러세요? 그럼 간단한 레벨 테스트를 진행하고 상담을 받아보시면 될 것 같습니다."

김 차장은 밤새 고민 끝에, 원활한 통·번역 서비스를 PMO에게 요청하여 상황을 개선하는 것과 임시방편으로 소통을 할 수 있는 여러 방안 그리고 논의 자체를 소통하기 좋은 기술적인 주제로 전환하는 방법도 중요하고 현시점에서 효과를 볼 수 있겠지만, 그럼에도 불구하고 시간이 걸리더라도 어느 정도 직접적인 의사소통이 가능한 역량을 팀 내부에 확보하는 게 좋겠다는 결정을 하고, 평소보다 더 일찍 집을 나섰다. 그러고는 고객사 근처 전문 어학원에 들러 학습에 필요한 테스트, 상담을 받고 긴 호흡으로 진행할 프로그램을 받아서 등록했다.

'단기간에 실력이 획기적으로 향상되지는 않겠지만, 어차피 프로젝트가 1년 이상 걸리는 장기 프로젝트니 공부하다 보면 나중에라도 도움이 되겠지, 뭐 이참에 영어공부 한번 맘 먹고 해보고, 좋네.'

김 차장은 새벽 수업을 듣고, 사무실 출근해서 업무 시작 전 한 시간 복습, 점심식사 후 30분 정도 별도의 책을 통해 공부하는 루틴을 시작했다. 프로젝트가 종료될 때까지……

"조 차장, 나 오늘부터 학원 다닌다."

"차장님, 진짜? 뭘 그렇게까지. 허허, 대단하세요. 평소 차장님 보면 맘먹은 데까지 중간에 포기 없이 잘 해내실 것 같아요, 우리 팀도 몇 달 뒤부터 통·번역 자원 없이 자체 해결하나요? 하하."

"뭐 그렇게까지 되겠어? 그래도 프로젝트 잘 마무리하기 위해서 이렇게라도 하는 게 도움이 된다고 하면 나 한번 불살라봐야지."

김 차장은 마음 한구석 버킷리스트(bucket list)에 적혀 있는 '영어정복'에 대해서 의외의 계기로 실천에 옮기게 되어 의욕이 충만해 있었지만, 한편으로 학원 수업만으로 해소되지 않는 허전한 부분을 지울 수 없었다.

'말하고 듣기는 지금 설정된 루틴으로 만으로 해결이 안 될 듯한데, 무언지 모를 이 찝찝함을 해결할 묘수가 없을까? 어쩐다?'

김 차장은 이런저런 고민 끝에 전화기를 들었다.

"여보세요? 전화영어를 좀 하고 싶은데 어떻게 하면 되나요?"

"네, 레벨테스트를 먼저 받으시고, 레벨에 맞는 과정들 중에 원하시는 걸 신청하시면 됩니다. 테스트 일정을 잡아 드릴까요?"

"네, 가장 빨리 테스트받고 수업할 수 있는 게 언제일까요?"

김 차장은 말하고 듣는 연습이 가능한 전화 영어를 학원 수업과 병행해서 커뮤니케이션에 대한 리스크와 이슈를 완화해서 프로젝트를 성공적으로 만들어가고자 했다.

그러는 와중에 얀은 출장을 마치고 본국으로 돌아가게 된다.

"Mr. Kim and Mr. Jo, Appreciate for your helps, I am going to get back to home tomorrow. After now, You can contact Mr. Dusan who is in charge of development for Interface module of our framework."

"Thanks for co−operation and taking measures, Have a nice trip. See ya······"

1막 3장 - 엔지니어는 기술로 말한다!

"조 차장, 두산(Mr. Dusan)이 내일 들어온다고 했지?

"네, 지난번 차장님 안 계실 때 공통파트 PM께서 그렇게 이야기하고 가셨고, 어제 공유해주신 슬라텍스사 출장자 명단에 두산이 포함되어 있는 부분, 출장 계획에 우리 쪽 협의 일정 잡혀 있는 것 확인했어요. 드디어 이 친구 보게 되네요."

3주 전 얀이 출장에서 돌아가면서 소개해준 두산은 이번 프로젝트에서 그쪽에서 개발하는 Core 시스템의 프레임워크 내에 외부 서비스 연계 부분을 담당하고 있다.

"우리 언제 첫 미팅 잡혀 있지?

"월요일 오후 2시요, 주말에 쉬고 월요일 출근해서 오전에 자리 잡고 짐 풀고, 이것저것 감안해서 오후로 잡았습니다."

"그래, 잘하셨네. 지난 3주간 메일로 관련 협의 진행했고 자료도 보완해서 전달하고 궁금해하는 부분들에 대해서 설명도 두어 번 했고, 이번에 들어와서 협의하고 확정했으면 하는 부분들에 대한 내부 준비도 끝났고, 주저리주저리 다 준비 한 것 같은데 왜이리 불안하지?"

"지난번 얀하고 업무 진행하면서 회의할 때 서로 이해한 듯 했지만, 막상 다시 이야기해보면 서로 간 이해가 다른 부분이 많아서 그러시는 것 아닐까요? 사실 저도 메일 주고받을 때 저쪽에서 '알았다', '이해했다' 하는 부분들이 정말 그런 건지 살짝 의심되기는 해요. 그래도 얀하고 달리 두산은 실제 코드 만지고 모듈 개발하는 친구라 기술적인 부분에서의 이해도는 높지 않을까 감히 예상해봅니다."

"조 차장은 느낌이 좋았나 봐? 하긴 나도 엔지니어들끼리 통하는 게 있지 않을까 싶네, 우린 프로토콜만 맞으면 되잖아, 크크."

"그리고 뭐 차장님 지금 열공하고 계시니까, 필요할 때 쏼라쏼라 해주시면 되지요, 하하."

"에이~ 이 사람아, 한 3주 공부했다고 말이 술술 나오고, 다 들리면 영어로 밥 먹는 사람들 다 숟가락 놔야하게? 농 치지 마셔, 심각해지니까~"

"그래도 차장님 간만에 공부 재미있어하시잖아요, 어휴 나는 절대 그렇게 못 할 것 같아요. 매일 새벽 5시 넘어서 나오시고, 그렇다고 퇴근을 제때 하는 것도 아니고."

"웃자고 하는 이야기인데, 나도 내가 대견해. 소싯적에 이렇게 공부했으면 우리나라 최고 명문대 갔을 거야. 거기 출신들이 동의할지는 모르겠지만."

"농담은요, 지금 하시는 것 봐서는 진짜 그랬을 것 같은데, 책을 씹어 먹을 듯이 전투적으로 공부하시니……"

"자, 다시 한 번 다음 주부터 집중할 부분들에 대해서 체크하고 퇴근합니다. 주말 잘 쉬어야 다음 주 또 열심히 뛰지~"

새로운 친구, Mr. Dusan

월요일 아침, PMO 쪽 자리는 덩치 큰 사람들로 북적북적하다.

"이 친구들 출근했나 보네?"

"네, 우르르 와서 지금 PMO 쪽 하고 인사들 나누고 있는 것 같아요."

"오늘 통역은 우리 쪽 자료나 문서 번역했던 분으로 배정받았는데, 조 차장 아이디어 좋았던 것 같음. 그분이 번역하면서 내용들을 한번 살펴보기로 했고, 그러면서 의미를 잘 모르는 것들은 우리에게 계속 물어보고 설명듣고 했으니까 내용 파악도 어느 정도 되어 있기도 하고……"

"에이 아침부터 비행기는~, 저야 간간히 잔머리 굴리는 걸로 내야안타 하나씩 치는 거고, 그것보다 신의 한 수는 차장님 영어공부죠, 어떻게 프로젝트 때문에 사비 들여서 새벽같이 학원도 다니고 틈틈이 공부하고…… 어휴 그런 열정, 오히려 제가 부럽습니다. 배우고 싶은데 그렇게 까지는 못 할 것 같아요, 전……"

"조 차장도 나 자꾸 비행기 태우지 마. 외국인하고 일한다는 핑계로 버킷리스트 실천하는 중이니까."

그때 슬라텍스사 PM인 바라바스(Mr. Barabas)가 우리 쪽으로 걸어온다.

독일 병정 같은 느낌이 물씬 나는 바라바스는 역도선수처럼 듬직한 체구, 업무적으로는 정리도 잘하고 합리적으로 일을 하는 것 같긴 한데, 김 차장은 그다지 좋은 감정을 가지고 있지 않다. 지난번 출장 때 양과의 협의 과정에서 이견들을 그쪽에 유리한 방향으로 자꾸 유도하고 주변에도 푸시를 해서 곤혹스러웠던 기억이 떠오른다.

"Good Morning, Mr. Barabas, How's your flight? Did you have a good time last weekend?"

"Yah, How's it going?"

"Everything is going well except for our business. What made you come here? Do you have something to want to say to me?"

"Yah, I'd like to introduce someone to you"

바라바스의 큰 체구에 가려 미처 보이지 않았던 사람이 김 차장 눈에 들어왔다. 다소 왜소해 보이는 체구, 170cm 가 안 되는 키에 멋진 염소수염을 한 친구, 김 차장은 그 친구가 두산임을 직감했다.

"Are you Mr. Dusan?"

"Yah, Are you Mr. Kim? Mr. Jo?"

"I'm Mr. Kim, I'm glad to see you..."

세 사람 사이에 가벼운 인사가 오간 뒤, 오후 미팅 때 만나기로 하고 헤어졌다.

"조 차장, 두산 왔다 갔어. 바라바스가 잠깐 소개해 주러 왔더라고."

"어때요, 그 친구?"

"뭐 나쁘지는 않아. 다른 사람들처럼 키나 체구도 크지 않고, 이따가 보면 알 거야."

오후 미팅 시간에 임박해서 통역사분이 오후 미팅 통역을 위해 주된 내용, 신경 써 줬으면 하는 부분들을 체크하기 위해 김 차장 자리로 찾아왔다.

"오늘은 서로 인사하고, 그간 메일 주고받았던 내용들에 대해서 서로 확인하고, 우리 쪽 제품 특징, 시스템 아키텍처 등에 대해서 개괄적으로 다시 한 번 설명하고 서로 궁금한 부분을 이야기 나누는 자리가 될 것 같아요."

"네, 그럼 주된 내용은 지난번 제품소개 및 아키텍처 설계 문서 번역한 거, 그것 중심으로 진행하겠네요?"

"네, 맞습니다."

"번역할 때 제가 궁금해서 여쭤봤던 것 중심으로 그 친구도 물어보면 좋겠다는 생각을 해봤어요. 제가 이해한 부분인 만큼 영어로 설명하기도 편하고, 사람 궁금한 것 다 비슷하지 않을까요? 호호."

또 다른 시작!

김 차장, 조 차장, 통역사 그리고 두산이 함께하는 첫 미팅이 시작됐다.

　　일상적인 인사와 소개가 진행되고, 김 차장은 이번에 도입되는 EAI 제품에 대해서 개념, 기능, 특징 등에 대해서 설명하고 두산은 궁금한 부분을 다시 확인했다. 이어서 조 차장이 이번에 구성할 시스템 아키텍처와 연계 방향성 그리고 각 시스템에 제공할 API의 기본 기능들에 대한 설명을 진행했다.

　　두산은 연계팀에서 제공하는 API를 가지고 프레임워크 내에 인터페이스 공통 모듈을 개발/적용해야 하는 본인의 역할을 의식해서인지 이 부분에 대해서 상당한 관심을 보였다.

　　"통역사님, 수고했습니다. Mr. Dusan, Do you enjoy SNS? For example Facebook."

　　"Yah, I use Facebook."

　　"Can I get your Facebook ID? I want to add you on my Facebook friends list. Is it OK?"

　　"Sure, here you are."

　　회의가 끝나고 나오면서 김 차장은 뜬금없이 두산에게 SNS 사용하는지 묻고 페이스북 ID를 받았다.

　　"차장님, 뜬금없이 두산 페이스북 ID는 왜 물어보신 거에요?"

　　조 차장은 갑작스러운 김 차장의 행동을 궁금해했다.

　　"아, 요즘 전 세계적으로 SNS 많이 하잖아. 조 차장도 하고 나도 하고, 두산 페이스북 살펴보면 어떤 친구인지도 알 수 있고, 이 친구가 뭐에 관심이 있고 뭘 좋아하는지 알 수 있고, '좋아요'도 눌러주고, 댓글도 달면서 좀 친해지는 거지 뭐. 그 친구도 내 꺼 보면서 나에 대해서 알 수도 있고, 그러면서 짧은 시간 내에 친밀감도 느끼고 친해지고 하는 거지. 외국 친구들 공사를 명확하게 구분하고 사생활 침해하는 것 싫어하지만 SNS는 다른 것 같아. 기분 나쁘지 않은 선에서 살짝살짝 언급하면 서로 경계도 풀어지고 관계가 말랑말랑해지면서 일 이야기 하는 데 좀 편해지지 않을까 싶어서."

　　"그것도 괜찮겠네요."

　　"그나저나 두산이 우리와 연계된 개발을 담당하는 엔지니어긴 하지만 이 친구가 이것만 전담하는 건 아니라서 소스코드 레벨에서의 실질적이고 구체적인 협의를 시작했다는 점에서는 안도, 본인 리소스를 100% 우리한테 쓰는 게 아니라 일부 다른 업무들도 병행해서 한다는 점은 아직도 살짝 우려스럽네."

"모레 미팅 때 두산이 오늘 회의내용과 추가로 자료 전달하는 것들 먼저 검토해 오면 좀 더 진전된 내용 진행할 수 있을 거예요. 너무 걱정하지 마세요, 차장님. 프로젝트 성공을 위해 사비 털어서 영어 회화 새벽반 듣는 열정을 쏟는 사람도 있는데 그런 게 문제겠습니까? 전 기술적인 부분으로 논의가 드릴다운[9]해 들어가게 돼서 오히려 말 잘 통하고, 잘 될 것 같아요."

일보전진!

이틀 뒤 두 번째 미팅, 김 차장은 지난번보다 회의실 공기가 좋게 느껴졌다.

'페이스북 보니까, 여행 특히나 동양권 여행을 좋아하고 스포츠, 레포츠를 좋아하는 것 같은데 그런 이야기들로 미팅을 풀어나가 보자고.'

"Hi, Dusan. How is your living during this business trip?"

"Everything is fine. I am satisfied with life in Korea."

"I saw your Facebook. I think you enjoy travel and leports……"

김 차장은 회의를 시작하면서 두산과 가볍게 페이스북 이야기로 미팅을 풀어나갔다. 확실히 지난번 회의보다는 분위기가 부드러워지고, 간간이 웃음 띤 모습들이 연출됐다.

하지만 실제 업무와 관련된 논의에 들어가니 상황은 별반 차이가 없어 김 차장과 조 차장은 여전히 답답함을 느낀다.

'한국 프로젝트에 참여하면서 이쪽 상황에 맞는 전략을 구사해야지 왜 이리 본인들의 경험을 지독스럽게 고수하는지 모르겠네.'

"통역사님 이것 좀 통역 부탁드려요. 두산이 말하는 그쪽 프레임워크에 개발·탑재된 연계 모듈에 대한 내용은 이해했는데, '우리가 모든 업무의 기준이 되는 Core 시스템이니까 모두 우리 기준에 맞추라'라고 하는 건 문제가 있다고 생각한다. 고객사의 시스템 간 연계를 위한 표준화와 거기에 맞는 EAI 시스템과 서비스를 구성하는 것은 우리의 역할이니까 우리 제품 특성과 한국적 상황, 경험 그리고 고객사의 요구 조건에 맞는 우리 설계안과 방안을 그쪽 시스템에 적합한 형태로 반영할 수 있는 방안을 같이 고민하고 적용할 수 있도록 하는 게 우리 미팅의 핵심이다."

---

9) 드릴다운(Drill down): 요약된 레벨로부터 가장 상세한 레벨까지 차원의 계층에 따라 분석에 필요한 요약 수준을 바꿀 수 있는 기능

통역사를 통해 전달된 다소 강한 어조의 김 차장의 말을 듣고 잠깐을 생각하다 두산은 동유럽 특유의 억양이 섞인 어투로 이야기를 한다.

"대내 인터페이스 팀의 설명은 충분히 이해를 한다. 그렇다고 변경에 따른 영향도에 대한 불확실성도 있고, 우리가 경험하지 않은 기술과 방식을 아무런 검증 없이 적용해야 하는 것에도 문제가 있다고 생각한다. 다만 우리가 유럽에서 구축 경험이 있고, 프레임워크에 모듈화되어 있어 제안한 데이터 딕셔너리(Data Dictionary)10) 기반의 연계 항목들을 식별해서 전체 표준전문을 만들어서 필요한 부분만 데이터를 담아서 보내는 방식에 대해서는 한국적 특성, 현 고객사와 프로젝트 진행상태를 감안하면 불가능하다는 점은 이해를 하고 수용해서 인터페이스별로 전문을 정의해서 연계하는 부분을 감안하도록 하겠다."

두산이 일부 이견에 대해서 수용하는 태도를 보이자 한편으로 안도하며 김 차장은 다시 연계 방식의 기술적인 방안들에 대해 협의를 진행하자고 제안한 뒤 회의를 마쳤다.

"표준전문에 대한 부분은 수용해서 그나마 다행이긴 한데, 표준 연계 유형과 기술에 대해서는 프레임워크에 반영하길 주저하니 큰일이네, 조 차장."

"그래도 표준전문 안을 수용한 게 어딘가요? 차장님 너무 조급하게 생각하지 마시고 천천히 풀어내세요. 미팅할수록 서로 간의 이해도가 높아가는 것아 전 긍정적인데요."

"조 차장, 다음번 미팅에는 자료와 설명을 통한 이해 중심으로 진행하기보다, 우리 API 샘플 코드와 가이드 기반으로 회의 때 직접 두산의 로컬 환경 프레임워크에 올리고 우리 개발서버에 연계 테스트해 보면 어떨까? 이 친구가 머릿속으로만 그리니까 크게 우려할 만한 내용이 아닌데도 너무 방어적으로 나오네. 국내 어느 환경에서도 API 모듈이 말썽 일으킨 적 없는 다년간 검증된 API 모듈이잖아 우리 API가."

"그 말씀은 저도 공감합니다, 차장님. 실제 그 친구 개발환경에 저희 API 라이브러리 배포하고 연동 테스트하면서 몇 가지 유형에 대한 전문을 흘려보면서 논의하시죠? 대신 미팅 시간 제한 없이 될 때까지 하면 좋을 것 같습니다."

"그래요, 두산한테는 내가 메일 보낼 테니까, 조 차장은 인터페이스 유형별 연계

10) 데이터 딕셔너리(Data Dictionary): 자료에 대한 정보를 모아 관리하는 저장소를 의미. 자료의 이름, 표현방식, 의미 그리고 다른 자료와의 관계 등 자료에 대한 전반적인 정보가 저장, 관리됨.

모듈과 테스트용 전문에 응답 서비스 모듈을 개발해서 준비 좀 해주시고, 기왕 하는 것 정식 프로토타이핑 과정으로 진행하면 좋을 것 같다는 생각이 드네. PMO 쪽에도 프로토타이핑 계획서랑 결과서 리포팅 하고 나중에 딴소리 못 하게 기왕 하는 것 단단히 틀어막자고. 그동안 우리가 여러 프로젝트를 해오면서 결국 비슷한 일일 여러 번 했지만 우리도 방어적으로 마지못해 했던 것 같은데, 이번에 해보면서 설계 마무리 단계에서 주요 연계 시스템에 대한 표준 유형 적용 방안을 프로토타이핑 형태로 진행하는 걸 방법론에 반영하면 이후 프로젝트에서도 우리 업무 진행할 때 명분과 실리를 얻을 수 있을 것 같은데."

"좋은데요. 차장님이 방법론과 템플릿 등에 대한 논리적인 부분을 세우시고, 제가 거기에 맞는 표준 모듈세트를 만들게요. 그것 가지고 이번에 두산하고 해보고 보완해서 자산화하시죠."

"그래 기왕 하는 것 이렇게까지 해 본 적이 없어서 조금 생소하고 힘들더라도 한번 해봅시다. 정리되면 매달 본사에서 진행하는 PM 회의에서 사례 발표해서 내부 전파도 좀 하고. 다른 프로젝트를 진행하는 우리 PM들한테 도움이 되지 싶네. 항상 우리가 가는 곳이 길이었잖아."

"차장님, 오버 너무 심하신 것 아니에요? 하하하"

김 차장은 다음번 미팅에 대한 어젠다와 세부내용 그리고 종료 시간 정하지 말고 양쪽 간 중요한 결과를 얻을 때까지 미팅을 진행하자는 의견을 두산에게 메일로 전달했고, 두산도 일정과 내용에 동의했다.

"통역사님, 다음번 미팅일정은 연락받으셨죠? 앞부분 한 30분 정도만 해주시면 될 것 같아요. 이후 언제 끝날지 몰라서. 다음번 미팅은 기술적인 부분들에 대해 실제 코드 레벨에서 이야기할 거라 말보다는 노트북 보면서 코드 빌드하고, 돌려보고 나온 결과나 로그 보면서 진행할 거라 부족하지만 직접 소통하고 안 되면 바로 인터넷으로 단어 찾아보며 떠듬떠듬 이야기해도 충분할 것 같습니다."

"오~ 차장님, 뭔가 작정하고 끝장을 보시려는 것 같은 비장함이 느껴지는데요? 호호"

"비장함은요, 두산 남은 출장 기간에 이번 미팅 포함해서 두 번 정도밖에 정식 업무협의를 못 할 것 같은데 이번에 큰 틀에서 진전을 보고, 마지막 미팅은 마무리 형태로 진행해야 두산 본국으로 가서 할 일들 정리하지, 아니면 또 하염없이 기다려야 할 것 같아서, 마음이 좀 급하네요, 고육지책을 써야 할 만큼."

"제가 다른 업무팀 통역도 해보지만 그래도 이쪽은 훨씬 진도 잘 나가는 거예요, 업무팀 쪽은 현행 고객사 업무가 외국 개발사가 적용할 업무모델과의 갭이 커서 지금 아비규환입니다. 차장님 쪽은 제가 봐도 기술 중심 업무라 그나마 아규가 없는 거예요."

"아, 그래요? 당장 우리만 봐서 다행인데, 우리 업무가 결국에는 다른 팀들 업무와 연관이 있는 거라 나중에 진행에 문제 생길 수도 있겠는데요. 하나 풀면 다른 하나가 문제니, 휴~"

"그나저나 공부는 잘 되세요? 소문이 자자해요, 김 차장님 영어공부."

"그냥 재미 삼아 하는 건데요. 전문가들 앞에서 부끄럽습니다. 하하하"

"재미는요. 대내 인터페이스 팀에서 번역 의뢰 현저히 줄었다고 저희들 통역사들 사이에 인기 짱이에요."

"어지러운데요? 비행기 태우셔서. 말씀하신 대로 저희 쪽이야 주로 기술 이야기라 표나, 그림 같은 것 하나 넣고 문장으로 설명하는 게 그리 많지 않으니까, 구글 번역기 돌리고 좀 다듬으면 그냥 저냥 서로 알아들을 만해요. 하하 이거 부끄러워서 자릴 떠야 겠어요, 미팅 때 뵙겠습니다. 이번에는 가벼운 마음으로 오세요."

소통의 또 다른 이름, 프로토타이핑!

김 차장은 조 차장과 미팅 전 준비상황을 점검했다. 인터페이스 표준 유형 설계를 기반으로 프로토타이핑 모듈과 전문 유형별 응답 모듈 개발이 완료되어 자체 테스트는 마무리된 상태였다.

"준비 다 끝났네?"

"네, 차장님. 설계하신 대로 각 유형과 시나리오에 맞는 처리·테스트 모듈, 전문데이터, 모니터링 방안 다 준비해놨습니다. 그리고 추가로 말씀하신 간단하게 거래 부하를 줄 수 있는 테스트 모듈도 마무리해놨어요. 단 건 처리되는 것도 중요하지만 실시간 온라인 거래 유형이 상당할 듯한데, 저쪽에서 성능 부분을 감안할 수 있도록 테스트 준비도 해놨습니다."

"역시 조 차장이야, 고생하셨네. PMO 보고도 하고, 아키텍처 팀에도 내용 전달했는데 살짝 관심 있어 하더라고. 다들 소통에 어려움이 있는데 이러한 방식이 하나의 대안으로 적용할 수 있을지 결과를 궁금해서 부담되더라고."

"잘될거예요, 나중에 주간 회의 때 광 파셔도 될 만큼."

유형 : Database To Database – DCTDC

– DCTDC 유형은 대량의 데이터를 실시간으로 동기화 하기 위해 사용되며, 데이터 연계를 위한 인터페이스 테이블을 생성하여 테스트 실시

유형코드	DCTDC	
설명	Application(응용 프로그램)에서 다량의 데이터를 실시간으로 동기화합니다.	
검증항목	– 소스 시스템의 인터페이스 데이터가 타겟 시스템에 정상적으로 전달되는가?	
제약 조건 (유의 사항)	– 20,000 ~ 30,000건 데이터를 Subset 으로 분할하여 처리함(Subset Size : 5,000) – Source System과 Data Source System을 NG&S 시스템으로 구성함	
연계 시스템 개발 내용	Source System (Request System)	– TIBCO EMS Client API 연계 구현 – 요청전문의 Body에 인터페이스 대상 데이터 조회조건 작성
	Data Source System	– 인터페이스 테이블 생성 및 테스트 데이터 생성 – 관련 테이블 권한(RU) 및 Synonym 부여(To EAI User)
	Data Target System	– 인터페이스 테이블 생성 – 관련 테이블 권한(CRUD) 및 Synonym 부여(To EAI User)
인터페이스 설계		

인터페이스 프로토타입 설계 예시

미팅 당일, 가벼운 마음으로 김 차장과 조 차장이 회의실에 들어서는데 두산이 먼저 와서 본인 노트북에 구성된 개발환경을 점검하고 있었다. 아직 통역사가 오질 않아서 두산과 김 차장은 가벼운 인사말을 나누고, 조 차장은 프로토타이핑 테스트에 필요한 환경 준비를 진행했다.

"통역사님이 좀 늦으시네. 조 차장 일단 우리끼리 먼저 진행하고 있을까? API 배포, 설정 가이드는 번역해놨으니까 보여주고, 설명한 다음, 옆에서 두산이 설정하는 것 같이 보면서 해도 될 것 같은데."

"하하, 차장님도 결정장애, 우리 PM인데 뜻하신 대로 하시면 되지. 저도 그게 좋을 것 같습니다. 오늘 얼마나 걸릴지 모르는데 미리 시작하면 좋죠."

김 차장은 두산에게 통역사가 좀 늦을 것 같으니 미리 시작하자고 제안했고, 두산도 그렇게 하자고 했다.

김 차장이 인터페이스 표준 API 모듈을 WAS(Web Application Server)[11]상에 배포하

---

11) WAS(Web Application Server): 미들웨어의 한 종류로 웹서버와 달리 jsp, php, asp 등과 같은

고 설정하는 방법에 대해서 설명을 먼저 진행했고, 조 차장이 두산이 본인 노트북의 개발환경에 배포하고 설정 잡는 부분을 같이 살펴보면서 가이드를 했다.

"차장님들, 제가 좀 늦었죠?"

통역사가 회의실 문을 열고 숨을 가쁘게 몰아쉬며 이야기했다.

"어! 벌써 시작하셨네?"

"네, 한숨 돌리세요. 마냥 기다리기만 뭐해서 저희끼리 먼저 시작했어요. 모니터 같이 보면서 손짓 발짓 하니 대충 진도 팍팍 나가고 있습니다."

"죄송해요. 통·번역 지원팀 미팅이 좀 늦게 끝나서, 그럼 어디부터 할까요?"

"이미 시작했는데 의외로 진행이 잘돼서 이번 미팅은 통역 안 해주셔도 될 것 같아요. 부랴부랴 오셨는데 필요 없다 말씀드려 죄송합니다."

"죄송은요, 오히려 제가 늦어서 죄송한데, 자체 해결하신다니 저야 좋죠. 그럼 전 살짝 빠져나가 1층 카페에서 아이스 아메리카노 한 잔 하고 제 자리로 복귀하겠습니다. 간만에 잠깐의 여유를 느낄 수 있는 기회를 주셔서 제가 감사해요. 두 분 차장님 수고하세요."

김 차장과 통역사가 대화를 나누는 사이, 두산은 API 모듈을 본인 개발환경에 배포하고 가이드한 설정을 적용한 후 테스트용 간단한 온라인 전문 메시지 송수신 샘플 코드를 실행하면서 오류, 이상 동작, 리소스, 쓰레드 등 실행 중인 WAS를 계속 모니터링하면서 영향도 체크했다.

"(귓속말로) 차장님, 제가 보기에는 큰 문제 없어 보이는데 너무 꼼꼼히 보는데요? 아직 방어적인 스탠스는 안 풀린 듯합니다."

"(귓속말로) 그러게, 중요한 변경 포인트일 수도 있어서 테스트하고 꼼꼼하게 살펴보는 건 좋은데, 기다리다 지친다 지쳐. 반대로 소위 말하는 영향도 분석 성격의 업무를 한국에서는 너무 띄엄띄엄 하는 것일 수 있어. 모든 걸 다 예측하고 검증할 수는 없지만 범위, 공수 등등 잘못 검토하고 산정해서 나중에 문제 되는 경우가 다반사라 저런 부분은 오히려 본받아야 할지도."

"그 말도 일리가 있네요."

모니터를 한참 살펴보던 두산이 그런 두산을 한참 지켜보던 김 차장과 조 차장에

프로그래밍 언어를 활용한 동적콘텐츠나 웹 응용프로그램 서비스를 처리하는 소프트웨어를 말함.

게 API 모듈을 올리고 특이 현상은 없이 잘 돌아가는 것 같다고 테스트 및 모니터링 결과를 전달한다.

한편으로 지금까지는 가장 기본적인 테스트·검증을 수행한 거고 이를 기반으로 인터페이스 표준 유형 및 전문 표준에 대한 적용방안 검토·테스트 그리고 부하 테스트를 통한 WAS상의 변화를 점검하고 검토하고 싶다는 의사를 피력했다.

조 차장은 사전에 공유된 인터페이스 유형별로 프로토타이핑에 사용하기 위해 만들었던 테스트 전문을 내부에서 사용하는 데이터 오브젝트화하고 그 반대로 변환하는 방안과 기술에 대한 가이드와 간단한 데모를 시현했고, 두산은 그 부분을 프레임워크 내부에 클래스화해서 구현하고 인터페이스 송수신 테스트 기능을 만들었다.

"조 차장 우리 준비 다 됐지?"

"네, 차장님. 두산하고도 간단한 테스트 마쳤습니다. 이제 프로토타이핑 시나리오에 따라 테스트해보면 될 것 같아요."

"Mr. Dusan, Are you ready for this prototyping? I want to progress the prepared test scenarios for this prototyping step by step."

"Sure."

김 차장과 조 차장은 두산과 함께 시나리오별로 계획한 단계에 따라 테스트를 진행하면서 검증 결과를 남기고 확인하며 때로는 두산에게 물어보고, 때로는 설명하면서 그간 논의해왔던 부분들에 대한 실증을 통해 두산을 설득했다. 또한 제한적이긴 하지만 시나리오에 포함된 성능 테스트, 장애복구 테스트 등을 진행하면서 설계상 문제점은 없는지 예상하지 못했던 부분은 없는지 이번 프로토타이핑을 통해 검증했다.

꽤 많은 테스트 시나리오를 하나하나 점검해나가다 보니 13시에 시작했던 작업이 17시를 넘어서까지 진행되고 있었다.

"Perfect!"

모니터를 지긋이 주시하던 두산의 입에서 나온 한 단어, 김 차장과 조 차장은 짜릿한 쾌감을 느꼈다.

두산은 이번 프로토타이핑을 통해서 그간 전달하고 설명하고 논의하고 설득했던 모든 부분에 대해서 완벽하게 이해하고 그간의 우려가 해소되었다고 이야기했다.

경험, 환경 등 여러 가지가 다른 상황에서 양쪽 다 영어가 모국어가 아니다 보니 소통 과정에서 의미전달이 잘 안 됐던 부분 등 거의 모든 부분에 대한 불확실성이 이번

실증을 통해 해소되었다고, 이제 이 부분을 어떻게 공통 모듈화해서 본국에 있는 내부 업무 개발자들에게 전달하고 교육하고 적용할지 고민하면 될 것 같다고 그간의 노력에 고마워했다.

"Let's wrap up today's work. Mr. Dusan, Wasn't it hard today?"

"Never. It's very interesting."

"Do you have any plan today? If not, How about having dinner with us and with soju."

"It sound good."

"조 차장 오늘 같은 날은 소주 한잔해야지?"

"두말하면 잔소리죠~"

다음날 김 차장은 어제 진행했던 프로토타이핑에 대한 리포팅을 관련된 사람들에게 전달했고, PMO에서는 효과적인 의사소통 방안으로 적용 가능한 업무영역에서 적극 활용할 것을 권장했다.

"차장님, 제일 큰 허들은 넘었고, 두산을 우리 편으로 만들긴 했는데, 남은 숙제가……"

"유럽에 개발환경 구성하는 것 말하는 거지?"

"네, 어제 두산도 자기가 돌아가서 어떻게 테스트할 수 있냐고 걱정하잖아요."

"내가 좀 고민해봤는데, 우리 MOM(Message-oriented middleware)[12]가 JMS(Java Message Service)[13] 스펙을 지원하니까 오픈소스 기반의 JMS 제품으로 만들어보라고 하면 될 것 같은데?"

"오~ 좋은 생각이신데요? 제가 우리 API 기반으로 오픈소스 JMS 제품 쪽에서 처리 가능한지 한번 검증해볼게요."

"그래 주면 나야 무지 감사하지~"

이틀 뒤 조 차장은 검증 결과와 오픈소스를 기반으로 한 개발·테스트 환경 구성 방안을 정리해서 김 차장에게 내민다.

---

12) MOM(Message-oriented middleware): 응용 프로그램 간 메시지 기반의 데이터 통신을 서비스하기 위한 미들웨어를 말하며, 대표적으로 TIBCO Enterprise Message Service와 같은 제품이 있음.

13) JMS(Java Message Service): 자바 프로그램이 네트워크를 통한 데이터 송수신을 하기 위한 표준 규약.

"야~ 뭐 이제 거침이 없네. 내가 손댈 필요 없는 풀-세트를 가져왔어, 고마워."

"차장님 하시는 것도 많은데 뭐 이정도야. 해보니까 문제없어요. 딱 보면 두산이 해볼 수 있게끔 해놨으니, 두산이 이번 출장에서 우리랑 하는 마지막 미팅 때 이것 전달하고 설명해주면 될 것 같아요."

마지막 미팅에서는 가볍게 그간 했던 것들 정리하고 이견이 없는지 확인, 그리고 조 차장이 수립한 테스트 환경 구성에 대한 부분이 논의되었다.

그로부터 일주일 뒤, 본국으로 돌아간 두산이 테스트 환경 구성이 잘 마무리됐고, 대내 인터페이스 공통 모듈을 설계해서 개발하고 개발자들 교육을 진행할 예정이라고 알려왔다.

"휴~ 잘됐네, 그치, 조 차장?"

"네, 프로토타이핑은 신의 한 수인 것 같습니다. 설명이나 자료가 필요 없네요. 역시 엔지니어들은 그냥 소스 코드 보고 돌려보면서 이야기하는 게 최고인 것 같습니다."

"그러게, 이번 사업부 월간회의 때 사례 발표를 통해 내부에 공유해야겠어~"

"어휴~ 차장님, 오지랖은~, 내 코가 석 잔데도, 후배들 사랑 대단하세요~"

"남 말 하지 마셔, 알게 모르게 후배들 프로젝트하는 것 빨간펜 선생님으로 디테일한 첨삭하는 게 누군데~ 하하하."

2막 1장 - 새로운 장이 열리다.

"조 차장, 나 요즘 프로젝트 관리에 대해 갈증이 살짝 생기네. 우리 보통 엔지니어로 개발하다, 고참 되면 분석·설계 쪽 하다, 그보다 더 시간이 지나면 자연스레 PM·PL하게 되는데, 사실 맨땅에 헤딩하듯 실전에서 얻어 터져가며 몸으로 익히는 거라 제대로 배워 본 적도 없고, 근데 이런 경험들 잘 정리하고 방법론화해서 전수하고 해주면 뒤따라 가는 사람들이 그 사연 사연을 안 겪어도 될 텐데, 좀 아쉽다, IT 쪽의 이런 환경이나 여건이!"

"그렇죠? 이번에 차장님 고민하는 것도 보고, 차장님하고 이리저리 같이 고민도 해보니 그간 경험하지 못했던 걸 건지기도 했지만, 저도 이번에 살짝 그래요. 차장님은 PMP 자격증 공부해보시면 어때요? 이 와중에 영어 공부하시는 것 보면 그것도 잘 하실 것 같은데."

"PMP? 손에 들고 다니는 태블릿 같은 거야?"

"차장님도 참, 안 어울리게 농담은, 크크."

"거 뭐 딸려면 자격 조건 있지 않나?"

"오늘따라 왜 이러실까? 뭐 새로운 것 귀에 들어오면 바로 검색 들어가서 알아보고, 살펴보고, 공부하고, 이해하려고 끝장을 보시는 분이~"

"농담이야, 조 차장."

"함 공부해보세요. 실전 경험에 체계화된 이론으로 무장하면 차장님 말빨에 안 될 게 없을 것 같은데."

"그러게, 공부해서 남 주는 건 아니니까 한번 도전해보는 것도 좋을 것 같은데. 혼자 하면 뭔 재미야, 조 차장이 러닝메이트로 같이 뛰어주면 모를까."

"그래요? 저 도전하면 같이 하시겠어요?"

"나야 조 차장 같이 하면 무조건 OK. PDU 취득은 회사에다 교육 신청해서 공부하면 되고, 응시료야 IT 관련 자격증 지원금 나오니까 따로 돈 들 일도 없고, 쇠뿔도 단김에 빼랬다고 함 해?"

"전 콜입니다, 차장님 하시는 것 보면 저도 자극받아서 중도 포기 안 하게 될 것 같아요."

"그래 그럼, 까짓것 해봅시다. 이번에 느낀 것도 많고 동기부여 강하게 됐을 때 바로 해야지. 그나저나 영어공부는 안 할 거야?"

"어휴 전 차장님처럼 할 자신 없어요. 매일 새벽같이 나와서, 그런다고 집에는 일찍 들어가시길 하나, 별 보고 출근해서 별 보고 퇴근하고, 전 그건 못할 것 같아요. 아니 안 할려구요. 차장님 계시고 워낙 열심히 하시니까 전 뭐 불편한 것도 없어서. 그나저나 일하기도 벅찬데 온라인 강의 듣고, 공부하고, 할 수 있을까요?"

"누구보다 열심히 할 거면서 또 엄살이다."

새로운 도전!

김 차장과 조 차장은 프로젝트 업무를 수행하면서 프로젝트 관리 방안에 대한 전문적인 지식이 궁금해졌고 단기가 이를 체계적으로 공부하고 적용해보기 위해 자격증을 취득하기로 했다.

"조 차장, 이번 주에 시험이지? 공부는 잘 돼가나? 기왕 하는 것 한방에 붙어야지 회사 자격증 취득 지원은 응시 횟수에 상관없이 한 번에 해당하는 응시료 지원되니까."

"아이고~ 말도 마세요, 차장님. 일 끝나고 집에 가서 공부하느라 죽겠습니다. 시험 공부한다고 어떤 분이 일을 좀 줄여주는 것도 아니고……"

"행여나 내가 그럴까 봐. 일도 열심히, 공부도 열심히, 독하게 해야 기억에 남고 하지."

"차장님은 언제로 잡았어요?"

"난 2주 뒤로 했어, 아무래도 내가 좀 준비를 조 차장보다 덜한 듯해서."

"PMBOK은 정독하셨죠?"

"어, 조 차장이 하도 꼭 정독해보라고 해서 했지, 근데 그것보고 다른 책들 보니까 더 이해가 쉽긴 하더라, 정리도 잘되고. 다음 주 한 번 더 보고 그다음에 다른 책하고 문제 풀이 좀 해보고 시험 볼까 하는데."

"거봐요 그것 보고 다른 책 보면 한결 쉽더라니까, 다른 책에 없는 부분도 많고."

"이번에 시험 보기 위해 공부하면서 확실하게 느낀 게 많은 것 같아. 그간 IT 기술에만 집중했지 이런 것 신경이나 썼나. 그러니 막상 관리 영역의 업무도 하게 되면서는 주먹구구식이라 프로젝트는 중구난방, 고생은 고생대로 해, 그럼에도 불구하고 어찌 됐든 시스템 오픈만 하고 문제만 없으면 된다는 식이니, 돌아보면 한없이 부끄럽기만 하더라고."

"동감이에요. 차장님이 이참에 사내 교육 만드세요, 잘하실 것 같은데."

"이렇게 공부해서 되나, 이번에 프로젝트 끝나면 우리 개발방법론이나 보완하자고."

월요일 아침, 일찌감치 출근한 김 차장은 조 차장이 언제 오나 오매불망 기다린다. 평소와 같이 출근하는 조 차장을 보고는 다짜고짜 시험 결과부터 물어본다.

"조 차장, 시험 어떻게 됐어? 합격이지?"

"차장님, 저 이제 사무실 도착했어요, 숨 좀 돌리고요. 급하셨나 보네, 크크."

"그런가? 결과도 결과지만 이것저것 다 궁금해서, 내가 맘이 급했나 보다."

"결과는 당빠 합격이죠. 사실 살짝 아슬아슬했어요. 대체로 무난했던 것 같아요. 차장님 정도 공부했으면 크게 문제없을 것 같은데. 확실히 PMBOK 정독하며 정리한 건 도움이 많이 된 것 같아요. 차장님도 꼭 PMBOK 다시 한번 정독하며 정리하세요."

"그 밖에 어려운 건 없고?"

"전 한글로 시험 봤는데, 번역이 매끄럽지 않은 부분이 있어서 간혹 헷갈리더라고요. 개인 능력과 취향이긴 하지만 영어 시험 보시는 게 더 좋으실 수도 있어요. 아무튼 저는 그랬어요."

"나도 인터넷 찾아보니까 그런 후기 많길래 영어 시험으로 신청해놓기는 했는데, 영어 자체가 또 부담이잖아. 이젠 되돌릴 수도 없으니 용어 같은 건 꼭 한 번 더 영어로 암기하고 시험 봐야겠어. 근데 은근 부담되네. 조 차장은 한방에 합격했는데 나만 똑 떨어져 재수할 수 없잖아. 막판 독하게 파봐야겠어."

"경험자로서 말씀드리면, 차장님이 공부하시고 준비하시는 정도면 떨어지는 게 이상하다 입니다."

"더 부담 팍팍 주는데?"

나는야, 김 프로!

시험 당일, 새벽같이 하루를 시작하는 김 차장의 평소 생활습관 덕에 다소 일찍 시험장에 도착한 김 차장의 표정에는 약간의 긴장감이 감돈다.

'멍한 게 머리가 맑지 않아 시험 잘 보겠나 모르겠네. 그동안 나름 준비한 게 있는데 밤샌다고 될 게 안 되고 안 될 게 되고 하지 않았을 텐데 너무 무리한 것 같아. 좀 늦게까지 하고 자둘걸.'

김 차장은 다소 피곤함을 느껴 새벽 몇 시간이라도 푹 잘 걸 후회를 했다.

이윽고 시험장에 들어가면서 핸드스캐너로 검색까지 하는 걸 보고 긴장감은 더해졌다.

'뭐야 이런 것까지 하는 거야? 우띠~, 조 차장 언질 좀 주지.'

시험 시작까지 긴장감은 최고조에 올랐지만, 막상 첫 문제를 접하면서 신기하게도 긴장감은 눈 녹듯 사라졌다.

얼마간의 시간이 흐르고 김 차장은 두 시간이 채 넘지 않는데 마지막 문제를 보면서 너무 일사천리로 넘어온 게 아닌지 다시 불안감이 엄습했지만 나름의 준비과정을 믿고 시험을 마무리를 했다.

"여보세요? 남편? 시험 오래 걸린다면서 끝났어? 잘 봤어? 다시 봐야 한다는 말을 하려는 건 아니겠지? 만약 그렇다면 다음번 응시료는 오빠 용돈에서 하는 걸로. 난 들을 준비됐으니까 어서 말해보셔~!"

속사포처럼 쏟아지는 아내의 질문에 김 차장은 메신저로 사진 하나를 전송한다.

"앞으로 김 프로라 불러라! 하하하"

2막 2장 – 새 술은 새 부대에

PMP 자격증을 준비하고 취득하는 과정이 김 차장과 조 차장에게는 일하는 데 있어 청량감을 주는 이벤트였다. 두 사람은 외국 개발사와의 협업도 우여곡절 끝에 본 괘도로 올려놨고, 그 밖에 우려했던 여러 가지 리스크나 이슈를 극복하는 과정에서 시도했던 새로운 생각들도 만족할 만한 결과로 만들어가는 가운데, 스스로에 대한 부족함을 채우는 도전과 성취는 업무 역량과 집중도를 최고조에 다다르게 했다. 그 어떤 문제라도 다 해결할 수 있을 정도의 기분이 들 정도로.

"차장님! 차장님! 들으셨어요?"

"조 차장, 숨 좀 돌려가며 이야기해. 뭐 그리 급하다고. 한없이 냉철하고 진중한 사람이 오늘은 웬일이래?"

"숨 돌려가며 할 이야기가 아니어서 그렇죠. 결정 났다는데요. 아직 못 들으신 걸 보면 각 업무팀 PL 분들께 정식으로 공지가 안 됐나 보죠?"

"어디서 들었어?"

"지금 ERP(Enterprise resource planning)14) 연계 때문에 김리안 차장님과 같이 고객사 담당자 미팅하러 올라갔다가 들었어요."

사실 프로젝트가 두세 달 전부터 전체 진행과 분위기가 그리 좋질 않았다. 다들 쉬쉬했지만 한 달 전쯤 PMO에서 각 파트 PM들과 주요 업무 PL들을 유럽으로 보내, 현지 개발 진척 상황을 점검한 이후로는 사실상 심각한 이야기들이 소리소문없이 돌아다니기는 했다.

"그렇다고 이렇게 전격적으로 결정을…… 앞으로 어떻게 된다는 이야기는 없었고?"

---

14) ERP(Enterprise resource planning): 경영 정보 시스템의 일종으로 생산, 판매, 재무, 인사, 회계 등 기업의 전반적인 업무 프로세스를 하나의 체계로 통합하여 관리하는 것.

"네, 그것까지는. 곧 정식 공지 있겠죠. 결정했으면 내부적으로는 여러 방안들을 검토해서 어떤 결론에 도달했을 거고, 주사업자와 고객사 간 모종의 합의가 있었을 텐데, 아직 구체적인 것은 떠도는 게 없네요."

"음~ 곧 PL들 불러모아서 공식적인 상황 전달하고 대응 방안 정리하자고 하겠네. 아~ 사는 게 왜 이리 흥미진진해? 이제 좀 힘든 과정 겪으면서 정리돼서 그나마 안정적으로 돌기 시작했는데, 두산에게 그쪽 상황은 어떤지 메일이나 하나 써봐야겠다."

김 차장은 두산에게 진행 상황을 확인하면서 넌지시 한국에 이런 이야기가 있는데 그쪽 상황은 없는지 물어봤으나, 자기는 그런 내용을 알만한 위치에 있지 않다는 내용만 보내왔다.

"차장님, 오늘 저녁에 간만에 삼겹살에 소주 한잔 어때요?"

"웬일이야? 조 차장 입에서 소주 한잔하자는 말이 다 나오고. 근데 미안해서 어쩌지 오늘은 선약이 있는데. 쏘리하고 내일 한잔 어때?"

"차장님 저 상처 받았어요. 그럼 막내나 데리고 인생 상담이나 해줘야겠다."

"그래, 진아~. 오늘은 선배 말동무 좀 해드려라. 요즘 분위기가 뒤숭숭해서 조 차장 기분이 꿀꿀한가 보다. 조 차장 진짜 쏘리~"

첫 번째 시련!

김 차장은 개발단계에 들어선 얼마 전부터 본격적인 개발을 진행하기 위해 프로젝트에 새로 투입된 전진 사원에게 조 차장의 허전함을 달래주라고 부탁하며 서둘러 사무실을 나선다.

'정 이사님이 왜 갑자기 보자고 하시지? 본사에 무슨 일이라도 있나? 격려차 맛있는 것 사주실 거면 다 같이 나오라고 하실 텐데, 따로 좀 할 이야기가 있으신 건가?'

김 차장은 음식점 직원의 안내를 받으며 갑작스러운 정 이사의 호출을 의아해했다.

"오~ 김 차장 왔어? 프로젝트 하느라 고생 많지? 어서 앉아."

"이사님, 일찍 오셨네요? 별일 없으시죠?"

"별일은, 전진 사원은 좀 도움이 되나? 사람 좀 만들어 보라고 두 베테랑한테 맡겼는데 어떤가 모르겠네?"

"진이요? 뭐, 이제 시작인데요. 한 2~3주 데리고 있으면서 보니 곧잘 하는 것 같습니다. 우리가 그간 해왔던 것과 달리, 이번에 조 차장과 의기투합해서 새로운 것 많이 시도하고, 검증하고, 적용하는데 배우고 해왔던 것과 달라 어려워할 수도 있을 것 같은데도 생각보다 잘 따라오고 있는 것 같습니다."

"뭐 두 사람 있으니까, 잘 가르쳐 성장시켜 놨겠지, 잘 한번 만들어 봐봐."

"네, 그런데 오늘 갑작스런 호출은 어쩐 일로⋯⋯"

"뭘 어쩐 일은. 그냥 얼굴 본지도 좀 됐고, 프로젝트 어떻게 진행되나 궁금하기도 하고 해서 겸사겸사 왔지."

"그럼 애들하고 같이 볼 걸 그랬습니다. 응원차 오셨는데, 간만에 이사님께서 애들도 좀 격려해주시면 좋았을 것 같은데⋯⋯"

"또 하면 되지. 자자 한잔하면서 천천히 이야기하자고⋯⋯"

이런저런 사는 이야기를 하면서 술잔이 몇 순배 돌 때쯤, 정 이사가 넌지시 말을 꺼냈다.

"김 차장!"

"네, 말씀하세요, 이사님. 이제 본론인가요? 마음의 준비를 해야 하는 거죠? 하하"

"김 차장, 내 정말 미안한데, 이번에 김 차장이 나 좀 한번 도와줘야겠어."

"제가 뭐 도와드릴 게 있나요? 이 힘든 프로젝트 맡기셨으니 잘 마무리하면 되는 것 아닙니까?"

"그것도 그거지만, 내가 다른 쪽에다 조 차장을 좀 써야 할 것 같아."

"네?"

"좀 있으면 시작되는 다른 프로젝트, 거기도 사연이 많을 것 같은데⋯⋯ 아무리 생각해봐도 조 차장만큼 믿고 맡길 사람이 없네. 그렇다고 김 차장을 이쪽에서 빼는 건 더더욱 안될 거고. 우리 자원 중 PM급 인력 아무리 테트리스 해봐야 거기 보낼만한 친구가 조 차장밖에 없네."

"이사님, 얼마 전 프로젝트 상황 보고드렸지만, 여기도 지금 외국 개발사 빠지는 분위기라 앞으로 어떤 일이 벌어질지 모르는 상황인데, 그것도 핵심인력을 빼자 하시면, 절 더러 어쩌라고 하시는 건지⋯⋯"

"내 오죽하면 와서 이런 말 하겠나? 상황이 그래. 그리고 여기는 김 차장이 있잖아. 사업부 최고 인력 둘을 한 프로젝트에 투입하는 게 조직으로서는 마이너스이기도 하고, 다른 사연 다 차치하고 김 차장이 좀 도와줬으면 좋겠어. 미안해."

"아~ 너무한 처사이십니다. 전장에서 말을 갈아타지 않는 법인데⋯⋯ 프로젝트 이제 막 한창에 들어서고 있고, 어느 때보다도 불확실성이 높아지는 게 명약관화인데 사람을 바꾸다니요, 그것도 핵심 인력을……"

"김 차장, 그래서 미안하다고 하잖아. 이해해줘. 그리고 쿨~ 하게 보내줘~"

"쩝, 제가 저항한다고 바뀔 상황 아니지 않습니까? 이미 다 결정된 것 통보하러 오신 것 아닙니까, 그쵸?

"내 입이 열 개라도 할 말이 없다."

"뜻대로 하세요, 이사님. 제가 말을 더 꺼내 봐야 뭐하겠습니까?"

술이 얼큰하게 올라온 김 차장은 집에 가는 길에 간만에 밤하늘을 올려다보며 뚜벅뚜벅 걸었다.

'불행은 한꺼번에 찾아온다더니, 쓰나미가 두 개나, 아~ 죽으라는 구만, 이 난관을 어찌 헤쳐나갈꼬~'

다음날 김 차장은 조 차장을 똑바로 바라볼 수 없었다.

"차장님, 어제 우리 빼놓고 이사님하고 맛있는 것 드시니 좋던가요? 목에 넘어가요?"

"이 사람, 농담도…… 오늘 이따 저녁에 나랑 소주 한잔합시다, 괜찮지?"

"진아, 내 말 맞지? 오늘 김 차장님 미안해서 우리 맛난 것 사주실 거라고……"

"넵"

"아니, 진이는 미안한데, 오늘은 조 차장하고 둘이서 데이트 좀 할게, 쏘리해~!"

"네, 차장님."

"엥? 왜이러실까, 무섭게시리."

저녁에 김 차장은 조 차장을 데리고 한적한 곳으로 자리를 잡았다.

"자~ 차장님, 판 깔았으니 뜸 들이지 마시고 이야기보따리 풀어보세요."

김 차장이 말을 꺼내자 조 차장의 얼굴이 굳어진다.

"차장님, 이렇게 저 보내실 거예요? 전 담담하게 말씀하시는 차장님이 더 섭섭하네요. 이렇게 아무런 저항도 한 번 못 해보고 순순히 받아들이시는 게…… 여건이 좋은 건 아니지만 사람들도 좋고 오랜만에 의기투합해서 우리가 이렇게 새롭게 공부하고, 연구하고 만들어나가는 과정 제가 얼마 만에 이렇게 재미와 열정을 가지고 해나가는지 아시면서…… "

"미안하다는 말밖에 할 말이 없다. 난들 지금 이 상황이 좋아서 그러겠어? 누구보다 조 차장을 믿고 의지하는 게 난데, 나도 맘이 아프다. 현실이 슬프고, 곧 쓰나미 몰려올 텐데 난들 그것 혼자 온몸으로 맞고 싶겠어? 조직이라는 더 큰 가치를 보자는 거고, 그래서 수용하는 거고…… 내 상황과 입장, 조 차장도 이해를 좀 해주면 좋겠어. 지금 이 상황에 그것까지 바라면 내 욕심일 것 같지만."

"에잇, 사표라도 던져야 하나요? 참나, 저 이제 삐뚤어집니다."

술잔을 기울이며 두 사람의 신세 한탄은 밤늦도록 계속됐다.

위기는 마음의 준비를 기다려 주지 않는다!

"머리가 깨질 것 같구먼. 진아, 조 차장 조금 늦을 거야, 내 조금 넉넉하게 출근하라고 했어."

"넵, 차장님. 견디셔라도 하나 사다 드릴까요? 너무 힘들어 보이시는데, 처음으로 학원도 못가시고."

"맘 씀씀이 고마운데, 그런 것 하지 말고 오늘 할 일들 체크해봅시다."

숙취에 고생하는 김 차장의 핸드폰에서 카톡이 울린다.

'[공지─회의] 총괄 PM 주관 업무 PL 전체 회의 진행 예정. 각 파트 PM 및 업무 PL들께서는 한분도 빠짐없이 PMO 회의실로 10시까지 집결해주시기 바랍니다.'

김 차장은 드디어 올 게 왔구나 하는 생각에 엎친 데 덮친 격인 현 상황에 대한 원망에 무거운 발걸음을 옮겼다.

"총괄 PM입니다. 오늘 중요한 전달사항이 있어서 이렇게 모두들 모이시라고 했습니다. 지금 전달해드릴 내용은 이번 프로젝트에 투입되어 있는 고객사 분들에게도 그쪽 총괄 PM께서 별도의 장소에서 동시에 전달하고 있습니다."

회의에 참석한 20여 명의 각 업무리더들은 살짝 긴장 어린 표정으로 총괄 PM의 말과 행동에 집중했다.

"그간 알게 모르게 흘러 다니는 이야기 들어 대략적인 프로젝트 상황과 분위기는 알고 있을 거라 생각합니다. 오늘부로 슬라텍스사가 공식적으로 이번 프로젝트에서 철수합니다. 이유야 어찌 됐든 업무팀별로 프로젝트 성공을 위해 그간 노력해주신 부분들에 대해서 프로젝트를 책임지고 있는 PM으로서 감사하다는 말씀을 드립니다. 그리고 그간 함께 고생했던 각 업무팀의 카운터파트들에게도 이번 결과와 상관없이 함께했던 노고에 감사의 말씀 전해주시기 바랍니다. 고객사 총괄 PM님과 저는 그동안 여러 각도로 이번 프로젝트를 점검하고 진단했고, 다소 극단적인 결론이긴 하지만 새로운 계기를 만들지 않으면 프로젝트의 성공을 담보할 수 없다는 판단에 이르렀습니다……"

총괄 PM은 현재 프로젝트 상태, 고객사와의 논의 결과 그리고 대책에 이르기까지 담담하게 설명하기 시작했다.

'산전수전 다 겪은 베테랑이라 이러한 위기 상황에도 흐트러짐이 없구나, 당신 IT 인생에 최대 오점이 될 수도 있는 상황인데, 대단해.'

해결방안으로 주사업자가 동종업계에서 여러 프로젝트를 경험하면서 자산화한 모델·방법론·프레임워크를 적용한다는 총괄 PM의 설명을 듣는 순간, 김 차장은 회의에 참석한 두 사람에게 초점을 맞췄다.

'그렇다면, 우리는 저기 있는 공통파트 PM하고, 아키텍처 팀 PL과의 관계 설정을 어떻게 하고 협의해 나가느냐가 관건이 되겠네.'

총괄 PM 모두발언이 끝나고 공통파트 PM이 자산에 대한 간단한 소개와 어떻게 적용하여 풀어나갈 것인지에 대한 방향성에 대해서 설명을 했다. 그리고 총괄 PM이 마무리 발언을 통해 다시 한 번 뭉쳐서 잘 해보자고 격려하고 독려했지만, 회의장을 떠나는 모든 이들의 어깨에는 프로젝트에 대한 불안과 우려가 짙게 드리워져 있었다.

"조 차장 왔어?"

"그래서 총괄 PM님은 어떻게 한대요?"

"아직 프로젝트에 관심이 남아 있는 거야?"

"확대해석하지 마세요, 저 어제부터 삐뚤어진다고 말씀드렸습니다."

"그러지 마, 무서워~"

"그래서 주사업자는 어떻게 한대요?"

"그쪽에서 가지고 있는 자산을 기반으로 변경점을 최소화하는 방향으로 풀려나 봐, 주사업자와 고객사 둘 다 프로젝트를 엎을 상황은 아니니까."

"그럼 그쪽 프레임워크에 우리 API를 어떻게 공통 모듈화해서 올리느냐가 관건이 겠네요, 두산하고 할 때와 마찬가지로."

"삐뚤어진다면서? 그래도 이번에는 말은 통하잖아. 그때보다는 상황이 좋지 않을까?"

"나 없으면 차장님 고생 뻔한데, 정식으로 프로젝트 빠질 때까지는 제가 도와드려야죠, 미운 차장님! 언제 들어와요?"

"강 과장? 지금 하던 프로젝트 끝나서 휴가 중인데 다음 주 월요일부터 들어오기로 했어, 인수인계도 좀 해야 하고."

"그럼 나도 여기 빠져서 다음 프로젝트 들어가기 전에 휴가 보내주나요?"

"주말 붙여서 한 사나흘 다녀와, 내가 사업부장님께는 말씀드릴게."

"엎드려 절 받기인가요? 에고, 그나마 다행입니다. 창신이가 들어와서."

"내가 요청했어. 조 차장 빠지는데 투입되는 대체 인력의 무게감이 그 정도는 되어야지 지금 만들어 놓은 것 감당할 수 있을 것 같아서."

"그렇죠, 강창신이라…… 창신이 제가 신입으로 받아서 그만큼 키워놨는데, 옛날 생각 나네요. 참나 차장님은 이러나저러나 나 아니었으면 어쩔 뻔?"

"그래 생유다, 생유~"

"거 회의나 빨리 잡으슈! 나 빠지기 전에 전투력 발휘해서 다 정리해주고 갈 테니까. 곧 나갈 건데 뭔들 못해."

"그러지 마, 일부러 독 피울라고 그러는 거지? 휘젓고 나가면 가는 사람이야 속 시원하겠지만 남은 사람은 어떡하라고."

"농담이에요 농담! 사람 참 농담도 못 해요? 에고, 우리 차장님 멘붕이신가 보다, 페인트인가? 급 측은 모드로 태세 전환하신 게?"

새로운 멤버, 새로운 시작!

김 차장은 팀원들과 함께 새로운 프로젝트 상황에 맞춰갈 준비를 시작했고, 그 와중에 강창신 과장이 조 차장 대체 인력으로 업무 인수·인계 차 합류했다.

"조 차장은 창신이한테 그간의 산출물 위주로 설계되고, 구현되어 있는 아키텍처랑 공통 모듈 등 잘 설명해주시고, 강 과장은 잘 백업 받아서 나중에 조 차장 공백 없게 잘 메워주기 바람. 알겠지들?"

"네."

프로젝트는 생각보다 빠르게 안정화 되어갔다. 주사업자와 고객사 간 가장 큰 쟁점이었던 주사업자가 보유한 표준 자산을 기반으로 한 프로젝트 전개가 전격적으로 합의된 데는 동종업계의 다양한 레퍼런스를 기반으로 다듬어진 부분을 고객사가 적극 수용하고 필요 시 내부의 업무관행, 프로세스 등 고객사 쪽에서 변경하여 맞추기로 한 부분이 신의 한 수였다.

모든 업무팀은 주사업자의 표준 자산을 기반으로 고객사의 상황을 어떻게 접목시킬까에 대한 GAP 분석에 분주했다.

김 차장 역시 그동안 프로젝트 내내 의지했던 조 차장을 보내고, 새롭게 구성된 팀을 기반으로 새롭게 조성된 프로젝트 환경에 맞춰나가기 위한 준비를 본격적으로 시작했다.

"강 과장, 잘 해 줄 거라 믿는다. 그간에는 선배들 뒤를 받쳐주는 역할이었지만 이제 후배들을 끌고 가야 하는 상황이야. 강 과장도 언젠가는 한 번쯤 넘어야 하는 산이니까 나랑 같이 해보자. 여기 조 차장하고 내가 그동안의 우리 상식을 넘어서는 새로운 시도 많이 했고, 지난 일 년간 검증하고 안정화까지 다 되어 있으니까 이후 잘 팔로우-업 해줘. 진이는 기술적으로 좋은 스승이고 롤-모델이었던 조 차장이 이제 없지만, 여기 강 과장이 우리 회사에서 이 일로만 7년이 넘는 핵심 개발자 중 하나니까 믿고 의지해봐. 조 차장 있을 때만큼 스스로를 성장시킬 수 있을 거야."

"네, 차장님."

김 차장은 제일 먼저 팀원들을 다독이며 조직을 추스른다.

"김리안 차장님, 굉장히 중요한 변경 포인트가 발생한 상황이긴 하나 그렇다고 해서 기존 레가시 시스템(Legacy System)[15]들이 바뀐 게 아니기 때문에 이미 마무리 지어놓은 분석·설계의 기조를 가급적 그대로 가지고 갈 생각입니다. 우리 쪽은 변경에 따른 변경을 너무 걱정 안 하셔도 될 것 같습니다. 물론 아키텍처 팀과의 협의·조율이 남기는 했지만. 따로 공지하기는 할 텐데 각 시스템 담당자나 현업 쪽에는 그렇게 전달 한 번 해주시면 좋을 것 같습니다."

"나야 뭐 김 차장이 잘 해주겠지. 그래서 별걱정이 안 되는데, 이야기한 건 이번 주 우리 쪽 자체 주간보고 할 때 내가 정식 공지는 하겠습니다."

"네, 차장님께서 고객사 쪽 잘 단속해주시면 제가 한결 편하게 일 할 수 있을 것 같습니다."

의외의 만남 그리고 선제공격!

김 차장은 점심식사를 마치고 엘리베이터에서 우연히 아키텍처 팀을 만났다.

'원수도 외나무다리에서 만난다더니, 이렇게 만나는구만. 어차피 한번 넘어야 할 산

---

15) 레가시 시스템(Legacy System): 기 구축되어 사용되는 전산 시스템을 통칭하는 의미로 사용.

밑밥 한번 깔자.'

"최 책임님, 우리 만나야죠?"

"그렇죠, 만나야죠. 말 나온 김에 언제 괜찮으세요?"

"저야 언제든 좋죠. 각종 환경 구성하고 업무팀들 대응하시느라 책임님 쪽이 너무 정신없는 것 같아서 눈치만 보고 있었는걸요, 저는 당장이라도 좋습니다."

"김 차장님, 죄송하지만 저녁에도 괜찮으세요? 아시는 것처럼 저희가 요즘 호떡집에 불 난 듯 너무 정신이 없어서, 솔직하게 말씀드리면 EAI 쪽은 저희가 전부까지는 아니더라도 아주 중요한 포인트겠지만 저희는 EAI가 one of them이거든요, 그것도 비중이 살짝 낮은."

"책임님 말씀과 입장 충분히 이해합니다. 저희는 저녁에도 상관없어요, 오늘 저녁도 괜찮으세요?"

"네."

"잘 됐네요, 그럼 오늘 저녁 7시 가볍게 식사하시고, 저희 팀 뒤쪽에 있는 혁신회의실에서 뵙겠습니다."

"네, 차장님. 혹시 저희가 따로 준비할 거라도?"

"아키텍처 관련 문서를 받기는 받았는데, 저희는 이와 관련해서 설명을 들었으면 합니다."

"네, 그럼 저녁 회의할 때 저희쪽 시스템·소프트웨어 아키텍처랑 프레임워크 관련해서 설명을 드릴 수 있도록 준비해 가겠습니다."

"오늘 회의는 무지 유익한 회의가 될 것 같습니다. 이따 뵙겠습니다."

'오늘 결판을 내야겠지, 오후에는 준비를 단단히 해놔야겠네.'

"차장님, 다소 급하게 만나시는 게 아닌지?"

"강 과장, 돌아가지 말고 정공법으로 직진합시다. 서로 알 것 다 아는 사이에 에둘러 돌아갈 필요 있을까? 찔러보고 반응 봐서 대응하면 되지."

"그래도 프로젝트 전체적으로 주사업자가 너무 몰리는 상황이라 예외 없이 맞추라고 선언하면 곤란할 듯해서."

"뭐가 걱정이야, 고객이 우리 편인데. 그리 쉽게 강요하지는 못할 거야. 이미 우리 쪽 표준화 방안, 설계가 모두 고객 승인까지 났는데, 쉽게 방향을 틀겠어? 그리고 우리가 만들어 놓은 아키텍처를 믿어. 내가 봤을 때 지금 설계·검증해놓은 게 지금까지 그 어떤 프로젝트에서 만들었던 것보다 훨씬 진일보한 거라 생각하는데……"

"제가 봐도 이보다 좋을 순 없죠."

"그럼 우리 자신을 믿어보자고."

"넵!"

김 차장은 오후 내내 아키텍처 팀과의 미팅 준비에 집중한 후, 팀원들과 조금 일찍 저녁 식사를 하고 들어오는데 아키텍처 팀이 먼저 회의실에 도착해 있었다.

"어…… 식사들은 하셨어요? 일찍 오셨네."

"그냥 먹는 둥 마는 둥 했습니다, 지금 끼니까지 제대로 챙겨 먹고 다닐 상황이 아니라서."

"캐치업 플랜이 숨 막힐 정도죠? 수고들 많으신데 저희까지 조르는 게 아닌지."

"아닙니다. 확인해보니 저희 쪽과 연관이 있는 걸로 예상되는 대내 인터페이스 요건들이 상당한 걸로 저희도 파악이 돼서 마냥 뭉개고만 있을 순 없다고 생각하던 찰나에 뵙자고 하니 저희도 빨리 협의하고 정리하는 걸로 생각하게 됐습니다."

"아니 근데 이 수석님께서는 어떻게 같이 오셨습니까?"

"아, 오늘 뭐 서로 논의하고 검토해서 지난번 슬라텍스사와 함께 할 때처럼 프로토타이핑하면서 검증해볼 것 아닌가요? 제 의견은 그때 제대로 했으면 해서요. 부하 테스트랑 장애복구 테스트도 나중에 정식으로 하겠지만 프로토타이핑 때 저는 실제 통합 테스트 시점의 수준으로 검증을 했으면 합니다, 그 와중에 저희 쪽 영향도도 좀 확인해보고. 저희가 이 제품이 처음이다 보니 살짝 불안해서, 김 차장님 오해는 마세요."

"실제 통합 테스트 수준의 부하 테스트랑 장애복구 테스트를 하자고요?"

"네."

"전체적인 아키텍처를 책임지는 입장에서 충분히 의견 주실만 한 내용이라 생각합니다. 그렇게 하시죠."

"근데 제가 연계 쪽은 잘 몰라서 시나리오랑, 부하 발생기 이런 것들은 가지고 계시나요?"

"네, 다 있습니다."

"그럼 저희도 사전 검토해볼 수 있도록 관련된 내용을 적당한 시점에 먼저 보내주세요. 제가 살펴보고 피드백 드리겠습니다."

"네, 수석님."

"전 먼저 갈게요. 제가 하고 싶은 이야기는 다 했고 합의도 이뤘고, 최 책임이 이후 진행해줘."

"네, 수석님. 김 차장님 그리고 본격적인 회의에 앞서 여기 조 선임을 소개해드리겠습니다. 지금 상황 정리하기 위해 본사에서 긴급하게 지원 투입되었습니다. 저를 도와서 SA, AA 쪽 담당할 건데, EAI쪽 API 관련해서 공통모듈 개발하는 업무를 이 친구가 맡아서 진행할 거에요. 큰 그림은 제가 직접 챙길 텐데, 실제 구체화하는 과정은 이 친구랑 진행하시면 될 것 같습니다."

"네, 반갑습니다. 조 선임님. 저도 저지만 저희 강 과장하고 많이 이야기하시게 될 것 같아요. 인사들 나누시죠!"

"안녕하세요? 잘 부탁드리겠습니다."

"자자, 인사들 나누셨으면 빨리 본론으로 들어가시죠. 최 책임님 아까 말씀드린 부분 먼저 설명해주시면 좋을 것 같습니다."

최 책임은 한 시간 정도 준비한 자료를 가지고 스크린에 띄워서 차근차근 설명을 진행했다.

'아는 것도 많고, 설명도 잘하고, 이해도 잘되고…… 문제는 우리 걸 얼마나 이해하고 수긍하느냐인데……'

"차장님, 차장님! 회의 중에 뭔 생각을 그리 골똘히 하세요?"

"아, 최 책임님 죄송합니다. 제가 잠시 딴생각을……"

"제가 말씀드린 건 다 듣고 다 이해하시고 딴 생각하신 거죠? 한 번 더 설명 안 해도 되죠?"

"네, 사람을 너무 띄엄띄엄 보시는 것 같습니다. 농담인 것 아시죠? 하하."

"본론으로 들어가서, 사실 예전에도 EAI 쪽은 저희가 설명을 들어서 큰 방향성을 이해하고 있었고, 두산하고 진행하는 부분도 내용 다 알고 있고, 설계된 부분들도 다 이해했습니다. 큰 틀에서는 저도 이걸 틀고 싶은 생각은 없습니다."

"네? 저희가 설계하고 가이드 하는 부분을 그대로 수용하시겠다는 말씀인가요?"
"네, 다만 저희도 EAI API 모듈을 올렸을 때 영향도는 테스트를 통해 검증을 해봐야 할 것 같고, 두 번째는 EAI API를 기반으로 내부 대내 인터페이스 공통 모듈을 만들어서 Core 시스템 개발자에게 가이드할 때까지 적극적 지원 요청드릴까 합니다. 연계 표준 설계는 이쪽 분야에서 저희보다 훨씬 전문성을 가지고 계시니까 사실 저희가 감 놔라

배 놔라 하는 게 우습다는 생각을 해봤습니다."

"허허 최 책임님 이리 다 내주시니 살짝 당황스러운데요? 일전 아닌 일전을 각오하고 왔는데, 말씀하신 부분들이야 어차피 해야 하는 일들이야 저희도 큰 이견이 없는 내용들이라."

"지금 이 상황에서 서로 힘 뺄 필요 있습니까? 각 업무영역으로 나눠져 있지만, 궁극의 목표는 전체 프로젝트가 성공적으로 마무리 되는 건데…… 그리고 사실 각 업체들 중에 대내 인터페이스 팀만큼 일을 해보려고 하는 적극성을 보이는 데도 없는 상황이라 오히려 저희가 감사합니다. 아까 말씀드린 부분은 이후 저희 조 선임이 전담해서 진행할 테니 그렇게 해주시구요, 저는 중간중간 큰 결정사항들만 차장님하고 챙기도록 하겠습니다."

미팅은 화기애애한 분위기 속에 마무리됐다.

"생각보다 싱겁게 끝났네. 그간 고객사에 좋은 품질의 시스템을 구축하여 공급하고자 함과 동시에 주사업자의 사업 진행에 도움이 되고자 진정 어린 마음으로 일을 해온 것에 대한 보상인가? 강 과장은 조 선임 요청사항 처리 등 최우선으로 처리해서 이쪽 빨리 개발하고 안정화해서 내부 공유될 수 있도록 해주시고, 진이는 나랑 다른 업무팀 인터페이스 개발하면서 테스트 준비 좀 하자. 내일부터 다시 또 본격적으로 뛰어야 하니까 오늘 마무리는 시원한 치맥 때리고 들어갑시다. 좋지?"

"저희야 차장님 쏘시면 항상 땡큐죠~"

"나보다 회식을 허락하신 대표님께 감사들 하셔~ 후후."

새 술은 새 부대에~!

2주 정도의 시간이 흐르는 동안 강 과장은 조 선임을 도와 공통 모듈 개발·테스트가 잘 진행될 수 있도록 협업을 진행했다. 김 차장은 이 수석이 요청한 성능 및 장애복구 테스트를 수행하기 위한 테스트 시나리오 설계와 테스트 프로그램을 준비하고 있다. 한편으로 EAI 모니터링 시스템 구축에 앞서 연계 로그를 확인할 수 있는 화면 개발을 전진 사원과 진행한다.

"진아 어때 할 만하나?"

"차장님 설계대로 웹 화면 두세 개 개발하는 거라, 아직은 할 만합니다. 요구수준이 제가 역량에 비해 높아서 다소 버거운 건 사실인데, 선배님들께 물어가며 자료 찾아가며 하나하나 해나가니 재밌기도 하고 그러네요."

"그래? 그럼 더 빡세게 굴려야 하나? 지금 잘 만들어놔, 나중에 본격적인 모니터링 시스템 개발할 때 지금 공부한 게 도움 많이 될 거야."

"넵! 차장님."

"강 과장은 어때?"

"저도 잘 진행되고 있습니다, 조 선임이 생각보다 스마트해서 잘 받아들이고 내부적으로 연구 많이 해서 적용하니 큰 문제는 없습니다. XML(Extensible Markup Language)[16] 데이터 오브젝트 간 변환 문제도 저희 아이디어 수용해서 잘 녹여 놓더라구요. 저도 이번에 하면서 많이 배웠습니다."

"다행이네, 둘 다 마무리되면 이 수석하고 테스트해서 저쪽 안심시키고 마무리합시다. 그리고 강 과장은 조 선임이 업무팀 개발자 교육 및 가이드 할 때 몇 번이고 적극 지원해서 마무리 잘 해주고, 차라리 지금 적극적으로 대응해서 잘 가이드하고 이해시켜 놓는 게 나중을 위해서 좋을 거야."

"넵! 차장님"

"그리고 이번 작업들 마무리되면, 우리 쪽 인터페이스 개발도 본격적으로 시작되고, 이와 병행해서 몇 가지 내가 생각해 놓은 게 있는데 그것들 같이 진행할 생각이니, 지금이 끝이 아니니까 각오들 단단히 하고."

"하하, 에너자이저세요, 차장님. 차장님 프로젝트는 매번 일이 끝도 없는 것 같습니다. 살살 좀 해주세요. 그렇지 진아?"

"헉! 과장님, 전 입사하고 처음 하는 프로젝트가 차장님과 하는 이번 프로젝트 입니다. 하하하."

"엄살은, 지금 이 수고스러움이 다 그대들 피가 되고 살이 되고 할 테니 좀 더 힘 내 봅시다."

김 차장은 앞으로가 사실상 프로젝트 기간 중 제일 중요한 시점이 될 상황이란 판단에 팀원들의 자율적이고 창의적인 분위기를 최대한 조성해서 맡기되 큰 방향성의 유지와 경험의 한계를 보완하기 위해 중간중간 빨간펜 선생님을 자처하고 관리해나갔다.

"김 차장님, API 적용하고 표준전문 테스트와 관련한 회의는 이번이 마지막이 될

---

16) XML(Extensible Markup Language): W3C에서 정의한 마크업 언어. 주로 웹에서 데이터를 구조화하는 데 기술하여 사용.

것 같습니다. 강 과장님께서 엄청 많이 도와주셔서 저희 조 선임이 연계 공통 모듈을 개발하고 충분한 테스트를 거쳐서 업무팀 개발자들 교육까지 잘 마무리 했다고, 여러 번에 걸친 반복 교육인데도 매번 EAI 쪽 설명과 개발 가이드 테스트 지원을 잘 해주셨다고 들었습니다."

"별말씀을요, 업무 범위와 R&R(Role and Responsibilities)[17]만 따져서 나 몰라라 하면 되나요? 크게 보면 저희 업무의 연장 선상이라 저희가 조금만 더 노력하면 나중에 본격적인 대내 인터페이스 개발과 단위테스트 수행할 때 저희 찾는 일이 줄어들 거라 미리 매 맞는다 생각하고 같이 움직였습니다. 저희 업무가 각 시스템이나 업무팀 사이에 걸쳐 있는 영역이라."

"저희와 하는 일 마무리 되면 이 수석님과 큰일 남으셨죠?"

"아시는 것처럼 첫 미팅 때 겁을 엄청 주셨는데, 이번에는 이중화 구성 등에 대한 기능 시연 정도로만 하는 걸로 협의돼서, 이 수석님께서 바쁘시기도 하고 이미 지난 화요일에 진행했습니다. 저희 쪽 이중화 구성에 대한 컨셉과 기능 설명드렸고, 두어가지 장애 상황에 대한 테스트 시연으로 기능에 대한 우려는 불식시켜드렸습니다. 조 선임이 API 테스트할 때 소프트웨어적인 문제로 연결 이상이 발생했을 때 자동 리커버리 되는 것들에 대한 부분을 공유해주셔서 많이 안도하셔서…… 다들 바쁘고 갈 길 먼데 기능상 지원 여부 확인됐으니 잘 구성해서 이상 없게 해달라고 말씀만 주셔서……"

"이 수석님도 참, 깐깐하게 한번 제대로 확인해보신다고 하시더니만…… 다시 말씀드리지만 EAI 팀이 제일 적극적이에요. 적극적인 설명과 설득, 외부 의견도 가급적 긍정적으로 검토해도 가부에 대한 결정과 결정에 이른 검토 결과에 대한 피드백, 모든 게 다른 업체분들과는 다르니, 뭐 꼬투리를 잡을래야 잡을 수가 있나요? 차장님과 팀원들의 열정과 노력이 그런 분위기와 여건을 만든 게 아닌지 싶습니다."

"과찬이십니다, 아무튼 주 개발사 변경에 따른 초유의 사태 속에서도 중요한 설계와 검증 마무리할 수 있어서 다행입니다. 지난 3주간 수고들 하셨습니다."

---

17) R&R(Role and Responsibilities): 역할(권한)과 책임을 의미함. 각 담당자들의 역할과 책임 그리고 업무의 기능에 대한 부분에 대한 정의를 의미.

2막 3장 - 열정은 혁신을 만든다.

긴박했던 3주간의 시간이 의외로 찻잔의 태풍으로 잦아들 때쯤 김 차장은 팀원들을 불러 모은다.

"강 과장, 전진 사원! 다들 모여봐, 잠깐 미팅 좀 합시다."

"네, 차장님."

"아키텍처 팀과의 일은 두 사람이 잘 진행해줘서 큰 문제 없이 마무리되었고, 이 점에 대해서 내 고맙게 생각해."

"별말씀을요. 저희도 차장님 따라가느라 조금 힘들었던 건 사실이지만 배운 게 많습니다."

"힘들었다고? 오늘 내부 미팅은 그간 고민해왔던 빅픽쳐에 대한 이야기를 하고, 더 노력해달라는 당부를 하는 자리인데 미리 눈치 까고 설레발 치는 건 아니겠지?"

"헉, 또 이렇게 살짝 무시무시한 말씀을 던지시다니 뭘 더 얼마나 하실려구요? 노동력 착취입니다, 차장님~"

"말은 그렇게 해도 나 믿고 노력하고 따라와 줄 거라 생각이 되는데. 두 사람 알다시피 앞으로 본격적으로 인터페이스 개발과 단위 테스트는 기존에 설계된 표준유형을 기반으로 스테이블(Stable)하고 루틴(Routine)하게 돌아갈 거야, 그 부분은 두 사람 눈감고 할 정도라 생각하고."

"그렇겠죠."

"인터페이스 개발과 병행해서 통합 테스트 들어가기 전까지 기간 동안 크게 두 가지 부분에 역점을 두고 일을 진행해볼까 해."

두 사람은 새로운 무언가에 대해 차분하지만 열정이 담긴 어투의 김 차장 말에 어느덧 집중하기 시작했다.

"지난번 이 수석께서 테스트 관련 이야기를 하셨을 때, 그간 우리가 해왔던 방법론적인 측면과 시나리오나 테스트 모듈 등 이 업무를 수행할 수 있도록 우리가 보유하고 있는 자산을 다시 살펴봤는데 다소 엉성하고 부족한 게 보이더라고. 그때 사실 이 수석께 아키텍처 팀에서 통상적으로 진행해왔던 관련 내용에 대해서 설명도 좀 듣고 테스트 시나리오나 도구, 결과 리포팅 등등에 대한 샘플도 좀 받아봤는데 우리가 이런 부분에 있어서 전문가가 아니다 보니 많이 부족하다는 걸 새삼 확인했어. 그동안에는 우리가 해오던 방식으로 그냥 대충하고 넘어갔는데 이제는 그렇게 하면 안 될 것 같다는 생각이 든다. 그동안 해오던 관성에 의해 일이 진행됐는데, 이제 그렇게 하면 안 될 것 같아, 사실 이 부분은 우리 필요성에 대해서 느껴오던 부분이잖아."

"차장님 말씀이 맞죠. 나름의 시스템을 구성하는 노하우가 있지만 그런 성격의 테스트를 사실 요식행위에 불과하게 진행했던 것도 있고, 그런 부분에 있어서 충분한 사전 검증이 되질 않다 보니 시스템 오픈 이후 문제가 돼서 우리 기술지원팀에서 지원하느라 고생했던 부분도 간혹 있고."

"이번 기회에 그런 부분을 좀 획기적으로 바꿨으면 하는 게 내 생각이야. 요즘 우리 프로젝트에 한 명 내지 많아야 두 명 들어가는데 그런 데서 이런 것까지 챙겨보는 건 무리라 생각되고, 한 프로젝트에 이렇게 세 명 들어와 하는 호사가 이번이 마지막이지 않을까 싶네."

"그럼 저희가 어떤 걸 하면 될까요?"

"아냐, 이건 내가 진행을 한다. 통합 테스트 들어가기 전까지 시간이 좀 있으니까 테스트를 진행하는 방법, 부하는 산정하는 공식부터 그간 해왔던 것들 찬찬히 따져보고 참고할 자료도 찾아보고 해서 방법부터 새롭게 한 다음 거기에 필요한 도구들을 준비해서 실 테스트를 할 수 있도록 만들어볼 생각이야. 전문적인 성능·부하 테스트 솔루션 같은 부하를 발생시키고 결과 피드백 받아 통계·분석 데이터와 결과까지 자동 산출되는 EAI 테스트에 특화된 프로그램도 만들 생각이고."

"일이 너무 커지는 것 아닐까요? 차장님 말씀만 들어도 딱 날새기 밤새기인데."

"하고자 하는 열정만 있다면 뭔들 못하리."

"그럼 두 번째는요?"

"하하, 진이는 두 가지 일 중 하나는 내가 한다고 하니 자연스레 두 번째 일에 관심이 가는가 보네."

"아무래도 강 과장과 제가 해야 할 일 같아서요, 하하."

"그래 두 번째는 EAI 모니터링 시스템을 좀 보완하고 기능도 확장했으면 해."

"모니터링을요?"

"어, 그동안 우리가 크고 작은 프로젝트를 하면서 로깅하고 모니터링에 대한 간단한 기능들은 표준화하고 모듈화해서 유용하게 써먹고 있긴 한데 항상 고객사 담당자 들은 뭔가 좀 아쉬워하잖아."

"그렇죠, 단순히 이력 정보들만 보는 걸로 좀 아쉬워했죠?"

"강 과장은 내가 몇 년 전에 프로젝트 할 때 실시간 모니터링 기능이 일부 들어간 것 개발해서 적용했다고 한 것 들은 적 있지?"

"아~ 그 무슨 제과 프로젝트에서?"

"어, 맞아."

"그때 대부분 사람들이 자원에 대한 실시간 모니터링도 되고 일부 항목들에 대한 실시간 경보 기능도 있어서 시도는 좋았는데, 프로그램이 다소 무겁고 기능도 살짝 빈 약해서 시도는 좋았으나 만족도는 그다지 높지 않았다고 알고 있습니다."

"그랬지, 내가 만들었지만 아픔이 있다, 하하. 그래서 이번에 프로젝트 기간이 좀 있는 만큼 제대로 한번 만들어 볼까 하는데, 경험도 있고 해서."

"차장님 말씀하시는 취지는 좋은데, 사실 프로젝트하면서 뭔가 개발한다는 게 쉬운 건 아니라서."

"그래 쉽지 않은 것 알지. 여기 고객사가 그간 우리 제품 쓰면서 고생을 많이 했잖 아, 그렇기에 우리가 이번 차세대 프로젝트에 구원투수로 등판한 거고. 이참에 고객사 에 좋은 솔루션을 깔끔하게 제시하고 종지부를 찍자."

"아 뭔가 홀리는 듯한 느낌이에요. 차장님 말씀을 듣고 있으면 막 뭔가 하고 싶어 지고 살짝 흥분되고 기대되고 하는데, 매번 고통이 동반돼서."

"남들이 들으면 내가 맨날 월화수목금금금에 날새기 밤새기 시키는 것 같잖아."

"모른 척 하시기는…… 차장님 우리들 사이에서 유명해요, 극강의 고통이 동반되 는 업무환경 조성으로."

"헉, 이런 이야기 들으면 엔지니어로서 살짝 흥분되고 기대되고 그러지 않냐? 난 지금 착수하면 막 뭔가 엄청난 게 만들어질 것 같은 기대에 부풀어 있는데."

"차장님께서 그런 것 잘하시잖아요. 뭐에 홀리듯 분위기 조성해서 나도 모르게 막 무언가를 하고 있어, 날새기 밤새기 하면서."

"자꾸 엄살 피울래?"

"하하, 한번 해보죠. 전진 사원도 같이 함 잘 해보자?"

"넵, 과장님."

"차장님도 바쁘시겠지만 전체적인 설계하고 세세한 부분들은 잘 가이드 해주세요.

아무래도 이 부분에 대해서 사내에서 제일 많이 고민하셨고, 시도도 많이 해보셨고, 모든 밑그림을 차장님 머리 속에 담고 계신 것도 있고. 저희야 쏟아내 주셔야지 따라갈 것 같습니다."

"그래 한번 같이 작품 만들어 봅시다. 그대 두 사람은 열정만 가지고 오시고, 앞에서 험한 길 헤쳐가는 건 내가 할 테니."

타오른 열정!

보통 본격적인 개발단계에서 EAI 업무는 이미 표준화된 유형을 기반으로 요청되는 인터페이스를 개발하고 단위테스트를 진행하는 일상적이고 반복적인 업무가 지속되는데, 대내 인터페이스 팀은 연일 저녁에 남아서 무언가를 치열하게 진행하고 있었다. 김리안 차장은 내심 궁금해하던 차에 공통 파트 주간 회의가 끝나고 나오면서 김 차장을 불러세워 물어본다.

"김 차장님, 개발은 잘 진행되죠?"

"네, 계획대비 95% 수준으로 진행되고 있는데, 5%는 저희 쪽 사유보다 업무팀 쪽에서 계획된 정의서가 안 나와서 지연되는 거니까 크게 문제 될 수준은 아니구요, 일정 여유도 있어서 정의서 나오면 바로 캐치–업 가능합니다."

"일정 밀린 것도 없는데, 요즘 저녁마다 뭘 그렇게 열심히 해요?"

김리안 차장은 내심 궁금해하던 부분에 대해서 질문한다.

"아, 그게 궁금하셨구나. 차장님께 좋은 것 만들어드리려고, 애들 데리고 치열하고 고민하고 있습니다."

"그 치열하게 고민하는 게 궁금한 건데, 말씀을 안 해주시네."

"좀 더 진행되면 말씀드릴게요. 현재 개념설계 끝내고 상세설계 중이라 지금 말씀드려도 감이 잘 안올 것 같습니다."

"기다리라는데, 김 차장 믿고 기다려 봐야죠. 나한테 무조건 좋은 거지요?"

"그럼요!"

얼마간의 시간이 지나고, 전진 사원은 김 차장의 노트북에서 돌아가는 프로그램 하나를 발견한다.

"차장님, 화면이 이제 제법 자리가 잡혔네요. 이제 돌려보시는 거예요?"

"어, 내부 멀티쓰레드(Multi–Thread)[18] 작업 처리 때문에 좀 고전하다 겨우 해결하고 테스트 돌려보는 중이야. 테스트에 필요한 적정부하·한계부하 산정 방식은 확정을 했고, 표준 테스트 시나리오도 다 도출했고, 지금은 시나리오별로 산정된 부하를 줄 수 있는 테스트 프로그램의 중요한 모듈, 즉 동시에 필요한 전문 메시지를 발송할 수 있는 기능 구현에 가장 큰 걸림돌을 제거한 거지. 힘들었다, 오랜만에 프로그램 개발하느라. 아직 갈 길이 멀지만."

"그래도 테스트 시간 설정하는 타이머에 램프-업 구간 설정, 유형별 테스트 부하 설정 기능 등등 주요한 부분들은 갖춰져 가는 것 같은데, 모양 예쁜데요?"

"오~ 램프업, 진이가 이제 이런 단어도 쓰는구만."

"차장님도, '서당 개 삼 년이면 풍월을 읊는다.'는데 오가며 주워들은 걸로 이 정도 용어는 써줘야죠."

"그나저나 그쪽은 잘 되가나? 내 요즘 통 신경을 못 썼네. 강 과장 오늘 건강검진이 었던가?"

"네, 일단 차장님께서 잡아주신 개념설계 기반으로 강 과장하고 구체화해서 진행하고 있습니다. 로깅, 모니터링 쪽이야 그동안 익히 해왔던 것보다 점검항목이나 기능, 특히 실시간 이상징후 감지 부분이 강화되긴 했어도 사고의 폭을 확장해나가는 데 문제는 없습니다. 다만……"

"다만? 그 이후가 궁금하다."

"인터페이스 기준정보들을 모니터링 시스템에서 관리하고 관리되는 기준정보가 실제 인터페이스 모듈이 실행되는 시점에 로딩해서 반영되고, 중간중간 변경 점 발생 시 이벤트에 의한 실시간 반영하는 기능 부분이 많이 어렵습니다. 강 과장하고 저한테는."

"그게 쉽지는 않을 거야. 기존에 개발해놓은 인터페이스 쪽 공통 모듈들도 좀 손을 봐야 하고, 기 개발된 부분에 영향이 없게 반영도 되어야 하니까. 중요한 건 지금 아니면 못한다는 거야. 프로젝트 끝나고 본사에서 이 컨셉을 신규 개발·적용한다는 건 힘들어. 지금 아니면 기회가 없다. 생각났을 때 해야 해. 좀만 더 고민하고 노력해봐."

"네, 차장님. 누차 말씀하신 것처럼, 생각났을 때의 개념과 니즈가 명확할 때 만들어내지 않으면 나중에 의지도 약해지고 흐지부지될 거라는 말씀 되새겨 강 과장과 다시

---

18) 멀티쓰레드(Multi-Thread): 쓰레드는 응용프로그램의 프로세스 내에서 실행되는 흐름 또는 작업의 단위를 말하며, 멀티쓰레드는 둘 이상의 작업을 동시에 처리하여 작업량이나 속도를 높일 수 있음.

한 번 심기일전해 보겠습니다."

"그래 우리가 아니면 할 수 없다. 누구도 도와줄 수 없고 지금 이 상황을 해결할 수 있는 건 우리밖에 없다는 심정으로 서로 토닥토닥해가며 그 끝에 다다라 봅시다."

대내 인터페이스 팀의 낮과 밤이 다른 생활은 또 얼마간의 시간 동안 계속됐다.

"차장님, 보고 드릴 게 있습니다."

"어, 강 과장. 나 기대해도 되는 타임이지?"

"네, 차장님. 드디어 해냈습니다. 아직 통계분석 화면 개발 몇 개와 관리자 화면 몇 개 더 개발해야 하지만, 가장 핵심 기능들인 인터페이스 기준정보 등록을 통해 인터페이스 모듈에 실시간 반영되는 부분, 데이터를 바이패스 하는 인터페이스의 경우 연계의 경우 인터페이스 등록만으로 별도의 모듈 내 로직 개발 없이 처리되는 부분, 실시간 모니터링 기능들 모두 개발·적용 완료했습니다."

"그래? 드디어 되는 거야? Core 시스템에 연계되는 온라인 전문거래의 경우 우리 측 추가 개발 없이도 인터페이스 등록만으로 거래를 시작할 수 있다는 거지?"

"네, EAI 쪽 추가 개발 없이 가능합니다. 또한 인터페이스 등록도 등록 화면에서 하나하나 등록할 수 있지만 그건 오픈하고 운영 이관돼서 인터페이스가 하나, 둘 추가될 때 이야기고, 지금처럼 하루에도 여러 개 등록해야 하는 상황에서는 엑셀에 정리해서 한 번에 로딩 등록할 수 있습니다. 하루에도 수십 개의 인터페이스를 새로이 처리할 수 있게 되는 거죠."

"대박, 그렇다면 지금 이 시점에 우리 생산성이 엄청 높아지는 거잖아. 말이 수십 개지, 맵핑 정의서만 확인되면 하루에도 몇백 개 등록해서 연계 태울 수 있다는 말인데, 이거 정말 획기적이다."

"진이가 아이디어 좀 냈습니다. 오늘 같은 날은 칭찬해주셔도 됩니다."

"야, 진이 제대로 사고 한번 치는데."

"화면에서 하나하나 등록하기에 지금 상황이 등록해야 할 게 너무 많아서 귀찮더라구요. 제가 불편하니 방법을 고민하게 되고 고민하다 보니 해결책이 보여서. 김리안 차장님 나중에 운영하실 때 도움 많이 되실 것 같습니다. 제가 지금까지 28년 살아오면서 가장 획기적인 발상 중 하나지 않을까 싶습니다."

"야, 진이 뒤에 아우라가 있네. 사업부장님께서 처음 보낸다고 할 때 왜 맨날 신입 트레이닝은 저냐고 툴툴거렸는데 사업부장님께도 그대에게도 미안하기까지 하구만."

"다 두 분 덕에 제가 이만큼 성장한 것 아닌가 생각합니다."

"어휴, 이제 선배들 기분 좋으라고 입에 발린 소리도 하고, 능글능글해졌어. 오늘 셔터 내려라, 회식이다."

김 차장은 그간 혁신에 대한 목마름과 프로젝트 성공에 대한 개인적인 욕심에 두 사람을 너무 몰아친 게 아닌가 하는 마음과, 그럼에도 불구하고 성장하며 맡은 업무를 기대 이상으로 완성하는 두 사람을 대견해 하며 오랜만에 긴장감에서 벗어나 우애를 돈 독히 하는 소주 한 잔을 기울였다.

"차장님! 차장님! 큰일 났습니다. 모니터링에 급격한 메시지 유입이 포착되는데 메 시지 발송 시스템이 사전 등록된 시스템이 아닌 걸로 봐서는 업무팀 쪽 개발자 중 누군 가가 실수로 다량 메시지 발송한 게 아닌가 싶습니다."

"그게 모니터링에 뜨나?"

"메시지도 절대적으로도 급격하게 늘고, 특정 메시지 발생 빈도가 과거 1주일 대비 일정 수준 이상 증가가 감지되면 주의, 경고 이렇게 빈도에 따라 실시간 경보 감지되는 지금 그 상황입니다."

갑자기 김 차장 전화가 울린다.

"여보세요?"

"안녕하세요? 차장님, 최 책임입니다. 지금 인터페이스가 갑작스레 늘어서 저희 쪽 서버에 부하가 살짝 있는데 무슨 일 있는 건가요?"

"네, 저희쪽 잠깐 테스트 중인데 금방 끝날 겁니다. 책임님 이후에는 사전에 통보 드리고 테스트 진행하겠습니다. 오늘은 미리 말씀 못 드려서 죄송해요."

"아, 네. 끝나시면 문자 한번 주세요. 수고하세요."

"차장님, 김리안 차장님 전화 왔습니다. 차장님 전화 계속 통화 중이라고, 받아보시 겠어요?"

"네, 차장님, 김 차장입니다."

"뭐 이상한 메일이 와서요. EAI 어쩌고저쩌고 하는 메일 오는데, 무슨 문제 있나 싶어서."

"아, 지금 제가 테스트 좀 하고 있는데 메일 통보 받으셨다면 오히려 정상입니다. 모니터링 시스템에 등록된 이상징후 점검 항목들 중 감지되는 것들에 대해 중요도에 따 라 메일도 발생되고 하는 건데, 지금 테스트는 오히려 받으시면 정상이니까 너무 신경

쓰지 마시구요, 나중에 인수·인계 교육할 때 모니터링 항목들에 대한 점검, 조치 매뉴얼 설명해드릴 테니 실제 운영에서는 그렇게 확인·조치하시면 됩니다."

"아, 그래요? As-Is 시스템에서는 그런 부분이 안돼서 문제였는데, 지금 이 사단은 오히려 과거의 문제, 고민, 걱정이 해소된다는 거네요?"

"네, 차장님. 이제 그런 불편 없으실 거에요, 상당 부분."

최 책임과 김 차장님의 잇따른 전화에 김 차장의 입가에는 옅은 미소가 번진다.

"차장님, 한바탕 이게 뭔 일입니까?"

"갑작스럽고 급격한 인터페이스 증가에 난리가 나는 게 당연한 거 아니야? 현상이 모니터링되고, 일정한 조건에 따른 자동 통보가 된다는 건 우리 입장에서 보면 지극히 정상 아닌가?"

"그 원인이 문제죠, 개발자 누가 실수하는 것 같은데."

"훗, 아니야, 너무 열심히들 잘 해주는 그대들에 자극받아서 나도 오늘 마지막 테스트 정식으로 한번 돌려본 거야."

"그 말씀은 차장님 개발하시던 게 마무리됐다는 말씀이세요?"

"어, 나도 한 건 했다. EAI 쪽 성능·장애복구 테스트할 때 이제 우리가 원하는 시나리오대로 테스트해볼 수 있는 길이 생겼어."

"그럼 전에 말씀하셨던 테스트 설계에 따른 인터페이스 부하를 세밀하게 조정해서 하는 게 가능하다는 말씀이신 거죠?"

"어, 말한 것에서 한 가지 더 진보한 것은, 송수신 로그 시간뿐만 아니라 이번에 개발된 모니터링 시스템에 기록된 EAI 쪽 로그 데이터까지 취합해서 구간별 통계 자료까지 만들어낸다는 거야. 컴퓨터가 단순 반복 계산은 잘하잖아."

"그럼 테스트 결과 분석하고 리포팅에 필요한 분석 데이터도 다 만들어준다는 거네요?"

"어, 몇천 건, 몇만 건의 데이터를 다 분석해서, 우리 쪽에서 지연타임이 발생하는지 타겟 시스템 쪽 문제인지 이런 것들 다 발라낼 수가 있지."

"대박, 획기적인데요?"

"이중과 구성에 따라 처리 서버에 대한 정보들도 다 체크하니까, 적절하게 로드밸런싱 되는지, 장애 시 메시지 유실 없이 테이크-오버 됐다가 테이크-백 되는지 다 체크된다."

"와, 테스트뿐만 아니라 평상시에 EAI 시스템 진단 도구로 써도 될 것 같아요. 모니터링 하고 결합되면 최상이겠는데요?"

"나도 그렇게 생각해, 그리고 지금 프로젝트 중이지만 이 경험들은 나중에 톡톡하게 쓰이게 될 거다."

"갑자기 불길한 예감이 드는 건 왜일까요?"

"진이는 이제 나한테 적응이 됐나 보다, 불길함이 감지되는 걸 보니."

"자 봐봐, 설정된 테스트 처리하고 결과 분석 화면 뜨지?"

"물건입니다, 테스트 결과서에는 그냥 가져다 붙이기만 하면 되네요."

"이게 그냥 나왔겠나? 우리의 뜨거운 열정이 혁신을 만든 거야!"

"차장님~"

"어, 말해."

"그럼 오늘 또 회식인 거죠?"

"하하, 그래 회식하자. 까짓것 오늘은 돼지 말고 소고기다!"

열정의 끝은 혁신!

몇 달 뒤 개발단계가 끝이 나고 통합 테스트 단계가 시작되었다.

프로젝트 팀과 고객사의 아키텍처 팀, 고객사 EAI 담당자인 김리안 차장이 참석한 가운데 김 차장은 EAI 부하·장애복구 테스트 계획을 설명했다.

"김 차장님, 테스트 시나리오를 살펴보니 이런 류의 일반적인 테스트 방법론에 있는 것들이 적절히 반영되어 빠진 부분은 없는 것 같습니다. 짜임새는 있네요. 부하 산정은 어떻게 하신 건가요?"

"배포된 성능 테스트 설계서에도 나와 있지만, 화면을 보면서 설명해 드리겠습니다."

김 차장은 설계에 적용한 원칙, 시나리오 등에 대한 설명을 진행했다.

"EAI 쪽은 제가 잘 모르기는 하지만, 그래도 말씀 주신 내용을 들어보니 인프라 쪽만 20여 년 가까이 담당해온 제 경험해 비춰봤을 때 무난한 설계인 것 같습니다. 사실 지금 프로젝트 내 투입된 업체 쪽에서 이렇게까지 체계적으로 준비한 데는 없는 것 같아요. 김 차장님 테스트 도구들은 다 있으시죠? 부하를 발생한다든지, 로깅 하고 모니터링 하는 부분들……"

"네, 이 수석님. 저희는 EAI 업무 특성에 맞는 테스트에 필요한 전체 툴들을 다 구비하고 있고, 앞서 설명해 드린 설계 내용을 수행하는 데 전혀 문제 없습니다."

"네, 전 이 시나리오대로 진행하면 될 것 같은데, 다른 분들 의견은 없나요? 김리안 차장님?"

"따로 의견은 없고, 한마디만 첨언하자면 프로젝트 초기 인터뷰 때 정리된 그간의 운영상 문제점이 개선된 부분에 대한 충분한 검증만 이뤄진다면 문제없을 것 같습니다."

"그럼 다른 분들 더 의견 없으시면, 오늘 회의는 여기서 마치고, 공지드린 대로 총 3회에 걸친 테스트를 지금 배포된 테스트 설계서에 기초하여 진행하고 리포팅하도록 하겠습니다. 오늘 수고들 많으셨습니다."

세 번에 걸친 테스트 내내, 김 차장과 강 과장 그리고 전진 사원이 만든 도구들은 효과를 발휘하였고 리포팅된 결과를 통해 운영 적합 판정을 받았다.

4. 성능 테스트 설계
4.4 성능 테스트 절차

- 2분간의 Ramp Up을 수행한다.
- 테스트 시나리오별로 부하를 발생시켜 테스트를 수행한다.
- 테스트 완료 후에 IcPS, IrPS, 응답시간, 서버의 자원 사용률, 타겟 시스템 응답시간을 확인한다.

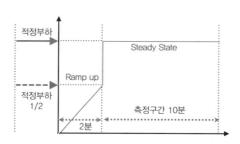

※ Ramp Up시에 적정부하의 ½에 준하게 테스트 전문을 전송하며, 등록된 모든 테스트 전문이 한 번 이상 수행되어야 한다.

성능 테스트 설계 예시

"휴, 이제 그랜드 오픈만 남은 건가? 고생들 많이 했다. 사연 많은 프로젝트였는데."
"차장님께서 제일 고생 많으셨죠."
"내가 뭘, 그대들이 먼 하늘의 뜬구름 잡는 이야기 만들어내느라 고생했지."
"아닙니다, 이번 프로젝트 하면서 많이 배웠습니다."

"그래, 이제 오픈 준비 잘해서 마무리하고 철수합시다. 그날을 위해~!"

에필로그

평소 김 차장답지 않게 다소 상기되고 긴장한 모습이 역력하다.

"김 차장, 왜 이리 긴장해 있어? 긴장 풀어."

"사업부장님, 그러게요. 저 왜 이러죠?"

"지난 3년간의 긴긴 여정의 마무리라 그런가? 평소답지 않은 게…… 난 재밌다야~, 김 차장 얼어 있는 것도 보고."

"이사님도 참~"

김 차장은 지그시 눈을 감고 잠깐 동안 지난 3년의 시간을 떠올렸다.

지금까지 가장 긴 프로젝트, 외국 개발사와의 협업과 변경, 영어공부, PMP 자격증 취득 등등 심심할 틈 없이 롤러코스터 타듯 오르락내리락했던 시간들, 우여곡절 끝에 성공적인 마무리…… 그리고 프로젝트가 끝나고 난 지난 6개월의 시간들……

새로운 도전의 시작 – 6개월 전

"이사님, 프로젝트가 끝났는데, 프로젝트에서 경험하고 느낀 게 참 많아서 이걸 잘한번 엮어보고 싶습니다."

"무슨 말이야?"

"프로젝트 멤버들 TF로 몇 개월만 엮어주시면 개발 방법론과 프레임워크를 개선하고 프로젝트 경험을 자산화하는 프로세스를 만들어 사업부에 이식해보겠습니다. 그리고 그때 만들었던 테스트 도구를 범용 프로그램으로 재개발해서 이후 프로젝트에서 사용할 수 있도록 하고, 사업부 숙원사업인 통합모니터링 제품 개발은 이번 프로젝트 베이스로 제품화하겠습니다."

"좋은 생각이긴 한데, 시간을 얼마나 주면 되나?"

"못해도 4~5개월은 필요할 것 같습니다."

김 이사는 잠깐 생각에 잠긴다.

"그래 좋다. 그 인력 새로운 프로젝트 투입 못 하는 게 사업부 매출이나 이익으로서는 좀 타격이 있겠지만 프로젝트 경험 살려서 바짝 한번 해봐! 일단 6개월 하고 부족하면 그때 상황 봐서 결정하자."

"네, 이사님!"

혁신경진대회

"자, 다음은 '열정은 혁신을 만든다!'는 주제로 솔루션사업부 김태풍 차장이 발표하겠습니다. 다들 큰 박수로 맞아주시기 바랍니다!"

김 차장은 본인의 이름이 호명되자, 깊은 심호흡으로 긴장된 마음을 진정시키며 발표장으로 걸어 나갔다.

'지난 3년의 여정을 마무리하는 자리, 엔지니어로서 최고의 경험, 있는 그대로 담백하게 풀어내면 될 거야, 김 차장 또 한판 신명 나게 놀아보자고~!'

"방금 소개받은 김태풍 차장입니다. 지난 3년간 내외부 프로젝트를 맡아서 진행하며 경험했던 혁신의 과정과 결과에 대해서 이번 사내혁신경진대회를 통해 말씀드릴 수 있게 되어서 무한한 영광입니다."

김 차장은 대기실에서 긴장했던 모습과 달리 첫마디를 내뱉으면서 또다시 열정적인 투사로 변신을 했다.

여정의 끝!

"지금까지 지난 3년간 프로젝트 현장과 TF팀에서 이뤄졌던 저희 사업부의 도전 과정에 대해서 설명드렸습니다."

어느덧 발표는 마무리되어 가고 있었다.

"저희는 이번 프로젝트를 통해 프로젝트의 경험이 조직의 자산으로 집약되고 전파되는 체계를 만들어 사업부에 접목하면서 프로세스의 혁신을 이뤄냈습니다. 두 번째, 프로토타이핑 과정을 개발방법론에 적용하여 절차 또는 방법의 혁신을 달성했습니다. 세 번째, 성능·장애테스트 도구를 새롭게 만들어 냄으로써 도구의 혁신을, 마지막으로 통합모니터링을 표준화하고 제품화하여 상표등록까지 마침으로써 제품의 혁신까지 이뤘습니다."

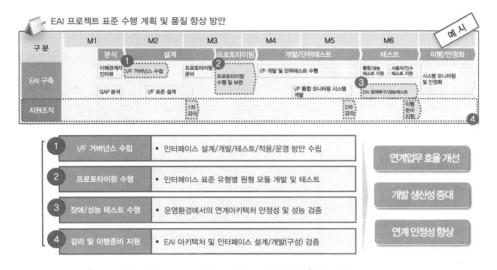

조직 프로세스 자산 개선 – 품질보증활동 보완 예시

김 차장의 목소리는 살짝 떨리기 시작했다.

"고객의 목소리에 귀 기울이고, 프로젝트의 어려움을 극복하고자 엔지니어로서의 열정 하나로 지금에 이르렀습니다. 팀원들의 스스로에 대한 열정, 조직에 대한 열정, 프로젝트에 대한 열정 그리고 고객에 대한 열정이 모여 지금의 혁신이 탄생한 것입니다."

김 차장은 발표를 마무리하면서 함께 했던 동료들을 빼먹지 않는다.

"지금까지 긴 여정을 함께한 팀원들을 소개하겠습니다!"

"조자룡 차장입니다!"

"강창신 과장입니다!"

"전진 사원입니다!"

발표장은 박수와 환호 소리로 가득 찼고, 김 차장은 지그시 눈을 감고 공기의 떨림을 통해 전달되는 박수와 환호를 느껴본다.

※ 프로젝트에 참여했던 조정철 수석, 강창균 과장, 신형준 과장, 전지웅 사원(현 대리)은 아직도 IT 현장에서 활발한 활동을 하고 있습니다.

㈜씨에스피아이에서는 자산화되어 있는 EAI 시스템 개발 방법론에 프로토타이핑 단계를 포함하여 분석·설계를 검증·보완하여 품질을 높이고 있습니다.

프로젝트 과정에 성능·장애테스트 도구로 자체 개발한 프로그램은 ezLTS(easy Load Test Sender)로 보완 개발하여 EAI 시스템 구축 프로젝트에서 시스템 테스트에 활용되고 있으며, 모니터링 시스템은 프로젝트 후에 정식 제품화 과정을 거쳐 ezMNA(easy Monitoring And Analysis, 상표등록번호: 제40-1114354호) 제품으로 출시하여 고객사 EAI 시스템의 안정적 운영에 기여하고 있습니다.

PASSION

박헌수

좌충우돌 박 팀장 해외 신시장 개척 프로젝트

MAKES
INNOVATION

좌충우돌 박 팀장 해외 신시장 개척 프로젝트

박헌수

막연하게 시작되었던 직장생활을 시작한 지 어느덧 15년의 시간이 흘렀습니다. 수많은 크고 작은 프로젝트가 이루어지는 동안, 저 또한 그 프로젝트들과 함께 성장해 온 것 같습니다. 프로젝트를 수행하는 동안 겪어낸 엄청난 스트레스를 견뎌온 시간들이 저를 비추어주는 거울과 같다는 생각이 듭니다.

그중에서도 저를 성장시켜주고 단단하게 만들어주었던 몇 가지 에피소드를 공유함으로써 저 또한 한 단계 도약하는 계기로 삼고자 합니다. 다른 저자분들과 달리 무역, 시장개척, 해외영업이라는 생소한 키워드로 북 프로젝트에 참여하게 된 것을 개인적으로 매우 큰 영광으로 생각하고 있습니다. 저의 다소 느린 진도에 인내와 격려를 해주신 공동 저자분들께 감사를 드리고, 이런 저와 다른 저자들을 이 프로젝트로 이끌어주신 이두표 대표님에게도 감사를 드립니다.

이두표 대표님과 함께 한 북 프로젝트 또한 프로젝트 메뉴얼에 따른 진행이어서 개인적으로도 프로젝트에 대해서 다시 한 번 공부를 하는 계기가 되었습니다.

이 책을 살펴보면 저자들의 경력이 IT와 건설에 집중되어 있음을 알 수 있습니다. 저만 무역전문가로서 참여를 하게 되었습니다. 우연찮게 회사 내에서 정부 지원 R&D 프로젝트(글로벌 제품 개발 프로젝트)를 담당하면서, 서로 상충하는 두 개의 프로젝트를 효율적으로 관리하고자 PMP공부를 시작했던 계기로 PMI 자원봉사자로서 참여를 하기까지 했습니다.

Project Management 지식은 IT와 건설에만 국한된 것이 아니라 회사 내에 중간 관리자급 이상에게 프로젝트를 시작하거나 여러 프로젝트에 대한 효율적인 관리가 필요로 하는 전 분야에 걸쳐서 적용되며 중간 관리자로서 한 단계 도약할 수 있는 계기가 될 것입니다.

모두들 아시다시피 대한민국 경제의 한 축은 수출과 수입입니다. 나와 상관없는 일 같지만, 이것은 대한민국의 경제 특성상 우리 생활과 매우 밀접한 관계가 있습니다. 한 달에 3~4번의 해외출장을 다니면서 매우 힘든 나날도 있었지만, 대한민국 구성원으로서 매우 큰 자부심도 가지고 일하게 되었습니다. 독자 여러분들께서 제 에피소드를 통해 해외시장과 해외프로젝트에 대해서 조금 더 쉽게 접근할 수 있게 되었으면 합니다.

이 책을 읽는 분들도 해외프로젝트 참여로 새로운 시장과 본인의 역량을 도약시키는 계기가 되었으면 합니다.

또, 해외프로젝트를 참여하면서 개인적으로는 자랑스럽지만, 일년에 3~4개월씩 해외출장으로 인해서 가족과의 삶에 균형을 가지기가 매우 힘들었습니다. 그래서 마지막으로 매일 밤마다 아빠를 찾는 아들 리건이와 리원이에게 항상 미안하고 잦은 출장으로 힘든 나날을 보낸 아내에게 고마움을 전하고 싶습니다.

에피소드 1: 나의 꿈

"손님, 손님!"

나를 부르는 비행기 승무원의 소리에 눈을 떠보니 비행기 안에는 아무도 없었다.

순간 많은 당혹감과 머리에 깨질 듯한 숙취가 올라오고 있었다.

한국행 비행기를 탄 기억이 없었다. 방금 전까지도 베트남 하노이에서 현지 클라이언트들과 하노이 소주를 한 잔 두 잔 서로 나눠마시고 있었는데……

조각조각 생각나는 기억의 단편들이 나를 더 어지럽게 했었다. 하지만, 내 가방을 비행기 선반에서 내리면서 남들은 모르는 나만의 뿌듯함에 젖었다. 가방 안에는 어제 클라이언트와 베트남－하이퐁 고속도로 프로젝트에 자재공급계약 100만 불을 체결한 계약서가 들어 있었다. 대한민국 중소기업으로서는 매우 이례적인 케이스이었다. 향후 4년 동안, 연간 100만 불씩 400만 불 공급 MOU도 체결하기로 했다. 어제의 저녁 식사 자리는 매우 의미 있는 자리였다.

베트남이라는 새로운 시장개척 프로젝트는 오직 나만의 프로젝트로서 회사 내에서나 주변에서는 네가 그런 것을 할 수 있겠냐는 못 미더운 시선들이 깔려있었다.

수많은 밤을 새우면서 회사소개서와 제안서를 작성하고, 인터넷 서치를 통해서 알지도 못하는 여러 회사들에게 수백 번의 회사소개서를 보냈지만, 아무런 회신을 받지 못 했었다. 어느 날, 베트남에서 온 인콰이어가 베트남에 나를 미치도록 했는지 아직도 이해가 되지는 않는다. 서너 줄에 불과한 이메일 내용을 부여잡고 나는 베트남행 비행기를 탔다. 나만의 프로젝트였다.

베트남－하이퐁 고속도로 프로젝트는 베트남 내에서도 매우 큰 프로젝트였다. 하이퐁항에서 수도 하노이를 연결해주는 110km 4차선 고속도로로서 수년 전부터 진행하고 있지만 속도가 매우 더뎠다. 거기에 토목용 보강 자재를 납품할 수 있는 연결고리가 생긴 것이었다.

과거 나는 주로 해외 오더 관리를 하면서 무역업무를 익히는 것이 지겨워서 회사를 그만두고 해외 영업 쪽으로 방향을 바꾸었다.

바꾼 회사는 내 생각과 달리, 회사 내에서 아무도 수출에 대한 의지를 가지고 있지 않았다. 열심히 하려고 하니깐 그냥 보내주는 베트남행 출장이었다.

하지만, 나는 달랐다. 베트남 출장 승인을 받자마자 나는 서점으로 달려가 베트남 관련 서적을 3권 샀다. 퇴근 후, 베트남 시장과 동남아 시장에 대한 공부를 했다. 베트남 비즈니스 관련 책뿐만 아니라, 베트남 문화에 관한 책도 서너 권 읽었다.

베트남이라는 나라는 과거 대한민국의 적국으로서 서로 총칼로 피를 흘리고 싸웠던 나라였다. 궁금했다. 호찌민에 관한 책에 나는 무척 끌리었다. 그가 평생 혼자 살았으며, 베트남 전쟁 중에도 청년들을 뽑아 선진국으로 유학을 보냈다는 이야기가 흥미를 끌었다. 전쟁으로 많은 사람들이 죽고 내일을 알 수 없는 상황에서 교육이 무슨 의미가 있을까? 호찌민은 언젠가는 전쟁이 끝날 것이고, 전쟁이 끝나고 난 후까지도 생각하는 인물이었다. 이것이 리더로서 다른 사람과 다르고 베트남 사람들이 그토록 호찌민을 존경을 하는 이유인 것 같았다. 이 책은 베트남에 대한 나의 생각을 완전히 바꾸었다. 단지 달러를 벌기 위해서 가는 곳이 아니라 사람이 사는 곳이었고 내일이 있는 곳이었다. 그게 교육이었다.

알 수 없는 내일을 위해서……

지금도 출장 가는 국가나 지역에 관련해서 3권 이상의 책을 읽으면서 출장을 간다. 다행히 한국에서 출장지역까지 이동 시간 동안 공항과 비행기 안은 나에게 매우 좋은 독서실이었다. 우리 회사 제품은 동남아 개발 국가들이 필요로 하는 도로, 항만, 산업단지에 꼭 필요로 하는 제품이었다. 동남아 국가들의 개발계획에 따라서 SOC 개발사업이 활발하게 진행되고 있었다. 우리 회사 제품 수요가 점점 확대되고 있었다.

나는 지방대 이과를 졸업했고, 영어성적은 매우 엉망이었다. 이런 내가 해외 영업을 하고 있다고 하면 20년 지기 초등학교 친구도 믿지 않는다. 아직도 내가 어떤 일을 하는지 모르는 친구도 있다. 대학교 졸업할 때인 27살 때 토익점수가 350점이었다. 해외라고는 한 번도 나가지도 못했고, 오직 국내 영어학원을 이리저리 쫓아 다니면서 영어공부를 했었다. 이런 나에게도 꿈은 있었다. 나의 꿈은 전 세계를 공짜로 다녀보자는 것이었다. 이런 꿈은 무역이라는 것을 뜬금없이 선택하게 되는 계기가 되었다. 지금 생각해보면 매우 무지했던 것 같았다. 그러나, 15년이 흐른 지금은 전 세계를 다니면서 한국제품을 팔고 있다.

에피소드 2. 베트남 택시 드라이버와의 하루

베트남-하이퐁 고속도로 프로젝트에 공급하는 자재를 수주하기 위해서, 각 구간별로 이해관계자와 만나기로 했다. 약속이 되어 있는 이해관계자도 있었지만, 한국에서 미리 사전 조사해온 별도의 가능 바이어들도 만나기로 했다. 한국에서 미리 베트남 친구에게 부탁을 해서, 하루 동안 택시를 빌리기로 했다. 정확히 이야기하면 택시 차량은 아니고 그냥 개인이 아르바이트 삼아서 운전과 차량을 제공해주시는 분이었다. 내 손에는 A4 종이 한 장에 빽빽이 적혀 있는 유망 바이어리스트가 들려 있었다. 그 리스트에는 회사명, 주소, 전화번호 등이 적혀 있었다. 오늘 하루 일정은 그곳의 바이어 4곳을 방문하는 일정이었다.

도로공사 특성상 현장사무소에는 주소가 없었다. 예전에 한 번은 인천 쪽 매립지역 자재 납품 때문에 현장사무소에 방문을 했는데, 현장사무소가 내비게이션에는 바다 한가운데로 찍힌다. 가다 보면 바다 위에 있는 상황이 펼쳐졌다. 여기 베트남 도로공사 현장도 마찬가지다. 가다 보면 도로가 고속도로 공사 때문에 중간중간 끊어져서 돌아가야 하는 구간이 많았다.

여러 사람의 도움을 받아서 아침 7시에 하노이에서 출발했다. 첫 번째 방문처는 베트남 친구의 소개로 가는 곳이었다. 문제는 영어소통이 안 되었다. 그래도 한번 가보기로 했다. 베트남 친구 이야기로는 토목 자재를 많이 쓴다고 하니, 가서 회사 소개 자료와 카탈로그를 전해주면 나머지는 본인이 도와주기로 했다. 40분 정도 차로 가다 보니 목적지에 도착을 했다. 그런데 주소지에 아무 것도 없었다. 낭패였다. 지금도 베트남 택시 기사 분께 감사드린다.

베트남 택시 기사는 날 더운 날 말도 통하지 않는 낯선 외국인을 위해서 주소 하나 적혀 있는 종이를 들고 이리저리 물어보고 길을 찾아주었다. 베트남의 여름 땡볕은 정말 따갑다. 그래서 현지인들 대부분 긴 팔 와이셔츠를 입는다. 이리저리 전화를 해서 겨우 바이어 사무실을 찾았다. 그런데, 여기는 건설사가 맞지만, 실제 제품을 구매하는 곳은 아니었다. 우리나라로 치면 용역사무실이었다. 낯선 외국인이 토목 현장까지 찾아온 정성을 봐서 그랬던지 그래도 현장소장이 친절하게 물품 공급하는 회사연락처를 알려주었다. 인터넷으로 찾기 힘든 소중한 바이어 정보였다. 첫 번째 거래처에 대한 실망을 뒤로 하고 다른 공사구간 현장사무소를 찾아갔다.

다행히 현 장소에서 그리 멀지는 않았다. 여기는 한국 건설회사가 베트남 발주처로부터 공사를 수주해서 진행하는 곳이었다.

이미 다른 경쟁사들이 상담을 했다는 얘기를 들었다. 내가 다녔던 회사는 이 업종의 후발주자로서 아무래도 한국 내에 네트워크가 기존공급업체보다는 좋지 못했다.

시공사 담당자를 만나서 30분 정도 회사와 제품에 대해 프레젠테이션을 할 수 있는 기회를 얻었다. 이렇게 하루에 한 곳이라도 내 물건을 사 줄 수 있는 곳을 만난 것은 지금도 정말 행운이었다는 생각이 든다. 그만큼 해외에서 물건을 판다는 것은 어렵다. 편하게 사무실에 앉아서는 바이어를 만날 수 없다. 아무리 인터넷이 발달해도 영업은 발로 뛰어야 한다. 해외영업도 국내영업처럼 발로 뛰어야 하는데, 대부분의 회사가 발로 뛰는 해외영업을 하지 않는다. 그만큼 현장을 모르는 것이다. 정말 답은 현장에 있었다.

　　모르는 사람에게 전화나 이메일로 연락하고 방문하는 것이 쉽지는 않다. 더구나 외국에 있는 사람에게는 더욱 그렇다. 나와 업무의견이 일치하는 담당자를 만나기란 더욱더 어렵다. 그게 해외 영업이다. 10%의 성공 가능성이 보여도 내가 모르는 해외 어느 현장으로든 달려가는 직업이다.

　　현장 소장과의 상담을 끝으로 다시 하노이로 돌아왔다. 마치 한국에 온 것과 같은 시골 풍경에 내려앉은 베트남의 석양이 나의 고단한 하루를 위로해주는 듯했다. 돌아오는 택시에서 나도 모르게 잠이 들어, 호텔에 도착하니 오후 9시였다. 온종일 운전하신 기사분에게 미안한 마음에 하루 수고비에 팁을 조금 더 드렸다. 기사분도 만족한 듯 고맙다는 말씀을 여러 번 하고 돌아가셨다. 지금도 베트남을 갈 때마다 느끼지만 다른 어느 나라보다 성실하고 정감이 있는 민족이다.

　　늦은 시간에 호텔에 와서도 쉴 수가 없었다. 오늘 하루 업무 정리와 각각의 현장 소장의 요구사항에 대해서 피드백을 주어야 했으며, 저 멀리 한국에 있는 여러 프로젝트 관계자들에게도 피드백을 주어야 했다. 이렇게 해외 프로젝트의 업무는 시차로 인해서 일이 끊어지지 않았다.

에피소드 3. 이해관계자에서 친구로

　　프로젝트를 수행하면서 많은 프로젝트 이해관계자들을 만나고 지속적인 상담과 협의를 거치는 일이 많았다. 어떤 때에는 금방 서로 웃으면서 끝나기도 하지만, 하루 만에 협의가 안 되어서 이삼일 더 옥신각신하는 경우도 다반사였다. 그러나, 이러한 과정을 통해 서로를 더 잘 이해하고, 각자의 입장에서 최선을 다하는 프로페셔널한 모습을 느낄 수 있었다.

　　상대방 바이어가 이해가 안 되는 원칙을 고집할 때 정말 난감하지만 뒤돌아보면 원칙은 원칙이었다. 그때 그렇게 원칙을 서로 고집하면서 토론하던 이해관계자가 지금은 정말 좋은 친구로 남아 있을 때가 많다.

상관습으로 영업직에서 바이어는 항상 '갑'으로 존재한다. 이해관계자로서는 서로 평등하지만 현실은 '갑'이다. 그들의 불공평한 여러 요구에 대해서 우리는 '을'로서 남아 있기에 현실에서 영업은 항상 어렵고 불공평하다.

그러나, '갑'과 '을'로서 만나지 않고 프로젝트 이해관계자로서 서로 업무를 협의하고 조율할 때, 진정한 친구로 남을 수 있는 것 같았다. 프로젝트 이해관계자였던 베트남 친구와 일이 끝났을 때, 함께 노상에서 하노이 맥주 박스를 통째로 깔고 앉은 채 새벽까지 마시면서 이런저런 이야기를 했던 때가 인생에서 제일 기억에 남는다. 저녁을 먹고 베트남 친구와 맥주 한 짝을 시켜 옆에 놓고 인생과 일에 대한 프로젝트를, 서로의 언어가 아닌 낯선 제3국의 언어인 영어로 대화를 하지만, 업무에 대한 지식과 열정이 담긴 눈빛은 서로에 대한 배려와 진정성을 느끼기에 충분했다.

지금도 가끔 베트남에 가면 이 친구가 항상 맛있는 베트남식 저녁과 맥주를 산다. 한국에서 보면 항상 '을'의 입장인 사람이 저녁과 맥주를 사는 것과는 대조된다. 프로젝트 이해관계자와 업무의 '갑'과 '을'을 떠나서 친구였다. 가끔 생각날 때, 훌쩍 베트남 하노이에 가서 맥주 한 잔 마시고 싶은 그런 친구가 나에게 생겼다. 덤으로 지금도 간간이 업무와 관련된 생생한 현지 정보를 얻을 수 있다. 만약 베트남에 정말 좋은 현지 친구가 생기기를 바란다면, 꼭 노상에서 맥주 박스를 깔고 앉아 시원한 베트남 밤공기를 느끼면서 하노이 맥주를 마셔 보기를 권한다.

에피소드 4. 베트남 고속도로 프로젝트

베트남에서 한국 드라마 열풍이 불고 있듯이, 한국에서도 베트남 열풍이 불고 있다. 문화는 상호교류인 것 같다. 이러한 부분이 기업의 현지 진출에 꽤 유리하게 작용을 한다. 업무 이외에 여러 대화를 할 수 있고, 공감대를 형성하여 자연스러운 친밀감이 가질 수 있다.

베트남은 우리나라가 1970년 경제 발전을 위해서 산업도로를 많이 지었던 것처럼, SOC 투자사업이 활발하게 진행하고 있다. 주변 여러 나라보다도 체계화된 공무원 조직과 국가 전체적으로 산업 발전에 의지가 매우 높아서 ODA나 국제기관으로부터 투자유치를 잘 끌어내고 있다.

동남아 국가 중에서 베트남은 일본, 한국, 중국을 위주로 치열한 건설수주 경쟁을 벌이는 현장의 중심에 서 있다.

나에게 베트남은 매우 각별한 국가이기도 했다. 내가 회사에서 어느 누구도 해외진출을 생각하지 못 할 때, 거의 떼를 쓰다시피 해서 간신히 해외 출장 승인을 받았다. 회사 내에 사장과 임원들은 괜히 헛돈만 쓴다는 인식이 매우 강했지만, 나의 고집으로 어렵게 해외 출장 승인을 받았다.

나는 이번 출장으로 어떠한 결과물도 얻지 못하면, 다시는 해외 출장을 입 밖으로 꺼내지 않기로 했다.

지금 생각해보면 매우 무모하다는 생각도 든다. 하지만, 그만큼 나의 바람은 매우 간절했다. 해외시장 개척의 가장 중요한 요소는 해외 영업 담당자의 열정이라고 생각한다. 그러기에 각 기업의 대표님들은 이 점에 대한 보상체계를 고민해야 한다. 이러한 고민 없이 해외시장을 개척하기 바란다는 것은 대표님들의 욕심이라고 생각된다.

해외시장 개척은 정말 어렵다. 여기에 해외 영업 담당자가 들이는 시간과 열정이 많이 필요하다. 우리나라 중소기업에는 이러한 업무에 대한 보상이 없는 탓에, 더 창의적이고 진취적인 업무 진행이 안 되어 매우 아쉽다.

다행히 처음 출장을 가서 오만 불의 첫 수주계약이 성사되었다. 처음 대면한 자리에서 바로 발주를 주는 경우는 매우 이례적인 일이었다. 어떻게 보면 그만큼 한국에 대한 좋은 인식이 매우 도움이 되었던 것 같았다. 그래서 정부나 민간단체 차원에서 서로 문화 교류 사업을 진행하는 것은 기업에게 충분한 마케팅 효과가 되어 준다. 한국인이나 한국 회사는 믿을 수 있다는 인식이 베트남인 생각 바탕에 있었던 것이었다.

첫 계약이라 오전 10시 미팅이 점심 이후로 미뤄졌다. 분위기가 좋았기에 점심시간에 하노이 맥주를 나누면서 서로에 대해서 더욱 이해할 수 있는 자리가 되었다. 물론 첫 거래이기 때문에 결제는 신용장으로 하기로 했다. 다행히 출장 전에 미리 준비해둔 여러 자료들 덕분에, 추가 자료 제출 없이 바이어들도 바로 확인을 해주어 쉽게 일을 마무리할 수 있었다. 다만, 베트남 내에 모든 공공 프로젝트는 베트남 공인시험기관의 시험성적서가 첨부되어야 했다.

거기에 대해서도 나는 바로 한국으로 국제 전화를 걸어 샘플을 바이어에게 바로 보내도록 조치를 해두었기에 내일이면 도착할 샘플을 확인한 후에 귀국할 예정이었다. 이런 즉각적인 대응과 준비성 덕에 바이어가 우리를 신뢰하는 계기가 된 것 같아서 매우 기분이 좋았다.

한국에 들어오자마자 바이어에게 계약서에 따른 추가 조치로서 신용장을 받음과 동시에 물건을 선적할 준비를 했다.

지금도 나는 처음 계약한 바이어 오더 건에 한해서 수출하는 컨테이너의 문 잠금장치(Sealing 작업)를 직접 하며, 막걸리를 한 박스 사서 공장 직원들과 나누어 마신다. 이것은 어떻게 보면 나만의 신성한 의식이다. 이 때야말로 수출을 하는 내 직업이 더없이 자랑스럽고, 말로 표현할 수 없는 희열을 느끼는 순간이다. 누군가가 처음 수출을 한다면 이렇게 해보기를 권해 본다. Stopping할 때 저 멀리 열어볼 누군가를 생각하면 수출하는 물건들에 정성을 다해 보내게 된다. 대한민국 중소기업에서 모두 다 이렇게 해보았으면 하는 바람이다.

에피소드 5. 태국 Breakwater 해외 프로젝트

회사에서 특명이 떨어졌다. 베트남에 집중된 해외 매출을 동남아 국가로 다각화 하자는 해외 진출전략을 수립했다. 당시 베트남에서 많은 SOC 공사가 진행되었지만, 신규 프로젝트들이 주춤하는 모습을 보이기 시작했다. 그래서 전략적으로 접근하기로 한 곳이 말레이시아와 태국 시장이었다. 특히 태국은 2004년 쓰나미의 여파로 여러 환경재해를 방지하고 환경자원을 보호하기 위한 토목공사를 준비 중이어서 우리의 목표와 잘 맞아 떨어졌다. 하지만 국가 대형 프로젝트는 국제적으로 경쟁이 치열하고 다국적 회사들이 직접적이거나 간접적이라도 관여를 해서 거미줄처럼 얽혀 있는 경우가 다반사였다. 열악한 한국의 중소기업이 거대한 다국적 기업을 상대하기란 매우 쉽지 않았다. 거대 다국적 기업에서 투입한 수많은 석박사급 엔지니어와 Reference는 우리의 기를 죽이기에 충분했다. 정말 1대 100의 느낌으로 싸운다고 할까? 개별 프로젝트에 따라오는 수많은 요구서류를 맞추는 데 어려움이 많았다.

상대방에게 우리 회사를 인식시키고 증명하기 위해서 모든 것을 서류로 검증해야 하는 과제가 남아 있었다. 이 모든 것을 충족하더라도 또다시 가격과 제품 품질에서도

컨테이너에 수출물품 적입후 Sealing 작업(태국 방콕 해양방제 프로젝트)

경쟁을 해야 했다.

국가 대형 프로젝트는 여러 분야의 이해관계자가 등장한다. 정부, 시공사, 발주처, 공급사 등 서로의 이익과 과제수행을 위해서 많은 충돌이 생긴다. 다행히 여러 바이어들과 접촉한 결과 태국 해안선에 Breakwater(잠재) 프로젝트 자재를 공급할 수 있었다.

프로젝트 규모가 큰 만큼 정부 관계자들의 체크도 꼼꼼했다. 특히 공장 생산라인과 제품 품질에 대한 승인이 깐깐하게 이루어졌다. 우리도 이에 맞추어 2달 동안 내부 공장심사와 교육을 통해서 준비했으며, 특히 제품 품질관리를 위한 시험 결과에 대한민국 내 시험기관의 신뢰성 확보가 가장 어려웠다.

다행히 국내 정부 인증기관 시험기관의 팀장이 다른 기관과 달리 기업의 어려움을 잘 알고 이런 부분에서 매우 호의적으로 도움을 주어서 자재공급 승인을 잘 받을 수가 있었다.

태국에서 자재공급 승인을 위해서 20명의 정부 관계자가 우리 공장과 시험기관 Lab 방문을 요청했다. 이에 우리도 내부 팀 프로젝트를 만들어서 이들을 인천공항에서 픽업하여 공장방문 및 시험기관 방문을 서둘러 추진했다. 3박 4일 동안 이들과 같은 호텔에서 지내면서, 프로젝트 수주를 위해 사력을 다하여 제품설명과 시험기관의 신뢰성과 우수성에 대해서 설명했다.

팀원들의 이러한 노력이 좋았는지 이들 일행이 돌아간 후에 다행히 프로젝트 공급 승인을 받을 수가 있었다.

대규모 인원이 다닐 때에는 여러모로 신경을 많이 써야 했다. 동선도 10분 단위로 쪼개서 준비하고 식사도 신경을 많이 썼다. 팀원을 2명씩 보내서 각 식당의 위생상태와 메뉴 등을 체크했다.

특히, 태국문화 관련해서 인터넷 서치를 통해 공부하며, 성심성의껏 준비를 했었다. 태국은 불교 국가인 만큼 소고기와 같은 육류를 즐겨 하지 않고 소식을 한다. 해외프로젝트 관련해서 업무를 하는 사람이라면 이러한 부분에 대한 이해가 꼭 필요한 것 같다.

이 때문에 메뉴 선정에 각별히 신경을 더 썼다. 그래서 한국적이고 서민적인 메뉴로써 서로의 동질감을 형성하고 싶었다. 그렇게 선정된 메뉴가 비빔밥, 삼계탕, 안동찜닭 등이었다.

하지만, 중소기업 오너의 잘못된 인식으로 인해서 서로를 불편하게 만든 경우도 종종 있다. 이번에 사장이 갑자기 소 생갈비를 메뉴에 넣으라고 해서 정말 난처했다. 태국문화에 대해 설명을 해도 한국에 왔으면 이런 것도 다 경험이라고 사장의 주장대로 하라고 했다. 이럴 때가 정말 난감하다.

태국 정부 이해관계자들 대부분이 불교 신자고, 때문에 소고기는 가급적이면 피하는 메뉴였다. 사장 입장에서는 비싼 메뉴로 접대하고 싶었겠지만, 뻘건 피가 있는 생갈비는 정말 최악의 메뉴였다. 대부분 입에 대지도 않고 남기는 상황이었기에 정말 난처했다. 그래서 재빠르게 후식 냉면을 시키니 그제서야 다들 냉면을 드시고, 그 모습을 본 후에 공장 검수 프로젝트 PM으로서 안도의 맘이 생겼다.

이러한 우여곡절 끝에 200만 불의 수주를 받는 쾌거를 거두었고, 이는 1년간 지속적인 생산을 할 수 있는 수량으로, 40피트 컨테이너기준 60~70개 정도 되는 수량이었다.

매우 고무적이고 흥미진진한 프로젝트였고, 다행히 수주로 이루어져서 개인적으로

회사소개 프리젠테이션

해외 프로젝트 PM들의 한국 연구소 기술연수

매우 큰 경험을 쌓게 되었다.

겉에서 보면 해외 영업이나 해외 프로젝트 관리라는 직업이 멋있게 보이는 면이 많다. 하지만 그 이면에는 잦은 야근과 해외 출장으로 인해서 가끔은 몸과 마음이 지칠 때가 많았다. 특히, 늦은 나이에 생긴 신생아 아들을 보면 매번 미안한 마음이 많다. 일주일 출장 다녀오면 손가락만 한 아기가 금방 커 있다. 모든 부모들이 같은 마음일 것 같다. 우리나라처럼 잦은 야근과 회식으로 직장 생활하는 30~40대 직장인들 역시 공감하는 부분일 것이다.

최근에 4차산업과 Start-up 관련해서 실리콘밸리 기업들을 방문하는 기회가 생겼는데, 거기서는 회사업무를 우선으로 하는 우리나라 기업문화와 달리, 회사 업무와 가족, 육아, 휴가 등에 대해서 밸런스를 맞추어서 일하는 문화가 매우 부러웠다. 아직도 한국 기업은 시간당 생산성을 놓고 회사의 수익을 맞추는 문화가 만연해 있다.

이러한 한국의 기업문화는 제조업에만 해당되는 것이지 개인의 창의적인 능력과 집중력을 요하는 영업과 관리 업무에는 맞지 않는다. 그저 사장이 퇴근하기만 기다리면서 눈치 보며 인터넷과 채팅으로 시간을 때우는 불쌍한 직장 상사를 볼 때도 있었다. 그저 킬링타임으로 사장의 환심을 사서 직장인의 생명을 연장하는 모습으로는 진취적이고 열정적인 프로젝트 관리를 할 수 없다.

그게 나의 미래일지도 모른다는 불안감에 어떤 프로젝트든지 최선을 다해서 하고 있었다.

에피소드 6. 말레이시아 신규 해외 시장개척 프로젝트

태국 신규 시장 개척과 동시에 말레이시아 신규 시장개척 프로젝트를 진행하게 되었다. 거리 면에서 가까워 한 번에 두 군데 출장을 다닐 수 있기에 조금 효율적이었다.

말레이시아는 생각보다 큰 나라였다. 우리가 보통 생각하는 동남아 국가와는 달리 산업화가 꽤 규모가 있게 진행되고 있으나, 우리나라에서 그리 관심 있게 보는 나라는 아니었다. 말레이시아는 태국과 싱가포르 사이에 있는 국가로서 싱가포르와는 밀접한 경제 협력 체계를 가지고 있었다. 대부분 이슬람교이고 1인당 GDP가 11,237USD이어서 베트남 1인당 GDP 2,545USD 대비 4배나 큰 경제 규모를 가지고 있었다. 풍부한 천연 자원을 기반으로 경제 발전이 꽤 이루어져 있었다. 조금 더 일찍 진출했었다면 하는 아쉬움이 컸다. 그만큼 SOC 투자가 이루어져서 우리 회사 제품이 팔릴 기회가 더 많았을 텐데……

그러나, 아직도 이 나라는 경제 성장의 기회가 많고 국가 면적도 대한민국의 3배가 넘기 때문에 그만큼 더 긴 도로가 필요하다는 생각이 들었다. 이런 생각에 잠긴 나를 볼 때면 나의 내면에는 있는 영업 기질이 느껴졌다.

말레이시아 신시장 개척을 위해서는 여러 채널로 시장 조사와 바이어 리스트 조사가 필요했다. 말레이시아에는 우리 업계에서 가장 강력한 경쟁사 중의 하나인 다국적 회사가 버티고 있어서 매우 힘든 경쟁 구도가 형성되어 있었다. 한국도 그랬듯이, 동남아 국가를 비롯해 말레이시아에서도 서양 제품과 기술이라면 맹신하는 버릇이 있다. 서양 제품과 기술은 어떻게 보면 그럴듯하지만, 내가 무수한 경쟁을 통해서 얻은 결과는 그것들도 그렇게 그들이 말하는 대로 신뢰할 수 없다는 사실이다.

다국적 기업들은 마치 그들의 기술이 우수하고 우리나 동남아 국가들의 제품보다 좋다고 한다. 하지만 그 이면을 깊숙이 들여다 보면 얕은 상술에 지나지 않았다.

그러나 분명한 것은 다국적 기업들과 우리와의 기술 격차는 존재한다는 사실이다.

어느 클라이언트는 우리 기업은 기술 격차보다 그 기술을 포장하는 기술이 떨어진다고 속내를 전했다. 비유하자면 여자들이 화장하는 것처럼 화장 기술이 떨어진다고 쉽게 조언을 해주었다. 그분과 여러 차례 미팅을 하면서 매우 깊은 배려에 지금도 감사를 표하고 싶다.

그 바이어는 우리에게 독점적으로 공급받기를 원했고, 그에 대해서 우리도 그렇게 하겠다는 믿음을 주었다. 하지만, 최종적으로 우리 쪽에서 거래처를 변경하는 입장으로 선회를 하게 되었다. 지금도 미안한 마음이 한쪽에 자리 잡고 있다.

말레이시아 신규 시장 진입은 정말 쉽지 않았다. 그만큼 경쟁사들의 저항이 만만치 않았다. 우리 제품이 참여하는 프로젝트에 대해서 경쟁사에서는 여러 특별한 프로모션을 진행했기 때문에 발주처나 시공 회사로 접촉하는 것조차도 쉽지 않았다.

그러던 중, 이상한 점을 알게 되었다. 우리가 제시한 세일즈 샘플 테스트가 Pass되지 않고 FAIL로 나오는 것이었다. 우리를 믿어준 거래처를 볼 면목이 없었다.

그래서 나는 오전에 회사 사무실에서 대표이사에게 간단한 브리핑을 한 후, 그날 저녁 말레이시아 쿠알라룸푸르로 가는 제일 빠른 비행기를 바로 예약해서 출발했다. 오랫동안 해외영업과 해외프로젝트를 관리하다 보니, 출장 준비도 그리 어렵지 않았다. 방 한쪽 구석에는 항상 여행용 가방이 있어서 언제든지 떠날 채비가 되어 있었다.

내가 처음 해외 출장을 가기 하루 전날 잠조차 이루지 못했던 것과는 정말 대비되었다. 그때는 설레는 마음에 잠이 오지 않아서 뜬 눈으로 독일행 비행기에 올랐던 일이 어제 일처럼 생각났다.

말레이시아로 가는 비행기를 타는 내내 나의 머리 속에서 떠나지 않는 의문점에 대해서 바이어들과 어떻게 상담을 할지 여러 차례 되새기면서 말레이시아에 도착을 했다. 서둘러 호텔로 가서 쉰 다음, 아침 일찍 바이어 사무실로 찾아갔다.

현재의 문제점은 "프로젝트를 위한 샘플 테스트가 왜 계속 FAIL로 나오는가?"였다. 바이어와 2시간 정도 상담한 결과, 정말 이상한 상황이 발생한 것을 확인했다. 우리가 제시한 시험 샘플이 다국적 회사의 LAB에서 테스트가 되고 있다는 것이다. 이 이야기를 듣는 나로서는 이해가 안 되었지만, 의외로 바이어 측은 이 상황을 받아들이고 있었다. 이것이 말레이시아 내에서는 지금까지 관례였기 때문이다. 그 이유는 발주처나 시공사 등 공사 감독관들이 말레이시아 내에서 국제표준에 준하는 LAB에서 샘플 테스트를 한 경우에만 공급원 승인을 내주는 것이었다. 그런데 말레이시아 내에서 국제 표준에 준하는 실험실은 다국적 회사의 실험실 한 곳 밖에 없었다. 그래서 모든 자재 공급 회사가 그곳으로 시험 의뢰를 하고 있었던 것이었다.

직감적으로 이 프로세스에 문제가 있다는 것을 느꼈다. 어떻게 보면 중립적이지 않은 개인 회사의 실험실에서 프로젝트 관련 시험을 하고 있다는 것은 말이 안 된다는 생각이 들었다. 다행히 국내 공인시험 기관의 팀장과 친분이 있었기에 바로 국제 전화를 걸어서 이러한 문제점에 대해서 자문을 받을 수 있게 되었다.

다행히 시험 기관의 팀장은 국내 시험 분야의 전문가이며, 기업의 입장을 이해하는 분이었다. 스스로 여러 표준에 대해서 공부도 많이 하고, 적극적으로 기업을 지원을 해주시는 분이었다. 시험 기관 팀장님과 서너 차례 국제 전화 통화를 통해서 국제 시험기관 시스템에 대해서 알게 되었다.

오전 미팅을 한 후 바이어와 점심을 먹고 곧장 호텔로 와서 국제 시험 기관에 대해서 구글링으로 공부를 하기 시작했다. 중간 중간 한국에서 오는 업무를 같이 처리하다 보니 자정이 다 되었다. 저녁을 나가서 먹기에는 너무 늦은 시간이어서 한국에서 가져온 컵라면으로 저녁을 때우게 되었다.

새벽 2시쯤 되자 어느 정도 돌파구를 찾았다. 다국적 회사 LAB이 말레이시아 내에서 인정 받는 이유는 미국의 국제 시험 인증 기관으로부터 상호인증을 받았기 때문이었다. 그것을 자세히 보다 보니 새로운 의문점이 생겼다. 지금까지 말레이시아 내에서 FAIL이라고 말로만 듣던 결과에 대한 시험성적서를 받아 보지 못했던 사실을 깨달은 것이다. 아르키메데스가 "유레카"라고 외쳤던 것처럼 나 또한 이 호텔에서 속옷 바람으로 뛰쳐나가 "유레카"라고 외치고 싶었다.

날이 밝아오자 나는 잠깐이라도 눈을 붙이기로 했다. 눈꺼풀 한 번 깜빡이자 아침 9시가 되었다. 아침 식사를 챙길 여력도 없이 어제 찾은 내용에 대해서 먼저 바이어에게 간단하게 메모를 해서 바로 메일을 보냈다.

바이어 사무실로 가기 위해서 준비를 하던 중 호텔로 바이어로부터 전화가 왔다. 바이어도 내가 보낸 메일을 보고선 바로 나를 픽업하기 위해서 호텔로 온다는 것이었

현장 중심 Lessons Learned 말레이시아 Cyberjaya 스마트시티 부지개발 프로젝트

다. 내가 보낸 내용에 대해서 바이어도 매우 흥분한 상태였다. 내가 보낸 메일 내용을 바이어도 이해하고 해결의 실마리를 찾은 것이었다.

해결점은 다국적 회사의 말레이시아 LAB의 업무 범위(SCOPE)가 내부의 제품은 품질관리용으로 시험을 할 수 있지만, 다른 회사의 제품에 대해서 테스트할 수 있는 SCOPE에는 해당 되지 않는다는 데서 찾은 것이다. 우리가 프로젝트를 수행하면서 정하는 SCOPE에 대한 공부가 이럴 때에 적용된 것이었다. 즉, 제3자에 대한 테스트를 할 수 없었기에 다국적 회사의 말레이시아 LAB에서는 공인된 TEST REPORT를 발행할 수 없었던 것이었다.

바이어와 사무실에 도착한 뒤 바이어도 분주하게 움직였다. 여러 군데 전화를 걸면서 일일이 확인을 하는 모습이 매우 역동적이었다. 그동안 본인들이 힘들어하던 부분이 해결되어서 그런지 한두 시간 계속 여러 군데 통화를 했다.

그래서 나는 여기에 해당하는 국내 시험기관 팀장과 다시 통화를 하면서 국내 공인시험 기관의 국제 시험인증에 관련한 인증서를 메일로 받아서 바이어에게 전달을 해주었다.

점심시간이 한참 지나서 바이어는 신이 나서 점심을 먹으러 나가자고 했다. 점심을 먹으면서 본인이 나에게 해 줄 이야기가 있다는 것이었다. 서너 명의 바이어 측 임원들과 동행하면서 오전에 통화했던 내용을 브리핑해주었다.

그 내용은 내가 지적한 내용이 맞으며 말레이시아 내에는 국제 공인을 해줄 수 있는 제3자 시험 기관이 없으므로 프로젝트 관련 이해관계자들이 한국의 국제 공인 시험 기관을 방문하여 시험 샘플 테스트를 하기로 했다는 것이었다. 서너 달 동안 풀리지 않았던 문제가 하루 이틀 만에 풀리니 나 스스로도 신기하기만 했었다.

간간히 공부했던 PMBOK의 파워를 실감하게 되었다.

바이어의 이야기를 듣고선 귀국 일정을 변경하여 그날 밤 비행기 표로 바꾸어서 바로 귀국을 하기로 했다. 동남아에서 새벽 1시 출발해서 아침 6시에 도착하는 비행기는 매우 피곤했다. 어쨌든 전날에 잠을 자지 못해서 그런지 비행기 좌석에 앉자마자 바로 잠이 들었다. 눈을 떠 보니 스튜어디스가 아침 죽을 나누어주고 있었다. 간단하게 식사를 하고, 간략하게 줄거리 메모를 하면서 향후 진행될 프로젝트에 대한 생각을 정리했다.

몸과 정신이 매우 피곤했다. 비행기 이코노미 좌석에서 밤 새우는 것이 만만한 일은 아니었다. 그리고 바로 회사로 출근하기로 했다. 어떤 때에는 나 스스로가 정신이 반쯤 나간 미친 사람처럼 일하는 것 같다.

피곤한 몸을 이끌고 출근해서 사장에게 보고를 하고, 프로젝트 팀원들에게 향후 프로젝트를 진행할 방향에 대해서 간략하게 알려 주었다. 말레이시아 신규 시장 개척 프로젝트를 위한 새로운 프로젝트가 필요한 것이었다. 그 프로젝트는 해외 프로젝트 발주자들이 직접 본사 공장과 공인시험 기관을 방문하기로 한 것이었다. 3박 4일 일정으로 계획을 짜며 공인시험 기관 방문을 위해서 기관과의 협력이 매우 중요했다.

이렇게 업무 지시를 한 후에 택시를 타고 집으로 향했다. 가만히 있어도 눈이 감기는 상황에 어제부터 입은 옷은 땀 냄새로 찌들어 있었다. 하지만, 이러한 해결 실마리가 나의 지친 몸을 가볍게 만들었다.

에피소드 7. 동남아를 넘어 세계 시장으로

어느덧 멀게만 느껴지던 베트남, 태국, 말레이시아로 이어지는 동남아 시장 개척 프로젝트를 마치면서 우리 해외 영업 팀은 새로운 시장에 도전하기로 했다. 프로젝트를 마칠 때마다 팀원들도 많이 지쳐 가고 있었다.

중소기업에 다닐 때마다 활력이 넘치게 일하는 점은 좋았지만, 거기에 대해 상응하는 인센티브 제도가 없어서 새로운 활력소를 찾는 것이 쉽지는 않았다. 나 또한 마찬가지였다. 그러나 나는 여기에 안주하기 싫었다. 뭔가 남들이 도전하지 못하는 것들을 해보고 싶었다.

그래서 국내 기업으로는 처음으로 동남아 지역 외에 다른 지역으로 시장을 개척하는 프로젝트를 가동하기로 했다. 크게 중동, 유럽, 중남미 지역으로 나누었다. 내가 프로젝트 총괄 책임자로서 팀원들에게 각자의 지역을 나누어 주었다. 팀원들과 여러 차례 팀 미팅을 가지고 지역별로 차별화된 전략으로 접근하기로 했다.

첫 번째 중동지역은 건설과 토목 경기가 다시 올라오는 때였으므로, 이 지역은 내가 맡기도 했다. 중동지역은 전통적으로 국내 건설사들이 이미 많이 진출해 있는 지역이었지만, 정치적으로나 종교적으로나 중소기업에게는 쉽지 않은 지역이다.

그래서 우리는 팀원들과 중동지역 해외 진출 프로젝트를 투 트랙으로 진행하기로 전략을 수립했다. 국내 건설사를 통해서 해외 프로젝트 자재공급을 하는 우회 전략과, 현지 클라이언트를 통해서 직접 해외 프로젝트에 자재를 공급하는 직접 시장 접근 전략을 수립했다. 국내 중동 진출 건설사들 수주 프로젝트를 List-up 해서 각 프로젝트별 건설사와 담당자를 만나러 다녔다. 해외 출장보다는 한결 수월했지만, 실제로 바쁜 일정의 담당자를 만나기는 쉽지 않았다. 대형 건설사 PM 담당자들도 현지 출장이 잦아서 시간을 맞추기가 어려웠다. 하지만, 꾸준한 노력 덕분에 100만 불 규모의 현지 프로젝트 수주가 가능했다. 뭐든지 발품을 팔아야 한다. 그래서 그런지 우리는 타사보다 정보 수집의 범위가 넓었고 먼저 각각의 프로젝트에 대해서 대응할 수 있는 여유가 생겼다. 이런 부분이 국내 건설사 담당자들에게도 안정감 있는 모습으로 비추어졌던 것 같다.

실제로, 해외 프로젝트 관련 자재를 수주하기 위해서 표준시방서를 받아도 견적을 낼 수 있는 자재 공급 회사는 그리 많지 않았다. 모든 서류가 영문으로 되어 있는 데다, 시험방법은 ASTM이나 영국, 일본 시험방법으로 되어 있는 경우가 많았다. 이에 대응하기 위해서 우리는 이미 다수의 ASTM 시험방법과 유럽 시험표준에 대해서 사내 학습조직을 구성하고 공유하고 있었다.

모든 사람이 기회가 오면 대박이 날 수 있을 거라 믿고 있다. 하지만, 나는 생각이

중동 현장 방문 후에

중동 U.A.E. 바이어와 상담 후에

좀 다른 편이다. 오직 준비된 자만이 기회가 오면 잡을 수 있을 것이라 생각한다. 프로젝트 또한 마찬가지라 생각된다. 프로젝트도 일정 속에 단계적으로 준비하는 사람만이 그 프로젝트를 무사히 마칠 수 있다.

중동 지역 직접 시장 개척 프로젝트는 바이어 정보수집, 무역사절단 방문, 중동 지역 전문 콘퍼런스 등 단계적인 접근 방법으로 전략을 수립했다. 대부분의 중소기업은 단계적인 접근 없이 하늘에서 오더가 떨어지기를 기대하면서 해외 전시회를 다니고 있다. 복권을 사고 토요일마다 당첨되기를 바라는 것처럼, 해외 전시회에서 바이어를 만나 대박이 나기만을 바라고 있다.

해외 비즈니스와 프로젝트는 냉철한 분석을 바탕으로 열정을 가지고 움직이는 것이 맞는 것 같다. 단순히 운을 기대하기보다는 철저한 시장분석, 바이어 정보수집, 국제 동향 등을 한순간도 놓치지 않고 확인해야 하는 비즈니스이다. 그만큼 국내 비즈니스보다 리스크 요소가 많다.

중동 비즈니스를 징검다리로 해서 동유럽 시장과 북아프리카 시장 개척을 동시에 준비하고 검토했다. 먼저 유럽 지역에서 열리는 Conference에 참여하여 시장 조사와 바이어 접촉을 했다. 최근 개발이 한창인 동유럽 시장은 이미 여러 글로벌 경쟁사들과 서유럽 경쟁사들이 경쟁을 하면서 점유하고 있었다. 기술력이 쟁쟁한 경쟁사들이며 적어도 30년 이상의 제조 기술을 가지고 있는 회사들이었다. 어떤 회사는 1940년대에 설립되어서 지금까지도 운영하고 있는 제조회사도 있었다. 1940년대의 한국과 비교해보면 금방 이해가 된다. 그만큼 우리와 다른 기술력과 노하우를 가지고 있는 기업들이었다.

추가적인 유럽 시장 개척을 위해서 중소기업으로는 하기 어려운 Warehouse sales를 검토해보기로 했다. 나의 복안은 중동 시장을 거점으로 Warehouse를 구축해서 유럽으로 수출하는 방안이었다. 이것은 중동시장을 잡으면서 동유럽과 북아프리카를 아우르는 시장 접근 전략이었다. 아쉽게도 이 전략은 초기 검토만 하고 접어야만 했다.

이 전략을 진행하려면 우리 회사 제품이 글로벌 standard에 맞는 기술력과 상품화 전략을 가져야만 했다. 단지 OEM 생산만 하는 우리 회사로서는 Stock sales를 하기가 매우 어려웠다.

이 부분은 항상 공장 생산부서와 마찰을 가져오게 했다. 글로벌 시장으로 접근하기 위해서 어느 정도 생산성을 포기하고 상품화에 주력했어야 했는데, 이 부분에 대한 회사 차원의 노력이 없었기에 나만의 아이디어 차원에서 머무르고 추가적인 시장 개척 접근은 어려웠다. 이 점은 나에게 지금까지도 매우 아쉬운 부분으로 남아 있다.

남들보다 한 발 앞서 나가지 못하면 멈춰 있는 것이 아니라 뒤쳐져 있는 것과 같았다. 이미 우리의 글로벌 경쟁사들은 한 발, 두 발 성큼성큼 나가 있었고, 후발 주자인 중국 기업들은 우리를 향해 뛰어오고 있었다. 어쩌면 이미 우리보다 앞서고 있는지도 모른다.

에피소드 8. 정부 R&D 프로젝트는 뭔가요?

해외 시장개척 프로젝트 진행으로 정신 없는 날 갑자기 사장과 이사가 업무 회의를 하자고 호출했다.

"박 팀장, 해외시장 개척을 위해서 신제품 개발이 시급하니 박팀장이 금번 R&D 과제를 맡아서 진행하는 게 어때?"

갑자기 분위기 "쌩"해지는 느낌을 받았다. 계속 담당 직원을 뽑고 있었던 것은 알고 있었는데, 나보고 그 업무를 담당하라고 하니 정말 막연한 생각이 들었다. 지금도 일부 업무를 담당해서 하고 있었지만, 사장과 이사 둘이 하던 업무를 나에게 전가시키는 것 같았다.

하지만, 나는 지금까지 회사 업무에 대해서 적극적으로 대응하던 성향이라 그게 대수롭지 않았고, 그리 큰 프로젝트인 줄 몰랐다. 이건 정말 오판이었다.

정부 지원 R&D 프로젝트는 절차마다 매우 까다롭게 많은 서류작업을 요구했다. 1년에 해외 출장을 10번 이상 다니고, 해외 전시회를 5번 정도 참가하는 살인적인 해외 출장 스케줄을 가진 나에게 이런 것을 시키는 것은 몇 년이 지난 지금도 정말 너무하다는 생각이 든다.

그러나 이런 일을 시킬수록 나는 이를 악물고 한다. 능력이 없어서 못하는 것처럼 비추어지는 것을 싫어했던 나의 개인적인 성향이 많이 작용했다.

나에게 주어진 R&D 프로젝트는 1개였으며, 몇 달 후에는 내가 기획을 해서 1개의 R&D 프로젝트를 추가하게 되었다.

나의 해외시장 개척 프로젝트와 R&D 프로젝트가 서로 충돌하면서 정말 피폐한 시간을 보내기 시작했다.

"이 두 프로젝트를 어떻게 진행할 수 있을까?"

세상의 모든 것은 구글과 네이버에게 물어보면 답이 나온다. 나온 답은 "PMP"이었다. PMP가 뭐지? 나는 여러 검색을 통해서 PMI Korea에 대해서 알게 되었고, 나는 바로 가입을 했다. 근데 PMP 자격증도 있네? 회사 일에 대해서 공부도 하고 자격증도 얻을 수 있으니깐. 일석이조네…… 아무튼 지금 급한 내 문제부터 해결해보자라는 생각에 인터넷을 통해 Project Manage에 대해서 공부를 하기 시작했다. 다행히 이 공부가 두 개의 충돌하는 프로젝트를 2년간 무난하게 이끌어 나갈 수 있는 든든한 지원군이 되었다.

R&D 프로젝트에 대한 중간보고서와 최종보고서를 쓰던 때에는 3일 동안 4시간 밖에 못 자면서 강행군을 했던 일도 있었다. 협력 참여 기관이 대구와 전북 익산에 위치에 있어서, 내가 번갈아 가면서 이틀 동안 KTX를 타고 다니기도 했었다. 이때 신기하게 생각되었던 것은 대구에서 전북 익산으로 가려면 서울을 거쳐 가는 것이 빠르다는 사실이다. 그만큼 모든 것이 서울에 집중되어 있구나 하는 생각이 들었다.

이때에는 KTX에서 쪽잠을 자고 집에 가서 옷만 갈아입고 나왔던 날들도 많았다. 지금 생각해보면 직장인으로서 과도한 업무에 대해서 불평하지 않고 일하는 내가 미련하다는 생각도 든다.

이렇게 상충하는 프로젝트가 나중에는 회사를 그만두는 결과를 가져오기도 했다. 그렇게 그만둔 업무는 두 개로 쪼개어 두 사람에 업무 인수인계를 하게 되었는데, 아직도 이해할 수 없는 부분이다. 두 사람이 하던 업무를 혼자서 수행하라고 하고, 이걸 뛰어넘어야 한다는 사장의 일방적인 업무 지시는 불공정하다는 생각도 들었다.

어쨌든 나는 스스로 PMP에 대해서 공부를 하면서 두 개의 프로젝트를 2년간 이끌어 가면서 해외 시장이 전무하던 회사를 전체 매출 중 해외 매출 비중이 40%까지 이끌어 냈으며, R&D 프로젝트 또한 무사히 두 개를 마무리하게 되었다.

정부에서 지원하는 프로젝트는 매우 많다. 나는 15년 동안 크고 작은 여러 정부 지원 프로젝트에 참여를 하였다. 어떤 점에서는 대한민국은 누군가가 사업을 한다면 매우 좋은 지원책이 많이 있다. 그 많은 지원책은 직접적으로나 간접적으로 우리 중소기업이 해외 진출하는 데 도움을 준다는 데 전적으로 동감한다. 또, 프로젝트를 하면서 정부나 공사에서 중소기업을 지원하기 위해 사명감을 갖고 밤낮으로 고생하시는 분들께 고마움을 표하고 싶다.

에피소드 9. 성공하는 PM, 실패하는 PM

해외 영업 파트에서 일하지만, 가끔은 국내 건설 현장을 지원하는 때도 있었다. 그 당시 시방서가 국내 현장이라도 영문으로 작성된 경우가 종종 있는데, 이럴 때에는 업무 효율성 때문에 직접 현장 PM과 업무 조율을 해서 납품하는 경우가 있다.

생각해보면 건설 현장에서 PM의 업무영역은 매우 광범위해서 잔업을 하는 경우가 매우 많았다. 모든 장비 일정과 지원인력 일정, 자재공급 일정 등을 프로젝트 공정에 맞추어 진행하는데, 어떤 때에는 말도 안 되는 일정에 야근을 밥 먹듯이 하기도 한다.

그러나 자재를 공급하는 입장에서 성공하는 PM과 실패하는 PM의 차이는 크지 않았다. 그 사소한 차이가 회사의 입장에서 이익과 손해를 나누기도 했다.

예전에 한 현장에서 있었던 일이다. 현장 관리자인 김 부장은 항상 공사 자재를 타이트하게 주문하곤 했었다. 절제된 자재공급 수량과 로스 관리로 일을 잘 하는 것처럼 보였다. 하지만 나의 생각과는 달리 김 부장과 일하는 자체가 매우 피곤했다. 어떤 때에는 나의 업무조차 마비되는 경우도 있었다.

금액적으로는 10만 원 내외로 자재 수량 발주를 잘못하여 매번 급하게 공급하곤 했다. 초기 발주물량을 넉넉하게 주문하지 않아서 공사를 하다 보면 중간에 공사 자재가 부족해서 공사 장비와 인부들의 작업이 자재 공급 때까지 중단되곤 했었다. 그때마다, 김 부장은 10분마다 전화를 걸어서 언제 자재를 가져다주는지 체크를 하곤 했다.

김 부장 때문에 나의 업무도 오전 내내 마비되곤 했다. 처음 봤을 때에는 매우 철저하게 공정을 관리하고 절제된 자재 발주를 하는 현장 관리자로 보였던 김 부장은 거래하기 매우 골치 아픈 스타일이었다. 자재 비용으로는 10만 원 내외밖에 안 되는 것을 미리 초도 자재 주문을 할 때 같이 했으면, 서로 불편한 업무도 줄고 운송비도 절약할 수 있었다. 추가 주문으로 인한 자재비용 10만 원과 운송비 15만 원을 지불하더라도 건설장비와 인력이 4~5시간 멈춘다면 하루 손해가 매우 컸다.

본사 관리부서에는 비용 절감을 위해 로스가 없는 자재 발주를 요청하고 체크를 하곤 한다. 이렇게 현장 실정을 모르고 책상에서 장부만으로 관리를 하다 보면 이렇게 웃지 못하는 현상이 생기는 것 같았다. 내 생각에는 공사 자재를 1롤 더 여유롭게 시켰다면 운송비도 절약하고 공사 공정에 지장을 주지 않았을 텐데 하는 생각이 들었다.

여러 현장을 다니면서 각각의 현장 관리자들을 보면서 20~30만 원이 더 들더라도 비용과 공정 업무를 비교하면서 자재 발주를 하는 현장 관리자가 많지는 않았던 것 같았다. 단지 자재비만 아낄 뿐, 공정지연으로 인한 손실에 대해서는 본인의 책임이 아니고 어쩔 수 없는 일로 치부하는 것 같았다.

가끔 외국에서 수입되는 자재들이나 특별공정으로 제작되는 자재일 경우 경험이 있고 현명한 현장 관리자는 본인이 생각했던 자재공급량보다 더 넉넉하게 주문을 한다. 부족한 수량을 채우기 위한 2차 발주는 전체 자재 비용 상승과 공사 공정을 지연시켰기 때문이다.

대부분의 현장 관리자들은 첫 번째로 건설장비 준비와 두 번째로 건설인력 수급 등을 먼저하곤 하는데, 공사 시작 전날 밤늦게나 당일 새벽에 자재 수급 문의를 하는 경우도 종종 있다. 전체 공사에서 보면 자재 공급은 큰일이 아니지만 작은 것 하나라도 빠지면 모든 공사가 지연되기에 현장 관리자들은 이러한 부분까지도 세세하게 챙겼으면 한다.

에피소드 10. 체코에서 첫 눈과 트럭 횡단

유럽 시장 개척을 위해서 다방면으로 노력하던 중, 나는 동유럽 무역사절단 일행으로서 체코 프라하에 방문하게 되었다. 유럽은 몇 번 가보았지만, 체코는 처음 가보는 국가였다.

말로만 들었던 체코는 정말 아름다웠던 장소였다. 한 번에 3개국을 방문하는 일정으로 각 국가별로 이틀 정도 체류하는 일정이었는데, 하루 종일 바이어와 상담을 하면 그다음 날에는 다른 국가나 도시로 비행기를 타고 이동하는 일정이었다. 이렇게 이동이 잦은 일정은 혼자서 시장개척 프로젝트를 수행하는 나로서는 매우 부담스러운 일정이었다.

왜냐하면 낮에는 대부분 바이어 상담 등을 하고 호텔에 돌아와서는 회사 업무와 다른 국가의 바이어들과 이메일로 커뮤니케이션을 해주어야 했기 때문이다. 이것은 내가 어디에 있든 매우 중요한 일이었다. 전 세계에서 매일 요청하는 견적과 오더 대응에 나에게 쉴 틈이란 없었다.

체코에 도착했을 때 눈발이 날리기 시작했다. 다른 분들은 오랜 출장 일정으로 오늘 하루를 쉬고 내일 바이어들과 상담하기로 되어 있었다.

하지만, 나의 마음은 매우 바빴다. 왜냐하면 바이어로부터 본인의 일정이 맞지 않아서 프라하로 올 수가 없다는 이야기를 미리 들었기 때문이다. 그래서 하루 일정을 비워 내가 체코 바이어가 있는 곳으로 가기로 했다. 예상과는 달리 바이어 사무실이 프라하에서 기차로 4시간 정도 떨어져 있는 외진 곳이어서, 오전에 기차를 타고 마지막 밤기차를 타고 다시 올라오는 일정이었다. 이게 영업사원의 숙명이라고 할까? 바이어가 있는 곳이라면 알래스카라도 가야 했다.

오전에 기차를 탈 때 눈이 조금 내려서 크게 걱정하지 않았지만, 목적지인 종착역에 도착했을 때에는 꽤 눈이 내렸다. 다행히 바이어가 기차역까지 픽업을 나와서 손쉽게 바이어 사무실로 이동을 할 수 있었다.

이동하는 중에 더 많은 눈이 내리기 시작했다. 길이 미끄러워서 바이어도 운전을 매우 조심스럽게 했다. 아무튼 서로 호의를 갖고 시작한 미팅이라서 그런지 미팅을 하는 동안 좋은 분위기에서 회사소개와 제품 설명을 마쳤다.

예약한 기차 시간이 남아 있어 이참에 이른 저녁까지 같이 먹게 되었다. 간단한 저녁과 맥주 한 잔은 피곤한 하루를 마감하기에 좋았다.

1박 2일 동안 눈보라를 뚫고 운전해주었던 친절한 체코 바이어

그런데 예상치도 못하게 눈이 더 오고, 기차역까지 가는 길에는 눈이 더 쏟아지는

것이었다. 불안감이 덮치고 바이어와 나는 불안한 마음으로 서로를 쳐다보게 되었다. 기차역으로 가는 도중 첫눈이라서 그런지 좌우로 차 사고도 많이 나고 차량 정체가 매우 극심했다. 차는 같은 자리에서 30분 넘게 서서 도무지 움직일 생각조차 하지 않았다.

그때 바이어가 여기저기 전화를 해보더니 프라하로 올라가는 기차가 오늘은 운행하지 않는다고 다시 자기 사무실로 돌아가자고 했다.

정말 머리로는 상상할 수 없는 일이 생겼다. 한국도 아닌 타향에서 눈으로 인해 지방에 고립된 것이었다. 또, 내일은 프라하에서 다른 바이어들과 미팅이 잡혀 있기도 했다. 하루 종일 운전한 바이어에게 미안함과 함께 바이어의 설득으로 다시 바이어의 사무실로 리턴을 하게 되었다.

돌아와서 뉴스를 보니 체코 전국이 예상치 못한 첫눈으로 교통이 전부 마비가 된 것이었다. 기차와 고속도로 운행이 금지되었다. 아뿔싸!

돌아온 바이어는 아무렇지 않게 맥주 한잔하러 가자고 하는 것이었다. 애타는 나의 마음을 아는지 모르는지 휘파람을 불면서 사무실 문을 닫고 나가는 것이었다.

호텔 체크인을 하고는 오늘 자기 가족들이랑 볼링을 치기로 했다며 호텔 아래층으로 내려왔다. 거기는 볼링장인데 간단한 식사와 맥주도 같이 파는 곳이었다. 한국으로 치면 락 볼링장 같은 곳이었다. 얼떨결에 머나먼 타지에 와서 오늘 처음 본 외국 사람과 볼링을 친다는 생각을 하니 웃음이 절로 나왔다. 나중에 알고 보니, 호텔과 볼링장은 바이어 친척들이 운영하는 곳으로 그 마을에서 유일하게 취미 생활을 할 수 있는 곳이었다. 그만큼 작은 시골 동네였다.

생각보다 시골 동네 인심은 좋았다. 내일 아침 첫 기차를 탈 수 있게 기차표를 바꿔 주었고, 아침 일찍 데려다주기로 했다.

이렇게 외국에서 고립된 나의 하루는 매우 흥미진진했다. 불안한 마음에 호텔에서 선잠을 자고, 새벽 6시 첫 기차를 타러 기차역으로 갔다. 바이어 말로는 괜찮을 것이라고 했지만 나의 불안감을 가시지 않았다. 다행히 새벽이라서 그런지 차가 막히지 않아 1시간 일찍 도착했다.

체코에서 새벽 5시에 기차를 기다리는 마음은 불안불안 했다. 한 사람, 한 사람씩 기차역으로 모여서 첫 기차를 기다리고 있었다. 그러나, 6시에 출발하기로 한 기차는 7시가 되어도 오지를 않았다. 프라하에서의 오전 9시 미팅은 11시로 이미 미루어 놓았지만, 그것도 지금 상황에서는 여의치 않았다.

전날 KOTRA 체코 담당 직원으로부터 여러 번 전화가 왔다. 그들도 이번 상담회와 나의 안전이 매우 걱정되는 눈치였다. 내가 괜히 고집을 부려서 멀리까지 이동한 것이 화근이었다. 하지만, 한국에서 체코까지 바이어를 만나기 위해서 비행기까지 타고 왔는데, 3~4시간을 추가로 이동하는 것은 내 입장에서는 아무것도 아니었다.

6시 기차는 8시가 되어도 오지 않았다. 내 옆에 있던 친절했던 바이어도 조금씩 짜증이 나는 모양이었다. 여러 군데 전화를 해보더니 나에게 오늘 기차가 전부 취소되었다고 하는 것이었다.

이것은 정말 믿을 수가 없었다. 오늘 하루 상담만 4개가 예정되어 있고, 내일 오후에는 한국으로 가는 비행기를 탑승해야 해서 더 이상 바이어를 만날 시간이 없었다. 내가 해외시장 개척을 한 이래로 이런 적은 없었다.

피곤한 바이어를 보면서 일단 다시 바이어 사무실로 돌아가기로 했다. 바이어 사무실에 앉아서 따뜻한 커피 한 잔으로 추운 몸을 녹였다. 바이어도 이른 첫눈으로 인해서 몹시 바빠 보였다. 여기 저기 납품하기로 한 물건들 배송이 늦어진 것 같았다.

급한 곳에는 어제 배송하지 못한 물건을 오늘 배송을 해야 한다고 했다. 가만히 들어보니 바이어의 회사 창고에서 여러 대의 화물 트럭이 운송 준비를 하고 있다는 것이 아닌가. 어쨌든 프라하에 있는 바이어들과의 약속 시간을 지키기 위해서 어떤 시도라도 하고 싶었다.

바이어에게 물어보니 프라하까지는 아니더라도 그 근처까지 가는 트럭이 한 대가 있다고 했다. 나는 다른 고민도 없이 그것을 타고 가겠다고 했다. 바이어는 큰 눈으로 나를 보더니 괜찮냐고 여러 번 물어봤다.

"Are you Okay?"

나는 지체 없이 "Of cause"라며 알 수 없는 자신감을 보였다. 트럭의 최종 목적지를 확인한 후에 체코 KOTRA 담당자에게 전화를 걸어서 화물 트럭이 데려다 주는 곳까지 픽업을 요청했다. 다행히 현지 KOTRA 차량으로 픽업을 해주겠다고 했다.

하지만 화물트럭을 타고 고속도로를 보는 순간 나는 불안감에 사로잡혔다. 고속도로에 차가 한 대도 없고 생각보다 눈이 많이 쌓인 것이었다.

두 시간을 천천히 달려 나의 목적지 프라하로 달려 가고 있었다. 나의 낙천적인 성격 때문인지 중간 휴게소에서 맥주도 한 잔 마시게 되었다.

체코 프라하까지 태워주셨던 친절한 기사 분과 그 트럭(오른쪽 트럭)

차 한 대도 없이 첫눈으로 덮인 체코 고속도로

천하 태평하게 고속도로 휴게소에서 맥주 한 잔

다행히 체코 KOTRA 차량과 서로 만나기로 한 중간 지점에서 만나서 무사하게 프라하로 돌아올 수 있게 되었다. 도착하자마자 옷을 갈아입고 만나기로 한 바이어들에게 연락을 취했다. 모두들 내 걱정을 많이 하고 있었다. 이러한 기쁨의 조우도 잠시 미루고, 미루어졌던 바이어들과 상담을 한 건이라도 더 하기 위해서 약속이 취소된 바이어들에게 양해를 구하고 다시 상담을 요청하게 되었다.

천재지변 때문이라서 그런지 모두 너그러이 이해를 해주었다. 그중에서 두 분이 다시 상담장으로 오셔서 늦은 시간까지 상담을 진행할 수가 있었다.

상담을 마친 후에 이번 무역사절단의 건승과 안전을 기원하는 회식자리가 마련되었다. 나의 고단하고 길고 긴 1박 2일의 일정이 무사히 마무리되고 다음 날 한국으로 향하는 비행기에 올랐다.

에피소드 11. 나의 또 다른 새로운 꿈

중소기업에서 오랜 시간 근무하면서 주변의 중소기업을 보면 아쉬운 점들이 많다. 좋은 기술력을 보유하고도 기 한 번 제대로 펴지 못하고 사라지거나 국내에서 제조, 판매만으로 근근이 살아가는 중소기업들이 꽤 있다.

내가 아는 중소기업 중 1923년부터 시작한 국내 중소기업이 있었다. 이런 회사는 한국에서 매우 드문 회사이다. 일본이라면 이런 회사가 꽤 있지만, 한국에서는 찾아보기도 힘들었다. 이 회사는 3대에 걸쳐 한 분야에 전문적인 생산 시설을 갖춘 회사였다. 그 분야 전문가들 세계에서는 박스 포장지만 봐도 알아주는 회사였다. 심지어 외국에 있는 사용자들도 높은 품질로 좋은 평가를 내리는 회사였다. 하지만, 그 회사 내부에서는 본인들의 강점을 알지 못하며, 세계로 뻗쳐 나가려는 의지도 없었다. 신임 사장은 본인의 취향대로 여러 색상의 패키지를 만들어서 공급했다. 어느 날, 해외 남미 바이어로부터 가짜를 보냈다는 항의 메일이 왔다. 원래 색상이 아닌 다른 색상은 그 회사의 정품이 아니라는 것이었다. 나 또한 그 소식에 매우 놀랐다. 이렇게 중소기업도 한 분야 전문성을 인정받으면 그 회사 자체가 브랜드로서 인정을 받는다는 사실이었다.

그 바이어에게 그 회사의 새로운 변화에 대해서 설명을 했지만, 그 바이어는 줄곧 원래 색상의 포장지로 다시 보내달라고 요구했다. 그 멀리 남미에서도 우리 중소기업의 브랜드가 인정될 수 있고 세계 어느 곳에서나 우리의 브랜드가 인정받을 수 있다는 사실에 매우 놀라게 되었다.

그 뒤에 나의 인생관이 조금 바뀌었고, 중소기업이 세계 시장 개척을 하는 분야에 많은 관심을 가지게 되었다.

앞에서 자세하게 이야기는 못 했지만, 해외시장 개척 프로젝트를 위해서 여러 정부 지원 제도를 활용했다. 대한민국은 이러한 중소기업을 지원하기 위해서 수많은 정부 지원제도가 있지만, 중소기업 여건상 제대로 활용하지 못하는 경우가 많다. 다행히 정부 지원제도 중의 하나인 R&D 프로젝트를 다수 수행한 경험을 가지게 된 것이 나에게는 큰 자산이 되었다. 하지만, 해외 영업과 R&D 프로젝트를 동시에 수행하는 것은 매우 힘든 일이었다. 해외 영업 중에서도 신시장 개척은 각 개별 국가에 대한 이해도를 높이며, 신시장 개척 전략을 수립과 동시에 수행을 해야 하는 난이도가 높은 프로젝트였다.

정부 지원제도인 R&D 연구 프로젝트 또한 각종 규정과 각각의 프로세스에 맞추어서 진행해야 하기 때문에 회사에서 개별적으로 진행하는 것과는 달랐다. 정부 지원제도는 크게 자금지원, R&D 연구지원, 마케팅 지원 등으로 나누어져 있다. 오랜 기간 개별 지원 프로젝트들을 수행해본 결과, 중소기업에게는 매우 유용한 지원제도이다.

각각의 제도를 잘 활용한다면 대한민국의 중소기업들은 글로벌 시장에서 조금 더 경쟁력을 갖추고 살아 남을 수 있을 것이다.

이런 경험을 살려서 중소기업이 정부 지원제도를 효율적이고 효과적으로 사용할 수 있게끔 도움을 주는 역할을 해주고, 정말 기술력이 좋고 사회적 가치가 있는 대한민국 중소기업들과 전세계로 나아가고 싶다. 이것이 나의 또 다른 꿈이고 나만의 프로젝트이다.

PASSION

이두표

B2B 협상 스킬 이야기

- 열정과 전략은 비즈니스 협상의 성공이다

MAKES

INNOVATION

B2B 협상 스킬 이야기
– 열정과 전략은 비즈니스 협상의 성공이다

이두표

비즈니스에서는 다양한 이슈가 발생하고 수시로 회의를 통해 협상이 벌어진다. 대부분 즉흥적으로 협상에 임하다 보면 많은 문제가 나중에 발견되기도 한다. 상호 간 서로 도움이 될 수 있는 WIN-WIN 협상도 이루어질 수 있으나, 실제로는 양측이 조금씩 양보하는 타협이 많이 일어난다. 협상이 아닌 강요도 있을 수 있다.

협상이란? 상대방의 배경과 의도만 제대로 알 수 있다면 좋은 결과를 만들 수 있다. 여기 소개되는 다양한 시나리오의 B2B 협상 상황은 필자가 직접 경험하였거나, 그 경험을 일부 각색하여 제시한 것이다. 따라서 협상의 결과가 Best practice가 될 수도 있을 수 있지만 아닐 수도 있다.

본 글은 주로 자동차 부품을 고객에 공급하는 과정에서 발생할 수 있는 상황을 나름대로 가정과 경험을 기반으로 작성하였지만, 실제로는 다양한 제조부문에서 경험할 수 있는 상황이다.

이 글을 다 읽고 나면 협상에서 무엇이 중요한지를 이해할 수 있을 것이다. 필자가 제시한 상황들은 제조 부문에서 대체적으로 고객과의 거래에서 발생할 수 있는 상황일 것이다. 중요한 것은, 다양한 협상에서 상대방의 배경을 이해하지 못하고 실패한 협상이 얼마나 많았을까? 우리는 제대로 중요한 이슈에 대해 체계적으로 대응전략을 준비하였던가? 다시 회고하고 앞으로 많은 불확실한 비즈니스 상황에서 협상을 잘 이끌 수 있는 리더십과 내부적 역량 강화가 중요하다는 인식을 공고히 하는 계기를 마련하는 것이다.

1. 협상 스킬:
ECR(Engineering Change Request)의 변경요청 대응 이야기

보정동의 언덕 위에

오늘도 말끔한 하얀 건물 앞에 태극기가 바람에 휘날린다. 보정동 언덕에 있는 회사의 좁은 주차장 때문에 주차를 안전하게 잘하면 기분이 좋고, 좀 헤매다가 주차장 옥상까지 올라가면 괜히 짜증이 나기도 한다. 그래도 오늘은 가볍게 일 층 빈 곳을 찾아 차를 주차하고 사무실에 들어온다.

내가 자동차 부문 일을 한 지도 어느덧 시간이 많이 흘렀다. 부품개발 업무, 해외 부품개발 업무를 하다, 전직을 하여 이제는 글로벌 기업에서 기술영업 업무를 하고 있다.

오늘은 무슨 회의가 있을까? 회사에서 나누어준 노트북은 좀 투박하기는 하지만 성능은 꽤 좋은 편이다. 워낙 보안이 철저해서 전원을 켜자마자 하드디스크 암호부터 치는데, 워낙 복잡해서 가끔 깜박 잊어버렸다 다시 생각해내서 패스워드를 치곤 한다. 지난 겨울 스웨덴 Arjeplog winter test 시 고객사 직원이 물끄러미 노트북 패스워드 치는 나를 바라보다가 "와 참 패스워드가 길긴 기네요." 할 정도였다.

요즘엔 보통 이메일이 하루에 50개 정도 도착하는 것 같다. 언젠가 며칠 동안 이메일을 보지 않은 경우가 있었는데, 200통 이상 쌓여있는 이메일 때문에 하루 종일 이메일 답장에 시달렸던 경우도 있었다. 그래서 나는 이메일을 보자마자 중요도 별로 바로 분류하여 중요도가 떨어지는 간단한 메일은 간단히 정리 또는 회신하고 중요한 메일은 Tag 표시를 하고 천천히 분석한 후에 처리한다. 업무의 우선순위를 정하여 처리하는 것은 업무의 효과성과 효율성에 기인하는 측면도 있다.

까다로운 프로세스 개선의 고민

오늘도 중요한 업무 회의가 잡혀있다. 회의주제를 보니 지난번 회의에 나왔던 이슈가 이번에도 또 있다. '요거 풀기 쉽지 않은데 어쩌지?' 나는 혼자 중얼거리다가 왼쪽에 있는 휴게실을 바라본다. 휴게실에는 냉온 정수기, 냉장고, 커피 머신 등이 있어 좀 골치가 아픈 문제가 있거나, 생각할 시간적·공간적 여유를 찾고 싶을 때 가끔 찾는다.

"유 대리 커피 한 잔 할까?" 유 대리는 초기 워크샵 Mechanic으로 있다가 지금은 Application engineer로 업무 수준이 격상된 동료이다. 원래 사람은 반복적이고 단조로운 Hardworking을 싫어한다. 좀 더 변화하는 작업을 원한다.

예전에 자동차 line에서 일주일 OJT(On the Job training)을 한 적이 있었는데, 차량 한 대 조립을 끝내면 또 한 대가 오고, 또 그 차를 조립하면 또 한 대가 오고를 반복하니 미칠 지경이었다. 아무튼 우리는 휴게실에서 커피를 마시며 고객사 이야기, 경쟁사 이야기도 가끔 한다. 그러나 요즘은 회사의 Hot issue인 문제도 이야기한다. 어쩌지? 오늘 회의에서도 논의는 하겠지만, 쉽지 않은 문제를 계속 논쟁만, 부서들끼리 이해관계만 이야기 할 텐데 좀 어렵겠네.

"유 대리 요새 Hot issue 알지?" "뭐요?" 유 대리가 되레 나에게 묻는다. 하긴 유 대리는 본인의 일에 전념하느라, 다른 문제에 신경을 쓸 겨를이 없을 것이다. "내가 이야기 해 줄게. 요새 내부적으로 풀지 못하는 숙제가 있는데, 고객사 V 사가 자꾸 우리 회사 보고 사양변경 건에 대해 빨리 대응 완료하라고 요청하고 있어. 그게 조금만 단축하라고 하면 문제가 안 되는데, 그게 우리가 대략 40일 정도 걸리는 기간을 5일로 단축하라고 한대." 유 대리는 "말도 안 되는데요." 내용을 잘 모르는 유 대리도 혀를 찬다.

"유 대리! 사실 우리도 그렇게 생각을 하는데, 고객사 V 사는 이렇게 이야기한대. 우리의 경쟁사 K 사가 ECR(Engineering Change Requests)를 5일 안에 대응하는데 왜 L(우리 회사) 사는 대응 못 하냐고 한대. 그러면서 앞으로 6개월 이내까지 대응기간을 K 사 수준까지 단축하지 못 하면 향후 프로젝트 수주 엄두도 내지 말라고 했어.

왜냐하면 우리 제품이 워낙 변경이 많거든. Part number 기준으로는 일 년에 2천 건이 되는데, Variant(관련 연결 부분) part number 때문에 많아 보이지만, 그래도 한 건에 50~100개 Variant code로 연결이 되었다고 치면 그래도 대충 봐도 한 달에 3~4건씩 발생해서 Variant code 포함 150~200개 part number는 해결을 해주어야 하거든. 근데 한 번 변경하려면 관련 프로세스가 30개가 넘기 때문에 이것을 줄이기가 쉽지가 않지. ECU(Electronic Control Unit)가 들어가는 부품은 대부분 Software function이 적용돼서 성능을 발휘하기 때문에 SW 변경은 매우 골치가 아픈 문제야."

유 대리는 "좀 복잡하네요, 좀 쉽게 설명을 해주세요. 이해가 잘 안 되네요." 유 대리가 고개를 저으며 이야기한다. "아 그래 그럼 잠시 회의실에서 그림으로 그려줄게." 원래 회의실은 Outlook을 통해 예약해야 사용이 가능하지만, 잠시 비어있다면 5~10분은 사용이 가능할 것이다. 나는 화이트보드에 가시적으로 SW 변경과 관련된 프로세스의 상황을 그려주었다. 그러자 유 대리는 상황을 쉽게 이해했다. "아! 이해는 되는데 방법이 없겠네요." "아니야 방법은 있을 거야. 그런데 내부적으로 고통이 따르겠지." 분명이런 중요한 문제는 사장님도 회의에서 가장 신경을 쓸 것이기 때문이다.

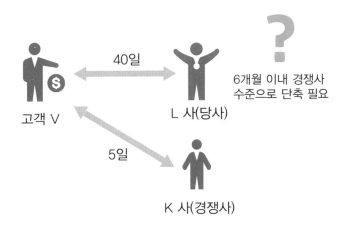

협상 스킬 상황 요약

"고객사 V 사는 Supplier L 사(당사)와 프로젝트 NF에 대한 Radar 적용을 통한 Pilot project를 진행 중이다. V사는 Radar 부품에 대한 이원화 정책을 취하고 있으며, 협력업체로 L 사와 K 사가 있다. 당사인 L 사는 MRR에 대한 품질 및 가격 부문에서 우위를 점하고 있다. 그러나 경쟁업체 K 사에 비해, 고객인 V 사의 변경 요청 건에 대한 대응 기간이 오래 소요된다. 이에 V 사는 경쟁사 K 사의 경우 프로젝트 변경요청을 하면 처리 기간이 5일이 소요되는 반면, 당사 L 사는 무려 40일이 소요된다고 불평을 하고 있다. 이에 6개월 이내에 경쟁사와 비슷한 수준으로 일정을 단축하지 못하면, 추후 프로젝트 수주에 불이익을 감수하여야 한다고 한다. 그 이유는 프로젝트 변경 요청이 월별로 30건 정도가 발생하는데, 긴급한 변경 요청에 대한 대처 능력이 부족하기에 고객사도 이 부분을 Critical한 이슈로 내부적으로 보고하였다고 한다.

만일 여러분이라면 이 문제를 어떻게 대처하겠는가?"

이상은 밖으로 나타난 상황이다. 협상의 기본은 내면적 상황을 이해하는 것이다. 여기서 고객사 V 사의 내부적 상황은 다음과 같다고 가정해보자.

고객사 V 사 내부상황의 가정

Supplier L 사가 제품 및 기술이 우수하다는 것은 알고 있으나, 변경 요청에 대한 대응 기간을 현 40일로 유지하는 것은 너무 길어, K 사 수준인 5일은 어렵겠지만 현재 수준에서 10일 정도만 단축해도 내부적으로 수용될 수 있다. 이에 L 사에게 추후 프로젝트 수주에 대한 불이익을 감수하여야 한다고 했으나, 실제로는 K 사보다 제품 품질 및 기술이 우수하여 쉽게 불이익을 주기는 어렵다. 그렇다고 마냥 방관하기는 어렵고 내부적으로 L 사가 6개월 이내에 결론(개선 적용 완료까지)을 내기를 원하고 있다.

L 사(당사) 내부 상황의 가정

변경 요청에 대한 대응 기간을 현 40일에서 고객사 요구수준인 K 사 수준 5일로 단축하는 것은 어렵다. 내부적으로 검토는 해보겠지만 만만치 않은 작업이다. 최종 단축 결정 기간 및 적용 기간이 6개월은 소요될 것 같다.

일차적으로 내부적으로 전문가들과 논의해보니 12일 정도까지는 단축이 가능할 것 같고, 내부 프로세스를 한국으로 이전하여 작업한다면 8일까지도 단축가능하나, 이런 경우에는 2억 원 가량 시험 관련 장비 투자비가 소요되고 인원도 2명이 보강되어야 한다. 경영층은 추후 프로젝트에 불이익을 받으면 안 되기 때문에 반드시 프로세스 개선을 통해 변경적용 부분을 5일 수준으로 단축하라고 하지만, 그것은 목표이고 내부적인 공감대는 8~12일 정도로 형성되는 분위기이다. 일단 프로세스 개선 관련 집중 워크샵이 필요하고 그 결과에 따라 일정이 정해질 것 같다.

협상은 근본 배경을 알면 의외로 쉽게 풀리지만, 상대방의 배경을 이해 못 하면 늘 문제해결에 어려움을 겪게 된다. 협상의 기본은 지피지기이다.

5층에 위치한 회의실은 대회의실로 약 20명 정도가 앉아서 회의할 수 있는 공간이다. 나는 주섬주섬 업무 수첩과 노트북을 들고 회의실로 올라갔다. 사장님 주재 회의는 주제가 늘 무겁지만, 회의 분위기는 그래도 좋은 편이다. 아마도 회의 분위기 측면에서 보면 국내 기업과 글로벌 기업의 회의 문화 차이가 있을 것이다.

국내 기업의 업무 회의는 잘 꾸며진 프리젠테이션으로 요약보고 및 배경 설명이 중요한 부분이 되는 반면에 글로벌 기업 회의는 주제를 던지고 서로 토의하는 분위기가 대부분이다. 회의 도중 질문에 답변을 못 하는 상황이면 '회의 끝나고 별도 보고하겠습니다.' 하면 부드럽게 넘어가는 스타일이다. 회의 문화의 유연성이 있는 편이다. 중요한 이슈인 이번 변경요청 ECR 처리 건에 대해서는 중대한 문제이기 때문에 다소 어려움이 있다.

계속되는 변경 요청 건에 대한 처리 문제로 이미 회사에서는 아르바이트생도 두 명을 채용하고 문서 작업을 하고 있지만, 그건 행정 부분이고 프로세스를 위한 개선은 별도 영역이다. 회의 시작부터 변경 요청 건에 대한 문제해결 토의가 시작되었다. 사장님은 각 담당이사로부터 해결책을 듣고 싶어 하는 눈치다.

내 생각일까? 품질담당 이사, 영업담당 이사, 기술부문 중역도 선뜻 대안을 이야기

못 한다. 'ECR(Engineering Change Requests) Process improvement가 필요한데.' '우리회사에는 프로세스 개선 관련 CIP(Continuous Improvement Process)가 있는데.' 중얼중얼하다, 이런 CIP 이슈가 회의 중간에 튀어나왔다. 나는 CIP coordinator로서 사소한 것은 중재 활동을 주관하지만 이런 큰 이슈는 해결이 어렵다고 생각해 말도 안 꺼냈는데 갑자기 사장님이 중재활동에 대한 업무지시를 한다.

CIP(Continuous Improvement Process)의 시작

부서장을 통해 부서 Workshop을 준비하고, 나에게 Workshop facilitator를 맡긴다. 회의를 나서는 내 발걸음이 무겁다. 어찌 준비하고 과정을 잘 진행할까? CIP 활동은 최초 제안의 수준이 중요하고, 내부적으로 개선 의지와 능력이 있어야 가능하기 때문이다.

며칠이 지났을까? 메일을 읽다 보니 Workshop invitation이 와있다. 영어로 진행해야 하고, 분위기를 잘 유도해야 하는 Workshop facilitation work는 쉽지 않지만 어찌 쉬운 일만 있겠는가? 단지 이번 일은 거의 불가능하다는 것이 아직까지 나의 생각이다. 그러면 안 되는데 프로세스의 존재 이유는 품질의 예방과 프로세스를 통한 평가를 통해 예방과 평가의 수준을 높여 실패비용을 줄이는 게 목적인데, 40일을 5일로 단축한다는 것은 기본적인 품질의 기본 활동을 저해하는 것이고 리스크를 잔뜩 수반하면서 실패비용을 크게 증가시킬 핵폭탄을 가지고 있기 때문이다. 고민이 크다.

보통 CIP 활동은 공식적인 Workshop을 세 차례 정도 하고 작은 단위의 내부회의를 하여 균형을 맞춘다. 나는 CIP Coordinator이기 때문에 초기미팅에는 CIP 구조와 활동방법, 프로세스 작성방법 등을 교육시키고 부서장이 내부적으로 잘 추진될 수 있도록 동기부여를 하는 것이 목표인데, 고민이다. 단순해 보이는 프로세스 개선 활동이지만 다양한 문서가 다 준비되어 있어 그것만 합쳐도 책 한 권은 될 것 같다. 용어 정의는 기본이라고 한다면 핵심은 프로세스의 개선이다. 현재 프로세스를 분석하고 낭비적인 프로세스, 부분가치프로세스, 가치프로세스를 색깔로 구별하고 이를 Brainstorming을 통해 개선해야 하는데 프로세스를 변경한다는 것은 그리 쉬운 일은 아니다.

일반적으로 큰 프로세스는 여러 부서에 걸쳐있고 리스크 관련 활동이 들어가 있는 부분이 많아서 쉽게 개선하기 어렵다. 개방적인 의사소통, 리스크를 감수할 수 있는 용기, 그리고 개선에 따른 투자가 수반되는 경우가 많다. 일 층의 대회의실은 칸막이를 없애면 200명 정도 들어가는 강당이 되나 평상시는 칸막이로 회의실을 만들어 쓴다.

CIP(Continuous Improvement Process) Workshop

회의 시간에 맞추어서 사람들이 몰려든다. 변경요청 프로세스 개선 Workshop인데 이미 CIP 내용을 잘 아는 독일인 엔지니어가 보드에 그림을 그리고, 비머(Beamer)를 비춰 보여주고, 현재 프로세스에 대한 개선 아이디어를 써본다. 그러자 다른 엔지니어가 다른 아이디어를 제시하거나 문제점을 이야기한다. 기술 영업과 PM 팀원들도 약간은 수동적이지만 분위기에 맞추어 같이 그림을 그려본다.

나는 CIP Coordinator로서 전체적인 흐름을 조율한다. 먼저 현재 업무 프로세스를 그리는 순간에 업무 Grey zone이 발생할 수 있다. 어떤 조직이건 늘 Grey zone은 나온다. 그때그때 정의를 하여도 발생되는 것은 당연하다. 역시 변경요청 대응 프로세스를 Swim lane을 통해 차근차근 그려보니 부서별 Grey zone이 나타난다.

영업부의 정 부장은 "어? 이거 우리가 하는 것 아닌데." 하고, 엔지니어 기술팀 김 부장은 "맞아. 그거 영업에서 작성해서 보내는 거야." 한다. 왜 이런 문제가 발생하는지 궁금할 것이다. 사실 조직이 새로 구성된 부분이 있었는데, 급한 업무를 우선으로 하다 보니 부서 간 관련업무 프로세스의 분장이 체계적으로 잘 되지 않았었다.

시간이 얼마나 지났을까? 우여곡절 끝에 현재의 업무 프로세스가 그려졌다. 막상 프로세스를 그려놓고 보니 막막하다. 어떻게 프로세스를 줄이고 기간을 단축할 수 있을까? 결론부터 이야기하면 이 문제 건은 추가 Workshop에 이어 독일 본사 기술팀과 여러 차례 회의를 거쳐 상당한 노력을 들여 프로세스를 개선하였다. 결국 Lead time 부분에서 획기적인 단축이 어려워서 큰 성과를 거두지 못했다.

아래는 1차적인 성과부분의 요약이다. 프로세스 수를 7개 줄이고 활동 프로세스 시간을 230분 단축하였다. 프로세스 간 기다리는 Lead time은 목표인 1,870분에 못 미치는 3,550분을 기록하여 전체적으로 반절 이상 수준으로 단축하는 결과를 일차적으로 도

CIP(Continuous Improvement Process)의 1차 결과

구분	Number of process (EA)	Process time (Min)	Lead time (Min)	Total time (PT + LT) (Min)
Current	31	1,710	9,900	11,610
Target to achieve	25	1,450	1,870	3,320
Actual result of Improvement	24	1,480	3,550	5,030

출하였다.

이런 결과를 가지고 고객사와 협의를 하였으며, 향후 지속적인 단축 노력을 하겠다는 조건부로 큰 문제 없이 변경요청 프로세스 개선이 일단락되었다. 프로세스 개선은 엄청난 노력과 시간이 필요하다. 또한 지속적인 개선 노력과 더불어 개선 가능성에 대한 희망과 리더십이 필요하다. 상기 변경요청의 건은 사안이 너무 중대하여 사장님이 직접 지시하고 중역들이 움직이는 가운데 수행이 되었다.

나의 역할은 일부 조율에 불과했다. 그러나 활동을 하면서 의사소통이 얼마나 중요하고, 서로 상대방을 배려하여야 하는지와 리더십의 중요성을 깨달았다. 기타 프로세스 개선 건을 3건 완료한 것을 위안으로 삼으면서 변경요청 프로세스 개선의 경험 소개를 마무리한다.

프로세스개선 결과의 요약 − 절반의 성공

고객이 원하는 수준까지는 불가능하였으나, 내부적인 개선 노력을 보여주고 지속적인 개선을 약속하여 고객사의 불만을 저하시킬 수 있었다.

다음 표는 CIP 활동에 대한 그림이다. 'AS−IS'는 현재의 상태이고 'TO BE'는 개선의 미래상태를 표현한 것이다. Swim Lane을 통해 각 부서 간 업무의 흐름을 표현하였다. 실제 진행한 자료이기 때문에 흐릿하게 첨부하였다. 이 점 이해하기 바란다.

실제로 CIP 활동을 하게 되면 제일 왼편에는 프로세스 수행 주관 팀 또는 부서의 이름이 위치하고 수행활동이 프로세스로 그려진다. Workshop 때는 메모지를 사용하거나 다른 전자 도구를 사용해도 되지만 어느 정도 복잡하게 그리고자 하면 오피스 도구를 사용하는 것도 좋다.

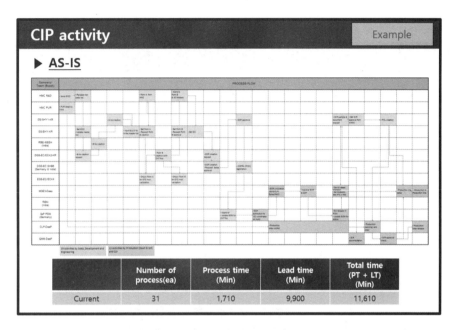

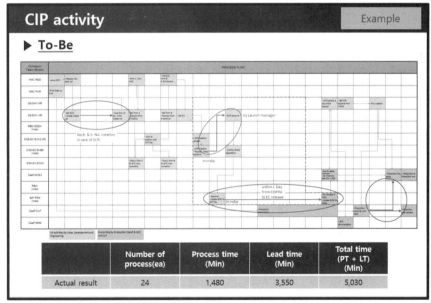

'TO BE' 부분의 프로세스를 자세히 보면 중점 개선 부분에 대한 흐름이 표시되어
있다.

결국 중점 개선 부분에 대한 프로세스 변경에 있어 기존 프로세스를 개선 또는 삭제할 경우의 리스크를 잘 분석하여 변경하여야 한다.

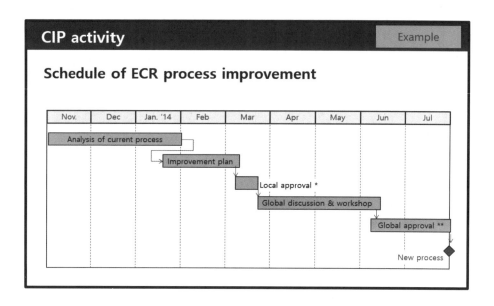

2. 협상 스킬:
고객의 부품 단가 인하 요청에 대한 대응 이야기

나만의 회의전략

오늘도 죽전의 거리는 차로 붐빈다. 서울로 외근을 가기 때문에 차를 가지고 출근을 했다. 점심 전에 천천히 주차장을 나와 서울로 향했다. 역삼까지 가는 길은 늘 차가 많지만 그래도 평일에는 갈만하다. 원래 비즈니스 관계에서 더 이상 가까워지기 어려운 게 고객과의 관계이지만 나름대로 친해지려고 노력을 하는 것이 당연하다.

나는 나의 7:3의 법칙을 고객과의 회의에서 유지하려고 노력한다. 70%는 순수한 업무 이야기, 30%는 비즈니스의 외적 이야기를 한다. 예를 들면 새로운 지식 이야기, 책 이야기, 자기계발 이야기 등이다. 비즈니스 외적 요소 등을 이야기 하면서 공감대가 형성되는 경우가 많기 때문이다.

M 사 근처에는 약 20대 정도 승용차가 주차할 만한 공간의 작은 주차장이 있다. 언제 가도 공간이 있어 오늘도 그곳에 주차를 했다. 자동차 키를 맡기고 늘 앉아 있는 주차요원에게서 표를 받고 주섬주섬 가방을 다시 살펴본다. 혹시 빼놓고 가는 것이 있나? 확인을 하곤 한다. M 사 주변에는 맛집들이 많다. 언제인가 M 사 김 과장이 사준 전집의 밥은 정말 맛있었다.

평상시 전을 좋아하는 나이기에 정갈하게 부쳐진 다양한 전, 고추전, 동태전, 깻잎전은 입맛을 돋구었다. 전하면 역시 나는 고추전을 제일 좋아한다.

그래서 고추전에 대한 글을 다음과 같이 쓰기도 하였다.

제목: 딱 일 년에 두 번 — 고추전

내가 좋아하는 고추전.
일 년에 딱 그 맛으로 두 번 먹을 수 있다.
내가 좋아하는 고추전.
평상시에 내가 졸라도 아니하여 주지만
제사와 명절 때만 준비하는 고추전.

고추와 야채, 고기의 만남.
씹으면 소리에, 먹으면 맛에, 먹고 나면 뿌듯함에
난 고추전이 제일 좋다.

전을 준비할 때면
파전, 깻잎전, 동태전, 고구마전을 준비하지만
먼저 시식도 고추전, 제일 많이 먹는 것도 고추전이다.
일 년에 두 번만 그 맛으로 먹을 수 있는 고추전.
고추전, 난 그 고추전을 연속 3개를 먹었다.
이제 뿌듯하지만, 또 한참 기다려야 고추전을 먹을 수 있음에
맛을 한참 음미해야 한다. 오늘 그리고 내일

오늘은 전에 대한 향수를 멀리해야 한다.

M 사에 방문은 수도 없이 하였지만 오늘은 발걸음이 무겁다.

단가요청 건이기 때문이다.

상황은 다음과 같다.

협상 스킬 상황 요약

당사 L 사는 고객사 V 사에 대해 Tier1 M 사를 통해 작년부터 Video camera의 부품을 Tier2로서 공급 중이다. M 사는 당사의 부품을 조립하여 Assembly 형태로 V 사에 공급 중이다. V 사와 M 사의 구매거래 관계는 local trade이고 고정가 공급계약이다.

당사와 M 사는 local trade가 아닌 발주 후 외자(원산지: 독일 안스바 공장)로 도입을 진행하여 공급하고 있고, 도입단가는 Euro로 고정가 계약이다. 금년 초부터 유로화 강세가 나타나더니 유로가 1,250원:1 Euro에서, 지금은 1,400원:1 Euro가 되었다.

이에 M 사는 당사에 환율 손실 부분에 대한 보전으로 단가인하를 요청하고 있다. 당사는 당사의 독일 안스바 공장과 일차 협의를 하였으나, 단가인하는 불가능하다고 이야기한다.

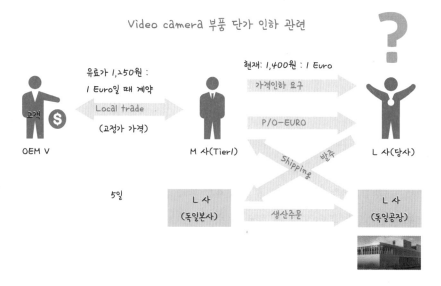

Video camera 부품 단가 인하 관련

이에 당신은 프로젝트 관리자로서 이 문제를 어떻게 대처하겠는가?"

고객사 M 사 내부 상황의 가정

사업부 실적 악화(년 기준 100억 적자)로 단가 인하를 못하면 내부적으로 담당자 징계 분위기까지 대두되고 있다. 부품단가를 5% 정도 인하해도 연 기준 적자 폭을 50% 정도밖에 줄일 수 없으나, 5% 이상 단가 인하 요구는 현실적으로 어렵기 때문에 5% 단가인하를 관철하여야 한다.

2개월 이내에 협상 완료하여 2개월 후 발주부터는 조정된 단가로 발주하고자 한다.

L 사(당사) 내부 상황의 가정

환율은 경기 상황의 환경 문제이지 직접적인 당사의 문제는 아니다. 참 고민이 많다. 들어주자니 이익이 줄어들고, 안 들어 주자니 비즈니스 관계가 악화될 것 같다. 일단 정식공문을 요청해서 본사 독일 영업본부에 보내도록 M 사에게 요청할 것이다. 그리고 본사 영업본부의 지침을 따를 수밖에 없다. 가격은 본부의 고유 권한이기 때문이다. 그렇다고 가만있으면 난처한 상황이 발생한다.

몇 % 가격 인하를 해주어야 할 것 같은데, 본사의 분위기는 2% 단가 다운을 고려하고 있다고 한다. 본사는 2% 정도 수준으로 협상을 하라고 한다. 어떻게 M 사와 협상을 할까?

과연 2% 가격 인하 가지고 협상(Negotiation)이 될까?

나의 발걸음은 무겁다. 최대한 M 사의 내부 상황을 파악하고 정확히 내부에 전달하는 것이 외근의 목적이기도 하다. 엘리베이터 버튼을 누르고 기다리니 깜박깜박 불이 들어오는 C 번의 엘리베이터가 나를 부른다. 오늘 같은 날은 딱딱한 회의실보다 일 층 커피숍에서 부드럽게 이야기하는 것도 좋으련만, 마음을 정리하고 11층에 있는 회의실에 들어가니 이미 박 차장과 김 대리가 나를 기다리고 있다.

잠시 뒤 황 부장까지 들어온다. 바로 5% 가격 인하 요구를 한다. 급했던 것이 분명하다. 환율 문제 때문에 부품단가를 인하한다는 것은 사실 말이 안 된다. 이것은 외부환경 요인의 하나이기 때문이다. 어차피 나는 바로 결정하려고 온 것이 아니고 업무 프로세스 정립을 하려고 온 것이고 M 사 담당자도 그것을 알고 있다.

수입품에 대한 가격의 결정 및 협상 방법은 무엇인가? 먼저 전체적인 프로세스를 그려본다. 도입과 수출 부문에서 OEM이 어디에 있는지에 따라 프로세스가 달라진다. 먼저 OEM이 국내에 있다면 다음과 같은 프로세스로 이루어진다.

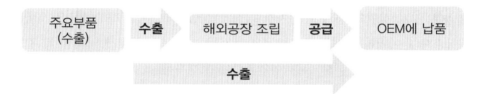

만일 OEM이 해외공장(예: 미국, 인도, 폴란드 등)에 있다면 부품의 수출 프로세스는 다음과 같을 것이다.

역시 수입 및 수출에 있어 환율이라는 중요한 요소와 수출입 관련 제반 비용과 관세들이 Price risk management의 중요한 요소이다. 약 2시간 정도의 회의를 통해 M 사의 의향을 파악했다. 회의의 결론으로 정식으로 독일 본사에 공급을 보내겠다는 M 사의 공식적인 업무 방향 설정 결과를 통보받았다. 왜냐하면 가격의 결정권이 독일 본사 영업본부에 있다는 것을 무엇보다도 잘 알고 있기 때문이었다. 그렇다고 국내 연구소의 기술 영업이 가만있을 수는 없다. 이런 상황이 나오게 된 배경과 상황을 분석하여 본사와 같이 전략을 마련하기 때문이다. 참 이런 일은 어렵다.

기업과의 거래에서 가장 민감한 것이 단가 문제인데, 글로벌 기업의 경우 단가 책정은 복합적인 요소들의 통합과 전체적인 균형 속에서 전체적인 리스크 관리를 하여야한다.

협상 결과: 실패

결국 공문과 공문이 양사 영업 본부장 사이에서 오고 갔다. 에스컬레이션은 이런 문제의 전략이다. 담당자는 이런 부분에서는 힘이 없다. 힘과 힘의 연결이고, 힘과 힘의 협상이다.

실패의 원인

정치적인 해결방법은 상대방에 대한 배려가 부족해 보이는 결과를 만들 수 있다.

성공방법이 있었다면?

서로 만나서 대화를 하거나, 일부 양보를 만들어야 했는데, Upper level의 의사결정에만 의존하였기에 딱딱한 결과를 만들어냈다. 따라서 에스컬레이션을 잘해서 고객의 상황을 대변하는 리포트가 만들어졌다면 갈등의 최고까지는 가지는 않았을 것이다.

3. 협상 스킬:
고객 제품의 최종성능 시험의 승인 지연 건 이야기

노을은 아름답고, 마음은 무겁고

누가 서해안의 노을은 아름답다 하였는가? 항상 서해안에 위치한 고객사의 연구소 근처 바닷가를 가더라도, 여유 있게 석양을 바라본 적은 거의 없다. 항상 비즈니스의 외근은 괴롭다. 이번 프로젝트의 엔지니어링 성능의 승인이 쉬워 보이진 않는다. 대충 분위기를 보면 이번 승인이 쉽게 날지 안 날지 알 수 있는데, 그동안 개발단계에서 몇 가지 이슈에 대한 대처에 고객 V 사의 담당자들이 불만을 표출했었기 때문에 분명 이번 승인이 쉬워 보이지 않는다.

불안한 기운

V 사는 항상 일정 부분에 있어 빠른 시간에 업그레이드된 SW를 원했지만, 당사 L 사는 내부적인 테스트 프로세스 때문에 고객이 원하는 빠른 일정에 대응하기는 어려웠다. 고객 V 사 시험팀 방 팀장은 자부심에 대단한 사람이다. 아마도 일본, 독일, 미국 시험팀을 다 합친대도 한국 완성 차의 차량 시험팀만큼 NVH(Noise, Vibration, Harshness)에 철저하지는 않을 것이다.

한국 사람은 특히 Noise에 민감하다. 노이즈(Noise)에 대한 만족감과 성능이 같이 구현되어야 승인이 날 가능성이 높은 것이 차량자세장치의 성능 승인 부분이다. 사실 노이즈(Noise)는 주관적인 부분도 개입이 된다. 따라서 개발과정 중의 협조도 등이 최종 승인 과정에서 반영될 수밖에 없다. 따라서 이번 최종승인 시험은 쉽지 않아 보인다.

내용 배경 및 요약

당사 L 사는 고객사 V 사에 대해 ESC 부품을 공급 중이다. ESC(Electronic Stability Control)는 차량의 제동성능과 관계도 있지만, 차량자세 제어기능을 포함하였기 때문에 Safety item이다. 개발 기간 중 몇 번의 고객사 Event(Prototype stage)에 Full function SW 대응을 하지 않은 이유로 고객은 불만이 있는 편이다. 그러나 이것은 당사의 내부 프로세스상 정상적인 프로세스로, 만일 억지로 Full function SW를 제대로 검증이 되지 못한 상태에서 대응하면 실제 고속 주행 시 사고가 날 수도 있기에 Test 제약 조건을 기준으로 SW를 대응한 것이다. 이런 부분을 실무자에게 설명을 했는데도 불구하고 고객은 이에 제대로 시험을 못해서 불만이 있다.

그러던 중 마지막 Sign-off(최종성능승인) 기간 중 승인을 받아야 하는데, 고객은 이런저런 핑계를 대며 성능 부분에 수정을 계속 요구하면서 승인을 지연하고 있다. 승인이 지연되면 양산공급 대응에도 문제가 발생할 수 있다.

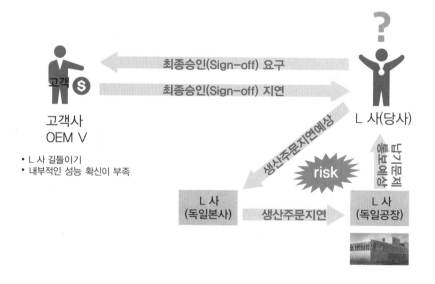

고객사 V 사 내부 상황의 가정

사실 V 사 내부적으로는 업체 L 사의 기술능력을 인정하면서도 프로세스에 의한 업무처리 때문에 늘 SW 업데이트 공급 시간 부분에 불만이 많았다. 또한 내부적으로도 Tire와 Suspension의 Tuning이 제대로 완료되지 않아서 이와 관련된 성능인 ESC를 쉽게 승인하기에는 부담을 가지고 있다. 내부적으로는 승인 시간을 지연시키고 싶으나 만일 승인지연을 시키면 분명히 L 사는 양산공급 시간에 문제가 있다고 저항을 해올 것이기에 이번 승인 과정에서 한번 줄다리기가 필요한 상황이다.

성능불만을 문제로 삼아서 일정을 2주일 정도 지연시켜 내부적으로 Tire와 Suspen-sion matching test 결과를 ESC 성능과 종합하여 최종 확인한 뒤 마무리하고 싶다.

당사 L 사 내부 상황의 가정

업체 L 사는 고객사 V 사의 SW 변경 부분에서 일정이 다소 지체되는 문제점은 인식하고 있다. 그런데 만일 SW bug가 생기면 시험 중 사고의 발생 가능성에 대한 리스크 때문에 SW validation 과정을 거쳐야 하지만, 이마저도 안 되는 경우라는 시험 제한 조건으로 SW를 공급하곤 한다. Full 성능 테스트를 하면서 고속주행을 해야 하는 고객사 입장에서는 불만이 있을 수도 있겠지만, 이건 안전에 대한 사항이라 양보하기가 어려운 상황이다.

어찌하든 최종승인이 지연되면 향후 프로세스에 문제가 생긴다. 내부프로세스가 지연되면 양산공급에 리스크가 발생할 수 있다.

협상 결과: 부분적인 성공

성공의 원인

인내와 끈기 — 회의 분위기는 처음부터 좋지 않았고 밤을 새워 진행되었다. 오전 10시에 시작해서 그다음 날 아침 7시까지 밤샘 성능시험을 잘 견뎌냈고, 불평불만 없이 진행을 했다. 만일 그 과정에서 심한 반발을 하였다면 결과는 더 안 좋았을 것이다. 그러나 묵묵히 진행을 했기에 고객도 그 수용성에 감사를 표했다. 문화의 차이가 있었겠지만, 독일인 TPM(Technical project manager)의 리더십이 이런 부분을 잘 만들었다. 협상은 전체적인 분위기를 잘 조율하는 리더십이 있기에 가능한 것이다.

결국 밤을 새워서 회의록을 쓰고 잘 마무리했다.

성공의 방법

상대방의 배경과 분위기를 잘 파악하고 이에 고객사 V 사에 대한 적절한 대응이 중요했다. 나는 밤을 새우면서 늘 밝은 분위기를 유지하려고 노력했다. 독일인 TPM (Technical project manager)도 이런 부분에 잘 협조를 해주었다. 전체적으로 팀워크가 있었기에 가능했다.

결국 결과에 대한 성공에는 리더십과 팀워크가 있다. 지금은 베를린에 있는 마이스 가이어가 그립다. 키가 190센티가 넘고 늘 한국에 오면 한국적 DNA를 가지고 정이 넘쳤던 키가 큰 독일인. 지금은 다른 회사로 이직했지만, 어느 장소에 가든지 그런 사람들은 성공한다.

4. 협상 스킬:
품질문제 발생 건에 대한 대응 이야기

품질 비용(Cost of Quality)의 관리 중요성은?

제품의 Sign-off(최종성능 승인시험)가 끝나면 ECU 제품들은 대부분 SW Validation을 거친다. 왜냐하면 만일 SW의 bug라든지, 차량의 이상 거동현상이 발생하면 field에서 문제가 생기기 때문이다. 나는 직접 참가는 안 했지만, 제품의 대부분은 차량에 탑재되어서 약 1주일간 알프스 산맥의 도로를 주행하는 악의 모드 시험(Worst case testing)을 거친다. 이 기간 동안 엄청나게 꼬불꼬불한 도로를 운전하게 되는데, 언제인가 고객 V 사 시험 팀의 한 분이 같이 참여했다가 거의 죽는 줄 알았다고 모험담을 들려주기도 했었다. 밑은 낭떠러지인데 자칫 잘못하면 한 방에 간다. 그런데 독일 드라이버들은 아주 능숙하게 그런 길을 자유자재로 운전을 했는데, 뒤를 따라가자니 식은땀이 많이 났다고 한다. 혹시 모를 Field에서 발생할 수 있는 상황을 가정해서 아무리 시험을 해도 실제 Field에서는 다양한 상황이 연출된다. 백분의 일, 천분의 일, 만분의 일, 정도의 차이는 있겠으나, Critical safety 요소라면 Recall을 감수하여야 한다. 이게 제품성능과 관련된 품질의 무서운 점이다.

Deming 박사가 주창한 PAF(Preventive cost, Appraisal cost, Failure cost) 중에서 가장 적합하게 사용해야 하는 것은 역시 예방과 평가비용이며, 기업이 피하고 싶어하는 비용이 실패비용인데 그중에서도 외부실패 비용이다, 외부 실패비용 중에서 대표적인 것이 Recall이기 때문이다. Recall 같은 실패비용은 기업에게 엄청난 타격을 준다. 먼저 천문학적인 돈이 들어간다. 자동차 특성상 Recall이 터지면 수십만 대 또는 수백만 대가 Recall를 당할 수 있기 때문이다.

예전에 고객사 시험 팀 강 대리가 이야기한 말이 리스크로 들려온다. 자동차 회사들은 원가 절감을 위해서 차량의 Platform(차체의 Underbody 부분의 동일화 사용) 수를 줄인다. 또한 부품의 공용화 사용을 늘리게 되는데, 그러면 턴키베이스(Turnkey base)로 모든 차종에 같이 사용하기 때문에 원가절감은 가능하지만, 만일 품질 문제가 터지면 메가톤 급 충격이 온다는 것이다. 그런데 당사에 품질 문제와 관련된 어두운 그림자가 다음과 같이 찾아오고 있었다.

내용의 요약

당사 L 사는 고객사 V 사에 대해 TG 프로젝트의 ESC(Electronic Stability Control) 부품을 개발하였다. ESC는 차량의 제동성능과 관계도 있지만, 차량자세 제어기능을 포함하기 때문에 Critical Safety item이다. 개발 기간 중 정상적으로 Full test를 하였고, 고객도 Sign-off를 하였다. 이에 정상적으로 초도 납품이 되고 양산을 한 지 3개월이 지났다.

그런데 고객이 품질 부문에서 통지를 해왔는데 Field 차량에서 민감하게 작동이 발생하며 차량에 제동이 걸린다고 한다. 이에 고객과 함께 Joint test를 실시해본 결과 이상 작동 현상이 재현되었다. 고객은 당사의 제품에 이상이 있다며 이에 긴급대응조치를 요구하고 있다. 나는 이 문제와 관련하여 거제도의 특정 도로에서 재현시험에 참여하였는데, 그 당시 이상 작동 현상이 실제 재현되었다.

주행 중 특정 도로의 환경에서 ESC가 작동하여 차량의 Deceleration(감속화 현상)이 발생하고 후방 차량이 급제동을 해야 하는 상황이 발생한 것이다. 게다가 더 큰 문제는 이때 제동등이 점등되지 않는 것이다.

이에 당신은 프로젝트 관리자로서 이 문제를 어떤 순서와 방법으로 대처하겠는가?

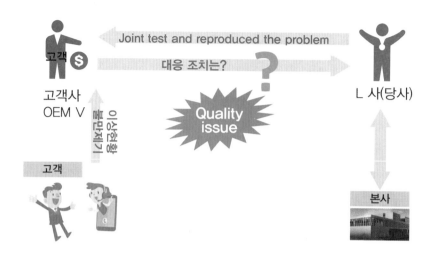

고객사 V 사 내부 상황의 가정

거제도 주행도로에서 발생한 이상 작동에 대해 초기에는 크지 않은 문제로 생각을 했으나, 조인트 테스트(Joint test) 후 큰 품질 문제로 인식하고, L 사에서 정확한 해결방안을 제시해주기를 원하고 있다. 그런데 자꾸 L 사에서 약속을 지연시키면서 문제에 대한 원인을 제공하지 않고 있어 갑갑한 상황이다.

이번 문제로 인해 북미 시장 Recall까지 터지면 문제가 되는데, 다행히 북미공장에서는 생산만 했지 소비자들에게 출고를 하지 않았기에 신속히 개선 SW를 받아서 대대적인 SW refresh 작업만 하면 될 것 같다. 이 정도도 결코 쉬운 작업은 아니다. 왜냐하면 LA부두에서 국내에서 생산된 차량이 도착하여 출고를 기다리고 있었기에 대상 차량은 수천 대로 예상되기 때문이다. 빨리 개선 SW를 받아서 차량에 SW업그레드를 하여야 한다.

당사 L 사 내부 상황의 가정

어차피 개선 SW를 제공하려면 정확한 원인 파악과 함께 개선 SW에 대한 Robustness가 보증되어야 한다. 만일 빠르게 SW를 제공했다가 다시 문제가 생기면 더 큰 일이 발생하기 때문에 꼼꼼하게 개선을 하여야 한다. 그런데 고객은 계속 개선 결과를 요청하고 있지만, 제고할 수 없어 답답하다. 정확한 결과가 도출이 안 된 상태에서 예상되는 해결책으로 대충 대응할 수 없기 때문이다. 이에 차분히 기다려 주었으면 좋겠다.

Recall까지는 초기에 생각하지는 않았지만 개선 분석과정에서 그런 가능성이 대두되고 있다. 그 이유는 이 제품이 차량 거동과 관련된 Critical safety product이기 때문이다.

만일 Field에서 SW 관련 품질 문제가 생긴다면?

다음과 같은 프로세스를 거치게 된다.

SW 개선 및 Recall 대응 프로세스는?

Speed & Process?

Root cause analysis with data	→	SW analysis and find problem	→	SW verification with improved SW	→	SW with documentation and presented to customer

Implement re-call action	←	Release SW and Control product stock	←	Final confirmation for SW release	←	Vehicle joint test

Recall action plan with each sectors	→	Recall domestic and overseas	→	Provide SW download device	→	Document control for recall

Recall process with newly improved SW.

(1) 데이터를 분석하여 기본원인을 찾아낸다.

(2) SW를 분석하여 문제를 발견하는 데 중점을 둔다.

(3) SW를 개선하여 SW 검증을 실시한다.

(4) 고객에게 SW를 제공하면서 관련 문서를 제출한다.

(5) 차량 상태에 대한 Joint test를 실시한다.

(6) SW release를 위한 최종 검증을 실시한다.

(7) 최종 SW를 release하고 재고를 통제한다.

(8) Recall의 경우 Recall action에 돌입한다.

(9) 각 Sector별로 Recall을 실시한다.

(10) 국내·국외 Recall을 실시한다.

(11) 다운로드 장치에 개선된 SW를 안정적으로 다운로드 하고, 각 지역에 체계적인 Recall action을 실시한다.

(12) Recall과 관련된 문서화를 진행한다.

협상 결과: 실패

Recall 초기 대응에 문제에 많았다. 초기에 의사소통에서 많은 문제를 발생시켰다. 문제가 적은 것으로 취급하다가 결국 Recall까지 확대되었다. 신속한 분석 결과에 대한 피드백이 고객사에게 전달되어야 하는데, 내부 SW 점검프로세스 검토에 따라서 시간이 다소 많이 걸려서 고객이 상당한 불만을 표출했다.

실패의 원인

투명하고 개방적인 의사소통이 잘 안 되었다. 품질 문제 특성상 분석 결과를 외부에 바로 알리지 않고 내부적으로 분석하고 판단한 뒤 그것들을 문서화하고 공개 범위를 정하는데 내부적인 합의가 필요하다. 당사는 그런 부분에서 고객과 정확하고 신속한 의사소통이 잘 이루어내지 못했다.

나 역시 그 당시 회의에 참석하여 당사를 대변하려고만 했지 객관적인 데이터 제시 부분에 충분한 노력을 할 수 없었다. 왜냐하면 품질 문제는 개인 대 개인이 아닌 회사 대 회사의 문제이고, 제품 이상에 대한 정확한 Root cause가 밝혀지고 이에 대한 Solution이 나온다 하더라도 그것을 검증하고 문서화하는데 내부적인 보안 문제가 대두되기 때문이다. 개선 과정을 알고 있다 하더라도 그런 부분을 고객에게 전달하기는 어렵다.

성공의 방법

역시 의사소통 문제이다. 고객지향적 사고와 품질 문제 해결 과정에 대한 피드백이 제대로 되었다면 고객이 어느 정도 만족하였을 것이다. 품질은 정확한 개선과 속도가 중요하다. 만일 품질 문제의 여파를 사전에 충분히 예측했더라면 좀 더 신속히 대응하였을 것이다.

초기에는 Recall까지는 염두에 두지 않고, 작은 Claim 수준으로 Case by case 품질 대응처리를 하려고 했었다.

따라서 어떤 품질 문제가 터졌을 때는 실패비용의 여파를 정확히 분석하여 우선순위(품질의 대응 긴급성)를 잘 조절하여 가장 민첩하게 대응하여야 한다.

5. 협상 스킬:
고객의 구매발주 기간의 문제 대응 이야기

누가 리스크를 가질 것이냐?

구매발주 경험이 10년 이상 있는 나로서는 제품의 발주와 공급 및 재고관리에 대해 공급자 및 구매자가 공정하게 일을 처리해야 한다고 생각을 하지만, 구매자의 Power가 큰 시장에서는 그런 논리가 잘 적용되지 않는다. 우리나라에서 대부분 제품의 공급계약은 고정계약 방식이다.

고정계약의 약점은 역시 Seller의 불리함이다. 제품 단가 측면에서는 그렇다는 이야기이다. 그런데 제품의 공급 Flow 측면에서 보면 더 큰 문제가 있다. 여기서 공급자(Seller)들이 재고 관리에서 불리한 부분을 구매자(Buyer) 측면에서 알 필요가 있다. 여기서 잠시 Whip's law에 대해 확인해보자.

채찍의 법칙이란?

예를 들어 고객이 A 회사에게 100개 부품 발주를 하면, A 회사는 조달 부문에 있어 일부 제품을 B 회사에 외주를 주게 된다. 그런데 제품의 불량을 감안하고 고객의 추가 변동 발주를 고려하여 고객에게 받은 수량보다 더 많은 수량을 B 회사에게 발주하게 된다. 아마도 120개 정도로 예상을 해본다. B 회사 역시 일부 부품을 협력업체 C 회사에게 발주를 준다면 몇 개를 발주하게 될까? 아마도 140개 정도를 발주하게 될 것이다.

이렇게 초기 고객이 발주한 수량보다 협력업체로 내려갈수록 오더 물량의 안정적 공급과 불량에 대한 고려, 안전재고 확보 심리로 재고는 밑으로 내려갈수록 커지게 된다.

고객	A 회사	B 회사	C 회사
발주 수량 to A 회사	발주 수량 to B 회사	발주 수량 to C 회사	
100개	120개	140개	140개 생산 예정

마치 채찍의 흔들림과 같아서 채찍의 법칙이라 부른다.

이런 채찍의 법칙은 공급자들에게 재고의 부담을 가중시켜, 만일 추가 발주가 정상적으로 진행되지 않으면 재고의 폐기 등 실패비용을 발생시킨다. 공급자는 발주의 Lead time에도 충격을 받게 되는데, 만일 제품의 공급 준비 기간이 90일인데 15일 전에 발주가 나오면 어떻게 될까? 아마도 준비 시간이 부족하기 때문에 공급자는 리스크를 안고 미리 관련 자재를 준비하여야 할 것이다.

만일 발주가 도중에 중단되거나 물량이 축소되면 이미 준비한 자재들은 폐기처분을 하여야 할 것이다. 즉, 발주 관련 채찍의 법칙과 아울러 발주 기간에 따라 공급자들의 재고 부담의 리스크는 커지게 된다.

내용 요약

당사 L 사는 고객사 V 사에 대해 CM 프로젝트의 Battery sensor assembly 부품을 개발하고 있다. Battery Sensor는 Battery 전압의 이상 유무를 감지하여 저전압 등이 발생하기 전에 운전자에게 경고하여 미연에 문제를 예방하는 데 있다.

고객은 ISIR 승인 후, 고객의 일반 구매 확정 발주는 납품일 기준 15일 이전에 이루어 진다. 이에 Sensor 부품을 독일에서 도입 후 국내 진천공장에서 완전조립한 뒤 test 후 납품하여야 한다. 이에 당사는 90일의 확정 발주가 필요하다. 이에 당신은 프로젝트 관리자로서 이 구매발주 기간 문제를 어떻게 대처하겠는가?

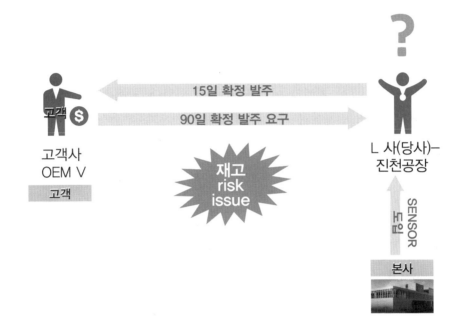

협상 결과: 성공

안정적인 제품공급은 모두에게 중요하다. 공급계약 조건에서 초기 협상을 통해 발주확정 기간을 3개월로 확정하여 합의완료하였다. 공급계약은 Binding agreement이기 때문에 공급자인 당사로서는 리스크를 줄인 셈이다.

합리적인 물류 프로세스를 설명하고 이에 대한 당위성을 설명하면 가능한 부분이 있다. 협상 과정이 쉽지 않았지만 공급계약 부분을 좀 강력하게 어필한 부분이 주효하였다.

성공의 방법

Long lead item에 대한 발주에 대한 리스크를 설명하고 전체적인 프로세스를 설명하여 논리적으로 이해를 구한다. 계약은 전문적인 지식과 리스크 관리가 중요하다. 아쉽게도 대다수 공급계약은 고객의 표준계약서에 맞추어 공급자가 수정 없이 도장을 찍어 보내는 현실이다. 일부 조항을 수정하려 하더라도 쉽지가 않은 상황이다.

이처럼 대부분 공급계약은 힘이 있는 구매자에게 유리한 조항으로 가득 채워져 있다.

Lessons Learned

이번에 공급계약을 원칙대로 유지한 것도 역시 과거의 경험을 기반으로 한 것이다. 이번 계약이 있기 몇 년 전에 확정 발주가 된 제품을 준비하였는데도 불구하고 재고가 과다하게 쌓여 이에 대한 처리가 어렵게 된 적이 있었다. 공식적으로 공급계약에 의거하여 확정발주한 물건도 재고 문제로 이에 대한 폐기문제에 있어 손실부담을 요청하여 Negotiation을 하여 준 적이 있었는데, 만일 공급계약이 불리하게 되었다면 수십억 원을 마냥 손실해야 하는 상황이었다. 따라서 공급계약은 Fair하면서도 공급자가 원자재에 대해 보호를 받아야 하는 측면이 있다.

Brain writing result

위의 상황을 가지고 Group brain writing을 실시하였다. 다양한 좋은 의견이 도출되었는데, 이에 대응하기 적절한 전략의 Top 5가 정리되었다.

(1) 자체적으로 당사의 Sensor lead time을 단축하도록 노력하여야 한다.

(2) 타 프로젝트 공용으로 사용할 수 있는 부품으로 4M change할 수 있게 변경을 검토하고, 만일 이런 부분이 잘 정리되면 재고 손실에 리스크가 없을 것이다.

(3) 물류 프로세스를 다시 검토하여 개선 방향을 도출한다

(4) 공식적으로 최소 납기 확정 오더 연장에 대한 공문을 발송한다.

(5) 만일 15일 확정 오더를 유지한다면 90일 전에 예측을 위해 가 발주라고 먼저 이 메일로 요청을 하여 Forecast를 강화한다.

6. 협상 스킬:
변경 비용에 대한 고객의 지급 지연 또는 거부 건

수원 망포동에서 용인 흥덕을 거쳐 용인 기흥까지 가는 길 왼쪽엔 아늑한 골프장

이 있다. 길가의 나주집에는 골프를 치고 나오는 뭇 사람들의 고급차가 즐비하게 주차되어 있는데, 그 광경을 보면서 가끔 나의 처지를 비관하기도 한다. 인생은 상대적 비교를 통해 불행해진다고 하던데 정말 그 말이 맞는 듯하다.

요즘은 행복보다 더 중요한 것이 있다고 한다. 그 내용을 접하고 그 의미를 이해했다. 행복보다 더 중요한 것은 우리의 삶의 가치 발견이라는 것이다. 즉 우리의 존재 이유이다. 사는 동안 아빠가 자식들에게 아빠의 존재의 가치를 전달하는 것, 아빠는 어떤 존재였나? 이런 생각을 하다 보면 출근길은 여러 상념으로 뒤엉킨 길보다 더 복잡하지만 죽전으로 가는 넓은 길에는 앞으로 회사에 가서 처리해야 하는 업무가 널려있다.

프로젝트를 하다 보면 여러 가지 많은 일들이 발생하지만, 프로젝트에서 변경은 빈번하게 발생한다. 작은 변경은 문제가 없으나 큰 변경인 경우는 상황이 다르다. Hardware를 변경하는 상황과 더불어 금형이 개발된다면 공급업체는 선수금을 투입하고 이에 대한 비용이 과다 지출이 되는데, 구매자의 지불 확정이 없다면 아마도 추후에 보상을 못 받을 수도 있을 것이다.

내용 요약

당사 L 사는 고객사 V 사의 요구로 VG 프로젝트의 MRR(Middle range Radar)을 개발하고 있다. 초기에는 차량의 MRR 장착 Position이 Bumper grill이었으나, Proto stage 초반에 긴급으로 Radiator Grill Center position으로 변경되었다. 이에 MRR Mounting bracket 변경이 불가피하게 되어, ECO Release 전 회의록을 근거로 선 금형개발을 통해 Proto2 stage부터 공급 대응을 하게 되었다.

금형비는 3억 원이 소요되었다. 그러나 고객의 설계부서는 예산 편성이 어렵다고 이 문제를 계속 지연하고 있다. 양산가에 Amortization을 하려고 하니, 고객의 구매부서에서 반대를 한다. 이에 참 난처한 상황이다.

당신은 프로젝트 관리자로서 이 문제를 어떻게 대처하겠는가?

이런 상황에 대해서는 여러 가지 대응 전략이 나올 수 있을 것이다. 제조 부문에서는 제품의 수정과 관련하여 수시로 금형 수정이 이루어지는데 금형비는 투자예산이므로 만일 예산에 반영이 안 되어 있으면 공급자에게 바로 지급하기 어려울 수도 있다. 이에 대한 고객들의 다양한 반응이 있는데, 확실한 약속을 통해 추후 변경 비용을 지급하는 업체도 있고, 제품가에 형상각 처리하여 제품비를 올리면서 반영하는 경우도 있다. 경험을 통해 보면 제품의 단가인상은 구매부와 이해관계가 있어 쉽지는 않았다. 그래서 설계부서 등이 자체 예산을 증가시켜 해결하거나 적용시점을 늦추기도 하고, 차기 프로젝트 수주 약속을 전제로 한 조건부 금형비 개발을 추진하기도 하는데, 원칙은 역시 정상적으로 예산을 승인받아 집행하는 것이 바람직하다.

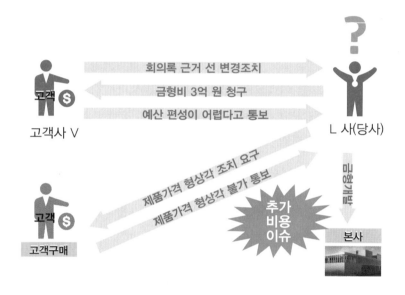

협상 결과: 성공

성공의 방법

변경요청에 따른 금형비 개발은 공식적인 프로세스로 진행하여야 한다. 편법이 있을 수 없다. 금형은 자산의 일부분이고, 금형 개발은 자체적으로 하는 것이 아니고 주로 외주를 통한 개발과정이 수반되기 때문에 계약을 통한 비용의 지급이 요구된다. 만일 큰 기업 같으면 이런 비용을 추후에 받거나 제품에 형상각 처리하여 받겠으나, 일반적인 기업은 공식적으로 금형비 지급 확약이 있어야 개발이 가능하다.

이에 공식적인 공문 조치 등을 통해 고객과 합의를 끌어내야 한다. 나의 경우는 금형 개발비 지급은 공문으로 확인되어 가능했다. 고객이 내부적으로 금형비에 대한 추가 품의를 진행하여 예산을 확보하여 정상적으로 진행을 하게 되었다. 이게 정상이다. 업무상 좀 불편하다고 고객이 내부적으로 스스로 업무추진을 안 한다면 더 큰 문제가 발생할 수 있을 것이다.

Brain writing result

위의 상황을 가지고 Group brain writing을 실시하였다. 다양한 좋은 의견이 도출되었는데, 이에 대응하기 적절한 전략의 Top 5가 정리되었다.

(1) 3억 원 이상의 수익을 제공받을 수 있는 차기 프로젝트 수주 약속을 받는다.

(2) 공식적 고위 미팅 시 의제로 삽입하고 발표하여 Escalation한다.

(3) 고객 설계부서로 Design 최적화 요청하여 비용투자 절감 후 예산편성을 요청한다.

(4) 개발단계인 Pilot(파일럿) 단계에서 샘플 가격 상승 반영 요청 또는 시험검증비로 추가하도록 요청한다.

(5) 고객이 대금 지급 시까지 공급지연 또는 일정 기간(예: 5개월) 동안만 유보시키는 공급지연 전략을 구사한다.

7. 협상 스킬
-고객과 초기 요구사항에 대한 약속 건

인천공항에서 2명의 고객 설계담당자와 만나서 Frankfurt(프랑크푸르트)로 향한다. 3일간의 Kick off meeting 참석차 같이 동행을 한다. 약 10시간을 타야 하는 비행기 안에서 이코노미 좌석은 늘 불편하지만 나에게는 체력이 상관이 안 된다. 어떤 때는 10시간 한 번도 화장실에 가지 않고 좌석에 앉아 있던 적도 있다. Frankfurt에서 Stuttgart 공항까지는 1시간 정도 걸리는데, 일반적으로 한국에서 점심때 출발하면 Stuttgart 공항에 저녁 8~9시 정도 도착한다. 첫날은 숙소에 가서 자는 것이 우선이다. 아직도 독일 거리와 Navigation에 익숙하지 못한 나에게 운전은 늘 부담이지만 별수 없다.

Survival. 여행은 늘 도전이니까 도전하고 생존을 해야겠지.

호텔은 Ludwigsburg에 있는 꽤 좋은 호텔을 잡았다. Stuttgart 위의 Ludwigsburg는 성으로 유명한 곳이다. 이탈리아 사람들이 많아 밤에는 좀 시끄럽지만 그래도 안전한 곳이다.

"하이, 토마스!" 다음날 방문한 본사 사무실에서 이사벨이 반갑게 인사를 한다. 나는 고객사 V 사의 최 과장과 심 과장을 소개한다. 이사벨의 안내를 받아 도착한 회의실은 약 15명 이상이 충분히 앉을 수 있는 큰 공간이다. 내가 좋아하는 치즈 프레첼에 왕소금이 잔뜩 묻어 회의실 옆에 비치되어 있다. '이래서 난 아침을 대충 먹지.' 혼자 독백을 한다.

"이사벨 이제 회의를 슬슬 시작하지요?" 간단한 인사가 끝나고 전체 Kick off meeting master agenda를 화면에 비추어준다. 좀 빡빡하다.

"회의 시작합니다." 이사벨은 프랑스인지만 독일어, 영어를 모국어처럼 잘한다. 고객사에 온 2명의 설계 담당자들도 만만치 않은 분들이다. 능숙하게 회의에 대처한다.

프로젝트의 성공과 실패의 중요한 부분은 역시 요구사항에 대한 관리이다. 초기에 확실한 범위를 결정하면 쉽게 진행이 되지만, 그렇지 못하면 이리 저래 난항이 발생한다. 고객사의 제시 Specification은 늘 높은 수준의 성능과 자료를 요구하고 있다. 특히 전자파 관련 시험이라든지 문서준비는 늘 부담이 되는 부분이다. 이에 적절한 대응이 필요하다. 상황을 개략적으로 다음과 같이 정리한다.

내용 요약

당사 L 사는 고객사 V 사에 대해 TF 프로젝트 MRR(Middle range Radar)에 대한 프로젝트 수주 후 초기 Kick off meeting을 하고 있다. 3일 동안의 회의에서 요구사항에 대한 전반적인 검증작업이 다시 이루어지고 있다. MRR은 성능부문이 주관적인 평가부분도 있고, 고객이 제시한 많은 Test specification도 세세히 살펴보면 까다로운 부분이 많다. 문제는 Critical factors에 대한 부분이다. 하나라도 기준을 충족시키지 못하면 추후 ESIR인증이 거부될 수 있다.

만일 모든 요구사항을 다 맞추겠다고 약속을 하면, 추후 추가비용이 발생하여 프로젝트의 비용 초과가 상당해질 수도 있다. 사실 내부적으로 고객의 요구사항을 꼼꼼히 분석하지 못한 상태에서, 초기 고객과의 회의를 통해 요구사항에 대한 약속을 하자니 불안하고, 아니하자니 이것도 문제이다. 이런 경우에 당신은 프로젝트 관리자로서 이 문제를 어떻게 대처하겠는가?

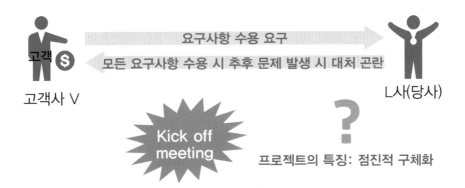

협상 결과: 성공

성공의 방법:

철저한 회의 관리를 바탕으로 고객의 요구사항에 대한 Check list를 준비하여 점검했던 부분이 주효했다. 쉬는 시간에 고객이 나에게 와서 회의에 부담이 많다고 하고 짧은 일정에 너무 빡빡하게 회의를 진행한다고 불평을 하였지만, 반대로 생각하면 철저한 준비를 통해 범위에서 놓칠 수 있는 부분을 잘 정리한 것이기에, 결국 고객 담당자도 회의가 전부 완료 된 후에는 만족을 표시하였다.

저녁에 독일 맥주 헤페바이젠을 마시자 맥주 거품과 함께 피로감도 흘러 내렸다. Ludwigsburg역전 근처에 있는 2층의 맥주 집은 지금도 다시 가보고 싶은 곳이다.

8. 협상 스킬:
PM과 PL 간의 Cooperation issue handling 건

진정한 PM이란?

기업 내에서 제품의 개발을 책임지는 PL(Product leader)와 프로젝트를 관리하는 PM(Project manager) 간 cooperation은 매우 중요하다. 전철을 타고 군포에 있는 고객사 V사 팀장을 만나자 당사 PM의 능력에 대한 불만을 토로한다. 제품에 대한 지식이 부족하다는 이야기도 하고 너무 고집이 세다는 이야기도 한다. 나는 대략 그 이유를 알고 있다. 대부분 PM들은 영업 출신이거나 아니면 엔지니어 출신이다. 영업 출신들은 제품 지식이 약하고, 엔지니어 출신의 PM들은 Soft skill이 약하고 고집이 센 편이다. 젊은 PM도 많다. 급히 PM 조직을 키우다 보니 생긴 일이다. 언어 구사 능력 덕분에 특정 고객을 위한 PM에 임명되는 경우도 있다. PM은 어떤 일을 하는 사람인가를 잘 생각해야 한다.

내가 생각하는 PM은 경영의 대리인으로 회사의 중요한 프로젝트를 관리하는 책임자이다. 기업의 전략을 이해하고 동시에 사업부 전략을 이해하면서 프로젝트를 성공적으로 완수할 수 있도록 지정된 사람이다.

프로젝트 관리자는 제품을 포함하여 프로젝트를 수행하므로 다양한 이해관계자들의 요구사항에 대해 균형을 잘 맞추면서 프로젝트를 관리해야 한다. 그런데 여기서 균형을 잡기가 가장 어렵다. 고객은 다양한 요구사항을 최고 수준으로 다 맞추어 주길 원한다. 일정은 빠르게, 원가는 낮게, 품질 수준은 높게, 기타 이슈가 많이 발생하지 않으면서 프로젝트에 많은 일을 시키고 싶어하고 지속적으로 변경요청을 해서 업데이트된 내용을 반영시키고 싶어한다.

어떻게 프로젝트 관리자는 이런 고객들에게 잘 대응할 수 있을까? 쉽지 않다. 따라서 프로젝트 관리자는 아무나 되는 것이 아니다라고 나는 말한다. 준비된 PM이 필요한 것이다. 화합하는 PM이 필요하고 경험이 충분하고 대인관계 기술 능력을 가진 사람이 능력이 있는 PM이다. 이런 상황에서 PM과 PL의 관계에서 PM은 어떤 부분을 개선하여야 될까?

내용 요약

당사 L 사는 고객사 V 사에 대해 K7 프로젝트의 MRR(Middle range Radar)에 대한 프로젝트를 수행하고 있다. 당사 팀은 PM, 및 PL 팀으로 System engineer, Application engineer, Service engineer, Hardware development engineer, SW development engineer 등으로 이루어져 있다. 당신은 프로젝트 관리자로서 고객과 회의를 진행할 때 기술적인 문제에 대해 각 PL에게 상당 부분 의존을 하고 있다. 그래서인지 고객은 PM의 역량에 대해 그다지 신뢰를 보내지 않는다. 그래서 고객과 회의 시 기술문제 이슈가 나오면 괜히 위축이 된다. 그러다 보니 고객에게 밀리고 내부 PL 등을 대할 때도 자신감이 없어진다. 회의 중 PL들은 그런 것은 PM이 알아서 대응해야지 하면서 핀잔을 준다. 이에 당신이 이런 처지라면 어떻게 정상적인 프로젝트 관리자의 위상을 회복하고 고객으로부터 신뢰를 받고 PL과 업무를 원활하게 수행할 수 있겠는가?

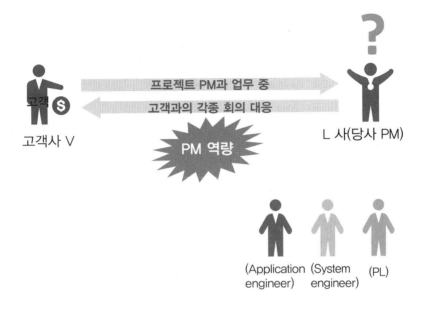

협상 결과: 부분적인 성공

성공의 방법

체계적인 교육을 통해서 PM 능력을 향상하고 기술지식을 더 많이 쌓도록 기술 세미나들을 진행해서 개선하였다.

Brain writing result

위의 상황을 가지고 Group brain writing을 실시하였다. 다양한 좋은 의견이 도출되었는데 PM의 능력향상을 위한 적절한 전략 Top 5가 정리되었다.

(1) 자주 PL을 찾아가서 대면 미팅을 많이 하고 친밀도를 증가시켜 업무를 원활하게 한다.

(2) Product knowledge 공부를 하여 이해능력을 증진한다.

(3) 기술과 다른 일정 등을 잘 관리한다.

(4) 회의 시 회의 관리를 잘한다.

(5) 고객과 친해진다. 고객에게 먼저 인정을 받아야 한다.

PM 리더십 정의

먼저 PM은 무슨 능력이 있어야 하는가? Product leader와의 관계도 중요하지만, PM 자신이 가져야 할 리더십도 중요하다. 특히 B2B에서 PM의 역할은 상상을 초월한다. 특히 대인관계 기술이 핵심인데 그동안 여러 차례 많은 분들과 다양한 의견을 Brain-writing한 결과를 정리하면 다음과 같다.

- 공정한 업무분장을 잘해야 한다.
- 프로젝트 진행 중 야기되는 갈등 관리를 잘해야 된다.
- 프로젝트 관련 지식이 많아야 된다.
- 팀원을 공정하고 정직하게 대해야 한다.
- 성과의 보고를 잘해야 한다.
- 일정 관리를 잘해야 한다.
- 이해관계자들과 의사소통 능력이 중요하다.
- 목표 설정 및 성과 창출에 대해 방향을 제시한다.
- 카리스마가 필요하다.
- 과업 외의 요구사항을 막아야 한다.
- 통찰력이 필요하다.
- 실천력을 갖춰야 한다.
- 범위 관리 능력이 필요하다.
- 비용관리를 잘해야 한다.
- 공감 능력을 갖춰야 한다.
- 책임과 권한을 준다.
- 문제해결 능력을 갖춰야 한다.

이 중에서 우선순위 6개를 다음과 같이 선정하였다.

PM 역량 TOP 6

① 프로젝트 진행 중 야기되는 갈등 관리를 잘해야 된다.
② 프로젝트 관련 지식이 많아야 된다.

③ 팀원을 공정하고 정직하게 대해야 한다.

④ 이해관계자들과 의사소통 능력이 중요하다.

⑤ 목표 설정 및 성과 창출에 대해 방향을 제시한다.

⑥ 문제해결 능력을 갖춰야 한다.

역시 대인관계 기술이 B2B 리더십의 중요한 부분이다.

사례

자동차 글로벌 기업인 경우에는 다른 역량을 정하고 있는데, 대부분 Soft skill을 기반으로 하고 있음을 알 수 있다.

① 대인 접촉 능력

② 발표 능력 — 프리젠테이션

③ 모더레이션 능력(Moderation)

④ 협상 능력

⑤ 이문화에 대한 이해 능력

⑥ 언어능력

⑦ 고객지향적 사고와 행동능력

⑧ 개념과 혁신

상기 8가지 역량은 1~5점 척도로 관리되고 있으며, 협상과 개념·혁신 능력은 4점, 기타는 전부 5점 수준의 능력을 PM에게 요구하고 있다.

상기 자동차 글로벌 기업의 경우에는 리더십을 위한 가이드라인도 별도로 만들어 지침으로 삼고 있다. 기업은 리더가 방향을 잘 잡고 리드하고 직원들을 잘 관리하여야 안정적 성장을 할 수 있다는 것을 잘 알고 있기 때문에 리더십을 강조하고 있다

9. 협상 스킬
- B2B Claim cost negotiation 건

Claim story의 시작

어느 날 소중한 자리에서 좋은 경험담을 듣게 되었다. SJ 사에 다니는 분의 비즈니

스 협상의 경험인데 Claim과 관련이 되어서 흥미로웠다. 이런 이야기는 같이 공유하면 좋겠다는 생각에 모임을 마치고 집에 와서 그 내용을 정리하였다. SJ 사에 다니는 그분의 이야기는 약 30분 정도 진행이 된 것 같았다. 우여곡절을 겪은 다양한 이야기를 들으면서 아! 이럴 수도 있겠다는 생각도 들고 상황에 따라 질문도 하면서 이야기를 결론까지 잘 듣게 되었다. 관련 내용을 SJ 입장에서 시나리오 기반으로 요약하였다.

내용요약

당사 SJ는 국내 안산 공업단지에 위치하고 있다. 당사는 미국 GN 사에 자동차용 Fuse box assembly with bracket을 Module 형태로 공급하고 있다. Global BOSS 사는 국내 일흥산업에 Fuse box relay를 공급하고, 일흥산업은 Fuse box relay를 Fuse box에 장착하여 당사에 공급하고 있다. 당사가 미국 GN 텍사스 생산공장에 정기적으로 해상운송을 통해 납품하고 있다.

그런데 어느 날 GN 생산부장이 직접 당사에 연락을 하였는데, 공급 제품에 품질문제가 있다는 것이다. Fuse box relay가 Fuse box에 장착된 부분이 흔들려 일부 제품에 접촉 불량 문제가 생기는 등 전반적인 교체가 필요하다는 것이다. 그러나 당사는 Module로 공급하는 과정에서 Bracket만 장착한 뒤 공급하는 것이기 때문에, Claim을 수용하기 어렵다고 전했다. 그러자 미국 GN 사는 직접 한국에 있는 SJ 사 책임자를 미국으로 소환했다.

참 난감한 사태이다. 불확실한 상태에서 향후 발생할 불안감을 가지고 출장 길에 오른다. 당신은 이 Claim 문제를 어떻게 대응하겠는가?

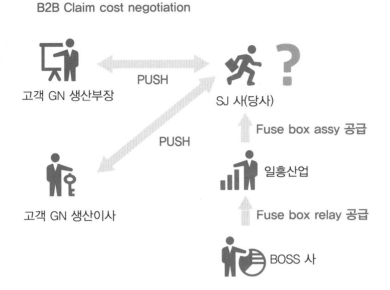

B2B Claim cost negotiation

협상 결과: 부분적인 성공

성공의 방법

기본적으로 초기 원인은 BOSS 사인데 GN 사에서는 최종 공급업체인 SJ 사에 Claim을 부가하고 있다. 이에 만일 GN 사가 SJ 사에 Claim을 처리하면, 당사 SJ 사에서는 일흥공업에 Claim 처리를 하겠다고 공식 통보하였고, 이에 일흥공업은 만일 그렇게 한다면 제품 공급을 중단하겠다는 공문을 SJ 사에 제출하였다.

일흥공업은 GN 사에 공문을 제출하면서 강력한 대응을 하였다. 이에 GN 사는 수그러지면서 협상에 돌입하였고, SJ 사에게 총 Claim 금액 $1,000,000의 10%만 부담토록 요청하였다. 이에 향후 GN 사와의 원활한 비즈니스 관계를 고려하여 그 제안을 수용하고 마무리하였다.

Behind story

SJ 사 담당자는 GN 사의 일방적인 강요가 지속되자, 이에 대한 전략으로 일흥공업에 제품 공급중단 공문을 발송토록 요청하여 접수를 해서 GN 사와의 협상에서 일방적으로 몰리고 있던 상황을 반전시켰다. Supply chain에서 제품의 공급 중단은 고객 Line stop이고, 그것이 Tier1이 아닌 Tier2에서 중단되는 사태이기 때문에 GN 사가 난처한 상황이 된 것이다.

여기에서 의문은 왜 GN 사는 Global기업 BOSS 사에 대해서는 강력히 대응을 못 했느냐?라는 점이다. 물론 초기에는 이 문제에 대해 이슈화를 했는데 내부조사결과 GN 사의 설계에 문제가 발견되어 BOSS 사에 더 이상 추궁을 못했다는 것이다. 결국 불안정한 설계에 따른 제품의 불안정성이 이런 품질문제를 가져왔다.

10. 협상 스킬
― 전체정리

변경에 있어 품질안정이 일정 단축보다 우선이다.

협상 스킬의 기본 내용을 쭉 살펴보면, 비즈니스에서 고객중심의 사고를 하되 기본 틀을 깨트리면 안 된다는 것이다. ECR(Engineering Change Request)의 경우 무조건 고객의 요구사항을 관철하려고 무리한 프로세스 단축을 하였다면 더 큰 품질 문제가 발생할 수도 있을 것이다. 내부적으로 Tailoring하면서 체계적으로 프로세스 개선을 하는 방식은 정당한 것이다. 고객도 일정을 좀 당기면서 품질의 실패비용을 감수하고는 싶지 않기 때문이다.

고객의 내부상황을 잘 살펴라

부품단가 인하 같은 경우 정상적인 상황이 아닌 외부환경에 의한 것이라 하더라도 고객이 왜 단가를 요청할 수밖에 없는 상황인지 좀 더 알아볼 필요가 있다. 정말로 고객이 절실히 어려운 상황이라면 전략적인 접근도 검토를 해야 한다. 비즈니스를 Short―term이 아닌 Long―term으로 생각한다면 약간의 이익 감수도 고려하여야 한다. 언제나 한쪽이 어려울 때 도와주면 언제가 보상을 받게 되는 부분도 있기 때문에 너무 재무적인 비즈니스 타당성으로만 접근하면 신뢰가 깨질 수 있다.

꼭 기업 비즈니스가 아니더라도 인간관계에서 너무 돈으로만 비즈니스에 접근하는 사람들에게 정을 느끼지 못하는 것은 당연한 것이 아닌가? 가끔 손해도 보고 상대방이 필요할 때 도와주는 것이 아름다운 모습이 아닌가 한다.

고객은 작은 부분에서 불만을 가진다

고객은 늘 자기 입장에서 생각하는 경우가 많다. 특히 비즈니스에서 유리한 입장에 있는 구매자는 더욱 그렇다. 판매자가 일정을 못 맞추든지, 원하는 일정에 대응을 못하면 고객은 강한 불만을 드러내기도 한다. 이런 경우에 어떻게 대응하여야 하나? 결국은 의사소통이고 프로젝트 관리를 하는 리더들의 책임 부분이 크다. 고객의 모든 요구사항을 다 수용하는 판매자는 거의 없다. 만일 그런 판매자가 있다면 고객한테는 칭찬을 받겠지만, 판매자 회사 내부적으로는 상당한 문제가 있는 사람이다.

항상 균형이 중요하다. 고객의 프로세스를 이해하고 동시에 내부적 프로세스를 이해하고 고객의 요구사항에 대해 내부 프로세스가 일정하게 대응할 수 있는지를 판단하고 내부적으로 의사소통하여 합의된 결론으로 고객과 협상을 하여야 한다.

프로젝트 관리자는 다양한 경험을 가지고 프로세스를 잘 이해하면서, 내부·외부 이해관계자들 간의 이해관계의 균형을 잘 유지하도록 하는 사람이다.

품질의 실패비용은 충격이 크다

요즘처럼 전자화 추세에 있는 제품들의 품질 문제는 대부분 SW(Software) 문제에서 발생한다. Software 개발 프로세스가 존재하고 테스트 장비를 통한 Lab full test가 잘 이루어지더라도 이상하게도 SW 품질 문제는 잘 줄어들지 않는다. 어떤 품질 문제가 터졌을 때 원인과 결과 분석을 하게 되는데 거의 문제의 원인을 보면 기계적인 부분보다 Human mistake이다. 내부적인 interface 구성을 할 때 임의로 잘못 연결한 것이 문제를 일으키기도 하고 과거 문제가 되었던 부분이 재현하기도 한다.

즉, 리스크 관리가 잘 안 되는 부분이다. 품질에서 실패비용의 충격은 크다. 비용도 문제이지만 기업의 명성에 큰 타격을 입는다. 이에 예방 및 평가 비용을 전체 품질 비용에서 70% 이상 차지하도록 투자를 권하기도 한다.

과다 재고 리스크 방지를 위해서는 공급계약을 잘하여야 한다

기업은 계약을 잘 하여야 한다. 실제로 물류의 흐름이 발생하는데도 계약서 없이 하는 경우도 있고, 금형비를 개발하면서 개발을 하는데도 개발계약이 없이 먼저 실행이 우선인 것처럼 하는 경우도 가끔 있다. 이런 부분은 정상적인 기업환경과 신뢰가 바탕

이 되면 어느 정도 유지가 되겠지만 비정상적인 상황이 발생하면 기업에게는 커다란 리스크이다.

구매 발주 기간의 축소는 기업에는 원자재 재고의 선 발주로 인한 재고 부담 비용과 추후 재고 폐기의 문제를 동시에 안겨준다. 따라서 확정 오더 기간에 대한 부분을 공급계약에 잘 포함하여 리스크를 줄여야 한다.

프로젝트 변경 발생 시의 추가 변경 비용은 받는 게 원칙이다

아주 적은 금액이 아니라면 기업에서 변경에 따른 금형의 개발 등은 부담이 된다. 먼저 돈을 집행하고 나중에 지급을 받는 것도 부담이 되는데, 만일 비용을 못 받으면 기업에게는 충격이 클 수가 있다. 기업마다 변경 비용의 처리 방식이 각자 다르다. 가능하면 빠른 시일 내 지급받을 수 있도록 조치를 취해야 한다.

이에 다양한 전략을 준비하여 대응해야 한다. 많은 옵션을 두고 상황에 맞게 적용을 하는 것이 비즈니스 전략상 유리하다.

요구사항 수집 및 범위 정의는 초기에 집중하라

가능하면 Workshop 등을 통해 고객의 요구사항에 대한 check list를 잘 준비하여 정리하는 것이 비즈니스 성공의 지름길이다. 고객이 일부러 범위를 추가시키려는 목적이 아니라면 이러한 적극적인 노력은 칭찬받아 마땅한 것이다. 왜냐하면 고객도 빨리 불확실성을 해소하고 집중하고 싶어 하기 때문이다. 범위가 확정되면 좋은 품질 및 일정 관리가 가능하기 때문이다.

PM과 PL은 같은 배에 타고 있다

PM과 PL은 같은 공동의 목적을 가지고 협력하여야 한다. 제품의 인수가 프로젝트의 일차적인 목표이기 때문이다. 기업은 명시적 지시관리는 어느 정도 잘하여 조직 프로세스 자산에서 과거의 문서 및 계획 등을 잘 Database화하지만, 정작 소중한 암시적 지식에 대해서는 관리가 소홀하다.

PM들의 프로젝트 경험, PL들의 노하우 등은 상호 교류가 잘 안 된다. 이런 부분을 잘 보완하여야 기업의 경쟁력이 생긴다.

고객은 작은 부분에서 불만을 가진다

고객은 늘 자기 입장에서 생각하는 경우가 많다. 특히 비즈니스에서 유리한 입장에 있는 구매자는 더욱 그렇다. 판매자가 일정을 못 맞추든지, 원하는 일정에 대응을 못하면 고객은 강한 불만을 드러내기도 한다. 이런 경우에 어떻게 대응하여야 하나? 결국은 의사소통이고 프로젝트 관리를 하는 리더들의 책임 부분이 크다. 고객의 모든 요구사항을 다 수용하는 판매자는 거의 없다. 만일 그런 판매자가 있다면 고객한테는 칭찬을 받겠지만, 판매자 회사 내부적으로는 상당한 문제가 있는 사람이다.

항상 균형이 중요하다. 고객의 프로세스를 이해하고 동시에 내부적 프로세스를 이해하고 고객의 요구사항에 대해 내부 프로세스가 일정하게 대응할 수 있는지를 판단하고 내부적으로 의사소통하여 합의된 결론으로 고객과 협상을 하여야 한다.

프로젝트 관리자는 다양한 경험을 가지고 프로세스를 잘 이해하면서, 내부·외부 이해관계자들 간의 이해관계의 균형을 잘 유지하도록 하는 사람이다.

품질의 실패비용은 충격이 크다

요즘처럼 전자화 추세에 있는 제품들의 품질 문제는 대부분 SW(Software) 문제에서 발생한다. Software 개발 프로세스가 존재하고 테스트 장비를 통한 Lab full test가 잘 이루어지더라도 이상하게도 SW 품질 문제는 잘 줄어들지 않는다. 어떤 품질 문제가 터졌을 때 원인과 결과 분석을 하게 되는데 거의 문제의 원인을 보면 기계적인 부분보다 Human mistake이다. 내부적인 interface 구성을 할 때 임의로 잘못 연결한 것이 문제를 일으키기도 하고 과거 문제가 되었던 부분이 재현하기도 한다.

즉, 리스크 관리가 잘 안 되는 부분이다. 품질에서 실패비용의 충격은 크다. 비용도 문제이지만 기업의 명성에 큰 타격을 입는다. 이에 예방 및 평가 비용을 전체 품질 비용에서 70% 이상 차지하도록 투자를 권하기도 한다.

과다 재고 리스크 방지를 위해서는 공급계약을 잘하여야 한다

기업은 계약을 잘 하여야 한다. 실제로 물류의 흐름이 발생하는데도 계약서 없이 하는 경우도 있고, 금형비를 개발하면서 개발을 하는데도 개발계약이 없이 먼저 실행이 우선인 것처럼 하는 경우도 가끔 있다. 이런 부분은 정상적인 기업환경과 신뢰가 바탕

이 되면 어느 정도 유지가 되겠지만 비정상적인 상황이 발생하면 기업에게는 커다란 리스크이다.

구매 발주 기간의 축소는 기업에는 원자재 재고의 선 발주로 인한 재고 부담 비용과 추후 재고 폐기의 문제를 동시에 안겨준다. 따라서 확정 오더 기간에 대한 부분을 공급계약에 잘 포함하여 리스크를 줄여야 한다.

프로젝트 변경 발생 시의 추가 변경 비용은 받는 게 원칙이다

아주 적은 금액이 아니라면 기업에서 변경에 따른 금형의 개발 등은 부담이 된다. 먼저 돈을 집행하고 나중에 지급을 받는 것도 부담이 되는데, 만일 비용을 못 받으면 기업에게는 충격이 클 수가 있다. 기업마다 변경 비용의 처리 방식이 각자 다르다. 가능하면 빠른 시일 내 지급받을 수 있도록 조치를 취해야 한다.

이에 다양한 전략을 준비하여 대응해야 한다. 많은 옵션을 두고 상황에 맞게 적용을 하는 것이 비즈니스 전략상 유리하다.

요구사항 수집 및 범위 정의는 초기에 집중하라

가능하면 Workshop 등을 통해 고객의 요구사항에 대한 check list를 잘 준비하여 정리하는 것이 비즈니스 성공의 지름길이다. 고객이 일부러 범위를 추가시키려는 목적이 아니라면 이러한 적극적인 노력은 칭찬받아 마땅한 것이다. 왜냐하면 고객도 빨리 불확실성을 해소하고 집중하고 싶어 하기 때문이다. 범위가 확정되면 좋은 품질 및 일정 관리가 가능하기 때문이다.

PM과 PL은 같은 배에 타고 있다

PM과 PL은 같은 공동의 목적을 가지고 협력하여야 한다. 제품의 인수가 프로젝트의 일차적인 목표이기 때문이다. 기업은 명시적 지시관리는 어느 정도 잘하여 조직 프로세스 자산에서 과거의 문서 및 계획 등을 잘 Database화하지만, 정작 소중한 암시적 지식에 대해서는 관리가 소홀하다.

PM들의 프로젝트 경험, PL들의 노하우 등은 상호 교류가 잘 안 된다. 이런 부분을 잘 보완하여야 기업의 경쟁력이 생긴다.

Claim 대처는 전략이 필요하다.

제품에 대한 Claim charge를 보면 확실한 부분은 구별이 되나 불량의 원인이 애매모호한 부분에 있어서는 판매자가 더 많은 부분을 실패비용으로 부담하는 경우가 많다. 또한 요즘은 Module화 제품 공급으로 인해 고객은 Tier1(1차 공급자)가 있지만, Tier1뒤에는 Tier2(2차 공급자), TIER3(3차 공급자), Tier4(4차 공급자) 등이 존재한다.

그래서 Tier1 제품에서 품질 문제가 발생하더라도, 그 원인이 Tier2~Tier4 업체에서 발생한 것일 수가 있다. 그러다 보니 복잡한 관계가 만들어진다. 때문에 꼬리에 꼬리를 물고 품질 문제에 대한 책임과 소개를 따지기도 한다. 만일 이런 상황이라면 품질문제가 발생할 경우 어떻게 원인을 분석하고, 비용을 처리하여야 되는지 사전에 정리를 해두어야 한다. 그렇지 않으면 품질문제가 발생한 뒤에 더 큰 이슈가 터져나오기도 한다.

11. 업무 프로세스 정리
-자동차 부문

(1) 제품기획에서 RFQ가 나오는 과정은?

제품기획의 시작은?

일반적으로 자동차 신차종 개발의 시작은 제품기획에서부터 시작된다. 어떤 추세의 자동차들이 미래에 경쟁력이 있을까? 세계 모터쇼를 찾아다니고, 인터넷 검색을 하고, 연구기관들의 자료를 바탕으로 어느 부분의 신차를 내놓아야 되는지의 전략을 구상한다.

제품기술의 조율

기술 동향 분석이 마무리되면 프로젝트 전략을 수립하되 기술 연구소의 신기술 분석부문과 협의를 하여야 한다. 아무리 좋은 신기술이라도 현실성이 없으면 의미가 없을 수 있기 때문이다. 또한 업체에서 이에 대한 준비가 되어 있어야 한다. 기술에 대한 부분은 대부분 기술연구소에서 대상 업체에 연락해서 신제품 설명회를 듣고 구현의 현실성을 파악하기도 하고, 이에 직접 데모차(Demo car) 시승을 통해 가부 판단을 하기도 한다.

RFQ의 준비

기술적인 부분이 완료되면 일반적으로 기술 스펙을 작성하여 구매부서에 발송하고, 구매부서는 RFQ(Request for quotation)를 해당 업체들에게 발송하게 된다. 가끔은 설명회를 열어 관련 내용을 설명하기도 한다. 이때 주로 기술적인 부분이 더 많이 소개된다. 구매부분은 어찌되면 반복적으로 유사한 내용이 포함되기 때문일 것이다.

(2) 업체선정 과정은?

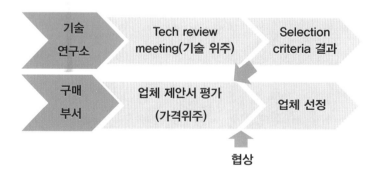

제안서의 준비과정은?

일반적으로 RFQ가 접수되면 공급자(판매자)들은 3~4주 이내에 가격 및 기술제안서를 제출하여야 한다. 현실적으로 3~4주 이내에 고객사의 요구사항을 전부 분석하기란 쉽지가 않다. 많은 페이지의 문서는 분석에 많은 시간을 요구한다. 때문에 많은 인력을 투입하여 분석을 동시에 진행하기도 한다.

가장 많이 소요되는 부분이 요구사항에 대한 분석과 실제 타당성 검토 부분이다. 타당성 분석을 Project assessment라고 부르기도 하는데, 이 과정에서 프로젝트 수행에 따른 Resource 검토가 같이 이루어진다. 우여곡절 끝에 제안서가 고객사에 제출되면 먼저 기술연구소에서 Tech review meeting을 진행한다.

업체제안의 평가

이때 기술요구사항에 대한 업체 대응 여부를 분석한다. 회의가 완료되면 기술평가 점수가 매겨지며 결과는 구매부서에 전달된다. 그러면 기술평가 점수와 가격부문을 같이 검토하여 전체적으로 좋은 평가를 받은 업체를 선정하는 방식인데, 아무래도 가격에 대한 비중이 높은 것이 사실이다. 우선협상업체가 결정되면 일부 협상을 거쳐 최종업체를 선정한다. 최종업체가 선정되면 외국업체에 대해서는 LOI(Letter of Intent)가 발행되기도 한다.

(3) B TO B 기술영업 활동들은? 기술연구소 대상

일반적으로 기업은 프로젝트 수주활동을 위해 기술영업 활동을 수행한다. 기술연구소를 대상으로 하는 활동은 주로 신제품 소개 및 차량 데모 부분에 대한 영업활동이 대부분이고 수시로 기술이슈 등을 파악하기도 한다. 잘 파악을 하면 추후 기술 스펙이 나와도 적극적 대응이 가능하기 때문이다.

(4) B TO B 기술영업 활동들은? 구매부서 대상

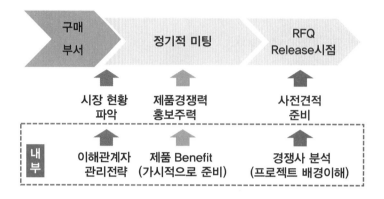

구매부서를 대상으로 하는 기술영업은 RFQ 시점에 대한 탐색과 시장 동향과 관련된 정보를 얻는 것이다. 기술연구소의 방문은 엔지니어들을 대상으로 하는 기술적인 회의가 핵심이 된다면, 구매부서는 기술적인 요소들보다는 Commercial적인 요소가 핵심이고 경쟁사들의 동향을 알아내는 것이 중요한 기술영업의 활동이다. 구매부서와의 만남은 논리적인 Agenda를 가진 회의가 아니다. 많이 만나서 지식을 교환하는 간단한 미팅의 연속일 수 있다.

12. 제조업체에서 흔히 발생하는 일반적인 이슈

(1) 착수단계에서 발생하는 핵심 이슈 정리

① 부서 내 R & R(Role and Responsibility) 정립 문제가 발생한다.

어느 조직이건 이 문제는 항상 존재한다. 해결은 누가 하여야 하나? 바로 리더들의 몫이다. 따라서 이 문제는 리더십을 잘 발휘하여 해결하여야 한다.

② 조직 간 Grey zone 업무에 대한 R & R 정립 문제가 발생한다.

이 문제 역시 리더십이 잘 발휘하여 해결해야 한다. 업무 Grey zone은 발생할 때마다 각 해당 부서장들이 협의하여 결정해야 한다. 늦게 결정되면 담당자들이 피곤해

진다.

③ 이해관계자 간 불협화음이 발생한다.

초기에는 많은 이해관계 때문에 갈등이 발생한다. 업무의 우선순위와 역할과 책임 부문 등에서 서로 합의를 찾기가 쉽지 않다.

④ 많은 이해관계자들의 다양한 요구사항이 발생한다.

프로젝트 초기에 다양한 많은 요구사항이 발생한다. 따라서 초기 요구사항 정리가 제조 부문 산업에서는 중요한 부분이다.

⑤ Communication 문제에 따른 초기 범위의 불확실성 발생

초기에 이해관계자들을 잘 식별하지 못하거나 프로젝트 수주에 도취되어 정확한 프로젝트 범위를 정의하는 데 실패하는 경우가 많다. 빨리 이해관계자들과 소통하여 차분하게 프로젝트 범위를 정의하고 잘 계획하여야 한다.

⑥ 초기 계약의 RISK

계약에 대한 부분을 통해 프로젝트가 착수되었다면, 계약 사항을 꼼꼼히 이해하여야 한다. 계약은 모든 조항에 리스크 요소가 담겨있다. 계약은 별도 해석하는 방식이 있을 수 있으므로 애매모호한 부분은 전문가에게 문의하여 확실히 이해하여야 한다. 계약서는 법적인 의무사항과 관련이 있기 때문에 철저히 분석해야 한다.

⑦ 프로젝트 관리 TOOL에 대한 이해 부족으로 관리가 어렵다

프로젝트는 주로 PMS(Project management system)에 의해 관리된다. 따라서 프로젝트 용어에 대한 이해 부족과 배경지식이 약해 프로세스 도구를 이해하지 못한다면 정확한 내용을 시스템에 기입하기가 어렵다. 따라서 늘 강조하는 부분인데 프로젝트 관리 가이드 절차서 등을 통해 용어들을 이해하고 프로세스를 이해하여 조직 내 시스템이 어떻게 구축되어 있으며 어떤 부분이 강점이고 약점인지 파악을 하면 좋다. 그러면 업무의 우선순위를 잘 알고 시스템을 잘 활용할 수 있다.

(2) 기획단계에서 발생하는 일반적인 이슈정리

① 계획에 대한 이해와 공유 및 공감이 부족하다.

프로젝트 관리는 계획을 중요시한다. 계획이 잘 만들어져야 실행이 잘되고 실행이 잘되어야 프로젝트가 성공한다.

② 기존 프로젝트의 계획에 대한 전반적인 검토가 부족한 상태에서 계획을 수립한다.

과거의 유사 경험은 대단히 중요한 것이다. 프로젝트 특성상 Unique한 부분도 있지만, 과거 프로젝트를 참조하면 이번 프로젝트의 성공률을 높일 수 있다. 특히 과거의 계획들과 리스크 등을 잘 살펴보면 이번 프로젝트에서 발생할 수 있는 문제점을 사전에 많이 예방할 수 있다.

③ 고객의 요구 일정에 맞춤식 일정 작성(내부 프로세스와 충돌)

앞서 프로젝트 관리자는 고객의 프로세스를 이해하고 내부적인 프로세스를 잘 이해하여 조율을 잘하여야 한다고 강조하였는데, 고객의 요구사항을 무조건 맞추겠다고 약속하고 내부 프로세스를 파괴하면 문제가 커지고 내부저항이 발생한다. 따라서 고객과 협상을 통해 내부 프로세스를 준수하면서 고객의 요구사항에 대응하는 스킬(skill)이 필요하다.

④ 핵심 이해관계자에 대한 전략 수립 부족

프로젝트는 핵심 이해관계자들이 존재하는데, 부정적인 핵심 이해관계자들이 있을 수 있다. 초기에 이런 부분을 파악하고 대응조치 되지 않으면 프로젝트는 실패할 가능성이 높다. 이해관계자 관리 전략이 필요한 중요한 이유이다.

⑤ RISK 관리인식 부족

리스크를 "터져야 본전이다."라고 생각하면 안 된다. 지금은 리스크 관리의 시대이다. 리스크관리는 모든 이해관계자들의 참여, 모든 이해관계자들이 공동 책임 의식을 가지고 관리에 임해야 성공한다. 프로젝트 관리자와 팀원만이 리스크 관리를 하는 것이 아니기 때문이다.

⑥ 일정과 예산에 대한 정확한 산정이 부족

프로젝트에서 일정과 원가 산정은 매우 어려운 부분이다. 그래서 여러 가지 산정기법이 등장하기도 하는데, 프로젝트 특성상 불확실성이 있기 때문에 정확한 산정이 어렵다. 하지만 조직 내에서 과거의 유사기록과 산정방법에 대한 신뢰성 있는 자료들을 많이 모을수록 정확도를 높일 수 있다.

(3) 실행단계에서 발생하는 일반적인 이슈 정리

① 많은 변경에 따른 일정준수가 어렵다

프로젝트관리는 변경 요청과의 싸움이다. 수많은 변경이 발생한다. 변경요청으로 인해 범위가 조정되면 일정에 영향을 주기도 하는데, 이런 부분에 대한 효과적인 관리가 필요하다.

② 성과관리가 잘 되지 않아 진도를 파악하기가 어렵다

수많은 사람들이 동시에 작업하는 프로젝트에서 PMS가 잘 구축되어 있지 않고, 획득가치분석을 실행하기 어려우면 효과적인 성과관리는 쉽지 않다.

③ 기술적 문제가 자주 발생한다

실행은 산출물을 만들어내는 시간적 흐름의 단계이다. 실제로 제품을 만들다 보면 계획대로 되지 않는 경우가 많다. 특히 기술적인 문제가 많이 발생한다. 설계도면대로 제품을 개발한 경우에도 금형 부분에서 문제가 발생하여 제품의 설계를 고치는 경우도 있다.

④ 자원의 관리가 쉽지 않다

자원에는 물적 자원과 인적 자원이 있다. 둘 다 관리가 어렵지만 인적 자원 관리가 훨씬 어렵다. 인적 자원 관리에는 자원의 가용성뿐만 아니라 동기부여 등 리더십 요소를 발휘하여 갈등 관리 등을 잘 관리해야 한다.

⑤ 팀원 간 갈등이 발생한다

업무의 우선순위, 일정 등 여러 가지 부문에서 팀원들 간 갈등이 프로젝트 초기부터 계속 발생된다. 이에 프로젝트 관리자는 적절한 리더십을 발휘하고 Teamwork 향상을 위한 팀 빌딩 활동을 전개하여야 한다.

⑥ 일정 및 원가 제약에 따른 스트레스가 많이 발생한다

프로젝트의 제약에는 범위, 일정, 원가가 대표적이다. 이런 제약은 프로젝트 관리자 및 팀원에게는 상당한 스트레스로 다가온다. 프로젝트 관리자는 일정 준수를 강요할 수도 있을 것이다. 그러면 팀원들은 일정 내 업무를 완수하도록 하여야 하는데 도중에 자원 부족, 리스크 발생, 변경사항 등이 발생하면 스트레스가 증가된다.

⑦ 많은 문서 작성이 수반된다

프로젝트 관리는 문서가 많이 발생한다. 이에 시스템 안에 입력하는 내용이 상당히 많다. 이전 작업이 완료되지 못하면 다음 단계로 진행하는 데 승인이 안 되는 구조를 가지고 있는 제약조건 등이 시스템 안에 구성되어 있다면 동시에 많은 문서작업을 시일 내에 완료하여야 한다.

⑧ 내부 프로세스를 잘 이해하지 못한 상태에서 놓친 업무를 나중에 발견한다.

프로세스 이해는 기본이다. 기본이 약한 상태에서는 우선순위를 잘 구분하지 못하고 업무의 빠진 부분을 나중에 발견할 수 있다.

⑨ 고객의 중요 요구사항에 대해 제대로 대응하지 못한다.

요구사항 관리는 추적 매트릭스를 통해 잘 관리가 되어야 한다. 프로젝트 관리는 일관성을 유지해야 하는데, 그것은 계획대비 실적의 일관성 유지와 고객의 요구사항에 대한 지속적인 관리이다. 이런 부분이 취약하다면 산출물 확인 시 인수가 안 될 수가 있다.

(4) 감시 / 통제단계에서 발생하는 일반적인 이슈정리

① 계획대비 통제에 대한 노력이 약화된다

시간이 경과하다 보면 초기의 동기부여가 약해지고 지쳐간다. 프로젝트에 익숙하여지는 측면도 있을 것이다. 프로젝트 관리자는 리더십을 통해 지속적으로 팀원들의 사기를 진작하고, 동기를 부여해야 한다.

② 변경 부분에 대한 문제가 계속 발생한다

변경 부분이 한 번에 해결되지 않고 문제가 문제를 만들 수도 있다. 승인된 변경관리가 필요한 이유이다. 승인된 변경은 품질통제와 조달통제를 통해 철저히 시행되어야 한다.

③ 제품 품질 문제도 해결이 쉽지 않다

품질 문제는 지속적으로 발생한다. 품질관리 노력과 품질통제 노력이 같이 잘 이루어져야 한다.

④ 일정별로 제때 문서가 만들어지지 않는다

팀원들은 늘 바쁘다. 품질문제, 각종 리스크 해결 등에 정신이 없을 수도 있다. 그러다 보면 정한 기간 내 문서 작성이 완료되지 못한다.

⑤ 프로젝트 관리자가 프로젝트에 집중을 하기기 쉽지 않다

프로젝트 관리자의 역할은 90% 이상이 의사소통이다. 이해관계자 간의 이해충돌과 갈등관리에 집중한다. 다양한 사안에 대한 모든 것을 다 관리하기 때문에 한 부분에만 집중하기란 현실적으로 어렵다.

⑥ 경영층의 프로젝트에 대한 관심이 지나치거나 부족하다

프로젝트 성공에 영향을 미치는 요소 중에 대표적인 것이 경영진의 지원이다. 좋은 방향으로 지원이 되면 프로젝트의 성공에 도움이 되지만 반대일 경우에는 프로젝트 분위기가 경직되고 실패할 수도 있다.

(5) 종료 단계에서 발생하는 일반적인 이슈정리

① 마지막 단계에서 품질 문제 발생으로 프로젝트 리스크 발생

프로젝트 종료 단계에서 발생되는 품질 문제는 프로젝트에 큰 영향을 미친다. 따라서 프로젝트 생애주기에 있어 착수부터 종료 단계까지 프로세스 관리를 철저히 하고 제조 부문의 경우 Quality Gate 관리를 잘하여야 한다.

② Lessons Learned의 형식적인 작성

Lessons learned는 프로젝트가 진행되면서 주기적으로 작성하고 종료 단계에서 최종적으로 수집하고 완료해야 한다. 물론 종료단계에서의 Lessons learned도 작성을 하여야 한다. 때로는 형식적으로 종료 단계에서 작성하는 경우가 많은데 이는 원래 Lessons learned의 작성 취지와 맞지가 않다.

③ Final report의 확실한 작성이 부족하다

프로젝트 최종 종료 보고서는 완전한 마무리 보고서이다. 그동안 모은 공식적인 회의록과 품질의 데이터들을 잘 정리하여 포함해야 한다. 갑자기 한꺼번에 작성하는 것보다 프로젝트 단계마다 착실하게 수집하여 데이터베이스에 저장한 다음, 최종보고서 작성 시 효과적으로 활용하여야 한다.

④ 이슈에 대한 정리의 부족

프로젝트가 안정적으로 종료되려면 모든 이슈가 거의 해결되어야 한다. 만일 중요한 이슈가 해결되지 못한 채 종료되면 프로젝트 종료 후에 문제가 발생할 수 있다.

13. 제조업체에서 흔히 발생하는 일반적인 이슈

우리가 고민하는 것들

범위관리 부문

WBS가 명확하지 않고, 부서(이해관계자) 간 R&R 정의에서 누락된 Activity에 대한 업무 진행 및 조율에 어려움이 많다.

성과관리 부문

분야별 성과 측정 항목(KSF)에 대한 Baseline 설정이 명확하지 않아, 프로젝트 진행의 건전성 파악이 쉽지 않다.

조달관리 부문

RFP, RFQ, OEM/Supplier 계약: 계약 무결성 및 점검 체계를 전체 OEM 공정에 대비하여 준비함에 있어 PM이 알아야 할 계약의 중요사항을 핵심적으로 정리하고, 체크리스트 구성·개발이 완료되어 HW 변경이 예정되어 있는 상황에서 생산법인의 HW 변경 시점 관리 미흡으로 불용 자재 발생 우려가 있음. 자재 발주는 시스템상에서 자동으로 관리되고 있어 자재 담당자의 수작업 관리가 어려운 상황이다.

재고관리 부문

자재 Stock의 효율적인 관리를 통한 불용 자재 발생 최소화 방안 및 고객사와 협의를 통한 불용 재고 처리 방안에 대한 아이디어가 부족하다.

이슈관리 부문

기존 담당자들의 고객사에 대한 지원 및 이슈 해결이 불만족스러운 상황에서 지속적인 수주 악영향 및 논란이 있을 수 있다. 이에 고객군별 소통 계획 향상 방안 수립이 필요하다.

일정관리 부문

신규 차종 개발 프로젝트로서 이전세대 차종 대비 디자인·기능 등이 대폭 변경되는 Project인 경우, 고객사의 특성상 사양확정이 지연되는 경우가 많고 중간에 사양변경도 수시로 발생되어 항상 개발 일정이 부족하다. 이에 일정 변경에 유연하게 대응할 수 있는 프로젝트 관리가 필요한 상황이다.

원가관리 부문

차량 부품을 개발하는 PM 업무를 새로이 맡게 되면 프로젝트 수익 창출을 위해 제품 수주 단계에서부터 양산까지의 원가 관리(원가 구조, 원가 산정 및 예산 적정성 판단 등)에 관련된 역량이 요구된다.

변경관리 부문

A−Sample의 요구사항과 설계 검증을 진행하는 단계에서는, 수주 당시의 요구대비 고객의 Scope Creep이 일부 발생되거나 발생이 예상된다. Q.C.D 관점에서 Scope Creep에 의한 일정, 비용(Cost), Risk 관리 및 대응 방안의 수립이 필요한 시점이다. 따라서 고객 및 내부 이해관계자와의 의사소통이 중요하다.

R&R 관리 부문

관련 부서와의 R&R이 명확하지 않을 때 CFT(Cross Functional Team) 인원들 간 업무 조율 방법이 필요하다. 고객사 일정과 자사 내부 개발 Process 간의 conflict로 유관부서와의 systematic한 협업 불가로 모든 업무를 회의 및 품의서를 통해 진행하기 어렵다.

통합관리 부문

양산 후 설계변경에 대해 신규 프로젝트 등록 프로세스로 추진하고 있는 중인 경우, 대응 과정에서 통합관리 방면(전반 관리사항 정리 및 이해관계자의 의사소통)에서의 역량이 부족하다.

글을 마무리하며

다양한 B2B 상황에서 협상이 발생하는데, 가장 중요한 부분은 가격, 변경요청, 공급기간 및 기타 품질과 관련된 부분일 것이다. 기업은 각자 미션과 비전을 가지고 기업전략, 사업부 전략을 늘 업데이트하면서 기업의 전략적 목표를 맞추고자 노력을 한다. 그러한 목표는 상위 시스템과 하부 시스템의 원활한 연결을 통해 이루어지고 내부적인 탄탄한 프로세스를 통해 업무의 효율성과 리스크 관리를 진행하고 있다. 기업이 이렇게 시스템을 구축하고, 좋은 장비와 도구를 구입하고, 연결된 프로세스를 통해 일사분란하고 체계적인 사무환경을 만드는데도 왜 기업은 업무의 효율성에 의문을 가질까?

　필자가 생각하기에 다양한 B2B 상황은 내부 프로세스와 외부 프로세스와의 충돌이며 예측할 수 없는 상황과 복잡한 내용으로 얽혀 있다.

　B2B 협상에는 명시적인 내용보다 이면적인 내용이 숨겨져 있고 정치적인 요소, 경제적인 요소, 환경적인 요소 및 실제 협상에서는 심리적인 요인 및 리더십 능력 등이 아주 복잡하게 작용한다. 중요 이슈는 상향식 보고를 통해 결정이 일방적으로 이루어지는데 그것이 가장 현명한 결정일까? 사실 업무의 내용을 제일 잘 이해하고 있는 담당자는 고객과 마주하고 있는 실무 담당자이다. 그러나 실무 담당자는 고객과의 협상능력에서 부족한 점이 많다. 다양한 훈련이 안 되어 있고 경험이 부족하기 때문일 것이다.

　이 책을 읽으면서 프로젝트 관리의 다양한 사례를 접하게 되는데, B2B 협상 스킬 향상이 기업의 경쟁력 향상이라는 것을 중요하게 깨닫는 계기가 되었으면 한다. 대부분 협상의 상황이 문제에 대한 사람과 사람 간, 또는 조직과 조직의 특정 이슈에 대한 줄다리기, 심리전, 정치적인 영향력 등 대인관계기술을 기반으로 하고 있다. 따라서 성공적인 협상을 하려면 사람에 대한 투자가 필요하다. 기술 교육도 중요하지만 협상 스킬 능력 향상 등 다양한 환경에 대응할 수 있는 훈련이 필요하다. 협상에는 창의력, 이해력, 인내력, 상황 분석력, 문제해결 등 다양한 능력이 필요하기 때문이다.

PASSION

조원양

작지만 알찬 프로젝트 이야기

MAKES
INNOVATION

작지만 알찬 프로젝트 이야기

조원양

소프트웨어 개발자로서 이른바 4차산업혁명이라는 것에 영향을 받기도 하고 영향을 주기도 한다. 내가 일하는 분야에서는 벌써 몇 년 전부터 딥 러닝이 탑재된 제품, IoT를 지원하는 제품이 개발되고 있다. 그래서 급속한 변화에 뒤쳐지지 않으려고 많은 노력과 공부를 하고 있다.

한편으로는 아마존의 CEO 베조프가 말할 것처럼, 이렇게 급변하는 변화 속에서 변화하지 않는 것이 무엇인지를 생각해본다. 1940년대부터 오늘날까지 프로젝트를 진행하면서 변화하지 않는 것은 '프로젝트 관리의 가치와 원칙'일 것이다. 이 가치와 원칙이 오늘날 진행되고 있는, 혹은 앞으로 진행될 어떤 프로젝트이든지 간에 영향을 주고 있다.

이번에 PMI 한국챕터에서 진행한 '책 만들기 프로젝트'를 통해 처음으로 책을 쓰면서, 과거에 진행했던 수많은 성공과 실패를 다시 되돌아본다. 잘했던 점과 못했던 점을 떠올리면서, 다시금 프로젝트 관리의 중요성을 깨달았다. 나의 이러한 경험들이 다른 분들께 조금이나마 도움이 되었으면 좋겠다.

이번에 이런 좋은 기회를 준 PMI 한국챕터 여러분께 감사함을 전한다. PMI와 PMI 한국챕터를 통해 나는 개발자로서뿐만 아니라 PM으로서의 역량을 계속 키워나가고 있다.

나의 글로 담아낸, 성공과 실패를 함께 한 모든 분들과, 그 분들과 함께한 일들이 지금의 나를 만들어줬다고 생각하며 항상 감사한 마음을 갖는다.

마지막으로, 항상 나를 믿고 지지해주는 어머니와 동생. 그리고 나를 사랑하는 사람께 고마움을 전한다.

사소한 자만이 초래한 결과

성공의 역설

어느 날 오후, 따르릉 전화벨 소리가 울린다.

"네, 조○○입니다."

"조 소장, 연구소 팀장들과 함께 회의실로 오세요." 사장님 호출이다.

P 사는 바로 전 회사의 대표가 상장 후에 회사를 매각했을 때, 이에 실망한 사람들이 의기투합을 해서 설립한 회사다. 다들 관련 분야에서 경험도 많고 실력도 좋아서 창업 2년 만에 투자비를 회수했을 만큼 탄탄대로를 걷고 있었다. 핵심 사업으로 영상 감시 장비[1]를 제조하고 있으며, 난 여기서 소프트웨어 팀장으로 일을 시작했다. 처음에 우리와 함께 시작했던 연구소장이 퇴사하면서 나에게 임시 연구소장 역할이 주어진 상

---

[1] 영상 감시 장비: DVR(Digital Video Recorder), NVR(Network Video Recorder) 혹은 Video Surveillance. 아날로그 영상 감시 장비인 CCTV를 대체하는 디지털 영상 감시 장치다.

태였다.

팀장들과 함께 회의실을 들어가니 이미 영업 이사와 영업 팀장이 앉아 있었다. 우리가 자리에 앉자마자 사장님이 말씀하시기 시작했다.

"내가 내년도 매출을 위해 새로운 기능을 지원하는 신제품을 개발하려 해. 다들 어떻게 생각해?"

그 순간 나와 해외 영업 이사는 서로 눈이 마주쳤다. 먼저 내가 말을 했다.

"사장님. 현재 하드웨어 팀장이 공석이기 때문에 신제품 개발은 불가능합니다."

한 달 전에 하드웨어 팀장이 그만두어 후임을 계속 뽑으려 하는 상태였다. 하드웨어 담당 연구원은 있었지만 그리 경력이 많지 않아 결정을 할 수 있는 능력이 되지 못했다.

"하드웨어는 외부에서 개발할 거야, 개발 용역을 주기로 한 회사와도 이미 서로 이야기가 된 상태야. 우리는 펌웨어2)만 개발하면 돼."

순간 펌웨어 팀(담당) 팀장의 얼굴이 어두워졌다. 영상 감시 장비를 성공적으로 개발하기 위해서는 펌웨어와 하드웨어가 서로 긴밀하게 작업을 해야 한다. 제품의 성능을 위해 하드웨어 특성에 따라 소프트웨어 튜닝을 해야 하는데 하드웨어를 외부에서 개발하게 되면 이런 튜닝 작업에서 어려움을 겪을 수 있기 때문이다.

"사장님, 말씀하신 기능은 아직 시장에서 반응이 어떨지 모릅니다. 업계에서 최초로 그 기능이 들어간 제품을 출시한 회사조차 여러 가지 문제가 있어 고전 중이라고 합니다. 조금 더 조사를 해보고 결정을 하시는 것이 어떨지요?"

영업 이사가 말을 했다.

"아니야. 내 말 들어. 내가 감이 좋거든. 그 회사는 실력이 좋지 않아서 그래. 이 기능이 들어간 제품이 출시되면 내가 책임지고 매출 올릴 수 있으니, 나 믿고 개발 시작해. 회사 잘되면 좋잖아. 너희들에게 보너스 팍팍 줄 수 있고."

또다시 희망 고문이 시작됐다.

---

2) 펌웨어: 하드웨어를 제어하는 소프트웨어를 말한다.

"사장님. 그 기능을 제대로 지원할 수 있는 하드웨어 칩3)도 없는 상태라 너무 위험합니다."

"내가 만난 업체가 셋톱박스에서 사용하는 하드웨어 칩을 이용해서 그 기능을 구현한 메인보드를 만들었다고 하니 조 소장은 그 업체를 한번 만나봐."

모든 것은 이미 결정이 되어 있었다.

회의 이후에 나는 펌웨어 팀장과 함께 그 회사를 방문했다.

"안녕하세요? 정 사장님. 오랜만에 뵙겠습니다."

이번에 P 사의 신제품의 하드웨어를 개발해주는 업체의 정 사장님은 이전에 영상 감시 제조 회사에서 오랫동안 일을 하다가 창업을 하고 자체 영상 감시 장비를 개발하는 중이었다. 그때 P 사의 사장님이 하드웨어를 같이 개발해서 제품을 만들자고 제안을 하셨다고 한다. 하드웨어는 같지만 이것을 제어하는 소프트웨어에 따라 기능이 다르고, 서로 목표로 생각하는 시장이 다르기 때문에 서로 충돌할 일은 없었다.

"정 사장님께서 새로운 기능이 들어간 메인 보드를 개발하셨다는 이야기를 듣고 검토하러 왔습니다. 동작되는 것을 한번 보여주실 수 있으세요?"

"네 보여드리겠습니다. 이리로 오셔서 한번 보시죠."

보는 순간 깜짝 놀랐다. 성능이 안 나오고 있는 게 아닌가?

"정 사장님. 저희 사장님께서는 480 FPS4)까지 나온다고 하였는데 지금 보여 주신 것은 육안으로 봐도 그 정도까지는 나오지 않는 것 같습니다. 제가 판단했을 때 단일 프로세서5)로는 원하는 성능 구현이 불가능할 것 같고 멀티 프로세서를 병렬로 구성해

---

3) 칩(chip): 반도체 부품을 말한다.

4) FPS: 초당 프레임 수. 이 시기의 영상 감시 장비는 최대 16채널을 지원했다. 각 채널당 최대 초당 30프레임까지 저장을 할 수 있다면 총 480 FPS가 된다. 영상 감시 장비는 지원하는 FPS를 '채널당 최대 FPS×최대 채널 수'로 표현한다.

5) 프로세서: 영상 감시 장비에서 영상을 모니터로 보여주고 하드디스크에 저장할 때, 여러 종류의 반도체 칩이 필요하다. 여기서는 단순히 프로세서라고만 말했다.

서 처리해야 할 것 같습니다."

"아닙니다. 한 개의 프로세서로도 목표로 하는 성능이 가능합니다. 며칠 전까지 그 정도의 성능이 나왔는데 프로세서 업체에서 드라이버6)를 교체한 후 성능이 떨어졌습니다. 이 부분에 대해서 프로세서 업체에 이야기를 한 상태입니다."

"정 사장님. 그리고 CPU 사용량도 너무 높습니다. 메모리 사용량은 어떤가요?"

"현재 한 70~80% 정도 사용합니다. 메모리 사용량은 체크를 해봐야 합니다."

"정 사장님. CPU 사용량도 너무 높습니다. 50% 이하로 낮출 수 있습니까? 그리고 메모리 사용량은 체크해서 알려주세요."

"제 생각에 50% 이하로는 조금 힘들겠지만 한번 시도해보겠습니다."

이렇게 첫 회의는 끝났다. 나는 사무실로 돌아와서 사장님과 영업 이사에게 회의 결과를 보고했다.

"사장님. 아무래도 한 개의 프로세서로는 저희가 원하는 기능을 구현하기 어려울 것 같습니다. 설령 구현된다 하더라도 CPU 사용량과 메모리 사용량이 너무 높아서 다른 기본 기능이 동작되지 않을 수 있습니다."

"정 사장님은 오랫동안 하드웨어 개발을 했으니 잘하실 거야. 정 사장님과 조 소장이 말한 부분에 대해서 통화를 해봤는데 문제없이 해결할 수 있다고 하더군. 한번 믿어봐."

어쨌든 사장님의 지시대로 프로젝트는 시작이 되었다. 일정은 6개월.

물론, 프로젝트는 실패로 끝났다. 그리고 원하는 성능은 계속 나오지 않았다. 성능과 프로세서의 여러 가지 문제점을 해결하기 위해 해외 업체를 수차례 방문했다. 이 프로젝트 전까지는 전용 프로세서를 사용해서 제품을 개발했지만, 이번에 사용한 프로세서는 셋톱박스에서 사용하는 칩이라 영상 보안 장비의 기본 기능을 구현하기에는 부족함이 많은 상황이었다.

이렇게 문제점이 많다 보니 당연히 일정은 상당히 많이 지연되었다. 계속되는 야근과 주말 근무 그리고 전에 개발한 모델의 유지 보수 및 기능 추가까지 여러 가지 업무를 동시에 진행해야 했기 때문에 사람들은 하나둘 지쳐갔다.

---

6) 드라이버: 하드웨어와 운영체제를 연결해주는 소프트웨어.

중간에 영업 이사와 기능을 줄이고 성능의 기준을 낮춰서 출시했을 경우, 판매가 가능할지에 대한 검토도 진행했고, 판매 가능한 최소 수준의 제품으로 협의하고 사장님께 보고를 드렸다.

계속 빠져드는 실패의 늪

"말이 돼? 그 정도 수준이면 쓰레기야. 우리 연구원들은 잘하니까 그 정도 수준을 맞출 수 있게 도전해봐!"

계속되는 희망 고문이다.

그런데 더 큰 문제가 있었다.

"조 소장. 다른 회사에서 어떤 기능을 새로 개발했는데 시장 반응이 좋다네. 우리도 그 기능을 지원합시다."

새로 넣을 기능은 구현 중인 기능보다 단순한 기능이었다. 그 기능이 들어가면 사용자가 더 편하겠지만, 하드웨어 설계도 다시 고려해야 하고, 펌웨어도 상당한 수정을 요하는 기능이었다. 이 때문에 기존에 진행하던 하드웨어를 계속 수정했다.

프로젝트가 진행되는 내내 사장님의 이런 요구사항은 계속 추가되었다. 결국 이 프로젝트는 원래 예정된 기한보다 1년이나 더 지나 중지 결정이 되었다. 중지된 이유는 더 좋은 기능을 지원하는 프로세서와 제품이 시장에 출시되었기 때문이었다.

결국 난 프로젝트 이후에 이 회사를 그만뒀다. 들리는 이야기로는 이 회사는 이 프로젝트 실패로 상당히 심한 타격을 입었으며, 3년 후에 결국 회사 문을 닫았다고 한다.

스타트−업이나 벤처 기업은 프로젝트의 실패가 회사의 운명을 결정할 수 있기 때문에 그만큼 프로젝트 관리는 더 중요하다. 하지만, 현실은 오히려 큰 기업에서는 프로젝트 관리가 잘되고 있는 반면, 스타트−업이나 벤처 기업은 시간과 자원 부족을 핑계로 프로젝트 관리를 소홀하게 생각하는 경향이 있다.

연구원의 속임수

또 다른 경우는 앞서 말한 경우와 반대다. 앞서 말한 경우는 의사결정자들과 프로젝트 책임자들이 프로젝트 관리를 소홀히 해서 실패한 경우라면, 개발팀이 투명하게 정보 공유를 하지 않아 실패하는 경우도 있다.

예전에 내가 직장 생활 초년에 다녔던 회사에서는 20억 이상을 투자해서 반도체 칩을 개발했지만, 일정 지연으로 시장성을 상실해서 결국 폐기 처분한 사례도 있었다. 물론, 그 회사도 몇 년 뒤에 문을 닫았다. 그때는 일정이 지연됐음에도 불구하고 개발팀에서 담당자가 '아. 문제없어. 이것만 해결하면 돼.'라는 이야기를 계속했다. 이때는 거꾸로 개발팀에서 의사 결정자에게 정확하고 사실대로 진행 상황을 보고하지 않은, 즉 왜곡된 프로젝트 정보로 인해 적시에 의사결정을 할 수 없었기 때문에 프로젝트가 실패하고, 실패의 파급효과로 회사가 문을 닫은 경우이다.

Why?

이렇게 실패 사례를 보면 의사결정자나 개발팀, 즉 프로젝트의 이해관계자들이 모두 프로젝트 관리의 가치와 원칙을 따르지 않았을 경우 어떤 결과를 초래하는지 알 수 있다. 하지만 안타깝게도 대부분의 프로젝트 관리 지침서 혹은 실무에 관한 문서는 어느 정도 규모가 있는 기업과 외국의 상황에 맞춰져 있어서, 우리나라 스타트-업 혹은 벤처 기업에 적용하기 어렵다.

앞으로 진행할 이야기는 회사를 창업한 후, 성공적으로 끝난 프로젝트와 출시 날짜가 촉박하지만 회사의 경쟁력을 위해서 조정할 수 없을 때 성공적으로 소프트웨어를 출시한 사례로 자원이 부족한 스타트-업과 벤처기업의 간결한 프로젝트 관리 방법과 중요성에 대한 내용이다.

작지만 가치 있는 기능부터

긴급하고 낯선 프로젝트

2011년 어느 날. 평소와 같이 출근해서 컴퓨터를 켰다. 전날 야근을 해서 오늘은 보통 때보다 늦게 출근을 했다. 자리에 앉은 후, 습관적으로 메일을 열었다. 영업팀의 요청 메일, 팀원들의 업무 보고 메일들, 그리고 광고 메일들. 하나씩 보면서 메일을 분류하고 필요 없는 메일은 삭제하고 있었다.

그중에 보낸 사람이 낯익은 메일 하나가 보인다. 미국 LA 근방에 소재하고 있는 회사를 운영하고 계시는 한 사장님의 메일이었다. 메일 내용은 다음 날 오전에 컨퍼런스 콜을 요청한다는 메일이었다. 한 사장님은 주로 메일을 통해서 업무 협조 요청을 하시는데 갑작스러운 컨퍼런스 콜 요청에 무슨 일인지 궁금해졌다. 당장 전화를 드리고 싶었지만, 그분은 평소 건강을 위해 새벽에 운동을 하시기 때문에 일찍 주무신다. 시간을 보니, 주무시는 시간이다. 계속되는 야근과 주말 근무 때문에 건강 상태가 좋지 않은 나로서는 이런 운동하는 습관을 지닌 그분이 존경스러웠다. 어쩔 수 없이 궁금함을 뒤로한 채, 개발 툴을 실행시킨 후, 여느 때와 같이 프로그래밍을 하기 시작했다.

그다음 날 정해진 시간에 맞춰 컨퍼런스 콜을 위해 회의실에서 대기했다. 잠시 후 전화벨이 울렸다.

"안녕하세요. 조 팀장님. 저 한 사장입니다."

전화기 너머 반가운 목소리가 들렸다. 한 사장님이 운영하는 D 업체는 미국에 소재하고 있지만, 영업과 기술 지원 부서를 제외하고는 대부분 한국 사람들이 일하는 회사다. 아무래도 현지인과 접촉을 많이 해야 하는 분야는 현지인을 고용할 수밖에 없는 것 같다. 한 사장님은 우리나라에서 통신 관련 엔지니어 생활을 하시다가 미국으로 이민을 가셨다. 한국인이라는 자부심이 대단해 가급적 한국 사람을 직원으로 채용하려 노력하셨다. 또 미국의 대부분 업체가 가격 경쟁 때문에 서서히 제품의 라인업을 중국 제품으로 전환하고 있음에도 불구하고 한국 제품만 취급하신다. 그래서 한국의 영상 감시 장치 제조사들은 D 회사와 일을 하고 싶어 해서 신제품이 나오면 제일 먼저 샘플 제품을 보낸다고 한다. 우리 회사는 오래전부터 이 회사와 파트너십을 맺고 영상 감시 장비를 공급하고 있다. 한 사장님은 이 장비들을 미국 전역에 펼쳐져 있는 유통망에 공급한다. 주로 영상 감시 장치를 공급하고 계시지만, 소프트웨어의 중요성을 항상 인식하고 계시기 때문에 가격 경쟁에서 어려움을 겪더라도 고객에게 필요한 기능을 제공함으로써 어려움을 극복하신다.

"안녕하세요. 사장님. 잘 지내시죠?"

"덕분에 잘 지내고 있습니다. 조 팀장님도 잘 지내고 계시죠?"

한동안 안부와 근황에 대한 대화가 오고 갔다.

"조 팀장님. 지난번에 개발한 아이폰과 안드로이드 앱 반응이 상당히 좋습니다. 정

말 고생하셨습니다. 이번에도 남들보다 앞서 나가기 위해 급하게 요청드릴 것이 있습니다.'

D 회사의 요청으로 2010년도에 내가 주축이 되어 업계에서 다른 경쟁사보다 앞선 시점에 아이폰 앱을 출시했었다. 그리고 업계에서는 최초로(공식적인 기록은 아니지만) 안드로이드 앱을 개발했으며, 계속해서 킨들 앱 그리고 블랙베리7) 폰에서 구동되는 앱도 업계 최초로 개발했다.

개발한 앱의 주 용도는 영상 감시 장치에 네트워크로 접속해서 카메라가 비추고 있는 영상을 실시간으로 스마트폰에서 보거나 장치에 녹화되어 있는 영상을 검색하는 기능을 갖춘 앱이었다.

영상 감시 장치 동영상은 일반 동영상 재생과는 다르게 최대 16대의 카메라가 비추고 있는 영상을 동시에 재생해야 한다. 아무리 스마트폰이라고 하더라도 그 당시에는 지금보다 성능이 좋지 않아, 이렇게 동시에 영상을 보기 위해서는 특별한 기술이 필요했다.

업계에서 다른 회사들에 비해 앞서 개발을 했기 때문에 시장의 반응은 좋았고 더불어 영상 보안 장치의 매출도 지속적으로 증가하고 있었다.

개발자로서 내가 개발한 소프트웨어가 시장에서 반응이 좋으면 상당한 동기부여가 된다. 그리고 나는 새로운 것을 만드는 것을 좋아했는데, 항상 한 사장님이 요청하는 것은 다른 회사 제품에는 없는 기능이기 때문에 왠지 모르게 이번에도 흥미가 느껴졌다.

참고로 미국 동부와 서부의 요청사항은 상당히 다르다. 동부는 클래식한 UI · UX8)와 안정적인 기능을 요청하는 반면 서부는 항상 획기적인 UI · UX와 기능을 요청하는 경향이 있다. 물론 선호하는 색상도 다르다. 아마 문화의 차이 때문일 것이다. 마찬가지로 유럽, 일본과 중국 또한 각기 차이가 있다. 그 지역의 문화 및 국민성을 어느 정도

---

7) 블랙베리: 캐나다의 RIM 사에서 개발한 스마트폰 이름. 2007년 아이폰이 출시되기 전까지 보안이 강화된 이메일 기능 때문에 기업고객에게 인기를 끌었다. 미국의 오바마 전 대통령이 사용하기도 했다. 아이폰 출시 이후 시장에서 점점 사라져 갔다.

8) UI · UX: UI가 사용자와 소프트웨어 사이의 정보를 주고 받는 방법이라면, UX는 소프트웨어가 제공하는 기능을 이용하면서 느끼는 경험까지 포함한다.

안 상태에서 개발을 하거나 마케팅을 진행하는 것이 좋다.

"조 팀장님. 큰 프로젝트가 하나 있는데, 맥용 영상 감시 소프트웨어가 있어야 합니다. 가능하시죠?"

"사장님. 제가 맥용 소프트웨어 개발은 안 해봐서 잘 모르겠습니다. 언제까지 필요하신 건가요?"

"착수일로부터 2달 동안 개발하고 1달 같이 테스트한 후에 배포를 해야 합니다."

"네에?"

당황스러웠다. 보통 영상 감시 소프트웨어는 단순한 기능만 구현한다고 해도 최소 6개월 이상의 일정으로 진행하는 것이 일반적이었다. 그리고 보안 소프트웨어라는 특성 때문에 품질이 중요하다. 사건이나 사고가 발생했을 때 소프트웨어가 제대로 동작하지 않는다면 치명적이기 때문이다. 그래서 상당히 오랜 기간 동안 필드 테스트를 거친다.

더군다나 일반적인 일정에 비해 절반의 일정으로 진행을 해야 한다니, 게다가 맥용 소프트웨어 개발은 해본 적도 없는데……

"사장님. 3개월은 좀 무리인 것 같습니다. 혹시, 일정을 더 늘릴 수는 없는지요?"

"일정 연장은 불가능합니다. 완성도는 떨어져도 되고 영상만 나오면 됩니다."

일정이 촉박한 소프트웨어 개발을 의뢰할 때, 대부분 완성도가 떨어져도 괜찮으니 최대한 빨리 만들어서 한번 보여주고 문제점은 천천히 수정하자고 요청하는 경우가 있다. 완성도는 떨어져도 된다고. 하지만, 실제로 동작이 잘 안 되거나 UI가 허술한 소프트웨어를 서둘러서 데모를 하게 되면 고객은 만족하지 못할 뿐만 아니라 소프트웨어가 불안하다는 선입관을 갖게 되는 경향이 있다. 나중에 문제점을 수정하고 다시 고객에게 보여준다고 해도 한번 가진 선입관을 극복하기는 힘들다. 그래서 나는 중간 데모를 해야만 하는 경우에는 기능을 줄여서라도 어느 정도 완성도를 가진 상태에서 시연을 하고, 동작이 안 되는 기능은 아예 고객에게 보여주지 않으려 한다.

"사장님. 제가 가능한지 생각 좀 해보겠습니다. 2~3일만 시간을 주실 수 있으신지요?"

"물론입니다. 검토를 해보시고 다시 연락을 주세요. 긍정적인 대답을 기대합니다."

전화를 끊고 머리를 싸맨 채 고민을 하기 시작했다. D 사는 우리 회사 매출의 상당

부분을 차지하고 있고 내년에도 우리 회사의 상당 부분을 차지할 것으로 기대가 되는 회사다. 또한 한 사장님은 예전부터 알고 지내던 분이라 거절하기가 어려웠다.

방법을 찾아서

옆에 앉아 있는 김 선임 연구원이 나에게 묻는다.

"팀장님, 무슨 문제 있으세요?"

"응, 한 사장님 알지? 그분이 맥용 영상 감시 프로그램을 개발해 달라고 하시네."

"그래요? 아직 맥에서 동작하는 경쟁사의 프로그램을 본 적은 없는 것 같긴 해요. 시간은 얼마나 주셨어요?"

"3개월."

"네? 그게 3개월 안에 가능해요?"

내가 보였던 반응과 똑같은 반응이었다. 아무래도 팀원들의 의견을 물어봐야겠다.

"자. 다들 모여보세요."

팀 회의를 소집했다.

"미국에 계신 한 사장님에게서 연락이 왔는데 우리가 만들었던 윈도우용과 스마트폰용 영상 감시 프로그램을 맥용으로 개발해달라고 하십니다. 시간은 단 3개월. 혹시 여러분들 중에 시도해보고 싶은 분 계십니까?"

아무도 나와 눈을 마주치지 않는다. 다들 자기 자리 앞에 놓인 다이어리에 무엇인가를 끄적이고 있다. 이쯤 되면 한 명씩 지명하면서 물어보는 수밖에 없다.

"김 선임. 김 선임은 새로운 것에 도전하는 것을 좋아하니 한번 해보는 것이 어떻겠어요?"

"팀장님. 저는 다음 달까지 윈도우용 프로그램을 유지보수 해야 하고 업체에서 요청한 기능 추가를 해야 합니다. 그리고 맥에서는 프로그래밍을 해본 적이 없어서 짧은 시간에는 힘들 것 같습니다. 선행 학습할 시간을 주시면 몰라도."

다른 팀원들도 비슷한 반응이었다. 그때 다시 김 선임 연구원이 말을 했다.

"아이폰 앱을 팀장님이 개발하셨잖아요. 저희보다 맥을 더 잘 다루시고 아이폰용 API[9]와 맥의 API가 비슷하지 않을까요?"

---

9) API: Application Programming Interface. 운영체제가 제공하는 함수의 집합이다. 프로그램을

사실 우리 팀은 모두 윈도우 프로그램 개발을 주로 했다. 윈도우에서 개발하는 방식과 맥에서 개발하는 방식이 매우 다르다. 나는 2010년 이전까지 윈도우 환경에서 개발을 했지만, 팀장이 된 후 내가 담당했던 대부분 업무는 팀원들에게 넘겨줬다. 그리고 2010년도에 여러 가지 모바일 단말기용 앱을 개발하게 된 것도 팀원들이 다른 업무로 바빴고 아무래도 내가 다양한 개발 환경에서 개발한 경험이 많기 때문에 내가 맡아 진행을 했다. 이번에도 비슷한 상황이다.

"음~ 그래 알겠습니다. 내가 한번 시도를 해보겠습니다. 대신에 테스트할 시간이 많이 없기 때문에 중간에 내가 요청하면 테스트는 여러분이 좀 도와줬으면 좋겠습니다."
"네, 팀장님. 걱정하지 마세요!"
다들 대답은 우렁차게 잘한다. 그래도 팀원들이 테스트를 해준다고 하니 든든했다.

벤처기업에서는 부족한 자원으로 인해, 한 사람이 여러 일을 맡는 일은 비일비재하다. 테스트 팀이 있긴 하지만 테스트 팀도 인원이 충분하지 않아, 개발팀에서 어느 정도 검증을 하고 전달을 해야 했다. 그래서 우리 팀은 개발자로만 구성된 팀이지만 테스트 업무에 익숙했다.

자, 이제 무엇부터 해야 할까? 영상 감시 프로그램의 주목적은 앞서 설명한 것과 같이 영상 감시 장치의 카메라가 비추고 있는 영상을 원격지에서 실시간으로 보거나, 아니면 장치에 저장되어 있는 영상을 검색해서 볼 때 사용된다.
영상 감시 프로그램은 고객들이 대체로 다음과 같은 시나리오로 사용하게 된다.

1. 고객은 보고 싶은 영상을 비추고 있는 장비의 네트워크 접속 정보를 프로그램에 입력한다.
2. 영상을 보기 위해 '접속'이라는 조작을 하면 프로그램은 해당 장비에 네트워크를 통해 접속을 한다.
3. 장비는 연결된 네트워크를 통해 압축된 영상 데이터[10]를 보낸다.

개발할 때 운영체제가 제공하는 서비스를 지원하기 위해서는 이 API를 사용해야 한다.
10) 영상 데이터: 카메라에서 나오는 실제 영상은 크기가 상당히 크다. 그래서 네트워크 대역폭이나

4. 프로그램은 압축된 영상 데이터를 받아 원래 영상으로 복원11)한 후에 모니터에 출력한다.

그다음으로 나는 최소한의 기능을 정리를 해보았다. 제일 중요한 기능은 카메라가 비추고 있는 영상을 실시간으로 모니터링 하는 기능, 고객이 원하는 시간의 영상 데이터를 검색해서 보는 기능이다. 그리고 부가적인 기능은 PTZ12) 기능이 있는 카메라를 제어하는 기능, 현재 보고 있는 영상을 프린트하거나 저장하는 기능, 그리고 장비에 녹화된 데이터를 원하는 시간대로 백업하는 기능이 필요하다.

기술적으로 구현이 가능해야 고객이 필요로 하는 최소한의 기능을 가진 프로그램을 만들 수 있기 때문에, 내가 맥에서 기술적인 부분을 구현할 수 있는지 먼저 검토해야만 했다. 네트워크 기능은 보편화된 기술이라 구현하는 것은 그리 어렵지 않았다. 사실 영상 감시 프로그램의 성능을 좌지우지 하는 부분이 바로 복원 부분과 모니터에 출력하는 부분13)이다.

먼저, 이 두 부분에 대해 검토를 해봤다. 영상을 복원하는 부분은 일반적으로 오픈소스를 사용하는데 이 오픈소스를 맥에서 동작되도록 한 후 결과를 확인했다. 그리고 애플에서 제공하는 기술 문서를 학습한 다음 복원된 영상을 모니터에 출력하는 것을 테스트해 봤다. 테스트한 결과 만족할만한 성능이 나왔다. 이제 최소한의 기능을 구현하는 것에 대해서는 별문제가 없었다.

기술 검토가 끝난 다음 한 사장님께 메일을 썼다.

'안녕하세요. 한 사장님.
한 사장님께서 요청하신 프로그램의 개발 가능성을 검토했습니다.

하드디스크를 효율적으로 사용하기 위해 영상을 압축한다.
11) 복원: 영상의 크기를 줄이기 위한 작업은 '인코딩'이라 하며, 다시 복원하는 작업은 '디코딩'이라 한다.
12) PTZ: 팬(PAN)-틸트(TILT)-줌(ZOOM) 카메라. 상하좌우 조정이나 확대·축소가 가능한 카메라를 말한다.
13) 모니터에 출력: 엄밀히 말하면 그래픽 카드에 렌더링하는 작업이다. 주로 모니터를 통해 보기 때문에 '모니터에 출력하는 부분'으로 표현했다.

결론은 개발 가능할 것 같습니다. 단, 가장 필요한 최소한의 기능을 우선적으로 개발해야 합니다. 그리고 개발을 완료한 후에 테스트를 하기에는 너무 위험합니다. 따라서 다음과 같이 진행되었으면 합니다.

착수한 후 한 달 동안은 실시간 감시 기능을 구현할 예정입니다. 이 기능이 구현되면 사장님께 전달해드리겠습니다. D 사 QA팀에서 확인하는 동안, 저는 저장된 데이터를 검색하는 기능을 한 달 동안 구현하겠습니다. 그 사이에 QA 리포트가 오면 기능을 구현한 후 문제점을 수정해서 다시 전달해드리겠습니다. 마지막 달에는 부가 기능을 구현하고 마무리하겠습니다.

우선, 이렇게 최소한의 가장 필요한 기능으로 프로젝트에 대응하시고 그 후 고객이 원하는 기능을 계속 추가하는 방향으로 했으면 좋겠습니다.

사장님께서 프로그램 개발이 제대로 진행되고 있는지 궁금하실 테니, 2주에 한 번씩은 진행 상황을 말씀드리겠습니다.

가능한 일정 내 개발이 완료되도록 최선을 다하겠습니다.

항상 감사드립니다.

조원양 드림'

지금 생각해보면 나름 애자일(agile) 접근법이 적용된 듯하다. 한 달 간격의 배포 계획. 2주에 한 번씩 반복(이터레이션)을 하며 결과를 보고하는 과정을 거쳤다.

다음 날 전화벨이 울렸다. 휴대전화에 뜬 이름은 한 사장님이었다.

"네 조원양입니다."

"안녕하세요. 조 팀장님. 한 사장입니다."

"아! 사장님 안녕하세요."

"메일은 잘 받았습니다. 이렇게 진행하면 좋을 것 같습니다. 긍정적으로 검토해주셔서 감사합니다."

나보다 훨씬 연배가 높으심에도 불구하고 항상 존댓말을 하신다.

"네. 가장 기본적인 기능을 먼저 구현하고 난 후, 계속 유지보수를 하면서 고객이 원하는 기능을 추가하면 일정을 맞출 수 있습니다. 괜찮으신가요?"

"아주 좋습니다. 마음에 듭니다. 한 달 뒤에 실시간 영상 감시 기능이 탑재된 프로그램을 전달해주세요. 저희 QA팀에서 테스트 진행하도록 하겠습니다."

"감사합니다. 자주 연락을 드려서 진행 상황을 말씀드리겠습니다."

"감사합니다. 잘 부탁드립니다. 나중에 제가 한국 가면 근사한 식사 한번 같이하시죠."

"사장님. 아닙니다. 항상 사장님께서 흥미로운 일을 주셔서 도전하는 재미가 있습니다."

"그렇게 생각해주시니 고맙습니다. 그럼 잘 부탁드립니다."

"네, 사장님. 곧 다시 연락 드리겠습니다."

결과가 어찌 됐든 가능하다는 말에 한 사장님은 기분이 좋으신 것 같았다. 나로서도 누군가에게 긍정적인 사람으로 비추어지는 것은 기분 좋은 일이다.

착수 일까지 이제 2주가 남았다. 난 2주 동안 간단한 문서 작업과 맥에서 개발할 때 필요한 프로그래밍의 기술적인 측면을 공부했다.

난 개발하기 전에 보고가 목적이 아닌 프로그램 구성도, 시나리오, 그리고 데이터 흐름도와 같은 간단한 문서 작업을 선호하는 편이다. 그 이유는 문서 작업을 하는 동안 내 머릿속에 있는 알고리즘을 정리할 수 있고 각 기능을 작업 단위로 세분화하는 것을 체계적으로 할 수 있기 때문이다. 또한 내부 팀원 사이에 의견 교환이나 업무 분장 혹은 공동 작업 시에도 이런 문서가 있으면 훨씬 효율적으로 진행할 수 있다. 애자일의 가치 중에 '포괄적인 문서보다 작동하는 소프트웨어(Working software over comprehensive documentation)'가 있다. 이 말은 문서 작업이 필요하지 않다는 말이 아니다. 과도한 보고서 보다 작동하는 소프트웨어를 보여주는 것이 더 가치가 있다는 말이다. 제품의 가치를 높여주기 위한 최소한의 문서 작업은 필요하다.

프로젝트를 시작하고 한 달 뒤, 예정대로 실시간 영상 감시 기능이 동작하는 소프트웨어를 미국에 전달하였다. 테스트를 진행하면서 몇 가지 문제점이 나왔지만, 생각 외로 많이 나오지는 않았다. 처음부터 과도한 기능이 추가된 것이 아니라 가장 핵심적인 기능만 구현했기 때문에 문제점이 많을 수가 없었다.

미국에서 전달받은 테스트 리포트를 옆에 붙여 놓았다. 두 번째 릴리즈 일정에 맞춰, 저장된 영상 데이터를 검색하는 기능을 추가하면서 문제점을 해결할 수 있는 부분은 같이 해결하면서 확인을 했다.

은 같이 해결하면서 확인을 했다.

세 번째 릴리즈 일정도 그렇게 진행이 되었다. 세 번째는 릴리즈를 배포하고 몇 가지 문제가 남아 있었지만, 핵심 기능에 대한 문제점은 첫 번째, 두 번째 릴리즈를 거치면서 수정이 되었고 남은 문제점은 부가 기능에 대한 것이어서 우선 순위는 그리 높지 않았다.

한 사장님의 D 사는 결국 그 프로젝트를 성공적으로 수주했다.

Why?

이 프로젝트는 처음부터 상세한 일정을 세우지 않았다. 언제까지 무엇을 개발할지 대략적으로 일정을 세운 후에 조금씩 상세화하는 과정을 거쳤다. 일정은 정해져 있고 새로운 개발환경에서 시도하는 프로젝트이기 때문에 상세하게 계획을 세울 수가 없었다. 계획을 세운 후에 제대로 수행하지 못하면 다시 계획을 세웠다. 처음에는 이 과정이 빈번하게 반복됐지만, 시간이 흐를수록 수정된 계획은 점점 정확성이 높아졌다.

또한 일정한 시간 간격으로 최소 기능을 가진 프로그램을 고객에게 배포했기 때문에 고객의 생각과 다른 형태로 기능이 추가되면 즉시 피드백을 받을 수 있었다. 게다가 일정을 지키지 못할 위험성이 있었지만 최소기능을 제공함으로써 이런 위험 요소도 조금은 제거할 수 있었다. 다음 기능이 추가되지 않더라도 최소한으로 시장에 내놓을 수 있는 프로그램의 형태는 갖췄기 때문이다.

우리는 어떤 일을 할 때 목표를 어떻게 달성하는가에 초점을 맞춰야 하는데, 계획 자체가 목표가 되고 계획을 지키는 것 자체를 목적으로 생각할 때가 있다.

만약에 이렇게 불확실성이 큰 프로젝트를 수행하기 위해, '폭포수 모델'을 적용해서 상세 계획을 세우고 프로그램을 개발하고 QA를 진행한 후 고객에게 전달되는 과정을 거쳤더라면 이 프로젝트는 성공하지 못했을 것이다.

멀지만 한 팀으로

나를 벗어나서

2016년 어느 날. 차를 몰고 마포 세무서로 향했다. 오늘은 그동안 다니던 회사를 그만두고 새롭게 나 스스로 나만의 사업을 시작하는 날이다.

회사 생활을 하면서 나는 한 가지 의문을 가지고 있었다. '내 의지와 상관없이 회사가 어려워지는 것일까? 대표나 임원들은 왜 회사가 마치 자기들 것인 양 행동하고 결정하는 것일까? 왜 직원들의 월급을 마치 자신이 주는 것처럼 생색을 내는 것일까? 왜 우리들은 우리 모두를 위한 것이 아니라 단지 윗사람들에게 잘 보이기 위해 일하는 척할 때가 있는 것일까? 지금 내가 작성하고 있는 문서가 일을 효율적으로 하기 위해 반드시 필요한 것인가?'

나는 그동안 계속 회사가 잘되어야 내가 잘된다는 생각을 가지고 있었다. 말도 안 되는 일정, 그리고 병행 작업을 하기 위해서 야근을 하고 주말 근무를 하기도 했다. 여름 휴가는 하루 이틀 쉬는 게 다였고 연, 월차를 낼 때는 윗사람의 눈치를 봤다. 명절 연휴 때도 당일만 쉬고 회사에 나와 일을 할 때도 많았다. 회사 상황이 어려워 내가 자비를 들여 개발에 필요한 장비를 구입한 적도 있고 명절 때 팀원들의 동기부여를 위해 내 자비를 써서 회식을 하거나 선물을 나눠준 적도 있다.

하지만 경기가 어렵다는 이유로, 회사가 힘들어질 수도 있다는 이유로 점점 야근을 강요하고 회사 상황에 따라 월급이 한동안 제대로 지급이 안 될 때면, 이렇게 내 의지와 상관없이 다른 사람들에 의해 내 운명이 결정되는 상황에 너무나도 답답함을 느꼈다. 내가 잘하면 잘하는 대로 보상을 받고, 못하면 못하는 대로 책임을 지고 싶었다. 그래야 보람된 삶이 아니겠는가? 야근과 휴일 근무를 할 수는 있지만, 나 스스로 자발적으로 부족한 부분을 채우기 위해서 하는 것은 기꺼이 감수하지만, 이런 부분까지 강요해서는 안 되는 것이 아닌가?

이런 답답함을 느낌에도 불구하고 현실적으로 먹고사는 문제 때문에 계속 참고 다닐 수밖에 없었다. 그런데 2015년 말에 내 한계치를 넘어섰다. 그래서 심각하게 앞으로 어떻게 할 것인가에 대해 고민을 하고 있었다.

"팀장님. 독립하시죠? 팀장님께서 사업을 하시면 저랑 문 연구원은 몇 개월 월급을 받지 않더라도 같이 고생할 마음이 있습니다. 저는 앞으로 아이를 낳으려면 돈이 필요하지만, 그 전에 우리끼리 재미있게 일을 해보고 싶습니다."

어느 날 탁 선임이 나에게 이런 말을 했다.

"제가 팀장님처럼 할 수만 있었으면 벌써 독립했을 것 같아요. 회사가 이렇게 비합리적으로 운영되는데 왜 이렇게 참고 계세요?"

나를 부추기는 말인 것은 알고 있었다. 나도 사실 10여 년 전부터 스타트-업 회사라는 것을 시작하고 싶었다. 하지만 그동안 나 스스로 준비가 안 되어 있다고 생각을 했다. '어느 정도 준비가 되면 시작해야지'라는 생각만 하고 있었다. 이번에는 나 스스로 나에게 용기를 내고 싶었다. 지금까지의 내가 아닌 새로운 나를 찾고 싶었다. 그래서 과감히 결심을 했다. 한번 지금까지의 나를 벗어나 보자. 새로운 도전을 해보자.

탁 선임은 오래전부터 나와 같이 일을 했다. 8년 전, 대학교를 막 졸업한 탁 선임은 인턴 사원으로 A 사의 소프트웨어 팀에 입사를 했다. 처음에 내가 다른 회사에서 A 사로 이직했을 때 맡은 팀이 바로 그 팀이었다. 내가 출근한 첫날, 탁 선임이 내 자리를 정리해 주고 컴퓨터를 마련해 주었으며 각 팀원의 이름이 적힌 자리 배치표를 작성해서 내 자리에 뒀었다. 그때 그런 모습을 보고 지나치게 오지랖이 넓다고만 생각을 했지만 그를 유심히 지켜보기 시작했다.

그러던 어느 날, 우리 팀에서 개발한 프로그램의 사용자 인터페이스 라이브러리[14]에 문제가 생긴 적이 있었다. 이 사용자 인터페이스 라이브러리는 내가 부임하기 전부터 팀 내에서 만들어진 라이브러리였다. 한동안 문제가 없었다고 한다. 그런데 그때 새로 배포한 소프트웨어에서 어느 순간 사용자가 조작할 수 없는 문제가 발생했다. 그때 당시 다른 팀원들은 맡은 일이 있어 여유가 없었다. 탁 선임은 갓 졸업해서 아직은 일을 배우는 상황이라, 팀에서 만든 소프트웨어를 개발자 수준에서 테스트하는 역할을 하고 있었다. 탁 선임에게 첫 번째 업무로 이 문제점을 한번 찾아보라는 업무를 줬다. 그때 탁 선임이 끈질기게 문제점을 찾아내려는 모습을 보고 점차 조금씩 중요한 일을 맡기기 시작했다. 끈기와 적극성이 있고 나름 효율적으로 일하려고 항상 고민하기 때문에 점점 실력이 향상되고 있었다. 그래서 내가 회사를 옮겨서 일할 때마다 탁 선임을 데리고 같이 일을 했다.

---

14) 라이브러리: 프로그램을 개발할 때 효율성과 재사용성을 높이기 위해 공통으로 사용하는 함수들을 모아놓은 프로그램이다.

문 연구원은 우리 팀에서 처음으로 뽑은 신입 개발자였다. 문 연구원은 고등학교 때부터 이미 컴퓨터를 좋아해서 다양한 분야에 대해 다른 지원자들보다 월등했기 때문에 망설임 없이 채용을 했었다. 물론 전문가 수준은 아니었지만 지시한 것은 수단과 방법을 가리지 않고 개발을 해낸다.

두 사람이 함께하겠다고 하니 나로서는 든든한 지원군이 생긴 셈이었다. 게다가 몇 달 동안 월급이 없어도 된다고 하니 너무 고마울 따름이었다.

미국에서 온 선물

갑자기 회사를 그만두고 아무런 준비 없이 시작한 사업이어서 당장에 시작할 일이 필요했다. 그래서 평소에 알고 지내던 사장님들께 메일을 보냈다. 창업을 하고 새로운 출발을 하니 같이 할 수 있는 프로젝트가 있으면 소개를 해달라는 부탁을 했다. 미국에 계신 한 사장님께도 메일을 보냈다.

'안녕하세요. 한 사장님. 조원양입니다.

잘 지내시죠? 다름이 아니라, 이번에 제가 다니던 회사를 그만두고 사업을 시작하게 되었습니다.

제가 처음이라 모르는 것이 많습니다.

앞으로 여러 가지 조언과 충고 부탁드립니다.

감사합니다.

조원양 드림'

며칠 뒤 한 사장님으로부터 회신이 왔다.

'안녕하세요. 조 팀장님.

너무 축하드립니다. 아무쪼록 사업이 번창하길 바랍니다.

그리고 안 그래도 같이 진행했으면 하는 프로젝트가 있습니다.

언제 한번 통화를 했으면 합니다. 가능한 날짜를 알려주세요.'

'안녕하세요. 사장님.

한국 시간으로 ○○일 ○○시 괜찮으신가요?

조원양 드림'

'예. 괜찮습니다. 그때 전화 주세요.'

　몇 번의 메일이 오고 간 끝에 통화 시간이 정해졌다. 아무래도 시차가 있기 때문에 약속을 잡을 때 한국 시간인지 미국 서부 시간인지 명확히 말씀드려야 했다.

　아직 우리는 사무실이 없는 상태였기 때문에 사업자 등록을 한 후, 양해를 구하고 지인이 운영하시는 회사의 회의실에 모였다. 모인 이유는 한 사장님과 통화를 하기 위해서였다.

　"안녕하세요 한 사장님. 조원양입니다."

　"아. 안녕하세요. 조 팀장님. 우선, 축하드립니다."

　"아닙니다. 사장님. 고생길 시작이죠. 앞으로 잘 부탁드립니다."

　"하하하. 그렇죠. 사업은 참 힘들어요. 잘 이겨 내실 것이라 믿습니다. 제가 한가지 선물을 드리려고 합니다. 제가 요청드릴 프로젝트는 저희 회사 모바일앱을 새로 만드는 것입니다. 예전 다른 회사에서 조 팀장님이 만들어 주신 앱은 아직도 사용하고 있지만 좀 오래되어서 새로운 사용자 인터페이스로 다시 만들었으면 좋겠습니다. 그리고 기능도 개선했으면 합니다.

　쉽게 설명 드리면, 최근에 사용자들이 PC보다는 스마트폰으로 영상 감시 모니터링[15]을 많이 합니다. 스마트폰 성능도 많이 좋아졌습니다. 그래서 PC의 영상 모니터링 프로그램과 비슷한 형태였으면 좋겠습니다.

　그리고 최근에 저희가 F 사의 새로운 영상 감시 장비를 도입하기로 결정했습니다. 이 회사의 장비와 기존의 저희 제품을 동시에 모니터링할 수 있으면 좋겠습니다."

　어떤 요구 사항인지 대충은 알 것 같다. 하지만 요청 사항을 명확하게 하기 위해

---

15) 모니터링: 우리말로 변환하면 '감시'의 의미지만 어감이 딱딱해서 주로 '모니터링'으로 표현한다.

나는 이메일로 요구 사항을 받기로 했다.

"사장님. 번거로우시겠지만 지금 하신 말씀을 이메일로 정리해서 보내주실 수 있으신가요? 혹시, 제가 놓친 부분이 있는지 확인하려고 합니다."

"알겠습니다. 조 팀장님. 여기 제임스에게 요구사항을 정리해서 보내드리라고 하겠습니다."

새로움에 대한 도전

나는 전화나 회의에서 요청받은 내용이나 정리된 내용을 다시 메일로 주고받으면서 확인을 한다. 많은 얘기들을 하다 보면 서로 기억을 못 할 때가 있다. 나중에 기억이 나서 난감한 상황을 겪은 적이 있기 때문에 항상 메일로 다시 한 번 확인을 한다. 상대방이 요청한 경우에는 그 요청을 다시 정리해 달라고 부탁을 하거나 때로는 내가 정리해서 이해한 것이 맞는지 확인을 한다.

며칠 뒤 제임스로부터 요구 사항을 정리한 메일이 왔다. 요구사항을 간단히 설명하면 다음과 같다.

- 128채널 이상 동시 모니터링이 가능해야 한다.
- 각기 다른 프로토콜을 가진 두 회사의 제품을 동시에 모니터링할 수 있어야 한다.
- 사용자가 원하는 시간대를 검색하기 위해, 시간대를 표시하는 타임 테이블 기능이 필요하다.
- 장비를 설치한 위치를 표시할 수 있게 구글맵을 지원해야 한다.
- 접속과 화면 배치는 윈도우 프로그램의 마우스 드래그 앤 드롭[16]과 같은 동작을 손가락으로 할 수 있어야 한다.
- 스마트폰 기능 중의 하나인 공유 기능으로 영상 클립을 메신저나 이메일로 전송하거나 유튜브에 업로딩할 수 있어야 한다.
- 내보내기 기능으로는 정지영상(jpg)이나 동영상(mp4 혹은 avi)으로 내보낼 수 있어야 한다.

---

16) 드래그 앤 드롭: 마우스의 포인터를 대상에 위치시키고, 왼쪽 마우스 버튼을 눌러 마치 그 대상을 잡은 듯 마우스를 움직여 다른 위치로 이동시키는 동작을 말한다.

- 신제품이나 공지사항을 알릴 수 있도록 푸시 알람 기능을 지원해야 한다.
- 몇몇 기능은 인 앱 구매17)로 지원했으면 좋겠고, 매달 결제 형태였으면 좋겠다.
- ……

지금까지 영상 감시 모바일앱에서는 볼 수 없었던 기능 요구사항이었다. 그리고 4개월 뒤에는 스토어에 등록을 하고 싶어 하셨다. 메일을 받은 후에 탁 선임과 문 연구원에게 연락을 했다. 요청받은 내용에 대한 의견을 듣고 앞으로 어떻게 일을 진행할 것인지 협의를 하기 위해 모일 필요가 있었다.

다음 날 아침, 당산역 근처의 카페에서 모였다. 미국에서 요청한 프로그램 개발 건에 대해 진행 방향을 설정하고 역할 분담을 한 후, 사무실 공간을 보러 갈 예정이었다.

"탁 선임. 문 연구원. 메일 내용 봤지?"
"네, 봤습니다."
둘이 동시에 대답했다.
"어떻게 생각해? 우리가 할 수 있을 것 같아?"
그들에게 부담이 될 것 같아, 그들의 의견을 물어봤다.
"팀장님. 무조건 해야죠."
탁 선임이 먼저 대답을 했다.
"문 연구원은 어떻게 생각해?"
"저는 잘 몰라서 하라는 대로 하겠습니다."
문 연구원은 신입이기 때문에 아직 업무의 난이도를 판단하기 어려워했다.
한 가지 위험요소가 있었는데, 탁 선임은 모바일앱을 개발해본 경험이 없다. 한창 모바일앱 개발 열풍이 불고 있을 때 연습 삼아 테스트 프로그램만 개발해본 것이 전부다. 문 연구원도 사업을 시작하기 전에 내가 앞으로 모바일앱 개발 프로젝트에 투입할 목적으로 한 달 동안 훈련을 시킨 것이 전부였다. 그래도 훈련 당시에 UI 개발 부분을 연습시켰기 때문에 UI를 전담시키면 될 것 같았다.

---

17) 인 앱 구매: 아이폰이나 안드로이드폰의 앱에서 사용자가 결제할 수 있도록 하는 기능이다. 일부 확장 기능은 사용자가 결제했을 때만 사용하도록 하기 위해서 지원을 한다.

이런 위험요소가 있긴 하지만 지금은 선택의 여지가 없었다. 내가 생각하기에는 탁 선임과 문 연구원이 작업한 것을 프로그램에 반영하기 전에 내가 사전 점검을 하면 될 것 같았다.

먼저, 개발에 앞서 UI·UX의 방향을 미국과 먼저 협의해야 했다.

"먼저 미국과 UI·UX를 협의해야 하니, 탁 선임이 와이어프레임18)을 만들어보는 것이 어때?"

탁 선임은 과거에 일을 잠시 쉬었을 때 출판사를 하는 형을 도와 책의 편집을 해본 경험이 있다. 그때 책 편집을 위해 디자인 관련 학원에 다녀봤기 때문에 우리 중에서는 제일 디자인 감각이 좋았다. 그리고 개발 경험도 어느 정도 있기 때문에 와이어프레임을 만드는 업무를 할 수 있었다.

내 개인적으로는 사실 UI·UX 디자인은 UI·UX 디자인 전문가가 하는 것이 맞다고 생각한다. 그리고 처음에 디자인할 때에는 기술적으로 가능한지 고려하지 않아야 한다. 그래야 사용자 입장에서 편리한 UI·UX가 나온다. 그 후에 UI·UX 전문가와 개발자가 만나서 기술적으로 구현 가능성을 검토해야 하지만 가급적 UI·UX 디자인에 맞춰 가능한 기술을 고민해야 한다. 정말 구현하기 힘든 UI·UX는 전문가에게 불가능한 이유를 설명하고 가능한 대안을 서로 협의한 후 UI·UX 전문가가 수정하도록 해야 한다. 하지만, 그때 당시 우리의 형편으로는 UI·UX 전문가의 의견을 들을 수 있는 상황은 아니었다. 그래서 나중에 제품을 릴리즈했을 때 우리가 생각하지 못한 문제가 발생했다. 어떤 문제였는지 미리 말하자면, 버튼의 크기가 너무 작아서 외국 사람들의 손가락 크기로는 휴대전화에서 터치나 드래그 앤 드롭 기능을 수행할 때 오류가 너무 많이 발생하는 것이었다. 버튼 크기를 우리나라 사람들의 손가락 크기로만 생각한 것이다. 원칙적으로는 애플이나 안드로이드에서 제안하는 사용자 디자인 지침서를 따라야 하나 이번에 진행했던 프로젝트는 사용자 디자인 지침서에는 없는 요소들이 많았다. 이전 장에서 말했던 것처럼 프로그램의 UI·UX를 디자인할 때 그 프로그램이 사용될 지역의 문화적 특징과 이 프로그램을 사용할 사용자의 특징을 검토해야 한다.

---

18) 와이어프레임: 사용자와 의견을 교환하기 위해 실제 동작하는 것과 유사한 화면 설계 문서로 이해하면 된다.

3일 동안 탁 선임이 와이어프레임 및 시나리오 문서를 만드는 동안 나는 해야 할 업무를 정리하고 우선순위를 결정하기로 했다. 그사이에 문 연구원은 모바일앱의 UI 프로그래밍 기술을 좀 더 학습하기로 했다. 3일 후에 대략적으로 정리된 문서를 가지고 다시 모이기로 하고 근처의 부동산으로 향했다.

우리는 서울을 중심으로 역삼각형 형태로 각자 너무 멀리 떨어져 살고 있었다. 한 사람은 마포, 한 사람은 구의 그리고 나는 구성. 다 같이 모여서 일을 하는 것이 효율적이라 몇 군데 후보 지역을 선정한 후 그 지역에서 사무실을 정해보자고 했다. 그 첫 번째 후보지가 당산역 근처였다. 몇 군데 비어 있는 사무실을 방문했다. 이것저것 합치면 사무실을 임대하는 것은 별문제가 되지 않았다. 방문하고 나서 어디로 정할지 결정하기 위해 모였다.

"오늘 본 사무실 중에서 어디가 제일 마음에 들어?"

"처음에 본 곳은 가격은 괜찮은데 장소가 조금 좁은 것 같고, 두 번째 본 곳은 가격은 좀 비싸지만, 장소는 저희가 쓰기에 넉넉한 것 같아요."

탁 선임이 계속 이어서 말했다.

"그래도 확신은 들지 않습니다. 조금 더 알아볼까요?"

사실 며칠 동안 사무실을 얻기 위해 많은 시간을 소비한 상태였다. 미국에서 프로젝트 제안 요청도 온 상태여서 더 이상 사무실을 구하기 위해 시간을 투자하는 것은 아니라는 판단을 했다.

"지금 당장 일을 해야 하니, 몇 달 동안은 작은 소호 사무실을 사용하고 그 후에 다시 결정하는 것은 어떨까?"

내가 제안을 했고 모두들 동의했다.

"소호 사무실을 사용할 것 같으면 팀장님은 그냥 분당에서 일을 하시고 저희는 합정역 쪽에 있는 소호 사무실을 임대하는 것이 어떨까요? 저희가 분당으로 가기에는 너무 멀고 또 팀장님이 서울로 오시기에도 너무 먼 것 같습니다. 나중에 프로젝트가 끝난 후에 다시 같이 사용할 사무실을 구하는 것이 어떨까요?"

사실 며칠 전에 예전에 같이 일한 적이 있는 사장님이 자신의 사무실이 비어 있으니 나보고 와서 사용해도 된다고 하셨다. 게다가 소호 사무실은 생각보다 공간이 협소

하다. 3인용 사무실을 얻는 것도 비용이 만만치 않았다. 우리의 생각은 우선 2인용 사무실을 구해서 사용하고 나중에 괜찮은 사무실을 얻으려 했다. 우리는 노트북과 인터넷만 되면 일을 할 수 있었다. 사실 소프트웨어 개발은 많은 초기 비용이 들지 않는다. 그리고 커뮤니케이션은 주로 메신저를 이용하기로 했고, 일주일에 최소 한 번은 다 같이 모여서 업무를 맞춰보기로 했다.

결론적으로는 이 방법은 좋지 않았다. 프로젝트 관리에서 'Co-Location'[19]이 효율적이라고 말하는 것은 그만한 이유가 다 있다. 우리는 의사소통이 원활하지 않았고 서로 문제를 겪고 있었을 때 서로 도움을 주기도 어려웠다.

어쨌든 이제 3일 안에 한 사장님이 검토할 수 있는 자료를 보내야 한다.

먼저, 탁 선임과 함께 UI 스토리보드를 작성했다. 처음에 시안은 탁 선임이 먼저 뼈대를 만들고 그 뼈대를 토대로 서로 상의를 했다.

"팀장님. 한 사장님 회사의 예전 앱을 보면 앱을 실행하자마자 스프레시 화면[20]이 3초 정도 보이고 곧장 장비 목록이 나왔습니다."

"맞아. 그랬었지."

그때의 앱은 장비 목록이 나오고 그 장비를 선택한 후에 실시간 영상 감시와 검색 메뉴 그리고 각 장비를 등록하거나 편집 혹은 설정을 선택해야 했다. 그래서 실시간 영상 감시를 하면서 다른 메뉴로 전환하고 싶을 때는 다시 목록으로 나와서 다시 선택한 후 들어가야 하는 불필요한 단계들이 있었다. 그런 부분을 탁 선임이 지적한 것이다.

"그래서, 사용자들이 불필요한 몇 개의 단계를 선택해야만 했습니다. 저는 이 단계를 좀 줄여보고자 했습니다."

"어떻게?"

"우선, 처음에 메인 화면을 하나 만듭니다. 여기에는 모니터링, 장비 등록, 옵션 설정과 같은 메뉴를 배치합니다. 그 이유는 장비 등록은 처음에 한 번 하면 그 후로는 사용자가 잘 사용하지 않는 메뉴입니다. 구태여 옛날처럼, 리스트에 보여줄 필요는 없을

19) Co-Location: 같은 위치에 있는 것을 말한다.
20) 스프레시 화면: 앱을 시작할 때 맨 처음에 나오는 시작 화면

것 같습니다.”

즉, 잘 사용하지 않는 메뉴보다는 많이 사용하는 메뉴를 쉽게 접근하고자 했다.

“그리고 모니터링 메뉴를 제일 많이 사용하니까 맨 앞에 배치했습니다. 모니터링 버튼을 누르고 왼쪽에 접속하려는 장비들 목록을 보여줍니다. 스와이프 제스처[21]로 감출 수도 있습니다. 오른쪽에는 많이 사용하는 메뉴들을 중심으로 퀵 메뉴라는 것을 만들었습니다.”

“오호. 기존의 방법에서 벗어나긴 했지만 편리한 것 같군. 여기서 사용자가 검색해서 저장된 영상을 찾는 부분은 어떻게 동작하도록 할 생각이야?”

“여기 전환 버튼을 누르면 아래 쪽에 타임테이블이 등장하도록 배치했습니다. 여기서 사용자가 선택하면 그 시간대에 저장된 영상을 찾아 검색이 가능합니다.”

“괜찮은 방법인데? 좋아. 이렇게 배치하도록 하자. 그다음으로 128채널은 어떻게 처리할 생각이지?”

128채널을 동시에 보여주는 것은 불가능했다. 우선, 각 채널마다 압축된 영상을 복원하기 위해 모듈을 생성해야 하는데, HD[22]나 FHD[23]급 영상을 복원해야 하기 때문에 메모리를 많이 사용한다. 또한 각 채널을 GPU를 사용해 출력하기 위해서는 텍스처라는 것을 만들어야 하는데, 만들 수 있는 최대 개수의 제한도 있었다. 모바일 단말기의 앱을 개발할 때 흔히 발생하는 리소스 제약이다. 이 부분에서 탁 선임연구원이 기발한 아이디어를 만들어냈다.

“실제로 128채널은 크기가 너무 작아서 잘 보이지 않습니다. 최대 16채널만 보이게 하면 어떨까요? 그리고 사용자가 좌우, 상하로 스크롤할 때 안 보이게 되는 부분은 닫아주고 새롭게 보이게 되는 부분은 연결을 해줍니다. 그러면 한 번에 보이는 것은 16채널 뿐이지만 마치 128채널이 보이는 것과 같은 효과를 줄 수 있습니다. 이렇게 제안하는 것이 어떨까요?”

“오케이. 자료를 조금 더 정리하고 와이어프레임을 만들어주면 내가 한 사장님께

---

21) 스와이프 제스처: 손가락을 터치한 상태에서 수평 또는 수직 방향으로 빠르게 움직이는 동작
22) HD: 1280*720 해상도
23) FHD: 1920*1280 해상도

보내도록 하지."

나는 미국의 요구사항을 좀 더 세부적인 업무로 분류했다. 이 업무를 바탕으로 우선순위를 결정한 자료와 탁 선임이 만든 UI 스토리보드 그리고 와이어프레임을 준비해서 보냈다. 이번에도 이전과 마찬가지로 한 달 단위로 릴리즈해서 미국에 보낼 생각이었고 우리는 일주일 단위로 작업 진행 상황을 확인할 계획이었다.

'안녕하세요. 한 사장님.

UI 스토리보드 문서와 와이어프레임을 보내드립니다. 한번 검토해보시고 의견 부탁드립니다.

아울러 3단계의 릴리즈 계획으로 진행했으면 합니다.

첨부한 문서는 요청하신 내용을 바탕으로 작업을 세분화한 것입니다.

그리고 사장님께서 판단하실 수 있게 작업의 우선순위를 정하였습니다. 보시고 우선순위를 바꿀 부분이 있으면 말씀해주세요. 또, 각 단계의 릴리즈 시 포함될 기능을 대략적으로 정리했습니다. 검토해보시고 의견 부탁드립니다.

그리고 착수 시점을 알려주시면 감사하겠습니다.

조원양 드림.'

잠시 후, 한 사장님으로부터 회신이 왔다.

'안녕하세요. 조 팀장님.

아니 이젠 조 사장님이신가요? 하하하.

준비하시느라 수고 많이 하셨습니다. 우리 영업 팀과 검토한 후에 의견 드리겠습니다. 1~2일만 기다려주세요.'

다음 회신이 올 때까지 우리는 개발 환경을 준비해야 했다. 탁 선임과 문 연구원이 일할 소호 사무실을 계약했고 얼마 안 되는 짐도 옮겨 놨다. 나 역시 아는 사장님 사무실을 방문해서 내가 사용할 수 있는 공간을 확인하고 준비를 했다.

2일 뒤에 한 사장님으로부터 통화를 하자는 메일이 왔다.

"안녕하세요. 조 팀장님."

"사장님. 안녕하세요. 검토는 해보셨는지요?"

"보내주신 문서는 잘 봤습니다. 이대로 진행해주시면 될 것 같습니다. 무척 마음에 듭니다. 단, 몇 군데 UI와 색상은 저희 회사만의 고유한 색상이 있기 때문에 그 색상에 맞춰서 변경했으면 합니다."

D 사는 모든 제품에 강조하는 색상이 있다. 대체로 검은색 바탕에 중간 중간에 주황색으로 포인트를 넣는다. 명함 디자인도 그렇다. 그리고 로고도 D 사만의 독특한 스타일이 있다. 그래서 로고와 색상만 봐도 'D 사 제품이고 소프트웨어구나'라는 것을 알 수가 있었다.

"네 알겠습니다. 어떤 부분을 변경하면 좋을까요?"

"조 팀장님 쪽에는 디자인할 인원은 없죠? 우선 저희 쪽에서 디자인 작업을 해서 보내드리겠습니다. 요청할 부분이 있으면 요청해주세요."

"네 알겠습니다. 저희가 프로그램에 탑재할 수 있도록 가이드라인을 메일로 알려드리겠습니다."

"그리고 조 팀장님 작업이 진행되는 대로 릴리즈한 것을 보내주시면 저희가 대신 테스트해드리겠습니다. 조 팀장님의 팀은 개발에만 전념하실 수 있도록 해드리겠습니다."

개발자만 있는 우리로서는 D 사에서 대신 테스트해준다고 하니 다행이었다. 그리고 과거에 같이 일한 경험으로 봤을 때 D 사의 테스트 팀은 상당히 꼼꼼하게 테스트하고 사용자 편의성 입장에서도 검토해서 의견을 전달해준다. 미국이란 나라는 땅덩어리가 넓은 나라라, 제품이나 소프트웨어에 문제가 있어 고객이 AS 요청을 하면 상당히 많은 비용이 든다.

"아 네. 좋습니다. 그리고 작업 순서는 한번 보셨는지요?"

"네. 그렇게 진행하시면 될 것 같습니다. 저희가 릴리즈될 때마다 기능 확인을 한 후에 조정해도 괜찮을까요? 앞으로 영업 팀에서 요구하는 사항이 더 있을 것 같군요."

"네. 괜찮습니다. 영업 팀이 고객과 제일 소통을 많이 하기 때문에 아무래도 고객이 원하는 기능을 제일 잘 알 수 있을 것 같습니다. 그래서 작업 순서나 아니면 더 중요한 기능이 있으면 언제든지 말씀해주세요.

그리고 사장님. 128채널을 동시 표시하는 부분은 아무래도 모바일 단말기의 리소스 제약으로 어려움이 있습니다. 그래서 저희가 나름대로 가능한 방법을 제안드렸는데, 괜찮은가요?"

"그렇지 않아도 그 부분을 여쭤보고 싶었습니다. 16채널을 동시에 보여주고 사용자가 스크롤을 통해 안 보이는 채널을 보이게 하면서 마치 128채널이 가상으로 펼쳐져 있다는 개념인 것 같은데 맞는지요?"

"네, 맞습니다. 정확하게 이해하셨습니다."

"보이지 않던 채널이 보이게 될 때 첫 화면이 출력되는 속도는 괜찮을까요?"

영상 감시를 주목적으로 하는 보안 프로그램이기 때문에 실제 카메라가 비추는 영상이 영상에 표시될 때 지연을 최소화해야 한다.

"네. 그 부분은 생각했는데, 스크롤할 때 살짝 보이는 시점부터 미리 앞서서 영상 출력을 준비하면 그렇게 지연이 생기지 않을 것 같습니다."

"네. 그렇다면 다행입니다. 이렇게 진행하도록 하죠. 애 많이 쓰셨습니다."

"아닙니다. 사장님. 이번에 같이 일하게 된 탁 선임과 문 연구원이 많이 고민을 했습니다."

"다들 능력이 있는 친구들인가 보군요. 나중에 제가 한국 들어가게 되면 식사나 한 번 같이하시죠?"

"네 알겠습니다. 감사합니다."

한 사장님은 일 년에 한두 번은 꼭 한국에 들어오신다. 보안 업계에는 1년에 몇 개의 큰 전시회가 있다. 미국 라스베가스에서 열리는 ISC West, 영국 런던에서 열리는 IFSEC 그리고 중국에서 열리는 보안 전시회 등이 있는데 중국 전시회 전후로는 항상 한국에 들어와 협력업체들을 방문하여 새로운 제품이나 솔루션에 대해 의견을 물어보고 들어가신다. 그러면서 한국에 남아 있는 가족들과 휴가를 즐기신다.

공간과 시간을 넘어서

"그리고 조 팀장님. 황 팀장 아시죠? 앞으로 황 팀장과 계속 이야기를 하시면 됩니다. 그리고 개발 인력이 더 필요하시면 황 팀장이 같이 개발해줄 수 있습니다. 언제든지 말씀하세요."

황 팀장은 나와 구면이다. 내가 몇 년 전에 다녔다가 그만둔 회사를 황 팀장이 몇 년 뒤에 들어가서 일을 한 적이 있다. 그래서 서로 같이 아는 사람이 많아서, 몇 번 인사를 한 적이 있다. 정확한 일 처리와 끊임없는 공부로 한 사장님의 마음에 들어서 미국에서 같이 일할 것을 제안하셨다. 그래서 황 팀장은 가족들을 데리고 취업 이민을 간 상태였다. 사실, 나도 비슷한 제의를 받았지만 그때 당시 상황이 맞지 않아 거절했었는데 그 이후에 살짝 후회했다.

"아 사장님. 정말 감사합니다. 황 팀장은 일 처리가 깔끔해서 제가 여러 가지로 도움을 받을 수 있을 것 같습니다."

"두 분이 힘을 합쳐 일하신다면 좋은 제품이 나올 것 같습니다. 기대가 됩니다."

"별말씀을요. 그럼 디자인이 오기 전이라도 저희는 먼저 일을 시작하겠습니다. 그리고 제가 계약서를 보내드리겠습니다. 전에 말씀드린 금액은 괜찮으신가요?"

"그 정도면 아주 좋습니다. 그럼 잘 부탁드립니다."

"감사합니다. 사장님께서는 저의 첫 번째 고객이십니다. 그런데 황 팀장과 한번 통화하고 싶습니다. 아무래도 어떻게 진행하면 좋을지에 대해서 서로 의견을 나누어야 할 것 같습니다."

"네. 좋습니다. 그럼 황 팀장에게 전화하라고 전달하겠습니다."

그날 밤. 황 팀장에게서 전화가 왔다. 출근하자마자 전화를 한 것 같다. 시차로 따지면 한국의 밤 10시 정도가 D 사의 출근 시간이다. 그리고 한국 시간으로 아침은 D 사가 일을 마무리하는 시점이다. 서로 의사소통을 제대로 하기 위해서는 이 두 시간대를 잘 활용해야 한다.

"조 팀장님. 저 황 팀장입니다. 지금 통화 괜찮으세요?"

"아 팀장님 오랜만입니다. 잘 지내시죠? 미국 생활은 어떠세요?"

"한국보다 더 정신없습니다. 그리고 물가가 비싸서. 여기 와서도 여유롭지 않네요. 와이프가 아직 운전을 못 해서 그 부분도 계속 걱정입니다."

"하하, 앞으로 좀 더 나아지겠죠. 사장님께 프로젝트 이야기는 들으셨나요?"

"네. 사장님과 같이 협의했습니다. 몇 가지 걱정되는 부분이 있습니다. 동시에 여러 채널을 보여줘야 하는데 성능이 걱정입니다. 혹시 이 부분을 저에게 먼저 보여주실 수 있을까요?"

"물론입니다. 몇 가지 이슈가 될만한 내용을 정리해서 보내드리겠습니다. 그 내용을 검토해서 팀장님의 의견을 추가해주시면 그 부분을 먼저 같이 검증하도록 했으면 합니다."

"조 팀장님. 저희가 지원해야 할 제품이 각기 다른 제조사에서 개발한 제품입니다. 그래서 네트워크 프로토콜을 각각 구현해야 할 것 같은데, 하나는 제가 할까요?"

"괜찮으시겠습니까? 그렇다면 저희는 아주 좋습니다. 먼저 SDK24) 인터페이스25)를 정리해서 보내주시면 그것에 제가 맞춰서 진행을 하겠습니다."

"네 알겠습니다. SDK 인터페이스 정리해서 보내드리겠습니다."

소프트웨어 개발에도 건축 개념처럼 '디자인 패턴'이란 것이 있다. 공통적으로 발생하는 문제를 해결하기 위한 여러 가지 템플릿의 모음이다. 이 디자인 패턴 중에 '어댑터 패턴', '퍼사드 패턴' 그리고 '프록시 패턴'이란 것을 적절히 사용하면 상위 단에서는 하나의 공통된 인터페이스로 상황에 따라 각기 다른 제품을 지원할 수 있다.

"그리고 조 팀장님과 제가 같이 개발하려면, 버전 관리 서버26)를 설치하는 것이 좋을 것 같습니다. 어디에 설치하는 것이 좋을까요?"

"황 팀장님이 사용하시는 것이 있으면 그것을 이용하면 좋을 것 같습니다."

"네 마침, 새롭게 하나 구축하고 있습니다. 조 팀장님이 사용하고 싶은 계정을 알려주시면 등록시켜 놓겠습니다."

"네. 제가 메일로 알려 드리겠습니다."

"네 감사합니다. 그리고 가급적 자주 서로 얘기를 했으면 하는데, 조 팀장님은 언제가 편하십니까?"

"저는 황 팀장님께서 아침에 출근하시고 나서 저에게 메신저를 보내주시는 것이

---

24) SDK: Software Development Kit. 소프트웨어를 개발하기 위해 필요한 모듈 모음으로 생각하면 된다.

25) 인터페이스: SDK 내의 함수를 호출하는 규약이다.

26) 버전 관리 서버: 형상관리 서버라고도 한다. 공동 작업을 할 경우 각 개발자별로 변경 이력이 기록되기 때문에 유지 보수 관리를 효율적으로 할 수 있다.

좋을 것 같습니다. 그리고 필요하면 그때 전화 통화를 했으면 합니다. 그리고 퇴근하실 때는 제가 일어나 있을 시간이니 그때 서로 연락하는 것도 괜찮을 것 같습니다."

"그럼 제가 출근하고 나서 한 시간 뒤에 연락하겠습니다. 그리고 필요하다면 퇴근하기 전에 서로 또 연락을 하는 게 좋을 것 같습니다."

"네 알겠습니다. 황 팀장님. 그럼 내일까지 제가 미리 확인해야 할 이슈 리스트를 정리해서 보내드리겠습니다. 내일 그것을 가지고 서로 통화하시죠?"

'감사합니다. 그럼 안녕히 주무세요. 내일 연락하겠습니다.'

이렇게 황 팀장과 버전 관리 서버 구축, 커뮤니케이션 시간과 방법을 결정했다.

시작, 난관 그리고……

이제 시작이다.

먼저 나는 UI 부분을 문 연구원에게 지시했다.

"문 연구원. 우선, 영상 출력하는 부분은 내가 작업해야 하니 이 부분만 제외하고 UI를 작업하면 될 것 같아. 그리고 아직 D 사에서 이미지 파일들이 오지 않았어. 나중에 오면 대체하기만 하면 되게끔 임시 이미지를 사용해서 작업하면 될 것 같아."

"네. 알겠습니다."

"탁 선임은 충분한 시간을 가지고 공유 기능과 내보내기 기능을 구현해줬으면 해. 한두 달 정도 뒤에 소스를 통합하고 다른 앱에서 사용할 수 있도록 라이브러리화 작업까지 진행했으면 좋겠어."

"동영상 내보내기는 어떻게 구현하면 좋을까요?"

"H.264로 압축된 영상은 그대로 내보내고, 필요하다면 압축해서 내보내야 하는데 그럴 경우에는 스마트폰의 하드웨어 코덱[27]을 사용하도록 하자."

"네. 자료를 한번 찾아보겠습니다."

난 한 달 동안 네트워크 모듈과 압축해제 모듈 그리고 영상 출력 모듈을 구현했다. 그리고 사용자 UI를 구현했다. 우리가 작업한 것을 버전 관리 서버에 커밋[28]하면 미국에서 황 팀장이 변경된 부분을 내려받아 빌드[29]한 후, 확인하는 형식으로 진행했다.

---

27) 코덱: 디지털 영상을 압축하거나 복원할 때 사용하는 장치 혹은 소프트웨어

28) 커밋: 버전 관리 서버에 작업한 것을 업로드하는 동작으로 이해하면 된다.

29) 빌드: 프로그램을 만드는 작업

순조롭게 진행되던 어느 날, 아침에 일어나니 미국의 황 팀장으로부터 메일이 와 있었다. 장비에 접속할 때, 특정 동작 시에 프로그램이 문제를 일으킨다는 것이었다. 그래서 황 팀장이 밤 11시에 메신저를 통해 서로 이야기하면서 문제 해결을 했으면 좋겠다고 요청했다. 더 큰 문제는 D 사의 다른 고객에게 그다음 날 데모를 한다는 것이었다.

밤 11시에 황 팀장과 메신저를 했다.

"조 팀장님. 타임 테이블을 움직이다 보면 어느 순간 프로그램이 강제 종료됩니다."

"황 팀장님. 말씀하신대로 동작을 해봐도 저는 재현되지 않습니다."

오전에 메일에는 재현 방법에 대한 시나리오가 적혀 있었다. 황 팀장은 100% 재현된다고 했는데 이상했다.

"조 팀장님. 혹시 제가 개발한 모듈에서 문제가 생긴 것은 아닐까요?"

요청 사항을 보면 이 프로그램에서는 각기 다른 제조사의 제품을 동시에 지원해야 한다라는 내용이 있었다. 2개의 다른 제조사 제품이기 때문에 나와 황 팀장이 각각 제조사별 프로토콜[30]을 구현하기로 하고 진행을 했었다.

"제가 한번 황 팀장님이 만든 모듈을 확인해보겠습니다."

지금까지는 각각 맡은 제조사의 제품으로 확인을 했었다. 그래서 혹시나 하는 생각으로 확인을 했지만, 문제는 발생하지 않았다.

"황 팀장님. 괜찮은데요. 문제가 발생하지 않습니다."

알 수가 없었다. 미국에서 발생하는 문제가 한국에서는 발생하지 않는다. 장비가 모두 미국에 있었기 때문에 오히려 거리상 가까운 미국 내에서는 문제가 없고 거리가 먼 한국에서 발생해야 할 것 같은데 그 반대다.

한국 시간으로 새벽 3시. 미국 D 사는 오후 시간이 시작되었다.

서로 디버깅[31] 로그[32]를 출력하면서 보고 있었는데, 한 군데 의심스러운 곳이 발견되었다.

한국에서 확인했을 때는 없던 로그가 미국에서 접속했을 때는 출력되는 로그가 있었다. 네트워크 연결이 끊어졌다는 로그다.

"황 팀장님. 거기 네트워크 상황이 어떤가요? 로그를 보니, 미국 내에서 접속했을

---

30) 프로토콜: 네트워크 통신을 하기 위한 규약
31) 디버깅: 오류 수정 작업
32) 로그: 오류 수정을 목적으로 정보를 화면이나 텍스트 파일로 출력하는 방법

때 네트워크가 끊어질 경우 황 팀장님이 개발한 모듈과 저희 네트워크 모듈이 서로 충돌 나는 부분이 있어서 문제가 생기는 것 같습니다."

"어. 그러네요? 제가 한번 확인을 해보겠습니다."

황 팀장이 말했다. 결국, 이 문제는 네트워크 상황이 좋지 않을 때 발생하는 문제가 맞았다.

"조 팀장님. 그러네요. 네트워크가 끊어졌는데도 연결된 것처럼 동작하는 부분이 있었습니다. 제가 수정을 하겠습니다."

한 30분이 지났다.

"조 팀장님, 한번 확인해보시죠."

"황 팀장님, 잘 동작되네요. 고생하셨습니다."

수정을 한 후에 성공적으로 데모를 할 수 있었다.

황 팀장과는 이런 부분이 서로 일하기 편했다. 어떤 엔지니어는 자기 자신이 개발한 모듈에는 전혀 문제가 없다는 것처럼 우긴다. 막상, 자기 문제임이 밝혀지면 또다시 다른 핑계를 대기 시작한다. 하지만 황 팀장은 그런 면이 없다. 먼저 자기가 개발한 모듈이 문제가 있는지 확인을 한다. 그리고 자기 문제임이 밝혀지면 미안해하면서 수정을 한다. 그리고 다른 사람에 의해 발생한 문제라도 그 사람을 탓하지 않는다. 서로 도와가며 그 문제를 해결하려 애쓴다. 이번에도 서로 같이 문제점을 찾아가는 과정이 상당히 즐거웠다.

그리고 네트워크 관련된 프로그램을 개발할 때, 개발자들이 흔히 저지르는 실수가 외국도 한국만큼 네트워크 상황이 좋다고 가정하고 개발하는 것이다. 그런데 외국의 네트워크 상황은 상당히 좋지 않다. 게다가 미국 가정집은 대부분 케이블 모뎀을 사용하는데 속도가 상당히 느리고 연결 상태가 불안하기도 하다. 그래서 때로는 네트워크 관련 프로그램을 개발할 때 때로는 현지로 가서 며칠 동안 마지막 점검을 하기도 한다.

Why?

이 프로젝트는 우여곡절 끝에 계획한 일정에서 두 달 정도 초과하고 나서야 끝이 났다. 그 사이에 우선순위가 변경되기도 했으며 영업 팀의 새로운 요구사항이 반영되기도 했다. 그래도 상당히 만족할 만한 결과를 보였다. D 사의 고객들은 이 프로그램에 대해서 OEM33) 작업을 요청했고, 다른 제조사에서 벤치마킹을 하기도 했다.

이 프로젝트는 몇 가지 성공 요인과 위험 요소가 있었다. 사실, 회사를 처음 설립하고 제한된 자원과 고객과의 지역적 문제를 극복하기 위해 어쩔 수 없이 선택한 방법이었지만, 그동안 PM 공부를 하면서 알게 모르게 내 스스로가 효율적으로 관리할 수있는 방법을 체화(體化)하고 내재화되어 있었던 것 같다.

성공 요인은 고객을 적극적으로 참여시켜서 지속적인 피드백을 받은 것이라 할 수 있다. 매일 황 팀장과 메신저로 대화하면서 문제점 및 동작 상황을 지속적으로 모니터링할 수 있었다. 또한 변경된 요구사항도 즉시 반영할 수 있었다. 한 달에 한 번 배포된 프로그램을 통해 D 사의 영업 팀은 어떤 형태의 프로그램이 나올지 계속 확인 할 수 있었다. 그러면서 영업 팀 내의 의견과 고객의 의견을 정리해서 전달해주었다.

또한 D 사의 QA팀을 통해 계속 품질을 확인할 수 있었기 때문에, 문제를 빨리 수정하면서 계속 안정된 프로그램을 유지할 수 있었다.

우리 팀은 회사에서 일할 때 보다 스스로 주도할 수 있어서 개인적으로 동기부여가 됐다. 또한 예전에는 아침에 출근해서 퇴근 시간까지 계속 일을 하거나 때로는 야근을 해야만 했다. 이런 식으로 일을 할 때면 집중력을 계속 유지할 수 없다. 오히려 야근을 했을 때 문제의 소지가 있는 코드를 더 많이 만들어내고 결국 그 다음 날 출근해서 문제점을 발견하고 수정하는 일이 비일비재했다. 이렇게 발견이라도 되면 다행이었다. 어떤 경우에는 소비자에게 배포된 후에 발견되어 대규모 업그레이드를 진행한 사례도 있었다. 하지만, 이번 프로젝트를 진행하는 동안에는 업무 시간을 나눠서 진행할 수밖에 없었다. 밤늦게 미국과 대화를 하기 위해서는 중간에 쉬지 않으면 그다음 날 업무에 영향을 줬다. 그래서 나는 10시에 출근 그리고 오후 5시까지 일을 한 후, D 사의 출근 시간인 한국 시간 밤 10시나 11시까지는 내 개인적인 일을 하였다. 운동을 하거나 책을 읽기도 했고 때론 사람들과 만나서 대화를 하기도 했다. 이렇게 업무 시간을 나누어서 일을 하다 보니 오히려 집중력이 더 유지되어 실수를 줄일 수가 있었다.

위험 요소는 같은 팀이 한군데 모여서 일을 하는 것이 아니라 흩어져서 일을 하다 보니, 앞서 얘기한 것과 같이 커뮤니케이션이 원활하게 진행되지 못 한 것이다. 또한 모

---

33) OEM: 주문자가 원하는 상표와 디자인으로 소프트웨어나 제품을 만드는 작업

바일앱 개발 경험이 적은 탁 선임이나 문 연구원이 일을 진행하다가 문제에 부딪혀 지체되고 있었을 때, 즉시 같이 모여 해결할 수가 없었고, 내가 그들이 일하고 있던 소호 사무실까지 가서야 일이 진행되는 경우가 있었다. 그리고 서로 어떻게 진행되는지 직접 확인할 방법이 없었다. 그리고 우리와 D 사는 나름 효율적인 방법으로 의사소통을 하려 했지만 아무래도 지역적으로도 떨어져 있고 시간적으로도 차이가 있어서 반 박자 정도 늦게 협의되는 경우가 있었다.

　　그래도 정말 재미있게 진행된 프로젝트였고 서로 호흡이 잘 맞았던 성공적인 프로젝트였다.

성공과 실패를 통한 교훈

끊임없는 요구사항 변경에 대한 대응

따르릉 전화벨 소리가 울렸다.

"네. 조원양입니다."

"안녕하세요. K입니다."

D 회사 신제품 개발 연구소의 K박사였다.

"안녕하세요. 박사님. 잘 지내시죠? 다음 주에 중간보고를 할 수 있다고 연락을 드리려고 했습니다."

"아. 다음 주 중간보고는 조금 연기해도 괜찮은데, 그 전에 잠시 뵈었으면 합니다."

"네? 연기해도 괜찮나요? 무슨 일이 생겼습니까?"

"아무래도 솔루션의 방향을 다시 잡아야 할 것 같습니다. 홈페이지에서도 서비스를 해야 할 것 같아요."

　　D 연구소는 국책 과제인 E 프로젝트를 진행 중이었다. 과제의 중심인 장비는 D 연구소에서 개발하고 우리는 그 장비를 스마트 폰에서 제어할 수 있는 앱을 개발하고 있었다. D 연구소는 소프트웨어를 개발할 수 있는 팀이 없기 때문에 우리에게 앱 개발을 맡긴 것이다.

　　최초의 요구사항은 앱에서 장비를 제어하기만 하면 된다고 했다. 프로젝트를 시작하고 나서 요구사항이 추가되었다. 장비의 위치를 GPS 칩으로 알 수 있도록 하려 했으나 구조상 칩의 추가가 불가능하다고 했다. 그래서 장비에 휴대폰을 거치시키면 휴대폰을 통해서 관리자가 장비의 위치를 추적할 수 있도록 해달라는 것이었다. 앱에 스마트

폰의 GPS 모듈을 구동시켜 서버에 위치를 전송하는 기능이 추가되어야 했다. 그리고 관리자가 PC에서 확인할 수 있도록 웹 페이지가 추가되었다.

그런데 이번에 또 기능 변경을 요청하는 것이었다. D 연구소는 이 과제를 나중에 사업 모델로 확장하고 싶어 했다.

"네, 알겠습니다. 언제 방문드리면 될까요?"

"시간이 없으니 오늘 오후 늦게라도 가능하신가요?"

프로젝트 책임자인 K 박사님은 일정 때문에 아무래도 마음이 급하신 것 같다.

"네 알겠습니다. 지금 출발하겠습니다."

오후 늦게 D 연구소에 도착했다.

"박사님. 어떤 홈페이지 서비스를 말씀하시는 건가요?"

"오늘 제가 오전에 임원들을 모시고 설명을 드렸습니다. 조 팀장도 잘 알다시피 이 프로젝트는 나중에 사업으로 확대가 되어야 합니다. 그러다 보니, 임원들은 수익 모델에 관심이 많습니다. 그래서 나중에 장비와 앱을 데모할 때 수익 모델의 시뮬레이션도 보고 싶어 하십니다."

수익 모델의 시뮬레이션은 이번 앱 개발에서 고려할 내용은 아니었다. 원래는 장비와 앱의 반응이 좋고 사업 모델로서의 타당성 검토를 한 후 나중에 진행을 하자고 했었다.

"네. 임원들 입장에서는 당연히 그러실 것 같습니다. 어떤 기능이 추가되면 될까요?"

"자. 이 자료를 먼저 보시죠."

다른 나라의 비슷한 솔루션으로 구성된 사업 모델 자료였다. 핵심은 고가의 장비이기 때문에 구매뿐만 아니라 자신이 구매한 것을 다른 사람에게 대여까지 진행하는 모델이었다. 그 과정을 홈페이지에서 처리할 수 있어야 했다. 관리자는 제대로 비용까지 지불이 되었는지, 대여 기간이 넘지 않았는지 확인할 수 있어야 했고, 대여 기간을 초과한 경우 비용이 납부되지 않으면 동작을 중지시킬 수 있는 기능까지 포함되어 있었다.

"홈페이지에서 이 내용을 구현하려면 시간이 좀 필요합니다."

"최종 데모 날짜는 이미 임원들에게 보고되었기 때문에 많이 드리기는 힘듭니다."

"알겠습니다. 한번 맞춰보겠습니다."

이 프로젝트에서 일정은 장비 개발 시간에 맞춰져 있었다. 상대적으로 앱 개발 업무는 많지 않았다. 그래서 기능 수정을 할 여유는 충분했다. 게다가 우리 팀의 웹 개발자는 이전에 비슷한 업무를 한 적이 있어서, 해당 기능을 추가하는 것은 일주일 정도면 충분했다. 비즈니스 모델의 시뮬레이션 형태이기 때문에 기능을 단순화해서 개발을 진행했다.

"박사님. 말씀하신 웹에서 기능은 구현되었습니다. ○○○로 접속해보시면 확인하실 수 있습니다."

"잠시만요. 지금 접속해보겠습니다. 화면은 뜨네요."

"제가 메일로 간단하게 사용방법을 말씀드리겠습니다."

"네 알겠습니다. 그런데 혹시 스마트폰에서 구매나 대여도 가능할까요?"

또 기능을 추가하려 한다. 불과 데모 시간은 2주밖에 남지 않은 상황이었다.

"박사님. 시간이 2주밖에 남지 않아서 조금 힘들 것 같습니다."

"되면 좋을 것 같은데, 그 기능이 어려운가요."

"어렵다기보다, 시간이 얼마 남지 않은 상황에서 이 기능을 추가하려면 앱의 전체 구조를 바꾸어야 합니다. 사용자 인터페이스도 다시 변경해야 합니다."

"휴대폰에서 되는 것을 임원들께 보여드리면 저희가 추가 프로젝트를 기획할 수 있습니다. 꼭 좀 부탁합니다."

K 박사는 사석에서 이 프로젝트가 꼭 비즈니스 모델로 확장되길 바란다고 빈번히 말했다. 그래서 임원들에게 좋은 인상을 주고 싶은 것 같다.

"네. 그럼 혹시 모르니 현재의 앱은 그대로 유지하고 별도의 앱을 만들겠습니다. 만에 하나 저희가 일정을 맞추지 못하면 이전 앱으로 데모를 하실 수도 있습니다.

"네, 감사합니다."

결국 우리는 앱을 다시 설계하고 해당 기능을 구현했다. 기존에 개발한 모듈은 본능적으로 언제 변경될지 모른다는 생각에 모듈화를 해놔서 상당 부분 재사용이 가능했다.

K 박사는 일정에 맞춰 성공적으로 데모를 했다. 하지만 K 박사의 바람과는 달리 이 프로젝트는 사업 모델로 확장되지는 못했다. 그 이유는 그때 당시 법적인 문제 때문에 사업화가 불가능하다고 평가됐다고 한다.

이 당시 나는 왜 처음부터 철저하게 요구사항을 분석하지 못하고 계속 요구사항이 변경되어야 하나라는 불만이 있었다. 이 프로젝트뿐만 아니라, 소프트웨어 개발을 할 때 처음의 요구사항이 끝까지 그대로 가는 경우가 없었다. 그때마다 영업을 탓하고 내 스스로를 책망했다. 하지만, 시간이 흐르면서 고객의 요구사항은 시장 상황의 변동에 따라 바뀌는 것이 맞다고 생각하게 되었다. 결국, 고객에게 필요한 가치를 제공해주는 것이 답이다. 나는 요구사항의 변경을 대비해야 할 필요가 있고 처음 것을 끝까지 고집하지 말자라는 생각을 하게 되었다.

다 같이 가자

"T 연구원. 도대체 언제 마무리되는 거야?"

내가 신입 개발자일 때 일이었다. 우리 팀은 네트워크를 통한(엄밀히 말하면 그 당시 모뎀) 교육 솔루션을 개발하고 있었다. 그때 우리 팀은 2명의 시니어 연구원과 3명의 주니어 연구원 그리고 팀장으로 구성되어 있었다. 각 연구원은 개발 능력에 맞게 기능 개발을 담당하고 있었다. T 연구원은 편집기 기능을 담당하고 있었다. 나를 포함한 다른 연구원들은 이미 맡은 기능 개발을 완료하고 계속 버그 수정을 하고 있었다. 베타 테스트를 진행해야 했지만 T 연구원의 개발 지연으로 베타 테스트 진행이 계속 늦춰지고 있었다.

"T 연구원. 개발이 너무 지연되어서 비슷한 기능을 가진 소스를 구입하기로 회사에서 결정했어. 기존에 개발했던 소스는 포기하고 구입을 한 후에 그 소스를 우리 솔루션에 적용하도록 해."

파트장이 팀 회의에서 이야기를 했다. 그 순간, T 연구원의 얼굴이 붉어졌다. 나와 T 연구원은 입사동기라서 사석에서도 따로 만나곤 했다. 그날 퇴근을 같이하면서 내가 물었다.

"T. 괜찮아? 파트장은 왜 그런대? 그리고 선배들이 좀 도와주면 안 돼?"

"뭐 어쩔 수 없지. 근데, 그 구입하는 소스도 방대해서 어떻게 맞출지 걱정이야."

사실 그랬다. T 연구원이 담당한 작업은 기능 자체가 복잡해서 프로그램 소스 라인 수가 상당히 많았다.

그다음 날, 파트장이 T 연구원을 불렀다.

"T 연구원. 소스를 파는 업체에서 아마 그대로 적용하기 힘들다고 교육이 필요할 것 같다고 말을 하네. 일주일 정도 그 업체로 출근해서 설명을 듣고 오도록 해."

일주일 만에 소스 설명을 듣고 그 소스를 우리 솔루션에 적용하는 작업 역시 만만치 않았다. 끝내 몇 달 뒤에 기능에 제한을 둬서 베타 테스트를 진행하긴 했다. 이 일로

T 연구원은 고과 평가도 낮게 받아서 그 다음 해에 진급하지 못했다. 결국 그 후 몇 개월 뒤에 퇴사를 했다.

이렇게 팀에서 팀원 하나를 잃었을 때 그 비용을 계산하면 상당히 크다.

다른 예를 보자. 어떤 팀원이 개발한 네트워크 모듈에서 문제가 있었던 적이 있었다. 프로그램을 구동하면 30분이나 1시간 뒤에 시스템이 문제를 일으키는 것이었다. 마감일은 다가오는데 프로젝트 리더는 속이 타들어 갔고 담당자는 벌써 몇 주째 원인 파악조차 못하고 있었다. 난 그때 서브 리더 역할을 하고 있었다. 내 경험상 이 문제를 그 연구원에게만 맡겨 두면 해결되지 않을 것 같았다. 그래서 난 다른 팀원을 모았다.

"지금 문제가 있는 저 네트워크 모듈이 중요하니, 모두들 하던 일을 멈추고 문제점이 무엇인지 파악하도록 하자."

"A는 메모리 부분을 확인하고, B는 수신되는 데이터가 우리가 생각한 것 같이 정상적인 데이터인지 확인을 하고……."

각 담당자별로 확인해야 할 부분을 나눴다. 결국 5일 만에 문제점을 찾아냈다. 그 담당자는 팀원들에게 얼마나 크게 고마움을 표현했는지 모른다. 그 후로 우리 팀은 한동안 계속 서로의 문제점을 같이 보완해주며 즐겁게 일을 했다.

팀 구성원들이 서로 커뮤니케이션이 잘되거나 어느 정도 권한이 주어지면 팀의 성과는 크게 나타난다고 많은 연구에서 보여주고 있다. 나 역시도 그랬다. 내가 팀원이었을 때 옆에 동료와 커뮤니케이션이 잘되고 우리 팀에게 어떤 스스로 결정할 수 있는 권한이 있을 때 더 책임감 있게 일을 했고 성과를 냈다. 그리고 무엇보다 일을 할 때 즐거웠다. 그때 좋은 팀, 성과를 내는 팀에서 같이 일했던 동료들은 아직도 친분을 유지하고 있고 서로 다른 일을 하지만 어려움을 겪을 때 상의를 하기도 한다.

내가 팀의 리더일 때도 마찬가지다. 팀원들 간 서로 호흡이 잘 맞고 서로 같이 가려는 모습이 보일 때 나 역시 힘이 났고 더 끌어주고 싶은 마음이 크다. 팀은 같이 가야 한다.

멀티 태스커의 오만. 병행 작업이 문제지만……

"조원양 씨. 혹시 이 일 할 수 있어?"

"네, 할 수 있습니다. 왜 그러시죠?"

"아 팀원 중에 A 연구원이 다음 달에 퇴사해. 아직 사람을 충원하지 못했는데, 충원할 때까지 이 일 좀 맡아줬으면 좋겠어."

"네 알겠습니다."

몇 달이 지났다. 사람은 계속 충원되지 않았다. 또 어느 날이었다.

"조원양 씨 혹시 이 일 할 수 있어?"

몇 달 전과 같이 팀장님이 물어보신다.

"네, 할 수 있습니다. 왜 그러시죠?"

'아 팀원 중에 B 연구원이 다음 달에 퇴사를 해. 그래서 이 일도 당분간 맡아줬으면 좋겠어."

"팀장님. 지난번에도 사람을 충원해준다고 하셨는데 해주지 않으셨어요."

"관리팀에 얘기는 했는데, 아직 사람이 뽑히지 않고 있다고 그러네."

이런 과정을 몇 번 거치면서 내가 맡은 업무가 동시에 5개가 된 적이 있었다. 나는 프로그래밍을 하는 작업이 너무 좋았다. 좋아하는 일을 직업으로 가지고 있으니 얼마나 행복한 사람인가. 회사 일과 별도로 관심 분야도 많아서 혼자 다양한 분야에 대해 공부를 했다. 그러다 보니, 다른 사람이 했던 일은 조금만 확인을 하면 충분히 알 수가 있었다. 난 내가 이 일을 다하고 있다는 사실 때문에 내가 뛰어난 능력을 가지고 있다고 착각했다. 하지만, 몇 가지 일을 동시에 진행하다 보니, 오히려 한 가지도 제대로 못 하는 상황이 되었다. 급하게 처리하다 보니 QA팀에 의뢰한 프로그램은 엄청난 버그 리포트와 함께 되돌아오기 일쑤였다. 하는 일이 많다 보니 자연스럽게 야근과 주말 근무가 이어졌고, 집중력이 떨어진 상태였고 계속 잠이 모자란 상태였다. 어떤 날에는 며칠 동안의 부족한 수면량 때문에 잠에서 깨질 못해 회사에 출근하지 못한 적도 있었다. 전체적으로 보면 나나 회사나 모두 손해였다.

여러 연구에서 멀티 태스킹은 업무 효율을 떨어뜨린다고 한다. 업무 전환 시, 손실되는 시간이 있다는 것이다. 하루에 두 가지 일을 할 때 5 대 5로 할당할 수 없다고 한다. 한가지 업무에서 다른 업무로 전환될 때 20%의 손실이 발생하기 때문에 각 업무 당 40%씩밖에 할당이 안 된다고 한다.

하지만 인적 자원의 제약이 있는 작은 회사에서는 어쩔 수 없이 병행 작업이 필요하다. 그럴 경우 나는 점심시간 기준으로 오전과 오후로 나누든가 아니면 하루 단위로 나눈다. 즉, 손실되는 시간이 다른 것에 묻힐 수 있도록 한다. 물론, 하나의 프로젝트를 끝내고 다른 프로젝트를 시작하는 것이 더 효율성은 좋다고 한다. 하지만 그럴 수 없는 상황일 때, 하지 말라는 것을 어쩔 수 없이 해야 할 때, 그 낭비를 최소한으로 줄이는 노력이 필요하다.

야근의 착각

새 직장에 출근하는 첫날. 이 회사는 몇 달 전에 코스닥에 상장한 회사다. 난 이 회사에 소프트웨어 팀장으로 입사했다. 모든 것이 낯설지만 새로운 환경에서의 도전이라 설렛다. 간단히 연구소장과 인사를 했다. 그러고 나서 실제로 연구소를 이끌고 있는 H 부장과 인사를 했다. H 부장이 회사 제품 및 기타 여러 가지 상황에 대해 친절하게 자세히 설명을 해줬다. 2시간 동안.

이때만 하더라도 단지 말씀이 좀 많다고만 생각을 했다. 그러던 그다음 날이었다.

"연구소 팀장들 오늘 밤 8시에 회의 좀 잠시 합시다."

밤 8시? 내가 주변 사람들에게 물었다.

"아니 퇴근 시간 이후에 회의를 합니까?"

"네. 저 부장님은 거의 잠을 주무시지 않아요. 밤에 회의 소집은 거의 일상입니다."

난 지금까지 퇴근 시간 이후에는 회의를 한 적이 없었다. 퇴근 시간이 지나 저녁을 먹고 다시 사무실로 들어왔다.

"자 다들 모이셨죠? 이번 프로젝트는 6개월 만에 끝내야 합니다. 지금까지 다들 경험해보셨겠지만, 초반에 진도를 많이 나가면 나중에 수월해집니다. 여기 일정표를 한번 보시죠?"

부장님께서 프로젝트 일정표를 보여주셨다. 말씀하신 대로 앞부분에 해야 할 일이 많았다.

"팀장들께서 앞장서서 팀원들 독려합시다. 이 계획대로 진행되면 초반에는 힘이 들겠지만, 후반에는 편하게 진행할 수 있습니다."

결국 야근하라는 지시였고 팀원들도 야근시키라는 지시였다. 나는 야근을 무조건 반대하지는 않는다. 스스로 부족함을 느끼거나 필요성이 있을 때는 할 수도 있다고 생각한다. 물론 지나치면 안되겠지만.

하지만 이렇게 강제로 하는 것은 확실히 자발적으로 야근하는 것과 효율성 측면에서 차이가 있다. 나는 이 프로젝트를 진행하는 동안, 월요일에 여행용 캐리어에 5일 치 짐을 싸가지고 출근했고 금요일에 퇴근했다. 하필, 회사의 맨 위층에는 직원들이 숙식

할 수 있는 공간이 마련되어 있었다. 샤워장까지 있어서 회사에서 야근이나 철야하기에는 최적의 환경이었다.

H 부장은 이 프로젝트를 진행하는 동안 가끔 새벽 2시에도 회의를 소집했다. H 부장님은 새벽 4~5시에 퇴근하더라도 아침 9시 이전에는 꼭 출근을 하셨다. 내가 가끔 그렇게 짧게 주무시는데 몸은 괜찮으시냐고 물으면 H 부장님은 약봉지를 무더기로 흔들어 보였다. '사람은 쉽게 안 죽어.'라는 말과 함께.

결국, 이 프로젝트는 끝까지 이렇게 야근과 주말 근무로 진행되었다. H 부장이 말한 것처럼 프로젝트 후반기에 여유가 생기진 않았다. 왜냐면, 초반의 지나친 야근으로 집중력이 떨어짐으로 인해 효율성이 낮아져 진도가 생각만큼 진행되지 않았다. 즉, 야근은 오히려 생산성을 낮추기도 한다.

그리고 야근은 또 하나의 문제가 있다.

"P 과장. 다들 경험이 많은데 왜 이제서야 업무 협조 요청을 하십니까? 일 자체는 어려운 것이 아니지만, 이런 업무는 미리 요청했어야 합니다."

우리 팀에 업무 협조 요청을 한 팀이 있었다. 우리 팀에 요청한 업무는 마지막 단계의 제품을 확인하기 위해 필요한 소프트웨어 개발 요청이었다. 우리 팀은 이미 다른 프로젝트에 참여하고 있어 일정을 조정하기가 어려웠다. 관련 업무를 진행해본 경험이 있으면 이 소프트웨어는 미리 챙겨야 했다. 그리고 미리 요청을 했으면 우리 팀에서도 일정 조정을 하기가 수월했다. 그래서 내가 답답한 나머지 언성을 높이고 있는 상황이었다. 그런데 옆에 있는 임원이 한마디를 한다.

"조원양 팀장. 다들 야근하고 주말까지 열심히 일하는데 왜 그래?"

사실, 이 임원은 직원의 고과 평가를 할 때 야근을 얼마나 했나 주말에 얼마나 나와서 했는지를 중요시한다. 그렇기 때문에 일을 어떻게 효율적으로 했는지, 고객에게 어떤 가치를 제공했는지보다 야근을 했는지 안 했는지가 중요했다. 야근을 하면 '저는 야근까지 하면서 최선을 다했습니다.'로 변명이 된다. 제품에 문제가 있어도 '저는 야근도 하고 주말 근무도 하면서 열심히 했습니다. 최선을 다했습니다.'로 변명이 된다. 예전에 월드컵에서 한 해설자가 이런 말을 했다. '월드컵은 경험하러 오는 자리가 아니라 증명하는 자리다.' 일은 열심히 하는 것도 중요하지만 더 중요한 것은 잘해야 한다.

고객 만족

어느 날 메일이 하나 왔다. 최근 우리 회사와 프로젝트를 많이 진행하는 A 회사의 메일이다.

'팀장님.

모바일 앱에 다음과 같은 기능을 추가해야 합니다.

이번 기능은 ○○월 ○○일까지 작업이 완료되어야 합니다.

그리고 검증은 3번 태웁니다.

1차 검증은 ○○월 ○○일부터 ○○월 ○○일까지, 2차 검증은 ○○월 ○○일부터 ○○월 ○○일까지 그리고 마지막 검증은 ○○월 ○○일부터 ○○월 ○○일까지 진행됩니다.

각 검증 단계마다 기획부터 시나리오 검증, 그리고 마지막 호환성 검증까지 진행됩니다. 호환성 검증에 사용될 스마트폰 모델은 첨부파일로 첨부했습니다.

궁금하신 점이 있으면 연락주세요'

A 회사와 같이 개발한 이 앱은 사용자 수가 많다. 그래서 기능 추가나 유지 보수할 때 기존의 사용자들에게 불편을 주지 않기 위해 몇 단계의 검증 과정을 거친다.

이 업체와 PC용 소프트웨어도 같이 개발을 하고 있다. 이 PC용 소프트웨어는 요청 사항을 일정 기간 동안 모아서 정기적으로 업그레이드를 한다. 요청사항들을 모아 처음에 우선순위를 결정한다. 그리고 우선순위에 따라 진행을 하면서 상황에 따라 우선순위를 다시 결정하기도 한다. 진행되는 동안 2주 단위로 담당자에게 배포하고 이 담당자는 QA팀에 이관하기 전에 먼저 시나리오대로 구현이 되었는지 확인하고 피드백을 준다. 검증도 모바일앱과 마찬가지로 몇 단계의 과정을 거친다.

사용자들에게 만족을 주기 위해서 여러 단계를 거치지만 막상 필드에 배포되면 문제가 생기는 경우가 있다. 이 업체는 고객에게 문제가 생기면 제일 우선순위로 대응을 한다. 진행되고 있는 기능 추가 프로젝트가 있으면 잠시 멈춘다. 새로운 기능을 추가하는 것보다 기존 사용자들이 불편함 없이 사용하는 것이 제일 우선순위가 높기 때문이다.

일일 스탠딩 회의의 위력

회사에서 N 사에 납품할 제품과 소프트웨어 준비로 한창이었다. 이 업체는 이 업체만의 특별한 기능을 요청했다. 이 기능을 구현하기 위해서는 다른 부서와의 협력이 필요했다.

"팀장님. 아무래도 다른 팀의 담당자가 기능을 제대로 이해하지 못 하고 있는 것 같습니다."

우리 팀의 Y 차장이 어느 날 나에게 말을 했다. Y 차장은 15년 전 같은 회사에서 5년 동안 한 팀으로 일을 했었다. 서로 코드가 잘 맞아서 5년 동안 즐겁게 일을 했었고, 그 후에도 계속 연락하고 지내다가 이번에 다시 같은 회사에서 일하게 된 인연이 있는 팀원이었다. 항상 자신이 부족하다고 느끼면서 배우려고 하는 자세를 가지고 있고 프로그래밍을 할 때 꼼꼼하게 일을 처리하고 있는 베테랑 엔지니어다.

"왜? 잘 안돼? 저쪽 팀에서는 다 된 것처럼 말을 하던데?"

"QA팀에서 문제가 있다고 해서 확인해보니, 시나리오대로 동작을 안 하고 있어요."

QA 팀장에게 잠시 이 문제에 대해서 이야기를 하자고 요청을 했다.

"QA 팀장. Y 차장 말로는 시나리오대로 동작을 안 한다던데?"

"네 제대로 동작을 안 합니다. Y 차장이 맡고 있는 윈도우용 프로그램뿐만 아니라 모바일앱도 그렇습니다."

"응 알았어."

다른 팀의 담당자인 I 부장을 불렀다.

"I 부장. 시나리오대로라면 ○○와 같이 동작을 해야 하는데, Y 차장이 확인해보니 다르게 동작하는 것 같다고 그러네."

"네 확인해보겠습니다."

잠시 후, I 부장이 다시 나를 찾아왔다.

"아, 제가 실수를 한 부분이 있습니다. 수정했습니다."

다시 QA팀에 의뢰했다. 그런데 역시나 문제가 있었다. 담당자를 다 소집했다.

"자 각자 진행 상황을 확인해보자."

확인을 해보니, I 부장이 시나리오를 잘못 이해해서 구현하지 않은 부분이 있었다. 일정상 다음 주까지는 개발을 완료해야 QA가 전체 시나리오를 확인할 수 있었다.

"I 부장. 다음 주까지는 개발을 완료해야 QA가 확인할 수 있을 것 같아."

"네, 최선을 다해보겠습니다."

아무래도 조금 불안했다. 이때 문득 애자일의 일일 스탠드 업 회의를 적용해보면 좋겠다는 생각이 들었다. 회사에서는 프로젝트를 관리할 때 이전과 같이 '폭포수 모델' 방법을 적용하고 있었다.

"우리 기능을 완료할 때까지 매일 오전 11시에 10분 정도 모여서 진행 상황을 확인합시다."

일일 스탠드 업 회의라는 표현을 쓰지 않고 돌려서 말했다. 그다음 날부터 전날 무엇을 했는지, 오늘 무엇을 할 것인지, 문제점은 무엇인지 돌아가면서 이야기를 했다. 이렇게 회의를 진행하다 보니 다른 사람이 어떤 업무를 하는지, 그래서 본인이 어떤 일을 해야 하는지 쉽게 파악할 수 있었다. 그리고 문제점에 대해 좀 더 심도 있게 서로 의논을 해야 할 때면 그 이후 시간을 따로 잡아 진행하도록 했다.

문제가 됐던 기능 추가는 일정에 맞춰서 진행이 마무리되었다. 그전에는 서로 어떤 일을 하는지 왜 문제가 발생하는지 그 문제를 해결하기 위해 어떻게 행동해야 하는지 아무도 나서서 말하지 않았다. 이 프로젝트는 성공적으로 끝낼 수 있을 것 같았다.

그런데 또 다른 문제가 생겼다. 프로젝트가 끝날 때쯤 다른 임원이 회의에 참석하기 시작했다. 회의 시간도 그 임원의 여유 시간으로 옮겨졌다. 즉, 매번 회의 시간이 달라졌고 그 임원이 바쁘면 그다음 날로 회의가 미뤄지기도 했다. 회의 형식도 바뀌었다. 그전에는 일이 진행되게 하고 서로 진행 상황을 알고 어려움을 확인하는 회의였다면 다시 이전처럼 사장님께 보고하는 형태의 회의가 되었다. 그 임원이 직접 회의를 주도했는데, 회의의 형태는 각 항목을 읽은 후 '이 기능 됐어?'라고 묻는다. 만약에 기능이 아직 완료 전이라면 '언제까지 할 수 있어?'라고 묻는다. 담당자가 '○○까지 가능합니다.'라고 대답하면 그 날짜를 옆에 적고 다음 항목으로 넘어간다.

결국 또다시 실패했던 프로젝트처럼 일정을 초과한 채로 끝이 났다.

프로젝트 관리를 할 때 조직의 문화를 변경하는 것이 어려운 점 중의 하나라는 것을 실감했다.

그래서…… 이제 정리의 시간

지금까지 여러 프로젝트에 참여하면서 성공도 했고 실패도 많이 했다. 성공과 실패에는 한 가지 공통점이 있다. 그것은 바로 '프로젝트 관리'이다.

프로젝트 관리가 잘되면 프로젝트는 성공할 확률이 높았고, 프로젝트 관리를 하지 못하면 그만큼 실패할 확률이 높았다.

4차산업혁명에서도 사람을 중심으로 급속한 변화가 일어나고 있다. 이 급속한 변화에는 다양한 과학 기술이 관여하고 있다. 엔지니어로서 이 급속한 변화에 직·간접적으로 참여하고 있다. 하루아침에도 새로운 기술이 나오고, 또 기존의 기술이 없어지기도 하며 제품도 마찬가지다. 이런 급속한 흐름 속에서도 과거부터 오늘날까지 변함없이 중요한 것은 '프로젝트 관리'라고 생각한다. 프로젝트 관리 중에서 '애자일 접근법'은 변화에 따라 신속하게 대응해야 할 조직에게 적합한 접근법이다. 또한 PM이 제대로 역할을 해야 이런 혁신적인 기술이 제대로 그 효과를 발휘할 수 있다.

저 자 소 개

저자 - 강혁구

에피소드 "프로젝트 관리는 PM만 하나요?" 저
- 보쉬렉스로스코리아 공장자동화 영업팀장 / industry4.0 사업 개발 담당
- PMI 한국챕터 정회원
- 한양대학교 경영전문대학원 석사
- 경력 : nanometrics, Rudolph technology
- 자격 : PMP

5년 간 반도체 장비 엔지니어로서, 이후 8년 째 보쉬렉스로스 공장자동화 부서에서 영업팀장으로 재직 중이다. 제4차산업혁명 관련 industry 4.0 사업개발 총책을 맡고 다양한 컨퍼런스에서 발표를 하고 있다.

저자 - 김상현

에피소드 "안되면 되게 하라 – 인생은 짧고 프로젝트는 길다." 저
- SK건설 hynix Project Management Team / 조달과장
- PMI 한국챕터 정회원, 번역출판위원회 위원장
- 용인송담대학교 전기공학과
- 경력 : 한국워터테크 / Q&T International / UPIS
- 자격 : CPSM, NDE Level(II), Intertek & TUV Nord Authorized Inspection Engineer 외

10여 년간 EPC 산업에서 Project Procurement Engineer로 살고 있다. 현재는 Project Management & 지식 Consulting 분야에서 국내 최고의 전문가가 되기 위해 많은 활동을 하고 있다.

저자 - 김용회

에피소드 "열정 두 스푼, 맛있는 프로젝트를 만들다!" 저

- ㈜씨에스피아이 솔루션사업본부 전략사업부 사업부장
- PMI 한국챕터 정회원
- 대전대학교 컴퓨터공학 학사
- 자격 : PMP

대학을 갓 졸업하고 18년 전부터 오로지 한 회사에서 소프트웨어 개발과 시스템 통합에 관한 외길을 묵묵히 걷고 있다. '기술의 혁신', '사고의 혁신', '방법의 혁신', '과정의 혁신'이라는 4가지 혁신 방안에 대해 여전히 가슴이 뜨거운 엔지니어이자 조직관리자로, 현재는 방법의 혁신을 조직에 접목하기 위해 애자일을 연구 중이다.

저자 – 박헌수

에피소드 "좌충우돌 박팀장 해외 신시장 개척 프로젝트" 저
 - (유)이안지오텍 해외영업부 이사
 - PMI 한국챕터 정회원
 - 한국산업기술평가원 R&D 평가위원
 - 중소기업기술정보진흥원 평가위원
 - (사)한국구매자재관리협회 자문위원 (무역실무 강의)
 - 미국 e-Bay Power Seller
 - 해외영업, 해외신시장개척, 무역교육 및 무역컨설팅
 - 단국대학교 경영대학원 글로벌 e-SCM 석사과정
 - 자격 : 무역영어 1급

15여 년 동안 전세계를 상대로 한국 중소기업 제품의 세일즈 업무를 수행하고, 이를 바탕으로 신시장 개척, 해외영업, 해외마케팅, 무역실무, 전자상거래, 수출입무역 등의 업무를 수행 중이다. 이러한 경험을 살려 중소기업을 대상으로 무역컨설팅 및 무역실무를 강의하며, 산업용 섬유 관련 R&D 프로젝트를 수행하고 있다.

저자 - 이두표

에피소드 "B2B 협상스킬 이야기' 저
– 올포피엠 대표 / PMI 한국챕터 이사
– 아주대학교 공학대학원 SCM 물류학과 겸임교수
– PM교육 및 경영컨설팅
– 경력 : 쌍용자동차, 보쉬코리아
– 자격 : PMP, RMP, ACP, CMC 외
– 저서 : "프로젝트 관리의 이해" 외 8권 출간

  26년간 자동차 산업부문에서 국내 및 해외 자동차용 부품 개발을 하였다. 보쉬코리아 재직 시에는 기술영업, PM, PMO 업무를 수행했다. 현재는 PM 관련 교육 및 컨설팅 부문 R&D 사업개발, World class 300 해외마케팅, 수출 바우처 등의 컨설팅을 수행 중이다.

저자 - 조원양

에피소드 "작지만 알찬 프로젝트 이야기" 저

- FOCUS H&S SW팀 팀장
- PMI 한국챕터 정회원
- 소프트웨어 엔지니어
- 성균관대학교 산업공학과 석사
- 성균관대학교 산업공학과 학사
- 경력 : ㈜성진C&C, ㈜아구스 ㈜프라비스, ㈜올피아
- 자격 : PMP, PMI－ACP

   20여 년 동안 다양한 분야에서 소프트웨어를 개발했다. 현재는 다양한 플랫폼에서 영상 감시 클라이언트 소프트웨어를 개발하고 있다. 소프트웨어의 효율적 개발을 위해 '애자일' 접근법에 많은 관심을 갖고 있으며, 시대의 흐름에 뒤처지지 않기 위해 '기계학습'과 '베이즈 통계학'에 대해 공부 중이다.

열정은 혁신을 만든다

초판발행   2019년 4월 1일

지은이   강혁구·김상현·김용회·박헌수·이두표·조원양
펴낸이   안종만·안상준

편 집   하정원
기획/마케팅   손준호
표지디자인   김연서
제 작   우인도·고철민

펴낸곳   (주) 박영사
            서울특별시 종로구 새문안로3길 36, 1601
            등록 1959. 3. 11. 제300-1959-1호(倫)
전 화   02)733-6771
f a x   02)736-4818
e-mail   pys@pybook.co.kr
homepage   www.pybook.co.kr
ISBN   979-11-303-0678-0   03320

copyright©강혁구·김상현·김용회·박헌수·이두표·조원양, 2019, Printed in Korea

* 잘못된 책은 바꿔드립니다. 본서의 무단복제행위를 금합니다.
* 저자와 협의하여 인지첩부를 생략합니다.

정 가   18,000원